中职学校汽车专业"三新"课堂

何向东 邱勇胜 林 璇 ◎ 编著

西南交通大学出版社
·成都·

图书在版编目（CIP）数据

中职学校汽车专业"三新"课堂 / 何向东，邱勇胜，林璇编著. -- 成都：西南交通大学出版社，2024.11.
ISBN 978-7-5774-0203-1

Ⅰ. U46

中国国家版本馆 CIP 数据核字第 20248L0N32 号

Zhongzhi Xuexiao Qiche Zhuanye "Sanxin" Ketang
中职学校汽车专业"三新"课堂

何向东　邱勇胜　林　璇　编著

策划编辑	王　旻
责任编辑	梁　红
封面设计	何东琳设计工作室

出版发行	西南交通大学出版社
	（四川省成都市金牛区二环路北一段 111 号
	西南交通大学创新大厦 21 楼）
邮政编码	610031
营销部电话	028-87600564　028-87600533
网址	http://www.xnjdcbs.com
印刷	成都蜀通印务有限责任公司

成品尺寸	185 mm×260 mm
印张	24.75
字数	497 千
版次	2024 年 11 月第 1 版
印次	2024 年 11 月第 1 次
定价	68.00 元
书号	ISBN 978-7-5774-0203-1

图书如有印装质量问题　本社负责退换
版权所有　盗版必究　举报电话：028-87600562

前言

职业教育是一种跨界的教育类型。近几年以来,国家对职业教育高度重视,这唤起了社会对技术技能人才观念的改变,并激发了职业院校教师对技术技能人才培养方式方法改革的紧迫感。本书旨在让职业院校行政管理部门、学校领导和教师,尤其是汽车专业的教师明白如何成为一名符合时代要求的优秀领导者和教师。同时,它也呼吁社会各界,特别是行业企业,加强与职业院校的合作,共同利用双方的优势培养合格的技术技能人才,并在"新教师""新教材"和"新教法"上投入更多努力。

汽车产业是国民经济支柱产业,上下游产业链条长,对经济带动能力强。中职汽车专业主要包括汽车运用与维修、汽车车身修复、汽车美容与装潢、新能源汽车运用与维修以及汽车服务与营销五大专业。19世纪末至20世纪初,汽车作为一种新兴交通工具出现。当时,人们主要关注发动机的改进,并尝试将汽车应用于军事和商业领域。20世纪50年代至80年代,汽车专业逐渐成为一门独立的学科。在此期间,汽车制造和设计逐渐成熟,技术研究得到更多重视,同时,该专业也成为国内外大学的重点专业。20世纪80年代至今,汽车产业进入工业转型阶段,环保要求和节能减排的考量开始受到重视,电动汽车等新能源汽车的研究开发逐渐受到关注。此外,车联网和自动驾驶等新兴技术的出现也为汽车产业带来了新的发展机遇。

汽车产业的快速发展提高了对汽车后市场人才培养的规模和质量要求,这对以培养技术技能型人才为己任的职业院校教师提出了新的挑战。职业院校迫切需要符合行业发展的专业教师来提升人才培养质量,更好地服务于汽车产业发展的需求。

《国家职业教育改革实施方案》提出了"三教"(教师、教材、教法)改革的任务。"三教"改革的核心是解决"谁来教、教什么、如何教"的问题。由于区域经济发展水平的限制,欠发达地区中职学校的汽车专业在兼职教师聘任、数字化教学资源配套、网络在线开放课程建设等方面面临挑战,这些因素严重阻碍了学校专业建设的发展。因此,培养适应行业企业需求的复合型、创新型高素质技术技能人才的综合职业能力,成为高水平中职学校专业建设的首要任务。基于"三教"改革的客观条件限制,本书在教师改革方面尝试采用"双轨式双融通"策略，促进校企双方师资互兼互聘。在教材改革方面，一是通过配套数字化教学资源，形成"纸质教材＋多媒体平台"的新形态一体化教材体系；二是建设以精品在线开放课程为代表的数字课程，满足"互联网＋职业教育"的新需求。在教法改革方面，尝试采用"项目教学法"和"任务驱动法"，在真实或仿真环境中进行深度教学改革，推动课堂革命。编写组认为，实施"三教"改革需要配备适宜师资并采用适合学生的教学方法，传授给学生最新的、最能满足企业需要的知识、技能和素养，从而促进课堂教学的高质量发展。

　　人们对理念创新的关注往往超过对实践方法的关注。新的理念可以启发心智，一种深刻的教学新思想可能迎来教学形态的革命。然而，教学理论相对稳定，要使一种教学思想真正改变教与学的过程是非常困难的。如果我们能聚焦一种课堂教学理念，仔细探索其操作细节并加以实践应用，从操作层面指导教师如何进行校企合作、产教融合，如何开发教学资源，如何贯彻落实课堂教学方法，那么若干年后，我们国家的职业教育，特别是经济欠发达地区的职业教育必将达到一个新的高度。本书参考教学心理、学习心理，阐述教师教学心理规律和学生学习心理规律，揭示教与学相互作用过程中的基本规律，是教师专业化发展的理论基础。编写本书的初衷如下：（1）"新教师""新教材"和"新教法"是职业教育的热点问题，符合国家对职业教育的改革潮流。（2）随着互联网+技术的发展，"新教师""新教材"和"新教法"成为一种不可阻挡的趋势，符合职业教育发展规律。（3）本书旨在对职业院校的教师，特别是中职学校汽车类专业教师们起到抛砖引玉的作用。

　　本书适合中职学校的广大同仁阅读，特别是汽车类专业教师借鉴参考。书中借鉴和引用了国内外教育学、教育心理学、职业教育学者和专家的部分教研成果，未能一一注明作者的姓名，在此对他们表示衷心的感谢！限于编写团队成员水平，书中难免有疏漏之处，敬请广大同仁提出意见和建议。

编者
2024年1月

目 录

第一章 教 师 ·· 001
  第一节 教师职业的产生和发展 ··· 001
  第二节 教师工作 ··· 007
  第三节 教师素养 ··· 011
  第四节 教师成长 ··· 014
  第五节 教师职业的优越性 ·· 022

第二章 教师心理 ·· 026
  第一节 教师的角色与特征 ·· 026
  第二节 教师与学生的相互作用 ··· 033

第三章 职业教育与职业学校教师 ··· 037
  第一节 职业教育概述 ·· 037
  第二节 职业学校教师素质要求 ··· 046
  第三节 "双师型"教师 ·· 056
  第四节 职业学校兼职教师 ·· 070

第四章 教材与课程设计 ·· 076
  第一节 教材概述 ··· 076
  第二节 课程设计 ··· 079
  第三节 教材的形式 ·· 087

第五章 职业教育课程与教材 ··· 096
  第一节 职业教育课程与教材的关系 ·· 096
  第二节 以工作过程为导向的教学内容观 ····································· 099
  第三节 职业学校课程内容的选择 ·· 103

第四节　职业教育教材设计 …… 105

第五节　职业教育教学资源库开发 …… 113

第六章　教学心理 …… 128

第一节　教学设计 …… 128

第二节　课堂管理 …… 140

第三节　学习评定 …… 159

第七章　学习心理 …… 173

第一节　知识的学习 …… 173

第二节　技能的学习 …… 193

第三节　问题解决的学习和创造性 …… 213

第四节　技术与技能 …… 225

第五节　品德的形成与课程思政 …… 227

第六节　学习理论的模式和学习策略 …… 243

第八章　职业学校学生 …… 257

第一节　职业学校学生特点 …… 257

第二节　职业学校学生学习 …… 261

第九章　教学方法 …… 266

第一节　教学概述 …… 266

第二节　教学方法概述 …… 269

第三节　常用的教学方法 …… 271

第四节　职业教育的教学方法 …… 284

第十章　职业教育教学实践 …… 294

第一节　职业教育教学与普通教育教学的异同 …… 294

第二节　职业教育教学标准 …… 297

第三节　职业教育教学基本原则 …… 299

第四节　职业教育教学工作基本环节 …… 302

第五节　职业教育教学技巧 …… 309

第六节　职业教育课程评价 …… 318

附录1 ·· 330

附录2 ·· 339

附录3 ·· 351

附录4 ·· 356

附录5 ·· 361

附录6 ·· 366

附录7 ·· 375

附录8 ·· 380

附录9 ·· 382

参考文献 ·· 388

第一章 教师

第一节 教师职业的产生和发展

"教师是履行教育教学职责的专业人员,承担教书育人工作,培养社会主义事业建设者和接班人,提高民族素质的使命。"教师是传播文明,推动社会发展的重要力量。作为教师,应该对教师职业的产生和发展有所了解和认识。

一、教师职业产生的历史必然性

自然界任何动物都需要具备一定本领才能维持生存,繁衍生息。这种本领包括多个方面,如获取食物的本领、逃避敌人的本领,适应或改造环境的本领等。如何获得这些本领?人与动物存在显著区别,动物从脱胎降生时起,它们的许多行为方式就已经通过遗传基因固定在体内,学习是一种生存本领。它们在外界环境影响下所获得的发展、所习得的行为以及可塑性都极为有限。因此,我国学者认为除了人之外,动物不需要也不存在人类所称的教育。

人与动物不同,人获得后天生存本能的主要途径不是后天的遗传,而是后天的学习。人的语言、行走、劳动知识和技能以及世界观、人生观、价值观、社会行为等都需要专门学习。教师职业是人类生存和发展的需要,没有教育,没有教师,人的社会化进程就无法实现。

教师在人类发展中发挥着重要作用。进入现代社会后,各职业对从业者的知识、技能、生存效率的要求普遍提高,不学习这些知识和技能,就无法适应职业生涯的需要,自身也就不具备立足社会维持生存的本领。另外,人的发展不能单纯从生存和经济学角度来考虑,人除了是劳动力之外,还应该是活生生的社会的人,除了生存的需要之外,还有丰富的精神生活需要,以及完善自身发展的追求。教师的工作促进了全体社会成员在德、智、体、美、劳各方面的协调发展,使人变得更加完美高尚。

在人的成长历程中,影响人发展的因素很多,教师不是唯一的影响因素,但是最重要的因素之一。教师按照预定的教育目的和严密的计划,遵循科学的教育教学原则和方法，通过一定的组织，针对学生的不同年龄特征和个性特点，充分调动学生自身的积极因素，对学生进行系统的影响和引导。有人认为，随着信息技术的普及，人们可以通过网络等其他方式学习，不必到学校学习，教师职业也会逐渐消亡。其实，教师的作用不仅是传递信息，更重要的是培养学生态度和塑造学生人格，在社会的情境下培养学生适应社会的能力，这离不开学校创设的环境和师生之间的直接交流，所以，教师职业必将伴随人类的存在而永恒存在。

二、教师职业的发展历程

职业的出现是社会劳动分化的结果。一般来说，当一部分人以完成特定的社会工作为谋生手段，这一职业就出现了。任何事物都不是突然产生的，它必然有一个萌芽、发育和成熟的过程。只有弄清教师职业的产生过程，才能对其工作性质和特点有一个正确认识。从教师职业的产生与发展来看，经历了一个从兼职到专职，从普通职业到专门职业的发展过程。随着社会和学校教育的发展，教师职业的社会功能、性质特点、素质要求、职业地位等均在不断变化与发展。

1. 教师职业的萌芽

广义的教育活动是伴随人类出现而出现的社会现象。为种族延续和生存的需要，原始人需要把生存技能和行为规范传播给他人。我国古籍中有燧人氏教人用火、伏羲氏教人狩猎、神农氏教人农耕等传说。当时教育活动并不是由专人进行的，氏族首领和经验丰富的年长者担当传播知识、技能和教育儿童的责任。原始社会的教育与社会活动融为一体，儿童在跟随成年人生产、祭祀和游戏中学习生产知识技能和社会行为规范。这一时期，有人履行教育教学职责，但不存在教师职业。首领为师，成员为生；长者为师，幼者为生；能者为师，庸者为生。随着生产力的发展，社会分工逐渐细化，学校出现以后，才逐渐有了专门传授知识的教师。

奴隶社会出现了进行教育的专门场所——学校，当时实行"政教合一""学在官府""官师一体"的政体，官吏是社会生产的组织者、文化知识的占有者和未来接班人的培养者。只有贵族的子女才有在学校接受教育的权利，天子、诸侯和官吏都可以为学生传道授业。奴隶的子女只能在生产活动中跟随父辈学习劳动技能。父子相传和学徒制是职业教育的早期形式。学徒制的具体起始时间无法考证，但在古巴比伦《汉谟拉比法典》中就有关于学徒的记载，规定师傅必须把自己全部技艺传给徒弟，否则就要受到惩罚。这对我国推行现代学徒制有一定的启发，职业院校的教师提高教学质量是应尽之义务。《史记·扁鹊仓公列传》中记载了医术高明的长桑君收扁鹊为徒的经过，扁鹊又有弟子子阳、子豹二人跟随四方行医。此时无论是在官学中讲学的官吏，还是传授劳动技能的父辈、师傅，他们在承载教育职责的同时也是生产者，但还不是职业意义上真正的"教师"。

2. 教师职业的出现

奴隶社会末期，社会急剧变革，旧的社会制度受到冲击，使一些奴隶主阶层的人士失去了原先的政治地位和经济地位，他们利用自己掌握的文化科学知识教化民众，春秋战国时期出现了"天下失官，学在四夷"的现象。官学衰败，典籍扩散，文化下移，私学兴起，奴隶主垄断教育的局面被打破，诸子百家竞相设学收徒，宣传自己的思想和政治主张。孔子是这一时期的杰出代表之一，他从事教育工作40余年，并以收取学费获得生活来源。墨子是一位重视教授实用知识技术的大师和教育家，它的教学内容包括自然科学知识、生产技术知识等，开创了我国科技教育的先河。这些私学大师专门从事教育活动，无疑便是职业意义上的教师。

进入封建社会，教师职业逐渐丰富和规范化。封建社会的教育形式有四种：一是国家官学，二是个人私学，三是国家资助的书院，四是家庭教育、学徒制教育等非正规教育。其中以国家官学中的教师为代表，他们的社会地位很高，要求也非常严格。《后汉书·朱浮传》注中的教师保举状曰："生事爱敬，丧没如礼。通《易》《尚书》《孝经》《论语》，兼综载籍，穷微阐奥。隐居乐道，不求闻达。身无金痍痼疾，卅六属不与妖恶交通，王侯赏赐。行应四科，经任博士。""务选天下学明行修望重，海内所向慕，士大夫所依归，足以师表一代，名盖一时者。"汉朝太学中的教师有博士、助教的层次区分。古代学徒制教育中，各行业协会也有关于师傅任职资格的规定。

班级授课制以及现代学校的出现，使教师的职责、任职资格和职业活动内容更加规范化。我国职业教育创办初期，部分学校曾聘请外国人担任教师。例如，1866年建立的福建船政学堂，聘请法国人和英国人执教，学生需要先学习法、英语言继而学习专业知识技术。

3. 教师职业专业化

教师职业专业化是以师范教育的出现为标志。1681年，拉萨尔（Lasalle）在法国创立的世界上第一所师资培训学校，标志着师范教育的诞生。1896年，盛宣怀在上海创办的南洋公学是我国最早的高等师范学堂，后来南通师范学校、南京大学堂师范馆等相继出现。教师在社会发展中的地位越来越重要，从事教师职业必须接受专门的职业训练，教师职业逐渐走向专业化发展轨道。1979年，国务院批准建立天津技工师范学院，这是我国最早建立的专门为职业学校培养师资的高等师范学校。目前我国正在进行的教师教育改革，对师资培养和教师职业资格提出了新要求，是教师专业化发展中的又一座里程碑。

进入21世纪，我国职业教育的工作重心开始从增加职业学校招生数量向提高办学质量转移。培养一支教育观念新、创新意识强、学识渊博、技能高超、师德高尚、有较强教育教学能力和实践工作能力的"双师型"教师队伍成为越来越紧迫的任务。早在1966年，联合国教科文组织和国际劳工组织就提出《关于教师地位的建议》，认为"应当把教师工作视为专门的职业，这种职业要求教师应经过严格的、持续的学习，获得并保持专门的知识和特别的技术"。教师专业化是提高教师地位和教师质量的有效途径。1996年，联合国教科文组织第45届国际教育大会指出：在提高教师地位和质量的整体政策中，专业化是最有前途的中长期策略。

教师职业专业化是指教师职业具有自己独特的职业要求和职业条件，有专门的培养制度、管理制度和成长路径。具体包括教师教育多元化、任职资格明确化、教育教学艺术化、专业活动自由化、劳动报酬合理化五个方面的含义。

教师教育多元化是指构建多元化的教师培养体系和模式，提供多途径、多形式的在职进修机会，给教师创造参加社会实践、教学研究的条件。当前我国职业学校的教师主要依靠职业技术师范院校和普通师范大学培养，随着市场经济的发展和全面推进素质教育的需要，这种定向型师范教育体系的弊端和问题越来越突出。中共中央、国务院《关于深化教育改革全面推进素质教育的决定》中提出："调整师范学校的层次和布局，鼓励综合性高等学校和非师范类高等学校参与培养培训中小学教师的工作，探索在有条件的综合性高等学校中试办师范学院。"这一决定确立了开放性的"一主多元"型教师教育体系，即拓宽了教师来源渠道。

任职资格明确化是指建立教师资格证书和教师资格认证制度，国家颁布教师职业资格标准，经考核合格者具有从事教师工作的任职资格。实现教师管理、教师资格审定、学历认可、教师标准、教师考核等管理制度化。

教育教学艺术化是指掌握教育教学规律，高效率、高质量完成教育教学任务。教师是教育教学的专业人员，并不是只拥有学科知识就能当教师。教师职业有自己的理想追求，有自身的理论武装，有自觉的职业规范和高度成熟的技能技巧，具有不可替代的独立特征。教师不仅是知识的传递者，而且是道德的引导者，思想的启迪者，心灵世界的开拓者，情感、意志、信念的塑造者；教师不仅需要知道传授什么知识，而且需要知道怎样传授知识，知道针对不同的学生采取不同的教学策略，知道教育的宗旨是促进人的发展。

专业活动自主化是教师专业权利的体现。《关于教师地位的建议》规定：（1）教师的职业自由包括：教师在履行职责上享有学术自由，有资格对最适合于学生的教具及教法做出判断，在选择和使用教材、选择教科书以及运用教育方法方面起主要作用；教师及教师专业组织应参加新的课程、教科书及教具的开发工作；任何领导监督制度都不得损害教师的自由、创造性和责任；教师有权利对自认为不恰当的工作评定提出申诉；教师可以自由采用自认为有助于评价学生进步的成绩评定技术等。（2）教师的权利包括：教师参加社会生活及公共生活应受到鼓励；教师可自由行使市民所普遍享有的一切权利，并有担任公职的资格。一个国家的教师在哪些方面以及在多大程度上享有专业自主权，是由国家政治体制、社会开放程度、国民文化基础、教师专业化水平等多方面因素决定的，专业活动自主并非教育自由，不能否定和排斥国家、社会对教育的控制。

劳动报酬合理化是指教师职业具有较高的社会地位，受到人们的尊重，成为人们向往的职业。当代教育家顾明远指出，社会职业有一条铁的规律，即只有专业化才有社会地位，才能受到社会的尊重。如果一种职业是人人可以担任的，则在社会上是没有地位的。教师如果没有社会地位，教师的职业不被社会尊重，那么这个社会的教育大厦就会倒塌，这个社会也不会进步。

总之，教师职业在不同的历史阶段有不同的存在形式，原始社会以长者为师，奴隶社会实行官师合一的制度，奴隶社会末期产生了教师职业，封建社会对教师提出专门要求，近代社会的教师职业逐渐向专业化方向发展。这一发展趋势不仅是社会进步和教育发展的需要，也是教师职业社会地位和价值越来越重要的标志。

三、学徒制

1. 学徒与师傅

学徒指跟随某行业前辈学习新技能的新手，也称为"徒弟"。在各行业领域内，学徒代表初学者，表明他们缺乏实际经验，需要通过实践不断提高和完善自己的技能。学徒最大的优势是有实战经验的导师指导。在中国传统文化中，体现为师傅与徒弟的关系。

"师傅"一词通常用于尊敬那些传授技艺或手艺的资深人士或专家。在中国传统文化里，师徒制度一直非常重要，尤其是在传统手艺等领域更为显著。

2. 中国学徒制的发展

（1）中国学徒制的起源与发展。中国的学徒制始于大约13世纪前后，主要以师傅带徒弟的形式出现，是一种独特的职业教育方式。这种方式在奴隶社会时期兴起，并在封建社会中发展完善，特别是在隋唐时期的官营手工业作坊促进了学徒制的成熟。从中央到地方各级政府均采用了这种教育形式。（2）传统学徒制。传统学徒制是一种高度情境化的学习方法，徒弟在师傅指导下，在实际工作场所观察、感知并学习师傅的知识和技巧。此制度在古代社会中占据了职业教育的主导地位，许多工匠和商人都是通过这种方式培养出来的。(3) 现代学徒制的兴起。随着时代的发展，现代学徒制已成为一种新的人才培养模式，由企业和学校共同推进。它不仅适用于学生，也适用于企业员工。参与者可以从企业获得工资，实现了学习即就业的模式。现代学徒制强调校企双方共同参与教育过程，重视对学生技能的培养，旨在实现专业方向与产业需求、课程内容与职业标准、教学活动与生产实践以及学位证书与职业资格认证之间的良好对接。

中国学徒制的历史变迁反映了社会经济和文化的变化。从最初的重实践、重技艺传承到今天理论学习与技能训练相结合的教育形式，体现了教育的进步和发展。同时，现代学徒制的推广得到了企业和学校相应人事政策的支持，显示了教育体系与社会需求之间的紧密联系。

3．现代学徒制对职业教育的影响

（1）深化产教融合，提升教育质量。现代学徒制通过职业院校与企业的深度合作，实现了教育与产业的深度融合。职业院校根据企业需求设置专业和课程，教学内容与企业设计生产过程紧密对接，使得学生在校期间就能接触到真实的工作环境和任务，从而提升了教育的针对性和实用性。这种深度融合不仅提高了学生职业技能水平，也增强了学生的岗位适应能力，为未来的职业生涯打下了坚实的基础。（2）创新人才培养模式，培养高素质技能型人才。现代学徒制打破了传统职业教育的界限，将学习教育与企业培训有机结合，形成了"双主体、双导师"的人才培养模式。在这种模式下，学校教师和企业师傅共同承担教学任务，既传授理论知识，又注重实践技能的培养，这种双导师制不仅丰富了教学内容和形式，也提升了教学质量和效果。通过这种学徒制培养出来的人才，不仅具备扎实的专业知识，还具备较强的实践能力和创新精神，能够更好地满足企业对高素质技能型人才的需求。（3）促进校企合作，实现资源共享。现代学徒制促进了学校与企业之间的紧密合作，双方通过共同制定人才培养方案、开发课程和教材、设计实施教学等方式，实现了资源的共享和优化配置。学校可以充分利用企业的实训设备和生产资源，为学生提供更加真实、丰富的实践环境；企业则可以借助学校的师资力量和科研优势，提升自身的技术创新能力和人才储备水平。这种校企合作模式不仅有助于提升职业教育的整体水平，也有助于推动企业的可持续发展。（4）推动职业教育制度改革，完善职业教育体系。现代学徒制作为职业教育制度改革的一项重要举措，有助于推动职业教育体系的完善和发展。通过实施现代学徒制，可以打破传统职业教育的封闭性和单一性，促进职业教育和产业发展的紧密结合。同时，现代学徒制还有助于推动职业教育招生制度、教学管理制度和评价制度的改革和创新，为职业教育注入新的活力和动力。（5）增强职业教育吸引力，提高社会认可度。现代学徒制通过提供职业教育的实用性和针对性，增强了职业教育的吸引力。学生在校期间就能接触到真实的工作环境和任务，感受到职业教育的实用价值和就业前景，从而更加愿意选择职业教育作为自己的发展方向。此外，现代学徒制培养出来的高素质技能型人才也得到了社会的广泛认可和赞誉，进一步提高了职业教育的社会声誉和影响力。

4. 现代学徒制对汽车产业的影响

（1）人才培养。现代学徒制通过校企合作，共同制订课程和实习计划，确保学生能够获得与汽车产业相关的专业技能。这种模式培养的学生不仅具备扎实的理论知识，还拥有丰富的实践经验，能够快速适应工作岗位，提高了汽车产业的人才质量。（2）技术创新。现代学徒制鼓励学生参与实际工作，通过解决实际问题来提升技能。这种实践导向的学习方式有助于学生发现新的技术解决方案，推动汽车技术的进步和创新。（3）产业升级。随着汽车产业的快速发展，对人才的需求也在不断变化。现代学徒制能够根据产业的需求调整教育内容，确保毕业生能够满足汽车产业的最新需求，促进汽车产业的升级和发展。（4）促进就业。通过现代学徒制培养的学生具备一定的专业技能和实际工作经验，更容易获得就业机会，从而缓解汽车产业人才短缺造成的压力，促进整个产业的稳定发展。

第二节　教师工作

教师是年轻一代的培育者，被推崇为"人类灵魂的工程师"。我们有必要了解教师工作的特点、教师工作的价值、教师的权利与义务、教师职业的角色扮演，以便积极而有成效地担负起教师的重要而光荣的任务。

一、教师工作的特点

（一）教师工作的复杂性

首先，学生状况的复杂性决定着教师工作的复杂性。教师工作的对象主要是发展变化中的生动活泼的青少年学生，是具有能动性的主体。他们既有共同的生理、心理特点，遵循共同的发展规律，又有各自不同的天赋、经历、兴趣爱好和个性特征等，教师要全面把握他们身心发展的共性和个性，创造性地因材施教。

其次，教师任务的多样性制约着教师工作的复杂性。教师既要面向全体学生，又要关注个别学生；既要提高其学识才能，又要教会他们为人处世；既要培养优秀生，又要帮助后进生；既要与家庭、社会协调一致，又要对学生的校内生活全面负责。

最后，影响学生发展因素的广泛性制约着教师工作的复杂性。学生入校后，仍然直接或间接地接受着家庭和社会的影响；尤其是随着科技的发展、媒介的普及，社会及同伴群体对他们的影响作用越来越大。如何有效地协调各方面的关系，引导学生自觉抵制不良因素的影响而积极向上地成长，是当代教师的一项重大而复杂的任务。

（二）教师工作的示范性

教育是教师引导、培养学生的活动，它要求教师以身作则，具有示范性。所谓"教，上所施，下所效也"，"师者，人之模范"。教师的工作对象是处在发展过程中的青少年学生，他们具有尊敬教师、乐于接受教师的教导、以教师为表率的所谓"向师性"的特点。所以，教师必须严格要求自己，以身作则，时时处处用自己的积极思想行为、良好个性和一丝不苟的治学精神，通过示范方式去影响学生，以便取得最佳教育效果。

（三）教师工作的创造性

教师工作，每天都是备课、上课、辅导、批改作业、组织课外活动、找学生谈话、沟通等，天天如此，看似简单、平凡。其实，教师工作是培养学生智慧与灵魂的工作，是最富有创造性的。苏霍姆林斯基说过，教师工作创造性的最重要特征之一是他的工作对象经常在变化，永远是新的，今天同昨天就不一样。教师不可能采用循环往复的方法对待学生，不可能采用一成不变的方法。正如马卡连柯所言："一般地说来，教育学是最辩证、最灵活的一种科学，也是最复杂、最多样的一种科学。"

教育是一种心灵的撞击，是情感的交融和呼应。在师生的交互作用中，教育情境往往是难以控制的，预料不到的情况随时可能发生。教师要善于捕捉教育情境的细微变化，迅速而机智地采取恰当的措施，发挥自身的主动性和创造性，化不利因素为有利因素，使教育活动更加生动活泼。

教师工作的创造性并不意味着它会自动产生。一位教师要创造性地开展教育工作，必须经历艰苦的劳动和长期的积累，善于反思与探究，机智地开展工作，才能涌现创造性。

（四）教师工作的专业性

在社会学领域中，人们注重区分专业性劳动和普通性劳动，并将专业性劳动的特点归纳如下：（1）范围明确，垄断地从事于社会不可缺少的工作。（2）运用高度的理智性技术。（3）需要长期的专业培育。（4）从事者无论个人、集体，均具有广泛的自律性。（5）在专业的自律性范围内，直接负有做出判断、采取行为的责任。（6）非营利，以服务为动机。（7）形成了整合性的自治组织。（8）拥有具体的伦理纲领。

教师的工作是否称得上"专业性"呢？

首先，现代教师工作的专业化是一个历史发展过程，它是随着国民教育制度由关注量的积累到质的提高，而不断朝着专业化的方向迅猛发展的。但在不同国家、不同历史时期，它的专业化的情况则是不同的。

其次，专业化的标准是相对的，可以说，社会上的各种劳动是"分布在一连续谱上，连续谱的一端是一群已被认可、早有定论的专业，如医生、律师……另一端则是一群技术性较低、吸引力较小的职业，而其余的职业……分布在这两端之间"。教师劳动正是处在朝着专业化一端迈进的专业。

国内外都很重视教师工作的专业化问题。《关于教师地位的建议》提出："教育工作应被视为专门职业，这种职业是一种要求教员具备经过严格而持续不断的研究才能获得并维持专业知识及专门技能的公共业务；要求对所辖学生的教育和福利具有个人的及共同的责任感。"《中华人民共和国教师法》也明确规定"教师是履行教育教学职责的专业人员"。这从根本上肯定了教师工作的专业性。

二、教师工作的价值

（一）教师工作的社会价值和个人价值

教师工作具有巨大的社会价值，从宏观上看，突出地表现在教师工作对延续和发展人类社会的巨大贡献上。在任何社会，要使前人创造的社会文明与知识财富传递给下一代，就需要通过教师这个人类文明和知识财富的传递人。所以，教师是社会发展中承前启后的"中介""纽带"，"是过去和未来之间一个活的环节"。从微观上看，教师的工作关系到年轻一代每个人的发展和幸福。在现代社会，一个人的发展状况如何，在很大程度上取决于他所受的教育，取决于教师的劳动。没有教师的培养，年轻一代就不可能在短时间内有效地掌握前人积累起来的知识。

教师工作还具有极其丰富的个人价值，有一般劳动所享受不到的乐趣。这种乐趣来自学生平日的点滴进步，来自桃李满天下，来自学生毕业后对社会的贡献。难怪孟子说"君子有三乐"，"得天下英才而教育之"便是其中一乐。

正因为教师工作具有非凡的社会价值和个人价值，所以，教师自己首先应该自尊、自爱、自律、自强，有春蚕的精神、蜡烛的风格、甘为人梯的品质，这样才能得到社会的尊敬。

（二）正确认识和评价教师的工作价值

教师工作具有巨大的社会价值，但有它的特殊性，需要我们正确认识和对待。首先，教师的工作价值具有模糊性。因为一个学生的成长与进步，是遗传、家庭、社会、教师以及学生个人努力等多种因素作用的结果。人们很难准确地指出学生的变化是由哪方面的因素引起的。正是这种模糊性，很难使教师的工作得到明确的评价。其次，教师的工作价值具有滞后性。教师的工作价值，要在学生进入社会，并为社会做出贡献之后才能最终得到体现。这时，教师及其劳动常常被人淡忘。最后，教师的工作价值具有隐蔽性。教师劳动所创造的价值，是作为一种潜在的价值因素寓于学生身上，只有借助于学生行为表现的外显，或对社会做出的贡献才能得到证明，缺乏自明性。所以，教师的价值往往很难为人们所充分了解、正确评价，并给予恰当报酬。

近几年，国家高度重视职业教育，出台了相关的积极政策，促进了职业教育的高速发展，但仍然有部分人受传统观念影响，他们认为"学而优则仕"，读职校就走不了仕途，所以对从事职业教育的教师的工作评价也失之偏颇。

中华人民共和国成立后，教师的社会地位发生了根本性的变化。特别是改革开放以来，党和政府多次强调教师在社会主义现代化建设中的重大作用，从此，教师的社会地位、工作条件和物质待遇均有显著提高。

三、教师职业角色

（一）教师职业的"角色从"

在现实生活中，担负一定社会职业的个体通常都不只扮演一种角色，而是要同时扮演好几种角色。教师角色从是指与教师特定的社会职业和地位相关的所有角色的集合。每个人都有自己的"角色从"。就教师与学生的关系而言，教师就要扮演多种角色。

1."家长代理人"和"朋友、知己者"的角色

低年级的学生倾向于把教师看作父母的化身，期待受到教师的关爱和保护；高年级的学生则往往视教师为朋友，希望得到教师在学习、生活等多方面的帮助与指导，并能分担自己的快乐与痛苦。

2."传道、授业、解惑者"的角色

教师要担负起"传道、授业、解惑者"的角色，要将正确的思想政治价值观通过自身的言传身教传授给学生，要善于引导学生在短时期内掌握人类长期积累的基本的知识与技能，要注重启发他们的智慧，解除他们人生与学习中的各种困惑，促进他们的个性

全面发展。

3."管理者"的角色

教师管理的对象是具有能动性、自主性、个性的学生。作为管理者，教师要创造一种和谐、民主、进取的集体环境，要给予学生更多的自主与责任，以激发学生的主动性，使学生积极参与民主管理、自觉接受指导、注重自我管理，以便防止"放任自流"和"强迫命令"。

4."心理调节者"的角色

随着对学生心理健康的重视和心理卫生工作的展开，人们对教师产生了"心理健康顾问""心理咨询者"等角色期待。教师要适应时代要求，掌握基本的心理卫生常识，在日常工作中渗透心理健康教育。

5."研究者"的角色

教师工作的对象是充满生命力的和各具个性特点的学生，每个班、每个学生的情况都不一样，所以，教师不能千篇一律地机械地进行教育，而是要不断反思、研究和改进自己的工作。教师应该成为教育的研究者、改革者，不断地提高自身的教育理论修养和教育教学的质量。

教师职业角色的多样性，既表明了教师肩负的责任重大，也对教师提出了较高的要求。

第三节　教师素养

教师是年轻一代的教育者，是教育事业的主要依靠力量，教师的素养直接关系到我国年轻一代成长的质量，关系到教育事业乃至社会主义建设事业的兴衰成败。洛克指出："教育上的错误不可轻犯，教育上的错误正和错配了药一样，第一次弄错了，绝不能借第二次第三次去补救，它们的影响是终身洗刷不掉的。"教师工作的重要社会价值和工作特点，必然会对教师的素养提出比较全面而严格的要求。依据我国社会主义现代化建设的要求和教师工作职业的需要，教师应具备下述素质。

一、高尚的师德

（一）热爱教育事业，富有献身精神和人文精神

热爱教育事业，是搞好教育工作的基本前提。许多优秀教师之所以能在教育工作中做出卓越的成绩，首先是因为他们热爱教育事业，愿意为下一代的成长贡献出自己的毕

生精力，甚至自己的宝贵生命。这种献身精神来源于教师高尚的职业理想与坚定的职业信念，发自内心地愿把自己的全部心血灌注在培养下一代身上。它是一种真挚、深沉而持久的感情，容不得半点虚假。教师还应具备人文精神，要关怀学生的学习和发展，关怀民族、人类的现实境遇和未来发展。

（二）热爱学生，诲人不倦

热爱教育事业具体体现在热爱学生上。爱学生是教师的天职，是教育好学生的重要条件。教师只有热爱学生，才能教育好学生，才能最大限度地发挥教育的作用。

教师对学生的爱是一种巨大的教育力量，也是一种重要的教育手段。它往往能激发起学生对教师爱戴、感激和信任之情，使学生愿意接近教师，接受教师的教育。正如高尔基所言："谁爱孩子，孩子就爱他，只有爱孩子的人，他才可以教育孩子。"

教师的爱首先表现在"毫无保留地贡献出自己的精力、才能和知识，以便在对自己学生的教学和教育上，在他们的精神成长上取得最好的成果"。教师的爱还应该表现在对学生的学习、思想和身体的全面关心上，一视同仁地热爱全体学生，公正平等地对待每个学生。

（三）热爱集体，团结协作

教师的劳动既具有个体性，又具有集体性。一个学生的成才，绝非仅仅是哪一位教师的功劳，而是教师群体的智慧和共同劳动的结晶，是许多教育工作者团结协作、一致努力的结果。因此，教师、教职员工应该相互尊重、团结协作，步调一致地教育学生，最大限度地发挥集体的教育力量。

（四）严于律己，为人师表

教师为人师表，必须以身作则，严于律己。凡是要求学生做到的，教师首先要做到；凡是要求学生不能做的，教师首先要自律。教师只有以身作则，才能树立威信，受到学生的尊敬。

二、宽厚的文化素养

教师的主要任务是通过向学生传授科学文化知识，培养其能力，促进其个性生动活泼地发展，一个好教师的基本条件之一，就是要有渊博的知识和多方面的才能。因此，教师对自己所教学科知识应科学、深入地把握，能对自己所教专业融会贯通，深入浅出、高瞻远瞩，达到运用自如的境界，在教学过程中不出现知识性的错误。同时，教师还应有广博的文化修养。在学生心目中,教师常常是全知全能的,经常向教师提出"是什么""为什么"等问题,上至天文,下至地理,从远古到未来,从宏观到微观,无一不想从教师那里得到答案。如果教师因自己知识面窄而不能满足学生的求知欲,采取敷衍、回避的方式掩饰自己的无知,或反而斥责学生多问,则不仅有损教师的威信,也会严重危害师生关系。尤其是在信息社会的今天,学生的视野更为开阔,教师应使自己的文化素养更加宽厚。

三、专业的教育素养

(一)教育理论素养

教育理论素养主要指教师对教育科学基本理论知识的掌握,能恰当地运用教育学、教育心理学的基本概念、范畴、原理去处理教育教学中的各种问题,能自觉、恰当地运用教育理论总结、概括自己的教育教学经验并使之升华,能清晰、准确地表达自己的教育思想和进行改革的设想。

(二)教育能力素养

教育能力素养主要指保证教师顺利完成教育、教学任务的基本操作能力。这要求教师善于从事各种教育、教学活动,成为教育方面的"临床专家",能够像医生那样进行"分析""诊断"和"开处方",解决教育教学中的各种问题。具体而言,它包括以下几种能力。

(1)良好的语言表达能力。

(2)组织与引导教学的能力。

(3)课程开发能力。全面、正确理解与处理教材的能力;根据学生特点和教学需要,开发课程资源、改进与补充教学内容、编写教材的能力;根据教学活动过程,选择和运用教学方法和手段的能力。

(4)机智地应变与创新的能力。

(三)教育研究素养

教育研究素养主要指教师运用一定的观点方法,探索教育领域的规律和解决问题的能力。作为一名工作在教育"第一线"的教师,既有资格也有条件进行教育科学研究,尤其是他们从事的教育或教学研究。教师应富有问题意识和"反思"能力,善于总结工作中的经验与教训,创造性地解决或改进各种教育问题。

四、健康的心理素质

现代社会教师的角色日益多样化，频繁的角色转换和多方面的角色期望，使得教师时常发生角色冲突。这时，如果教师不能及时地、经常地、适当地对自己的心理状态进行调整，就有可能出现心理障碍和心理疾病。教师心理健康问题不仅会直接影响教育工作的优劣成败，而且会影响学生的心理健康水平。因此，教师应该注重提高自己的心理素质。

健康的心理素质体现在心理活动的方方面面，概括起来主要指：教师要有轻松愉快的心境、昂扬振奋的精神、乐观幽默的情绪以及坚韧不拔的毅力等。

社会处在变化之中，科技的飞速发展，大众媒介的普及，现代社会越来越成为一个"学习型的社会"。面对"信息爆炸"，教师不仅仅要教给学生基础知识和基本技能，更为重要的是要帮助学生掌握"自我教育的能力"，认识"生命的意义与价值"。随着教师角色从知识的供应者转换成学习活动的组织调停者，一系列新的能力将成为教师这个职业的有机组成部分，包括判断能力、反应能力、评估能力、人际关系能力、课程开发能力、社会责任感和管理能力等。当今社会赋予了未来教师更多的责任和权力，提出了更高的要求和期望，尤其强调理解他人和与他人交往的能力、管理能力和教育研究能力。

第四节　教师成长

当今世界范围的经济竞争和综合国力竞争，实际上是科学技术的竞争和民族素质的竞争。振兴民族的希望在教育，振兴教育的希望在教师。随着我国经济建设向依靠科学技术进步和提高劳动者素质转轨，必然带来对人才和劳动者的结构、层次、数量、素质提出新的要求，这就必须依靠教师进行科技知识的再生产，培养适应时代的人才。然而要完成这一宏伟目标，教师需要不断完善自我，不断在适应时代中成长。下面从教师的专业发展、教师成长的途径进行阐述。

一、教师专业发展

（一）教师专业发展概述

从20世纪80年代教师专业发展的概念被提出，到20世纪90年代成为教师心理研究的重要内容，至今这一概念已经成为世界许多国家重视教师教育、推动教师成长和培养过程的核心话题。

教师专业发展是指教师在整个专业生涯中，通过终身专业训练，习得教育专业知识技能，实施专业自主，表现专业道德，并逐步提高自身从教素质，成为一个良好的教育专业工作者的专业成长过程。

1. 教师专业发展的理性取向

教师的专业发展就是教师接受充足的学科知识和教学法知识。有效教学的影响因素就在于教师自己拥有的学科知识、技能和将这些知识、技能传递给学生。因而，这种取向的教师专业发展，主要就是向专家学习某一学科的学科知识和教育知识。

2. 教师专业发展的实践、反思取向

教师专业发展的主要目的并不在于外在的、技术性知识的获取，而在于通过这种或那种形式的反思，促进教师对于自己、自己的专业活动、相关的物和事有更为深入的理解，发现其中的意义，以促成反思性实践。

3. 教师专业发展的生态取向

教师实现专业发展不仅要通过教师个人的学习与实践反思，更为重要的是在教师群体中形成合作的专业发展文化与模式。教师并非孤立地形成与改进其教学策略与风格的，而是在很大程度上依赖于教学文化或教师文化。正是这些文化为教师的工作提供了意义、支持和身份认同，更为关注教师发展的方式或途径，而不是教师专业发展的具体内容。

（二）有关教师专业发展的理论

教师的专业成长是一个动态变化的过程，但存在一些标志性的阶段。许多研究者从不同视角对教师专业成长阶段做出了具体的描述与分析。例如，有学者（Fuller，1969）将教师职业生涯分为4个阶段：教学前关注阶段、早期生存关注阶段、教学情境关注阶段与关注学生阶段。另有学者（Berliner，1988）提出教师成长经历5个阶段：新手教师、高级入门教师、胜任教师、熟练教师、专家教师。有研究者（Fessler，1992）历时8年，研究了160位中小学教师后，建构了其著名的教师职业周期模型（teacher career cycle）。这一模型对教师职业周期做出了全面的和展开性的描绘。这一模型认为，教师的职业成长历经8个阶段。

（1）职前（preservice）。个体对专业教师角色的感知，包括对校园等工作场所的适应，感受到自己是校园工作者之一。

（2）就职（induction）。任职的第一年，教师通过社会化适应任职生活，渴望被学生、同事、领导接纳，获得一个可以处理问题、完成任务的安全环境氛围。

（3）能力建立（competency building）。教师渴望提升教学技术和能力，探索新的教学材料、方法和策略，乐于接受新的观念，愿意主动参加工作坊和继续教育，将工作视为挑战性的，并不断获得突破。

（4）热情成长（enthusiastic and growing）。教师的能力已经提升到了一个新的水平，但仍愿意继续朝着专业化的方向发展，逐渐爱上这份工作，渴望通过工作与学生接触，并从工作中获得满足感。

（5）职业挫折（career frustration）。处于职业生涯的中期，个体开始不断地自问为什么要做教师，这种感觉对后期的职业发展有很重要的影响。

（6）稳定停滞（stable but stagnant）。个体不再精益求精，但求完成任务，不愿花费过多的精力在职业上，职业生涯发展遇到瓶颈。

（7）职业衰退（carrer wind-down）。教师准备离职，对于某些人来说这意味着一次积极的职业转型或退休，对于另一些人来说可能是被迫中止或迫不及待地去换一个回报更高的职业，这个阶段少则几个星期或几个月，多则几年。

（8）离职（career exit）。个体离开教师岗位，可能是退休、暂时休假、探索其他职业等。

这8个阶段并不一定是对个体教师职业生涯的精确描述，可能在某些阶段存在延长或缺失的现象。这一模型有助于教师及早对自身职业发展的过程有一个完整的认识。

（三）教师成长的目标：从新手到熟手再到专家

教师的成长过程是一个由新手到熟手，向专家型教师发展的过程（连榕，2004）。专家和新手的对比研究思路在20世纪80年代应用于教师的认知研究，对教师成长的研究在逐渐地转向对教师教学专长的研究。

斯滕伯格把专家型教师称为"有教学专长的教师"，其具有以下特征：（1）将更多的知识运用于教学问题的解决。这些知识包括所教学科的内容知识、一般教学法知识、与具体教学内容有关的教学法知识以及教学得以发生的社会和政治背景知识。（2）解决教学问题的效率高。他们能在较短的时间内完成更多的工作，或者明显只需要较少的努力。程序化的技能使得他们能将注意集中在教学领域高水平的推理和问题解决上。在接触问题时，他们具有计划性且善于自我觉察，时机不成熟时，他们不会提前进行尝试。（3）富有洞析力。他们能够鉴定出有助于问题解决的信息，并有效地将这些信息联系起来。他们能够通过注意找出相似性，运用类推来重新建构问题的表征。他们能够对教学问题取得新颖而恰当的解答。

另有一些研究表明，专家型教师具有普遍的共同特征：（1）善于通过教学计划、评估和反思来改进教学，从而做出教学的创新。（2）情绪稳定、理智、注重实际、有自信和批判性强。(3)热爱教师职业,对工作投入,职业的义务感和责任感比较强,追求自我实现。(4)热情、平等地对待学生,师生关系融洽,具有强烈的成就体验。

把握教师职业特点和内在心理特征,可以帮助教师顺利地实现从新手向专家的转化。

二、教师成长的路径

(一)观摩和分析

观摩可以有两种方式:组织化的观摩和非组织化的观摩。组织化的观摩一般在观摩之前制订较详细的观察计划,确定观察的主要行为对象、角度以及观察的大致程序,也可以进行有组织的讨论分析。非组织化的观摩则没有以上特征。一般说来,组织化的观摩要比非组织化的观摩效果好,除非观察者有相当完备的理论知识和洞察力。对优秀教师的观摩是当前采用较多的一种方法。观摩可以是现场观摩,也可以是观看优秀教师的教学录像。

案例教学成为一种有效的观摩与分析的学习形式。在西方特别是在美国,案例教学几乎成为所有专业和职业教育的一种主要方法。弗兰德斯(Flanders,1970)将他的相互作用分析法运用于实习生和在职教师的训练。结果发现,经过这种训练的实习生和教师更能理解学生的想法。还有研究表明,这种训练使教师的课堂行为变得更加自然。

(二)微格教学

微格教学,又称"微型教学",即教师通过自己实际进行教学而获得丰富的经验,这是提高教学水平的另一重要途径。一开始就以众多学生为对象,进行正规的一个课时的课堂教学,对于经验较少的新教师来说,是一件困难的事。在这种情况下,我们往往采用微型教学,即以少数学生为对象,在较短的时间内(5~20分钟),尝试做小型的课堂教学,在这种教学过程中可以录像,在课后可以再进行分析。微型教学对新教师和青年教师来说都是很有效的(Allen & Ryan,1969)。

微型教学虽有各种方法,但基本采用这样的程序:(1)明确选定特定的教学行为作为要着重分析的问题,如解释方法、提问方法等。(2)观看有关的教学视频,指导者说明这种教学行为的特征,使新教师能理解要点。(3)新教师制订微型教学的计划,以一定数量的学生为对象,实际进行微型教学,并录制视频。(4)和指导者一起观看视频,分析自己的教学行为,指导者帮助新教师分析一定的行为是否合适,考虑改进行为的方法。(5)在以上分析和评论的基础上,再次进行微型教学,这时要考虑改进教学的方案。(6)进行以另外的学生为对象的微型教学,并录制视频。(7)和指导者一起分析第二次微型教学。

微型教学使得教师可以对自己的教学行为进行更为深入的分析，并增强了改进教学的针对性，因而往往比正规课堂教学的经验更有效。

（三）教学决策训练

教师的教学过程包含着一系列的决策，判断自己的教学行为所引起的学生的反应是否符合期望，如果符合，就继续维持自己的行为，如果不满意，就要采取一定的预防和矫正措施等。让教师进行教学决策的训练可以提高教师的教学能力。有人（Twelker 1967）设计了决策训练的程序，事先向接受训练的教师提供有关所教班级的各种信息，包括学业水平、学习风格、班级气氛等。然后让他们观看教学实况视频，从中吸取自己认为重要的成分。在此过程中，指导者一面呈现出更恰当的行为，一面进行说明。通过这种方法，教师可以获得近乎实际上课的经验并且可以获得指导者及时的解释说明。这种方法不仅可以改善他们的教学行为，而且可以使他们对决策的有效线索更加敏感，这正是专家型教师的重要特征。

（四）教学反思训练

通过反思（reflection）来提高教师的教学水平，这是教师心理研究的一个重要主题。反思是教师着眼于自己的教学活动过程来分析自己做出某种行为、决策以及所产生的结果的过程，是一种通过提高参与者的自我觉察水平来促进能力发展的手段。有研究者（Killion & Todnem, 1993）提出，教师的反思包含这样3种：（1）对于活动的反思（reflection-on-action），这是个体在行为完成之后对自己的活动、想法和做法进行的反思。（2）活动中的反思（reflection-in-action），个体在做出行为的过程中对自己在活动中的表现、想法和做法进行反思。（3）为活动反思（reflection for action），这种反思是以上两种反思的结果，是以上述两种反思为基础来指导以后的活动。首先，教师计划自己的活动，通过"活动中的反思"观察所发生的行为，就好像自己是局外人，以此来理解自己的行为与学生的反应之间的动态的因果联系。而后，教师又进行"对于活动的反思"和"为活动反思"，分析所发生的事件，并得出用来指导以后决策的结论。如此更替，成为连续的过程。

有研究者（Osterman & Kottamp, 1993）以经验性学习理论为基础，将教师反思分为4个环节：（1）具体经验。这一阶段的任务是使教师意识到问题的存在，明确问题情境，并试图改变这种状况，于是进入反思环节。（2）观察分析。教师用批判的眼光分析自己的检修活动背后的思想观点，它与自己所倡导的理论是否一致，自己的行为与预期结果是否一致等，从而明确问题的根源所在。（3）抽象概括。教师反思旧思想，并积极寻找新思想与新策略来解决所面临的问题。(4)主动验证。教师以实际行动或角色扮演来尝试新的策略。教师遇到新的具体经验,又进入具体经验阶段,开始新的循环。

在这4个环节中,反思集中地体现在观察分析阶段,但其只有与其他环节结合起来才会更好地发挥作用。

(五)教师行动研究

20世纪60年代,英国课程专家斯滕豪斯(Stenhouse,1975)把行动研究引入课程研究领域,主张让教师参与课程研究,使教师成为研究者,通过促进教师专业自主能力的发展,达到提高专业化水平的目的。由于行动研究强调从经验中学习,强调实践者就是研究者,注重"研究"与"实践效果"的有机结合,因而它不仅能在较短时间内促进教师教学效果的提高,而且有利于教师的专业成长。

教师所进行的研究与专家们的研究往往有区别(Kutz,1994):(1)研究问题可以来自教师的日常教学经验中的任何问题,而不一定是大的课题。(2)研究途径可以是任何非正式的探索方法,包括做笔记、写日志、谈话记录以及保留学生作品等,而不一定像专家们那样恪守研究套路。(3)教师可以形成研究者的团体,其中包括与教师或与其他成员之间的正式的网络联系,而更重要的是在课堂教学中与学生的联合。例如,教师让学生注意观察课堂教学中的交往方式,通过对父母进行访谈来了解学生的成长经历和经验获得等。

三、教师的成长历程

教师的成长是一个教师的职业理想、职业道德、职业情感、社会责任感不断成熟、不断提升、不断创新的过程,其核心是教师专业化成长历程,也是作为社会职业人的教师从接受教育的学生,到初任教师,到有经验的教师,再到实践教育家的持续过程。人们认识问题的角度不同,对教师成长阶段的划分也不相同。我们认为职业学校教师成长过程可以分为入门、探索、合格、优秀四个阶段,把握每个阶段的发展特点,认识和克服缺点,能够加快教师成长步伐。

(一)入门阶段

这一阶段大致包括理论学习和实践锻炼两部分,是为获得教师资格的准备时期。理论学习是指学习教师岗位所需要的教育科学理论知识,主要包括职业教育学、职业教育心理学、课程教学法等内容;实践锻炼是指运用教育科学理论,在教师岗位上进行教育实践锻炼，形成一定的教育教学能力。从时间角度看，这一时期包括职前接受教师教育和一年左右的教育教学实践。

处于入门阶段的教师的主要特点：需要从学生或其他社会角色转变成教师角色，对教师职业有许多幻想并逐渐了解；教学过程中以知识教学为主，对教学内容理解不深入，常感觉教学内容简单；掌握了一些教育科学知识，进行了教师职业技能初步训练，但停留在机械记忆和简单模仿层次上，没有形成灵活运用能力，教学方法贫乏，缺乏控制和管理学生的方法；在浅层次上理解并掌握了教科书中的全部内容，能够完成教科书中的习题。

入门阶段的发展建议：深入了解和掌握教师职责，增强教师角色意识；了解并遵守师德、教学、管理等常规；注意观察优秀教师的行为，多听课、多请教、多思考。

（二）探索阶段

探索阶段的主要特点：对教学工作非常认真，富有责任心和同情心，服从安排，勤奋肯干；重视教书，忽视育人；缺乏教学经验，教学中局限于教科书的内容，教学策略单一，应变能力较差，不能有效地处理偶发事件；工作的主要时间和精力用在熟悉教学内容上，关注重点集中在教学内容的科学性、丰富性、条理性上；能够从多渠道获得信息，丰富教学内容并加深理解，不能有效把握重点、难点，常常觉得许多事情都需要讲解，有话说不完；对教学内容的理解加深，不仅懂得知识原理，还知道其由来变化的始末和在实习教学、生产实践中的应用情况，并能熟练运用原理解决实际问题。

对处于探索阶段的教师的发展建议：结合自身特点，学习优秀教师的教学经验和做法，形成自己的教学风格；经常了解企业行业实际情况；掌握观察和了解学生的科学方法。

（三）合格阶段

每个人的成长发展速度不同，进入合格阶段的时间也有差异，一般情况下，需要实际工作5年以上才能进入该阶段。

处于合格阶段的教师的主要特点：对教育教学工作有了深入了解，只要和学生在一起，就精神振奋，不知疲倦，浑身充满朝气；能够自觉结合教学内容进行思想品德教育，能够针对学生特点因材施教，能够灵活运用书本知识和别人的经验，变化自如，并融入自己的思想感情，通俗易懂地表达科学知识；能够有效吸引学生注意力，教学方法恰当、灵活多样，能够根据要求在规定时间内完成任务。

对处于合格阶段的教师的发展建议：加强教学研究，总结工作经验并使其系统化、理论化。

(四)优秀阶段

成为一名优秀教师,一般需要十几年的时间,需要付出艰苦的努力。

处于优秀阶段的教师的主要特点:将教育工作看成是神圣的事业,在长期工作中将教育经验升华为教育理论,以促进每个学生全面发展作为教学的根本任务;形成自己独特的教学风格;关注学生的个别差异并有针对性地采取措施,引导学生确定职业生涯规划,充分挖掘每个学生的潜能;能"纵向"和"横向"拓宽教学内容,懂理论,会实践,变死知识为活学问,变难为易,变抽象为具体;不再严守传统教学方法,而是根据教学实践的需要,灵活、创造性地解决问题;把课堂还给学生,像"导演"一样退到"幕后",启发、引导、点拨学生进行学习;课堂上精讲精练,教学效率高,教学效果好。

对处于优秀阶段的教师的发展建议:随着社会和科学技术的发展,职业教育教学内容变化很快,教师需要跟上时代发展步伐,掌握发展动态,不断完善知识结构,如表1-1所示。

表1-1 教师成长阶段比较

项目	入门阶段	探索阶段	合格阶段	优秀阶段
职业角色	学习者	教书匠	教师	教育家
认识职业	就业渠道,谋生手段	社会分工的职业	为之奋斗的事业	神圣事业,自我实现,创造和美的职业
教学任务	传授知识	培养能力	教书育人	促进每个学生全面发展
关注问题	其他人对自己的评价,教学活动细节	教学内容的科学性、丰富性、条理性	学生的基础、习惯和发展	学生的差异、职业生涯规划、潜能开发
教学内容	懂	透	化	深
教学方法	凭借本能教学,简单展示内容	开始进行教学设计,方法单一,以讲授为主	能有效吸引学生注意力,方法恰当,灵活多样	创新方法,启发引导,创造性地处理问题
课堂行为	认为内容简单,无内容可讲	感觉内容太多,讲不完	根据要求完成任务	语言精练,以组织学生活动为主

应该注意的是,影响教师成长的因素是多方面的,教师职业生涯并非总是正向积极的,有停滞、低潮,甚至还会出现职业倦怠、不思进取、得过且过、抗拒变革等问题。这说明教师的成长是一个复杂的、动态的、变化的过程,是教师个体回应各种影响因素的互动过程。只有依据教师成长规律和特点,给予教师适当、适时的协助、教育,才能发掘教师的潜能,促进教师的成长。

认知心理学把知识分为两类：一是回答"是什么"的陈述性知识，它可以通过书本或教师传授获得；二是回答"怎么办"的程序性知识，这种知识又可以分为应用于经常出现的熟悉情境的技能和应用于陌生情境需要创造性的认知策略，它们必须通过教学实践和个人体验才能获得。在教师教育中，学习教育理论和优秀教师经验是必需和必要的，它能使一名入门者迅速成长为一名合格教师，但想成为优秀教师，离不开自身的领悟和追求。

第五节 教师职业的优越性

教师职业的内涵非常丰富，个人的体悟不同，对教师职业优越性的认识也会有差异，但教师职业越来越成为人们羡慕的职业，是多数人的共识。

一、教师是神圣的职业

教师是人类历史上最古老的职业之一，也是最伟大、最神圣的职业之一。教师职业越来越吃香，尊师重教的社会风气盛行，教师对自己的职业越来越有信心。

教师职业对社会发展有巨大促进作用。一方面，教师为社会物质文明建设培养造就了掌握现代科学技术知识和劳动技能的劳动者，是社会物质文明建设的重要力量。现代社会对劳动者自身素质的要求越来越高，物质生产中的竞争实际上是科技和劳动技能的竞争，而科技和劳动技能的竞争归根到底是教育的竞争。职业教育虽然不是直接的物质生产，但它的"产品"是掌握生产理论和劳动技能，并且能够高效率进行生产劳动的人。职业学校教师把生产实践积累的生产知识和经验、技能以及新材料、新工艺、新技术浓缩提炼后，传递给学生，开发学生的智力，培养学生的创造能力。学生就业后在生产劳动中转化为现实生产力，提高劳动效率，促进社会物质文明建设的发展。

另一方面，教师是塑造未来一代灵魂的工程师，是社会精神文明的重要力量。社会精神文明包括文化建设和思想建设两个方面，这两个方面都同教师的劳动直接联系在一起。首先，教师使全人类从古至今创造的文化突破时空的限制，实现时间上的纵向传递和空间上的横向传播，使人类新生一代能够继承祖先的文化成就，并不断发扬光大。其次，教师根据教育目的的要求，针对学生的身心特点，将其培养塑造成有思想、有道德、有文化、有纪律、热爱社会主义祖国和社会主义事业的一代新人。

教师对社会发展的巨大贡献受到社会普遍尊重与认同。夸美纽斯说："我们对于国家的贡献，哪里还有比教导青年和教育青年更好、更伟大的呢？"人们常用"人梯""春蚕""蜡烛""园丁"等词语赞美教师。为保障教师的权益，我国颁布了《中华人民共和国教师法》等一系列法律文件，并规定每年9月10日为教师节。

二、教师是优美的职业

职业学校教师的职业美体现在环境美和劳动美两个方面，其中环境包括自然环境和人文环境。教师工作在优美的自然环境和和谐的人文环境中。职业学校需要通过校园环境发挥育人功能，绿化、美化校园是学校的重要工作内容。学校是文化、文明的场所，教师、学生和其他人员都有较高的个人修养，形成体现学校特色的人文环境。教师职业从形式到内容都体现了劳动美，教师必须以美的姿态、美的心灵、美的语言、美的仪表、美的方法、美的内容教育学生成长，寓教于美，以美育人。

三、教师是自主的职业

教师是专业性劳动，独立完成一项专业性工作任务，领导一般只对工作任务和目标提出要求，不干涉具体的工作过程，教师工作自主性较强，可以充分发挥个人才华，按照自己的风格完成教育教学任务。

我国实行新的劳动制度以来，延长了各行各业劳动者的休假时间。据统计，目前我国法律规定的每年全民休息日是115天。除了这些休息日之外，教师还有寒暑两个假期可以自主支配。除特别艰苦和较高危险的职业外，教师是拥有自主时间最长的职业。

四、教师是相对稳定的职业

职业是一种社会劳动的分工，是发展变化的。影响职业产生和发展的因素很多，主要是社会政治、经济、文化和科技水平。职业教育是否会消亡，主要取决于社会是否需要产品制造人员、社会服务人员和其他生产一线劳动者。不言而喻，职业教育是国家大力发展的事业。我国职业教育正处于上升发展时期。

各种职业的从业者人员流动频率不同。教师职业面对复杂的育人问题，需要从业者具有丰富的经验，从业者因体力下降等原因而被淘汰的可能性较小。

当然，我们所说的教师职业稳定，其含义是教师职业从总体和相对来说失业风险较小，并不是说从事这一职业的人不会失业。优胜劣汰是市场经济的法则，职业教育与市场紧密相连，教师职业同样存在竞争和淘汰，只有不断进取，与时俱进，才能使自己的职业获得稳定。职业学校实行教师聘任制，学校与教师要在平等自愿、协商一致的基础上，签订聘用合同，明确双方责任、权利和义务，确立双方受法律保护的契约关系。

五、教师是幸福的职业

获得幸福感是教师职业的最高境界，优秀教师能够从工作中享受到愉快、兴奋和成就感。教师的幸福感来自多个方面，首先是学生的成长进步，体现了教师的工作成就。教师的报酬实际上不止于物质，学生学业进步、道德成长、为社会做出贡献，都是教师工作价值和人生意义的体现。其次是与学生的情感互动，教师关心爱护学生，也得到学生的尊重。教师是培养和教育人的职业，其工作中除知识技能的交流互动外，还有与学生的情感交流过程，来自学生的期待、信赖、问候、协助，能够进一步激发起教师对工作、对学生的热爱之情。再次是教师在其职业活动中能够满足求知欲、探究欲、创造欲。克服困难，解决一个技术问题是幸福；设计教案，完成一节精彩课是幸福；观察琢磨，转化一个后进生是幸福。孟子曰："君子有三乐"，即"父母俱存，兄弟无故，一乐也；仰不愧于天，俯不怍于人，二乐也；得天下英才而教育之，三乐也。"

人人都向往和追求幸福，但并非人人都能获得幸福，感受教师职业幸福是一种需要学习的能力，获得这种能力至少需要具备以下四方面条件：一是必须有一个与教师使命一致的人生目标，职业活动与人生追求相矛盾，幸福感就无从获得；二是必须亲身实践，不做教师的人，无法体会教师的职业感受；三是必须创造性地完成任务，习惯重复劳动的"教书匠"，只能体验到苦闷、烦躁和乏味，只有不断创造才有幸福；四是具有高尚的道德情操，无私奉献，把本职工作看成是为之奋斗的事业，而不仅仅是谋生的职业。

六、教师对汽车产业发展的应然作用

随着改革开放的深入，我国汽车工业和汽车服务业得到了快速发展。目前，我国汽车保有量急剧增加。快速增长的汽车保有量为汽车维修行业的发展奠定了坚实的基础，给汽车维修行业带来了巨大的商机。与此同时，激烈的市场竞争，也对汽车维修行业提出了新的要求和挑战。凭借传统的经验和方式，我国的汽车维修行业已经营多年，但随着近年来我国汽车制造行业科技水平的大幅度的提高，汽车高新技术的广泛应用，现在市场销售的轿车大都是电子控制燃油喷射系统。但如果系统出现故障，在没有如汽车发动机分析仪和故障电脑诊断仪等先进维修检测设备的情况下，很难准确查明问题所在，从而满足广大车主对快速维修的需求。

我国汽车消费已经发生了质的变化。大量轿车进入老百姓家庭，经济型轿车的私人消费占70%以上。只要有汽车运行，就需要维修行业的服务和保障。其实，激烈的市场竞争已经使汽车产业的利润向服务领域转移。我国汽车制造商依靠自身的优势，已着手进军汽车服务领域，因此，中国汽车维修行业被称为美好的"朝阳行业"。

汽车维修行业对于维持汽车的技术性能至关重要。这一行业不仅确保了汽车的运行安全，还有助于减少环境污染并降低能源消耗。尽管许多新款轿车采用了高科技，但由于缺乏专业的维修工具、技术人员和技术资料，修车难的问题仍然十分突出。

随着汽车科技含量越来越高，机械配合精密复杂，车型越来越多，汽车维修检测设备、诊断仪器种类越来越多，专业素质的员工和维修技术资料的作用就越来越重要。以往定期拆解维护的方法已不是科学方式。汽车大修的概念正在逐步淡化，汽车定期维护与保养的概念日益深入人心。我国大量涌现的私家车主更倾向于接受非解体式的汽车检测诊断技术，这种技术能够实现快速专业维修，有效排除故障，从而提升维修服务的质量。基于此趋势，汽车维修行业在其发展过程中应当转变观念，从传统的"以企业为中心"转向更加注重客户需求的服务模式，确保提供更加贴心、高效的服务体验。

汽车维修行业致力为客户提供个性化、多功能和全方位的汽车维修服务。维修作业正从传统的机械维修向机械电子一体化的方向发展。我们的维修手段也由依赖经验转变为更多地依靠高新技术的检测设备、诊断仪器和技术资料。我们重视提高汽车维修的质量，并采用先进的技术来提升服务水平。例如，我国生产的SOE800汽车发动机综合分析仪在发动机动态测试功能方面表现出色。它的传染系统和信号采集记忆存贮单元能够快速准确地捕获发动机各瞬间参数的时间函数曲线。这些动态参数为汽车维修专业技术人员提供了宝贵的科学依据，有助于他们有效地判断发动机状况，从而迅速排除故障，提高工作效率，增加企业的经济效益。此外，当使用该发动机综合分析仪检测点火系统时，它可以测量发动机初级和次级的点火波形。这使得每个缸的点火波形全貌可以被直观准确地观察到，适用于无分电器和有分电器的车辆。它还能快捷地测量击穿电压、闭合角、火花持续时间和火花电压，从而帮助汽车维修技师有效地分析和判断各种发动机故障。

作为服务行业的一员，汽车维修企业在激烈的市场竞争中必须依靠先进的维修检测设备、诊断仪器以及具备专业素质的员工来提高服务质量和工作效率。这样不仅可以降低企业成本，还可以通过诚信经营实现令人满意的经济效益。在快速发展的汽车工业和服务业中，企业的生存、发展和成功离不开汽车维修专业技术人员的支持。因此，培养这些技术人员是职业院校教师的重要职责。

第二章 教师心理

第一节 教师的角色与特征

教师心理品质直接影响教师的教学与学生的学习过程。随着社会的发展,教师在社会中的重要作用及其不可替代性被人们所重视,社会对教师也提出了更高的要求。在教育改革和发展的浪潮中,教师需要转变传统的角色,具备特定的专业品质,并需要具备一些特定的人格特征。

一、教师的角色概述

随着社会的发展,教师在社会中的重要作用及其不可替代性被人们所重视,社会对教师也提出了更高的要求。在教育改革和发展的浪潮中,教师需要转变传统的角色,具备特定的专业品质,并需要具备一些特定的人格特征。

在传统教学中,教师的角色是比较单一的。教师在教学中处于中心地位,直接以文化科学知识的权威身份出现,在知识、技能和道德等方面具有不可动摇的权威性。然而随着科技的飞速发展和社会的急剧变革,特别是信息与通信技术在教育中的应用,从教育目标到教育内容、教学方法等都在发生巨大变化,教师的角色也相应地发生了重大变化。教师要在教学中扮演以下重要角色。

(一)信息源

教师作为信息源有两层含义:一是指教师按自己设计的方案主动向学生提供一定的信息;二是学生对一定的问题情境进行探索时,主动向教师寻求一定的信息。随着计算机信息网络等在教学中的普及应用,学生可以从更广的途径获得信息。在这种背景下,教师不再是学生唯一的,甚至最主要的信息源。这时教师作为信息源的最主要的方面不是将所有的信息都装在头脑中,而是掌握了获得信息的线索,知道该以何种方式以及到哪里去寻找信息,从而可以为学生提供支持和帮助。

（二）设计者

作为教学的设计者，教师要更多地思考学生因素，在理解和灵活运用各种教学策略和原则的基础上，针对学生的特点、特定的教学内容等，创设一定的教学环境；设计学生与教师和同伴、教学内容及媒体与实物之间的相互作用；设计出一定的测验手段，来检查教学和学习的效果，针对其中的不足做出相应的调整和完善。

（三）指导者与促进者

任何时候教师的指导和促进作用都是不能否定的。必要的讲解和指点，特别是对学习基础较差的学生而言，是永远不可缺少的。所谓促进者是指教师要从过去作为单纯灌输者的角色中解放出来，成为学生学习的激发者、辅导者、各种能力和积极个性的培养者。教师要把教学的重心放在如何育人和促进学生"学习"上，帮助学生构建自己的知识体系。

（四）组织者和管理者

维持一定的教学秩序是进行教学的前提。教师要激发学生的学习动机，进行班级管理，组织课堂教学，处理教学中的偶发事件等；要组织学生参加合作、讨论和练习等学习活动；要准备考试；要记录学生的表现，并与家长和其他教师进行交流。

（五）平等的首席

在传统的课堂理念中，教师是课堂活动的监控者，是教学活动中的绝对权威。现在，教师需要从居高临下的权威转向"平等中的首席"，以平等的身份和学生讨论或合作，作为学习的同伴与学生共同进行意义的理解建构，共同解决问题。由于教师有更丰富的经验和更高的能力，教师作为成熟水平较高的社会成员，通过与学生的交往，可以促进学生的"最近发展区"向现实发展的转化。

（六）反思者与研究者

教师需要不断对自己的教学进行反思和评价，提高对自己的教学活动的自我觉察，发现和分析其中存在的问题，提出改进的方案。教师之间还可以相互进行观察分析，并讨论交流，帮助对方发现问题，共同提高教学水平。教师还可以寻求专家小组的支持，通过专家的专业引领提高专业素质。教师还需要对自己的教学进行研究，成为一个科学研究者，从而能够以一定的理论为基础，灵活地解决教学中的各种实际问题。

(七)终身学习者

教师是学生学习能力的培养者,其首先必须是一个好的学习者。以往的教师教、学生学将逐渐让位于师生互教互学。对教师而言,这意味着上课不再是单向的付出,而是与学生相互理解、相互启发、教学相长。随着学生获取知识渠道的多样化,教师作为学生唯一知识源的地位已发生变化。教师需要重新定位,以学习来促发展,改变自己的工作状态。

二、教师的专业品质

教师的专业品质是广受研究者们关注的主题之一,研究者们讨论了教师的品质结构,涉及教师的信念、知识结构、能力结构等。研究者的视角、研究方法各有不同,所得出的教师专业品质结构也有所差异。我国2013年颁布的《中等职业学校教师专业标准》规定了中等职业学校教师在教师的专业理念与职业道德范围、专业知识和专业能力三大领域的专业标准。专业理念与职业道德规范领域,包括职业理解与认识,对学生、教育教学的态度和行为,以及个人修养与行为。专业知识领域,包括学生发展知识、学科知识、教育教学知识和通识性知识。专业能力领域,包括教育教学设计、组织与实施、激励与评价、沟通与合作、反思能力等。

(一)教师信念

教师要具备一定的教学和学习的理论知识,然而,教师了解了某种理论后,并不能自动地对教学活动产生影响。研究者(Osterman & Kottkamp,1993)将教师的理论知识分为两类:一类是所倡导的理论(espoused theories),这种知识教师容易意识到,容易报告出来,它更容易受外界新信息的影响而产生变化,但它并不能对教学行为产生直接的影响;另一类是所采用的理论(theories-in-use),这类知识可直接对教学行为产生重要影响,却不容易被意识到,并且不容易受新信息的影响而产生变化,而是更多地受文化和习惯的影响。这两类知识并非截然分开的,所倡导的理论可以转化为所采用的理论而对教学活动产生影响。

区分这两类知识有重大意义。很多教学改革之所以失败,一个最主要的原因就是忽略了这两类知识的差别,误认为向教师介绍了新的教学思想便可以自然而然地促进教学行为的革新,却不知教师还在用老一套思想进行教学。比如,一位教师接受了建构主义学习理论的培训后,知道了让学生对一定的问题情境进行探索的重要性,这种理论便基本成为"所倡导的理论",但他在教学中却可能完全是另一种做法,仍旧沿袭"满堂灌"的模式。

（二）教师的教学能力

教师的教学能力可以分为三个方面：教学认知能力、教学操作能力和教学监控能力（周建达、林崇德，1994；沃建中，1994）。在整个教学能力结构中，教学认知能力是基础，教学操作能力是教学能力的集中体现，而教学监控能力是关键。下面就对这3个方面分别进行介绍。

1. 教学认知能力

教学认知能力是指教师对所教学科的定理、法则和概念等的概括化程度，以及对所教的学生的心理特点和自己所使用的教学策略的理解程度，它包括以下4个方面（周建达、林崇德，1994；沃建中，1994）：（1）概念，能揭示出概念的本质特征。（2）类同，能概括出两者的共同特征。（3）运算，指关系转化和推理。（4）理解，主要指对学生的动机水平、年龄特点、个体差异以及教学策略的理解。

2. 教学操作能力

教学操作能力是指教师在教学中使用策略的水平，其水平高低主要看他们是如何引导学生掌握知识、积极思考、运用多种策略解决问题的。它是教师课堂教学能力的集中体现，主要有以下几方面的教学策略：（1）制定教学目标的策略。（2）编制教学计划的策略。（3）教学方法的选择及运用策略。（4）教学材料和教学技术的选择设计策略。（5）课堂管理策略。（6）对学习和教学进行测试与评价的策略。

3. 教学监控能力

教学监控能力是指教师为了保证教学达到预期的目的，在教学的全过程中，将教学活动本身作为意识对象，不断地对其进行积极主动的计划、检查、评价、反馈、控制和调节的能力。此外，反思作为教师对教学策略、教学过程以及结果的觉察，也是教学监控的一种重要形式。

（三）教师的交互沟通能力

教师的交互沟通能力也是很重要的。教师善于倾听尤其重要。有研究者（Huckins, et al., 1978）按照倾听的对象把倾听分为3类：（1）个人内部的，这里关心的是自己（满足个人自己的需要和兴趣）。（2）人与人之间的，重点是在别人而不是自己。（3）外在的，重点在于某些内容或信息，而不在于人。其又按照倾听的方式把倾听区分为5种类型：（1）鸡尾酒式的倾听。（2）竞赛式的倾听。（3）内容的倾听。（4）承担义务的倾听。（5）创造性的倾听。优秀的教师不仅自己应当善于倾听，改进听的技能，而且也应该对有这方面问题的学生进行帮助。

三、教师的角色特征

有研究者（Reilly & Lewis，1983）对大学生进行了调查，发现好教师有15项特征：（1）严肃认真。（2）耐心。（3）灵活。（4）好的素养。（5）关怀、助人。（6）高期望。（7）对学生很友好。（8）公正、诚实。（9）一致。（10）把学生看成许多个人。（11）热情、喜欢教学。（12）理解。（13）善于组织。（14）幽默感。（15）在学科上知识渊博。

另有研究者（Ryans，1960）确定教师分为三种基本行为类型：（1）是温和的、融合的和理解的，还是冷淡的、利己的和约束的。（2）是负责的、有条理的、系统的，还是推脱的、无计划的、潦草马虎的。（3）是激励性的、富有想象力的，还是迟钝呆板的、墨守成规的。

还有研究者（转引自McIntyre & Haire，2002）设计了一种角色特征测试。这份测试问卷包括28个截然相反的项目，要求被试在5个连续水平上选择一个最接近自己行为的选项。这份测试所隐含的理论假设是：（1）一位有创造力的教师应该是富有想象力的、经验丰富的和新型的，而一位缺乏创造力的教师则是循规蹈矩的、严厉的和谨慎的。（2）一位有活力的教师应该是开朗的、精力充沛的和外向的，而一位缺乏活力的教师则是消极的、退缩的和缺乏主见的。（3）一位有组织力的教师是果断的、足智多谋的和有控制力的，而一位缺乏组织力的教师是反复无常的和浮躁的。（4）一位热心的教师是友善的、和蔼可亲的和有耐心的，而一位冷漠的教师则是不友好的、不亲切的和缺少耐心的。

这些教师特征测试工具有助于我们思考教师应当具备什么样的角色特征。

四、教师的个性特征

（一）烦躁型、胆怯型与高度整合型

有研究者（Heil，1960）曾把教师分为3种类型：（1）烦躁型，在教学中往往表现出烦躁、冲动和自发性的特征，缺乏精心的组织和调控。（2）胆怯型，在教学中往往过于胆怯与焦虑，过于坚守规则，不敢越雷池一步。（3）高度整合型，在教学中往往表现出自控、有条理和目的性。黑尔等人将这3种类型和学生的学习效果联系起来进行研究，结果发现：烦躁型教师只对那些奋斗型或顺从型的学生有效果；胆怯型教师在3类教师中效果最差，只对奋斗型的学生有效；高度整合型教师则对各种学生都有效，尤其是焦虑的和怀有敌意的学生，这类教师具有明显的优势。

（二）具体—抽象倾向

具体—抽象是对个人信念的一种分类维度，是个人在认知活动中表现出的稳定的特征倾向。倾向于具体的人往往关注事物的细节和直观特征，注重事物特殊性的一面；而倾向于抽象的人则喜欢对事物的特征进行概括，更关注于事物的一般特征。有研究（Harvey，Hunt，& Schroder，1961）表明，抽象水平高的教师往往更能在教学中灵活应变，较少教学专制和惩罚。这样的教师所教出的学生比那些具体思维水平上的教师教出的学生学习更专心，更积极主动，更有合作精神，也更有成就。另有人（Hunt & Joyce，1967）研究发现，抽象水平高的教师往往更爱思考，更能发现和运用来自学生的信息线索来鼓励学生提出问题、提出假设。

近年来，人们采用心理距离（psychological distance）来描述人关注事物的抽象—具体水平。在生活中，我们经常有这样的经验：在远距离时，看到的是事物的整体、抽象特征；在近距离时，看到的是事物的局部和具体细节。心理距离是个体以自我为中心（以此时此地自己的直接经验为参照点）对所描述的事件或行为在时空上的远或近以及发生概率的大或小的感知（Trope，Liberman，& Wakslak，2007）。心理距离包括时间距离（当下—过去或将来）、空间距离（邻近—遥远）、社会距离（自己—他人）和假设距离（事情发生概率的大小）4个维度。心理距离影响人对事物的解释水平。根据解释水平理论（construal level theory），人倾向于更多地使用反映事物内涵的一般的、核心的、去情境化的特征来解释心理距离遥远的事物，更多使用偶然的、外围的、情境化的特征来解释心理距离较近的事物（Trope & Liberman，2003）。前者为高解释水平，后者为低解释水平。例如，人对马上要做的事情、自己要做的事情、可能发生的事情更倾向于考虑怎么做，对未来要做的事情、别人要做的事情、不可能发生的事情更倾向于考虑为什么做。

个体的解释水平存在一定的差异，有的人倾向于对事物做出高水平解释，有的人则倾向于对事物做出低水平解释。教师的具体—抽象倾向反映了教师解释水平的差异。

五、教师的职业倦怠

职业倦怠（burnout）是由美国临床心理学家费登伯格（Freudenberger）于1974年首次提出的，也有人译为"职业枯竭"或"工作耗竭"。费登伯格从临床的观点出发，认为职业倦怠是指由工作强度过高并且无视自己的个人需要引起的疲惫不堪的状态。这种情况比较频繁地出现在那些乐于奉献和承担义务的人身上，这些人的工作量过大、工作时间过长、工作压力过大。职业倦怠被认为是"过分努力去达到一些个人或社会的不切实际的期望"的结果。

教师职业倦怠（teacher burnout）是教师长期不能顺利应对工作压力时的一种极端反应，表现为情绪、态度和行为的衰竭状态。根据职业倦怠的三维模型（Maslach, et al., 1986），教师的职业倦怠存在3个方面的表现。（1）情绪衰竭（emotional exhaustion）：教师丧失工作热情、情绪波动大，容易迁怒他人，情绪情感处于极度疲劳状态。例如，有的教师工作了多年，感觉自己每年做着重复的工作，加上一些问题学生捣乱，就有可能对工作没有热情，教学方面得过且过，对班里的学生也放任自流，琢磨着跳槽，期盼着换一份好一些的工作。（2）去人性化（depersonalization）：教师以消极、冷漠、否定、忽视的态度对待自己的学生、同事和家人。例如，有的教师由于工作繁杂、教学任务重而感到心情烦躁，面对学生的捣乱行为或者看到教室里乱糟糟的场面，就有可能突然发怒，训斥学生。（3）低个人成就感（reduced personal accomplishment）：教师个人成就感降低，自我效能感下降，消极地评价自己，认为自己的工作没有意义和价值，对学校和社会不满，工作变得机械化且效率低下，缺乏适应性。例如，有的教师开始接手一个新班，可能还信心满满地想要和学生一起努力提高全班的成绩，如果一年之后学生的成绩没有起色，教师就有可能怀疑自己的能力太差，感到自卑与自责。

有研究者（Farber, 1991）认为，虽然教师职业倦怠可以从情绪衰竭、去人性化和低成就感3个角度进行描述，但是职业倦怠在不同个体身上的表现是不同的。具体而言，主要有3种表现形式。（1）精疲力竭型（burnout）：这类教师在高压力下的表现是放弃努力，以减少对工作的投入来求得心理平衡。这类教师的职业倦怠一旦出现，要想恢复就很困难，因为这些症状会得到自我强化。（2）狂热型（frenetic）：这类教师有着极强的成功信念，能狂热地投入工作，但理想与现实之间的巨大反差使他们的这种热情通常坚持不了太长时间，整个信念系统突然坍塌，最终精力耗竭。（3）低挑战型（underchallenged）：对于这类教师而言，工作本身缺乏刺激，他们觉得以自己的能力来做当前的工作是大材小用，因而厌倦工作。他们在工作一段时间后，就开始对工作敷衍塞责，并考虑更换其他工作。这3种类型不是完全独立的，有时候是以混合交叉的形式存在的。

教师职业倦怠是在长期的工作环境及伴随的压力中积累下来的，需要从社会因素、组织因素和个人因素3个方面加以应对。

第二节 教师与学生的相互作用

师生互动是上课时老师为活跃课堂气氛常用的一种方式，通常是老师先发起，之后老师邀请同学与自己合作实现某一教学目的，做出某种东西，或是协助老师完成某件事情。利用师生间有效互动，可以扩大课堂学习的深度与广度，活跃课堂气氛。师生互动的目的在于让同学与教师合作完成某件事情，从而激发学生兴趣，培养创新思维。

一、教师对学生的影响

教师对学生的影响是多方面的，有许多都是无形中的影响。教师是学校班集体中的权威人物，如果学生们很喜欢他，就会有意识地学他，但是如果学生们不喜欢这些教师，也会不自觉地吸取、模仿教师的某些方式和态度。本书以教师期望对学生学习的影响来做进一步的说明。有关的理论和研究表明，教师对学生的期望与教师自己的行为以及学生的成绩有关（Cooper & Good，1983；Cooper & Tom，1984；Litovsky & Dusek，1985）。罗森塔尔和雅各布森（Rosenthal & Jacobson，1968）最早对教师期望进行了研究。他们在开学初对学生进行了一个非言语智力测验，并告诉教师这个测验能预测学生的智力发展。研究者随机选取20%的学生，然后将学生名单告诉教师，并称这些学生是有发展潜力的。当然，教师并不知道该测验并不能够预测智力的发展潜力，也不知道所选取的学生与测验分散无关。然后，教师进行正常教学。一年后，被指定为有发展潜力的学生和控制组的学生（没有指定为有发展潜力者）之间出现了智力上的显著差异，这种差异在一年级和二年级的学生身上表现得最为突出。

罗森塔尔和雅各布森认为，教师的期望是一种自我实现的预言，因为学生的成绩最终反映了这种期望。他们还认为，这种预期效应在年幼儿童身上特别明显，因为儿童与教师有直接的接触，年龄大的学生在换了一位新教师后可能表现得更好。

罗森塔尔等人将这一实验中的现象称为教师期望效应。这一效应也被称为"罗森塔尔效应"或"皮格马利翁效应"，该术语源于希腊神话。皮格马利翁是古希腊神话中一个主人公的名字，相传他是塞浦路斯国王，善雕刻。他对自己用象牙雕刻的少女产生了爱恋之情，他热诚地期望竟使这座雕像变成了真人而与他结为伴侣。皮格马利翁效应指人们基于某种情境的知觉而形成的期望或预言，会使该情境产生适应这一期望或预言的效应。如果教师根据对某一学生的了解而形成一定的期望，就会使该学生的学习成绩和行为表现发生符合这一期望的变化。

有两类教师期望效应。第一类为自我应验效应（self-fuifilling prophecy effect），即原先错误的期望引起把这个错误的期望变成现实的行为。如果某同学的父亲是著名的大国工匠，那么他的教师很自然地认为他应该具有成为出色大国工匠的潜力。假设该学生天赋平平，但这位教师对其满腔热情，表达对其能力的十足信心，鼓励他经常练习，常常对其进行额外的指导，结果这种对待使他果真成为优秀的工匠苗子。但如果教师不特别对待这位学生，结果就不会是这样，这就可看作自我应验效应。这种自我应验效应在我们教师过往的经历中普遍存在。

第二类是维持性期望效应，即教师认为学生将维持以前的发展模式。其问题在于，如果教师认可这种模式，那么他将很难注意和利用学生潜在能力的发展。例如，教师对待优等生的不同期望，使得他很难关注后进生的进步，甚至对其进步持怀疑态度，认定他们是在别人的帮助下甚至是作弊得到的。这种期望维持甚至增大了优等生和后进生的差距。这种维持性期望效应在青年教师过往的经历中普遍存在。

有研究者从概念和方法论的角度对这一研究提出了批评。另外，重复的实验也没有得到相似的结论（Cooper & Good, 1983; Elashoff & Snow, 1971; Jensen, 1969）。罗森塔尔本人尝试重做这一研究，发现这种效应只在一个年级里有明显效果。布罗菲和古德（Brophy & Good, 1969）发现教师对学生能力的洞察可以影响学生的成绩。他们在一项研究中要求一年级教师按其对学生潜力的看法对学生进行排队，然后看教师如何处理不同成绩的学生（名单上分数高和分数低的学生）。观察表明，教师对待这两部分的学生的态度无意中有细微的差别。与低分学生相比，他们给高分学生的正确答案以更多强化，对高分学生有更多提示。这说明教师对不同学生有不同期望，因此采用不同方法；学生对此有不同反应，学生的反应又对教师行为做出补充或加强。

二、学生对教师的影响

如果说教师行为对不同学生有很重要但很不相同的影响的话，那么，确切地说，学生对教师行为也有重要的影响。教师在改变和改进学生反应的同时，也自问："我在什么程度上受到我的学生们的操纵？"

对于一个难教的学生，家长一方面感到难带，另一方面感到对自己做家长的技能和创造性来讲也是一种挑战。同样，那些学得慢的学生、多动的学生以及不顺从的学生，对教师也是一种挑战。对某些优秀教师来说，处理好这类学生的问题也是一种满足。如果说学生对教师有影响的话，那么这种影响也是被教师对它的理解和接受的方式所折射了的。实际上，在日常教育工作中，在学生作业中看到的反映他本人特点的一些情况，也会成为教师选择方法的依据。

有研究（Cantor & Gelfand，1977）提供了学生影响教师的反应的证明。研究者用指示和录像带训练7～10岁孩子对他们的教师应答或不应答。与某些教师在一起，他们寻求帮助和赞同，受称赞时微笑，对教师的评论热情地反应；而与另一些教师在一起时，则不征求意见，也不争取赞助，只是极简短地回答问题，而且避免直视教师，避免对他微笑或与他谈话。后一种行为类型是典型的极端怕羞、与社会脱离的孩子的行为特征。实验者总结指出：（1）这些孩子是很有能力控制成人的社会行为的，他们能控制成人的言语和非言语的帮助的概率，以及成人对他们的其他形式的积极的注意。（2）成人认为，那些对他们做应答的儿童比那些不作应答的儿童更聪明，更吸引人。实验者提出，教那些习惯性地不作应答、不善社交的孩子，在对成人的反应上做出非常简单的改变，是很有可能实现的。

三、师生的相互作用

师生间的作用是双向的。对师生相互作用的研究也是教育心理学的一个重要研究主题。

有人（Domino，1971）研究了师生风格的相互作用对学生成就动机的影响。研究者先评定900名心理学系学生的遵从性和独立性，然后把100名极端分数段的学生挑出来，每25人为一组，共4组，控制每组学生的性别和学业能力。由同一位教师用不同方法进行教学，其中两组则要求学生采用遵从的方式，另外两组则要求学生采用独立的方式。结果表明，当具有独立定向的学生被指定到一个独立方式的组时，他们会更满意；喜欢遵从的学生被分配到一个遵从风格的组时，他们会取得更好成绩，感到更满意，对教师的评价也更高。

师生相互作用的方式随着学生年龄的不同而变化。中学生与小学生的需要和偏好是不同的。在小学里，为了促进学生对学习内容的掌握，直接教学的风格可能更有效；到了中学，随着学生自主和独立的需要的增长，教师可以给学生更多个人练习的自由，这样做比直接教学更有效。所以，中职学校应多开设一些第二课堂或社团活动。在一项有关非直接教学的研究中，中学生认为，与传统学校相比，这里的教师更友好，更可亲近，更有帮助，而且他们可以谈论任何事情，可以自由地活动和做决定，他们的学习成绩更好。

弗兰德斯（N.A.Flanders）从20世纪70年代开始，用系统观察的方法研究课堂教学过程中师生的相互作用，提出了相互作用分析的模式，如表2-1所示。研究发现，间接的教学行为常常是与好的成绩、动机和对部分学生的态度关联在一起的。当然这并不是要强迫教师改变他们的教学方法，限制教师的创造性，而是给教师提供了一种工具来了解自己的教学方式，认识自主指导与学生的相互作用。

表2-1 相互作用分析的模式（Flanders，1970；转引自王坦、鲍兆宁，1988）

教师的间接影响	①接受感情。用没有威胁的方式接受和阐明学生的情感；可以是肯定的和否定的，也包括预期的和回忆的感受。 ②称赞或鼓励。称赞或鼓励学生的动作或行为，包括缓和紧张气氛的笑话，但不应当取笑另一个人，或点头表示同意，或说"嗯，嗯……""请说下去"等。 ③接受或采用学生的观点。阐明、建构或发展学生的看法。 ④提问。问学生有关内容或程序方面的问题，旨在让学生回答。
教师的直接影响	⑤讲解。叙述事实或讲述教学内容、程序或见解；谈论自己的想法，提出一些反问（学生不必回答，只为加深印象）。 ⑥给予指导。指导、要求或命令，希望学生照着做。 ⑦批评或证明权威的正确性。进行陈述，以便把学生的行为从不听从变为听从；批评学生，说明教师为什么这样做；极力证明自己是正确的。
学生的讲话	⑧学生的反应性讲话。回答教师的提问，由教师开始询问或要求学生叙述 ⑨学生的主动讲话。由学生主动开始的讲话，包括向教师主动提问。 ⑩沉默或混乱。暂停、短时的沉默或观察者不能理解交流时的混乱。

四、教学相长对职业教育的作用

教学相长的理念强调了教师在教学过程中不仅是知识的传递者，也是自身专业成长的一部分。这意味着教师的教学活动不仅帮助学生获得知识和技能，同时也促进了教师自身的专业发展。通过教学实践，教师能够不断关联和扩展自己的知识体系，提高教育教学能力，从而更好地应对职业教育的需求和挑战。此外，教学相长还注重教师与学生之间的相互作用。在这种模式下，"教"与"学"相互影响，共同进步。这样的互动不仅有助于加深学生对知识点的理解，激发他们的学习兴趣，还能促使教师反思并优化自己的教学方法，形成良性循环。这种模式鼓励建立一种基于平等交流的新型师生关系，有利于构建更有效的课堂环境。进一步地，教学相长的实践鼓励教师将日常教学与学术研究相结合，持续自我提升。这不仅限于积累经验，更重要的是通过不断的思考与探索来实现个人职业道路上的成长。同时，它还为教师提供了宝贵的面对面交流机会，促进了同行间的知识分享与合作，提高了整体教育质量。例如，通过线上线下结合的方式开展教研活动，可以有效促进教师团队内部以及跨校际的沟通协作，实现资源共享、优势互补的目标。

第三章 职业教育与职业学校教师

第一节 职业教育概述

与普通教育相比,职业教育是另一种类型的教育,有其不可替代的教育作用。职业教育与普通教育是不同教育类型,具有同等重要地位,是国民教育体系和人力资源开发的重要组成部分,是培养多样化人才、传承技术技能、促进就业创业的重要途径。这种教育的主要目的是提高劳动者的文化、技术、业务水平,以适应各种职业所需要的熟练劳动力和专门人才。2019年1月,《国务院关于印发国家职业教育改革实施方案的通知》颁布(详见附录1),由此可见国家对职业教育的高度重视。

一、我国古代职业教育的发展

原始社会时期,文字尚未产生,人们在部落内过着原始生活。那时候人的教育与生产、生活紧密结合在一起。用现在的观点来看,当时人类的教育活动就是职业教育,而教育者往往是部落或部落联盟的首领。例如传说伏羲氏教民猎渔、神农教民耕种等。原始社会,人们过着刀耕火种、男耕女织的生活,社会生产力低下,生活环境十分恶劣。为了生活和延续,原始社会的人必须对年轻一代进行教育,将生活中的知识、技能和经验一代一代传递下去。由此可见,人类最早的教育活动是职业性的教育活动,职业教育起源于生产活动。

奴隶社会时期,社会分工已有农牧业、手工业和商业。此时手工业比较发达,分工也比较细。据《周礼·考工记》记载,当时有30个工种:"凡攻木之工七,攻金之工六,攻皮之工五,设色之攻五,刮摩之攻五,搏埴之工二。"实际上当时的工种远不止这30个,故称"百工"。这些工就是手工业奴隶。朝廷还设置了专门管理农业、建筑业和手工业的官吏。管理手工业的官吏称为"尹工"或"司工"。这一时期的职业教育主要面向两类人:一是各种职官,如农官、司工、史官、礼官等;二是"百工"。教育方式是"父教子学,世代相传"。这种教育方式主要和奴隶社会的世袭制有关。当时的奴隶无身份的自由,更无择业的自由。《吕氏春秋·上农》中说:"凡民自七尺以上属三官,农攻粟，工攻器，贾攻贷。"《国语·周语》也说："庶人、工商各守其业，以供其上。"一人为工，其子孙世代为工。各种职业官变如此。"各守其职，各安其业"是当时社会的真实写照。故奴隶制社会的职业教育也只能父教子学，世代相传。除"百工"及职官的职业教育外，在为统治阶级培养接班人的官学中，也开展一定的职业教育。官学内容"六艺"中的"射""御"（射击、投掷、驾驭战车）就是军事技能方面的职业教育。

封建社会时期，社会生产力进一步发展，科技文化水平进一步提高，人口增加，农牧业、工商业进一步发达，社会分工更加专业化、细化。而且除少量家奴外，绝大多数平民已有了人身自由，可以自主择业。再加上奴隶社会的"学在官府"被冲破，私学大量涌现，社会发展也对职业教育提出了更多更高的要求。在这种情况下，职业教育得到了较快的发展。无论是官方还是民间，几乎所有的行业都结合自身的特点开展职业教育，而且职业教育的内容也大为扩展。这一时期出现了各种职业礼仪和行规，进入某一行业要行拜师礼，要遵守职业行规等。这一时期职业教育的形式主要有下面几种。

（一）父子相传

中国的血缘关系促成了"父子相传"的文化和技术传承模式。在手工业文化中，这种血缘关系的作用尤为显著。战国时期，儒家经典《礼记·学记》中有这样形象的描述："良冶之子，必学为裘；良弓之子，必学为箕；始驾者反之，车在马前。君子察于此之者，可以有志于学矣。"这意味着有经验的冶铁工人会先教儿子学会用皮革缝制鼓风袋，而经验丰富的造弓工人则会先教儿子学会用软枝条制作箕等器具。这段描述生动地反映了家庭手工技术的代代相传。这种传承方式主要出现在医药、武术以及少数手工艺家庭中。在这些家庭中，长辈通常掌握着某些秘方或特殊技巧，并将其视为家族的秘密，只传给后代，从而形成了一种世代相承的技术传统。随着经济的发展和社会的进步，民间生产技术的传授更多地被限制在家庭内部，实行技术垄断，进一步巩固了家传技术的连续性。

（二）师徒相授

中国古代手工技艺的传承方式主要有两种：一种是子承父业，另一种则是师徒相授。师徒相授制度是手工业行会组织的重要组成部分。早在先秦时期，中国就已经建立了较为完备的学徒制度。

在漫长的历史进程中，学徒制发挥了职业技术教育的作用，为古代社会培养了许多能工巧匠。根据史料《均工》记载：由于工师的善于教导，过去作过工的工匠可以在一年内学成，而新工匠则需要两年的时间才能达到同样的水平。这表明工师的教导对于工匠的学习进度和效果有着显著的影响。《均工》还规定了奖励和惩罚机制来激励工匠的学习。如果工匠能够提前完成学业，他们将受到上级的奖励；而如果期满仍不能学成，则会被记名并上报内史。这种机制旨在鼓励工匠努力学习，同时对未能达到要求者进行必要的管理和监督。这里提到的"工师"，其主要职责就是传授技艺给学徒。

几乎所有职业中的能工巧匠或大师，为适应社会及自身的需要，都收授徒弟，将技艺传给下一代。徒弟们经过若干年的培养，达到一定的程度后，可学满出师，另立门户。如木工鼻祖鲁班，就收了不少徒弟进行培养。这种方式是职业教育最主要的方式，并延续到现代。

（三）学校教育

学校教育又分官学和私学两种。

封建统治阶级为维护其统治的需要，在官学中也包括职业教育。如东汉末年灵帝之时开设的"鸿都门学"就是专门学习尺牍及书法、艺术的文艺专科大学，这是我国教育系统中最早的专科学校。南朝宋文帝元嘉二十年（公元443年），太医令秦承祖奏请皇帝同意，设立医学馆。这是我国最早的医学专科学校。唐朝时，国子监管理的书学、算学、律学就是书画、算术、法律方面的专科学校；太医署下设的医学、太仆寺下设的兽医学、太史局下设的天文学、太乐署下设的乐舞学等，分别是培养医学、兽医学、天文学和音乐舞蹈的职业教育机构。宋朝时，国子监管理的武学、画图局管理的画学，分别是培养军事和绘画人才的专科学校，也是我国最早的军事学校和美术学校。此外，"掌百工技巧之政"的少府监、"掌土木匠之政"的将作监的职能之一，就是培训艺徒。

私学中开展职业教育则是比较普遍的现象。私学中属职业教育的占到相当比例。最早的首推春秋战国时期的墨子。墨家私学中教授农业生产和手工业知识、军事器械制造和使用知识以及自然科学知识。此外，还有许行创立的农家学派，设学收徒、著书立说，传授农业生产知识和技能。

除上面提到的职业教育形式外，还有一种卓有成效的职业教育方式，那就是推广新技术、新方法、新工艺。从事这项工作的绝大部分是政府，但也有少量来自民间。如汉武帝时期，农官赵过创造了新的耕作方法（代田法），于是汉武帝下令各郡守派所属县令齐聚京师学习，然后回辖地推广，大幅度提高了粮食的产量。宋朝末年黄道婆将在海南学到全套棉纺织技术传到长江下游，促进了整个地区棉纺手工业的发展。此外，如北宋时期房屋建筑专著《木经》、园林建筑技术的著作《园治》、为经商计算服务的《算法统宗》、明清时期李时珍的《本草纲目》、徐光启的《农政全书》等著作的出版发行，都在一定程度上普及推广了职业教育。

二、我国近现代职业教育的发展

我国近代职业教育起源于清末的洋务运动。西方列强的坚船利炮使张之洞等洋务派官员痛感旧式教育的腐朽和科学技术的重要，于是开办了一批洋学堂，主要是外国语、军事和技术学堂。其中技术学堂比较著名的有：上海江南制造局附设的机器学堂（1867年）、福建船政学堂（1866年）、天津电报学堂（1880年）及后来的湖北农务学堂、湖北工艺学堂、南京矿物学堂等。除洋务派开办的学堂外，私人也有开办，如蔡金台在江西开办的蚕桑学堂。20世纪初，开始出现公立学堂，如福建省开办的蚕桑学堂（1900年）、广东省开办的商务学堂（1901年）、山西省开办的农技学堂（1902年）、湖北省开办的钢铁学堂（1902年）等。

1904年，清政府颁布了"癸卯学制"，该学制确立了实业教育在整个教育体系的地位，规定实业教育从横向上包含实业学堂、补习学堂和教员讲习所；纵向上由初、中、高三级组成，其中的实业学堂分农业学堂、工业学堂、商业学堂和商船学堂。行政上，学部成立了实业司，各省成立了实业科。但由于当时中国的工商业十分落后，故实业教育发展十分缓慢。

辛亥革命后，在蔡元培的主持下，国民政府于1912—1913年颁布了"壬子癸丑学制"及"实业教育令"。该学制将初等实业学堂改为乙种实习学校，将中等学堂改为甲种实业学校，将高等实业学堂改为专门学校。此外，还有附设的专修科、别科等。同时，在普通中学中增加了职业技术类课程。1915年增设了"女子职业学校"，开创了培养职业妇女的先河。

1917年5月6日，黄炎培联合教育界、实业界48位名人在上海创建了"中华职业教育社"，这是我国第一个研究、提倡、试验、推广职业教育的机构。次年，创建中华职业学校。此后数十年时间的教育和社会活动主要通过中华职业教育社来展开。1918年，他又在上海创办"中华职业学校"并提出了"手脑并用""做学合一"的主张。这些活动都对推进我国的职业教育发挥了很重要的作用。

1922年，当时的北洋政府颁布了"壬戌学制"。该学制在中学设职业科，高等职业教育仍称为"专门学校"。由于各方努力，这一时期职业教育得到较快的发展。

1927年，国内出现了国民党统治区和中国共产党领导下的革命根据地。两个地区实行两种不同的教育制度。国民党统治区的职业教育在曲折中发展。中国共产党领导下的革命根据地的职业教育从创建到发展、壮大，适应了革命战争和根据地建设的需要。其办学形式灵活，许多职业学校利用旧祠堂、会馆或借用民房为校舍。

中华人民共和国成立后，国家建设需要大批的人才，党和政府高度重视发展职业教育，并取得了显著的成果。

三、职业教育的作用

职业教育是与社会发展紧密相关的一种教育。它在贯彻落实党的教育方针和政策，促进经济发展和繁荣，实现社会公平，构建和谐社会，推进科技进步，丰富文化内涵，促进人的发展等方面具有独特的作用。

（一）职业教育的政治作用

教育是为政治服务的，职业教育亦是如此。古代的职官教育、中世纪的骑士教育、近代的职业教育，无不体现了执政者的意志，否则它们就无法生存下去。我国现在十分重视职业教育的发展，同样是在贯彻落实党的教育方针和政策。党中央、国务院根据国际形势的变化和发展，根据我国经济社会发展的需要，清醒地认识到职业教育在我国现阶段发展中的重要作用，从而作出了大力发展职业教育的决定。也正是基于此，才出现了我国目前职业教育蓬勃发展的大好局面。因此，从政治的角度看，职业教育起到了贯彻落实党的教育方针政策的作用。

（二）职业教育的经济作用

职业教育作为与经济发展紧密相关的教育，它对经济的促进作用是显而易见的。我国改革开放以来，经济建设取得了举世瞩目的成就，目前正在走高质量发展道路，需要大批的技能型人才，而这些技能型人才只有通过发展职业教育来培养。因此，职业教育发展得好，将积极地促进经济的发展；反之，职业教育的发展跟不上经济的发展，也会起到制约作用。

（三）职业教育的社会作用

职业教育在促进经济发展、缓解就业压力、推动产业升级、助力乡村振兴、传承技术技能、提升个人素质、促进教育公平以及增强国际竞争力等方面都发挥着重要作用。因此，应该高度重视职业教育的发展，加大投入和支持力度，推动其与经济社会发展深度融合。

（四）职业教育的科技作用

现代科技发展日新月异，国际经济竞争的背后实质上是科技竞争。科学技术是第一生产力的科学论断已深入人心。职业教育在推动科技发展，推广科技成果方面具有不可或缺的作用。无论是古代还是现代，新知识、新工艺、新方法必须通过职业培训，才能被广大的民众掌握和使用，才能推动经济和社会的发展。而广大民众职业技能的提高，又对科学研究和技术提出了更高的要求,从而也刺激了科技的发展,使科技水平更上一层楼。因此,职业教育在推广科技成果、促进科技进步方面发挥着重要的作用。

(五)职业教育的文化作用

教育和文化密不可分。从广义上说,教育属于文化的范畴。职业教育的发展,自然会衍生出与其他教育不同的、具有自己特色的职业教育文化。比如说,职业教育规范,它包括了职业制度、职业纪律、行业要求、岗位规则、职业精神、职业道德、职业理想、职业意识等要素。受过职业教育的人,这些规范都会在他身上打上烙印。职业教育规范就是一种职业教育文化。因此,可以说职业教育丰富和发展了文化的内涵。

(六)职业教育对人的身心的促进作用

职业教育教授给学生的,不仅仅是一种技能,一种谋生的手段,更有爱岗敬业的责任感和职业操守,以及服务社会的意识和团结合作的精神。经过职业教育的学生,提高了文化素养,学到了职业技能,培养了敬业精神,形成了职业道德,渗透了服务意识,增强了合作精神,而这些对他身心的发展、人格的塑造起到了十分重要的促进作用,使其充满自信地走向社会。职业教育中的职业道德教育便成为我国公民道德精神的主要着力点之一。

四、职业教育的地位

(一)职业教育缺乏吸引力的原因

职业教育以其在促进经济繁荣和发展、建设和谐社会、促进人的全面发展中所起的重要作用,理应得到重视,具有较高的地位。但对大部分学生和家长来说,职业教育仍缺乏吸引力。主要原因如下:

1. 传统文化影响

千百年来,"读书做官""劳心者治人,劳力者治于人"的思想根深蒂固。一些人还持有望子成龙、望女成凤的想法,鄙视、轻视一线劳动者。

2. 体制的影响

中华人民共和国成立以来,我国长期实行计划经济体制。产品质量如何、是否适销对路都无需企业考虑。无竞争和质量意识必然导致不重视生产者的技能提高。

3. 经济社会发展的影响

由于历史因素,我国经济社会发展曾相对落后。近二十年来,取得了显著进步。我国正从人口大国、人力资源大国转变为人力资源强国。为此，我们需走工业化、城镇化道路，大力发展新型工业和现代服务业。社会对技能型人才的需求巨大。

（二）职业教育地位的发展方向

近年来，党中央和国务院高度重视职业教育，连续召开全国职业教育工作大会，各级政府加大了财政投入，并对中等职业教育学生实行了免学费、给予生活补助的措施，使我国的职业教育呈现出欣欣向荣的景象，对职业教育的重视达到了新的高度。

1. 职业教育的法律地位

1996年5月15日，第八届全国人民代表大会常务委员会第十九次会议通过《中华人民共和国职业教育法》；2022年4月20日，第十三届全国人民代表大会常务委员会第三十四次会议修订（详见附录2）。《中华人民共和国职业教育法》的修订，彰显了国家对职业教育的高度重视。

2. 职业教育是经济社会发展的重要基础的地位

2002年，国务院颁布了《国务院关于大力推进职业教育改革和发展的决定》，《决定》指出："职业教育是我国教育体系的重要组成部分，是国民经济和社会发展的重要基础。"要"深刻认识职业教育在社会主义现代化建设中的重要地位"。由此，职业教育确立了其经济社会发展重要基础的地位。

3. 党中央、国务院高度重视职业教育

党中央、国务院高度重视职业教育。党的十八大以来，以习近平同志为核心的党中央站在党和国家发展全局的高度，把职业教育摆在了前所未有的突出位置。《国家职业教育改革实施方案》以习近平新时代中国特色社会主义思想为指导，按照习近平总书记关于教育的重要论述和全国教育大会要求，提出了一系列新目标、新论断、新要求，是办好新时代职业教育的顶层设计和施工蓝图。

4. 职业教育促进先进文化建设地位

受中国传统观念"学而优则仕"的影响，很多人存在"职业教育低人一等""只有成绩不好的学生才去上职业学校"等偏见。其实，这种认识并不符合事实。要想消除这种偏见，必须全社会共同努力。大力发展职业教育，提高职业教育的质量，使学生既有娴熟的技艺，又有良好的职业道德和完善的人格，成为受社会欢迎和尊重的人，并在社会上切实形成推崇技术、尊重劳动、爱岗敬业的职业技术文化。因此，职业教育在促进和形成先进文化的过程中具有建设地位。

五、职业教育的特点

与基础教育和高等教育相比，职业教育有其比较突出的特点。

1. 社会性

职业教育存在和发展的基础，主要取决于社会对职业教育的需求。职业教育只能面向社会、面向企业、面向就业市场开门办学，加强校企合作，走社会办学校的发展道路。这是职业教育的社会性特点。

2. 职业性

职业教育既非注重传授科学文化基础的基础教育，也非注重传授某一学科知识体系的高等教育，而是针对社会某一职业、某些岗位而实施的教育。因此，它具有职业性的鲜明特点。

3. 实践性

职业教育主要培养技能型人才，而技能只有在大量的实践中培养和提高。职业教育十分注重实践。因此，实践性也是职业教育的一个特点。

4. 实用性

职业教育的内容主要围绕着职业岗位的需要而确定，培养学生适应职业发展的实际技能和知识。职业教育要注重理论与实践相结合，将教学内容紧密联系到实际工作中的场景和情境中，培养学生具备解决实际问题的能力。

5. 技能性

职业教育重点是职业技能培养。为了更好地就业，职业学校普遍重视职业技能等级证书的获得。重技能是职业教育比较突出的一个特点。

6. 终身性

当今世界，科技发展很快，各种新技术、新工艺、新材料、新方法层出不穷、日新月异，学生不可能在学校内学到可以使用一辈子的技能，而且随着科技的发展，职业在变、职业岗位职责也在变，这就要求从业人员不断地学习新技术、新工艺、新材料、新方法以及新的职业技能。因此，职业教育具有终身性的特点。

六、汽车售后服务行业发展现状和趋势

1. 汽车售后服务行业发展现状

近年来，中国汽车市场群雄并起，竞争十分激烈，竞争赛道已经逐渐向着售后服务

偏移，不少车企希望能够借此拉大优势差距。

汽车售后服务包括维修、养护、救援、信息咨询和保险等内容。例如汽车制造商提供的汽车服务网络或网点的建设，产品的选择，技术培训，配件供应，技术咨询，质量保修，信息反馈和处理，以及为汽车及零部件制造商提供物流配送，汽车保养、修理、美容、改装、检测等服务。

随着线下服务活动逐步恢复，在数字化、智能化服务变革的推动下，4S店加快数字化转型步伐，不断优化服务流程，且对售后服务的重视程度与日俱增，这些都有效提升了客户对售后服务的满意程度。

随着汽车市场的逐步饱和，经销商的经营压力近年来不断加大。经销商在调查中反馈，尽管随着技术的进步，获取客户线索的渠道越来越多，但实际效果却不尽如人意。从大量所谓线索中寻找到潜在消费者并最终将其转化为用户的成本不断提升，而销售毛利持续下降，经销商陷入进退两难的境地。

随着新能源汽车保有量不断增加，其售后服务市场也在不断扩大。新能源汽车销量快速增长，售后服务能力不足问题开始显现，服务能力支撑现有销量略显吃力；新能源服务店在公开透明程度、规范性、便捷性服务等方面都有待提升。此外，其网点分布少、人员专业性不强等问题也极大影响了售后服务体验。

2. 汽车售后服务行业发展趋势

随着在线工具的逐渐普及，汽车售后渠道正在经历数字化变革。互联网与汽车售后市场的融合体现在价格透明度提高，大量客户使用数字化渠道，获取信息的能力增强。目前英国、法国和德国超过四分之一的客户使用在线渠道评估维修门店，超过三分之一的客户利用数字化工具购买汽车配件。随着终端客户在线采购量的提升，维修门店将逐步从传统的分销模式转变为线上线下结合的新模式。原始设备制造商、分销商、维修门店等逐步实现直面终端客户，从在线服务预约到最终取车付款，打造了全新开放式平台。汽车售后市场正在发生数字化变革。

七、汽车售后人才缺口大

截至2023年年底，全国汽车保有量为3.36亿辆，乘用车平均车龄已超过6年，维修服务需求随之增长。"2020年我国汽车养护与维修市场规模约1.42万亿元，预计到2025年，市场规模将达到1.74万亿元。"当前汽车维修服务仍然存在"小散弱"的特征：一方面，标准化、规范化作业有待加强，维修服务的质量和水平仍有不小提升空间；另一方面，围绕新能源汽车的维修服务体系仍处在起步阶段，需要加强技术水平和专业人才储备。

和传统燃油车不同，新能源汽车维修主要集中在电池、电机、电控等"三电"系统，但目前精通"三电"维修的技术人员缺口较大。工信部发布的《制造业人才发展规划指南》指出，到2025年，节能与新能源汽车的人才总量预计达到120万人，但人才缺口预计可达103万人。其中，新能源汽车维修领域将面临80%的人才空白。

目前汽车维修行业参差不齐，从业人员的资质和收入都有较大差别。很多小型维修公司对维修工的要求不高，在薪酬给付上也没有统一标准；而上规模的大型维修公司或4S店里多是正规学校培训毕业的人才，薪酬相对较高，高级技师型人才的薪水更是十分可观。

近年来，随着汽车市场逐渐扩大，特别是私家车保有量不断上升，市场对于汽修人才的需求不断扩大。随着汽车行业的快速发展，汽修人才需求量大增，汽车维修专业毕业生成了"香饽饽"。

第二节　职业学校教师素质要求

素质是指个体完成一定活动与任务所具备的基本条件和基本特点。对人的素质要求可以从不同角度划分，依据完成任务的普遍性和特殊性可以分为公民素质和职业素质。公民素质是社会成员进行所有社会活动时需要具备的基本素质，如智力正常、身体健康、基本文化常识、交流沟通能力等。职业素质是在公民素质之上更严格的要求，是职业活动中完成特定职业任务所需要的素质。探讨职业学校教师的素质要求，就是要揭示其职业素质要求。

2013年9月，教育部颁布实施了《中等职业学校教师专业标准（试行）》，明确了国家对合格中等职业学校教师专业的基本要求，提出"师德为先、学生为本、能力为重、终身学习"的四大理念，并对职校教师在专业理念与师德、专业知识、专业能力三个维度提出具体要求（详见附录3）。

一、职业学校教师职业道德要求

职业学校教师的职业道德是指教师在职业教育工作中应当遵守的行为规范和准则，是每一位教师对社会和受教育者所承担的道德责任和义务。教师职业道德水平是影响学生发展的重要因素，制约着教育目标的实现和教育事业的发展，因此世界各国普遍重视教师职业道德的养成。

教师的职业道德主要表现在教师如何对待职业教育事业、如何对待自身、如何对待学生、如何对待教师集体四个方面。

（一）对待职业教育事业的道德要求

要求职业学校教师忠诚于人民的教育事业，热爱职业教育；懂得教育规律，爱岗敬业。

教育工作是一项长期的、复杂的创造性劳动，它需要从事这项职业的人员倾注全部精力和心血。教师的教育态度影响着教育教学活动的方向和力量，热爱职业教育事业是教师工作的动力源泉，它不仅可以激发教师工作的责任感和对事业的忠诚，而且可以使教师对教育工作产生高涨的热情和浓厚的兴趣。这里所说的忠诚，并不是禁止教师转岗，但要求在从事教师职业期间一心一意，把全部精力投入到教育教学工作中。

教师的工作是要把自己的所知所能转化为学生的所知所能，培养学生的学习和创新能力。这种转化过程有自身的规律和方法，只有学习职业教育理论和职业心理理论，才能形成正确的教育教学观念，掌握教育教学的规律、原则和方法，了解学生的身心特点，从学生实际出发，将抽象理论和复杂的技术转化为易于学生接受的知识和技能，减少工作失误，提高工作效率。

"敬业"在我国古代《礼记·学记》中就以"敬业乐群"明确提出来。宋朝朱熹说，"敬业"就是"专心致志以事其业"。即用一种恭敬严肃的态度对待自己的工作，认真负责，一心一意，任劳任怨，精益求精。敬业总是和"爱岗"联系在一起的。爱岗是敬业的前提，敬业是爱岗情感的进一步升华，是对职业责任、职业荣誉的进一步深刻理解和认识。一个不爱岗的人，很难做到敬业；一个不敬业的人，很难说是真正地爱岗。

（二）对待自身的道德要求

要求教师以身作则，为人师表；勤奋学习，进取向上，提高职业素质，不断反思。

职业学校的学生模仿性和可塑性都很强，教师的思想、行为、作风和品德每时每刻都在熏陶和影响学生。我国古代教育家孔子说："其身正，不令而行；其身不正，虽令不从。""不能正其身，如正人何？"因此，凡是要求学生做到的，教师应该首先做到，以身立教，为人师表，才能树立自己在学生中的威信。

合格的教师必须精通所教课程的基础知识和基本理论，具有扎实的基本功，对教学内容的体系、重点、难点、历史、现状、发展趋势，以及与邻近课程的关系，在生产生活中的应用情况等了如指掌，并有所研究。只有深入才能浅出。如果教师所掌握的只是教材上的那点知识，最多只有"招架之功"而无"还手之力"。只知其然，不知其所以然，根本不可能教好学生。

职业教育与社会生产力关系密切，随着社会经济的发展，社会生产中新知识、新技术、新设备、新工艺层出不穷，发展迅速。教师要想保持教学内容的先进性，必须像海绵一样不断吸取知识，不断学习。"半亩方塘一鉴开，天光云影共徘徊。问渠那得清如许,为有源头活水来。"在科学技术迅猛发展的时代,教师只有不断学习,才能获得知识的源泉和源头活水。靠吃老本,是教不好学生的。

(三)对待学生的道德要求

要求职业学校教师热爱、关心全体学生;尊重学生。信任学生;学会激励每一名学生,严格要求学生。

没有爱就没有教育。苏霍姆林斯基说:"教育技巧的全部奥妙也就在于如何爱护儿童,不热爱学生的教师绝不是好教师。"教师热爱、关心学生,首先表现在热爱关心全体学生,而不是仅仅热爱、关心成绩好的学生。后进生更需要教师的关心和爱护,教师不能让一个不合格的学生流向社会。其次,表现在热爱、关心学生的学习、生活、思想等各方面。中等职业学校的学生已经进入青年初期,他们的身体发育很快,具有强烈的成人意识。由于心理发育尚未完全成熟,缺乏社会生活的经验,因此他们在生活中会遇到许多困难。教师应成为他们可以信赖的朋友,为学生排忧解难。

学生是独立的个体,他们有自己的头脑,对外界事物加工、改造后才能决定取舍,绝不是教师可以随意支配的。如果教师把教育学生的权利凌驾于学生人格之上,必然会采用命令、斥责、讽刺、挖苦,甚至辱骂和体罚等错误手段对待学生。学生的人格受到侮辱,也会采取反驳、逃避等多种不合作手段。一旦学生产生逆反心理,造成师生关系紧张,不仅不能达到培养目标,反而会使学生反感、抵触。实际上"顺耳"的忠言和"爽口"的良药更容易被学生接受。教育者要时刻尊重教育对象的权利,尊重学生的看法和建议。

学生只有始终处于被激励的气氛中,其求知欲和上进心才能得到体现,他们才会主动参与教学活动。面对学生的劳动成果,教师应喜出望外,赞叹不已。"科学的发现总是属于孜孜不倦、执着探索的人。"面对学生的创新想法,教师应不耻下问;面对学生的暂时失败,教师应热情引导。教师应该用一颗爱心去发现学生的闪光点,看到学生的进步和成长,并及时鼓励表扬。

爱是教育工作的指导思想和基本原则,爱的目的是促进学生全面发展,加快实现培养目标的进程,但并非对学生姑息、放任。在学习、思想、行为、生活等各方面,教师根据培养目标的要求,严格要求学生,是爱学生的表现,对学生的错误行为不闻不问,反而害了学生。

(四)对待教师集体的道德要求

要求教师团结协作,尊重同事,处理好个人利益和集体利益的关系。

职业学校中,培养目标是由多位教师互相配合、互相协作、共同达到的。这些教师担任不同的工作任务，他们在认识、能力、兴趣、个性、经验、年龄、教育观点和教学方法等多方面存在着差异，加之一些学校管理中存在的不合理、不公正的做法，可能导致教师之间人际关系失衡，产生矛盾冲突。而教师要想使自己的工作发挥应有的作用，必须和其他教师心往一处想，劲往一处使，形成坚强的教师集体，集体中的每一个成员不仅要对自己的本职工作负责，而且要对整个"事业"负责。课程的综合化趋势需要教师相互合作、相互配合、齐心合力地培养学生。所以，每个教师不仅要教好自己的学科，还要主动关心和积极配合其他教师的教学，从而使各学科、各年级的教学有机融合、相互促进。

尊重他人是做人的基本要求。人格和声誉是教师的教育生命，每一位教师不仅应珍惜自己的人格和声誉，也应尊重和爱护他人的人格和声誉。坚决抛弃由私人恩怨引起的互相损毁的行为，尤其应注意在学生面前不能用贬低他人的做法抬高自己。中等职业学校的学生已经具备了一定的辨别真伪、区分是非的能力，在学生面前指责其他教师，实际上是害人害己。教师应善于肯定同事的成绩，善于向同事学习，树立起相互尊重、相互信任的道德风尚。

教育事业是集体事业，团结协作是做好教育工作的必要条件，也是影响学生思想品德的重要因素。教师之间的团结互助是多方面的，有文化基础教师、专业课教师和企业兼职教师在教学内容上的配合；有行政管理人员、后勤人员与教师的配合。当然，也有工作之外日常生活的互帮互助。良好的人际关系能使教师以愉悦的精神状态投入工作，提高工作效率，这也是学校顺利开展各项工作的基础。

从整体和长远角度看，职业学校中个人利益和集体利益是一致的。学校规模扩大，办学质量提高，毕业生在社会生产中发挥作用，是每一位教师的共同愿望和追求。学校的发展壮大是个人发展的前提和基础，损害集体利益而获得个人利益，不可能长久。每位教师必须把个人的利益置于集体之中才有价值，个人利益必须服从集体利益。

二、职业学校教师知识结构要求

教师知识结构是国外教师研究中开始较早的研究领域之一，但至今为止，专业教师到底应该从哪些方面去构建知识结构尚没有一致的认识。20世纪80年代以后，随着教师教育研究的深入与发展，教育界开始关注教师知识的构成，而这种构成是以一个个整体的系统的结构或维度来展现的。关于教师的知识结构，中外学者各自提出了自己的看法。结合职业学校教师的实际工作特点，从"知识"方面的素质构成来看，应具备如下知识结构。

（一）通识性知识

通识性知识是指教师要具有相应的自然科学和人文社会科学知识；要了解中国经济、社会及教育发展的基本情况；要具有一定的艺术欣赏与表现知识；要具有适应教育现代化的信息技术知识等。

（二）教育知识

教师要熟悉技术技能人才成长的规律，掌握学生的身心发展规律与特点；要了解学生思想品德和职业道德形成的过程及其教育方法；要了解学生不同教育阶段以及从学校到工作岗位过渡阶段的心理特点和学习特点，并掌握相关教育方法；要了解学生集体活动的特点和组织管理方式等。

（三）课程教学知识

课程教学知识包括：教师要熟悉所教课程在专业人才培养中的地位和作用；要掌握所教课程的理论体系、实践体系及课程标准；要掌握学生专业学习认知特点和技术技能形成的过程及特点；要掌握所教课程的教学方法与策略等。

（四）职业背景知识

职业背景知识包括：教师要了解所在区域的经济发展情况、相关行业现状趋势与人才需求、世界技术技能前沿水平等基本情况；要了解所教专业与相关职业的关系；要掌握所教专业涉及的职业资格及其标准；要了解学校毕业生对口单位的用人标准、岗位职责等情况。

三、职业学校教师职业技能要求

教师职业技能是教师必须掌握和运用的，从事教育和教学的基本技巧、方法和能力。它包括讲普通话和口语表达技能、书写规范汉字和书面表达技能、教学工作技能、教育和管理学生技能等。教师的职业技能是教师高效完成教育教学任务的保证，也是成为合格教师的基本要求。

（一）讲普通话和口语表达技能

1. 普通话的要求

普通话是以北京语音为标准音，以北方话为基础方言，以典范的现代白话文著作为语法规范的现代汉民族共同语。它是中华人民共和国全国通用的官方语言。我国是多民族、多语言、多方言的人口大国，使用语言80多种。社会交际中存在语言障碍和方言隔阂，不利于改革开放和现代化建设。因此，推广普及普通话是维护祖国统一、增强民族凝聚力、提高全民族科学文化素质、促进改革开放和现代化建设的基础工程。

推广普通话，教育系统是重点，学校用语一律使用普通话。

2. 口语表达技能

口语即口头语言。它是人类在各种活动中最基本最重要的信息传递工具，也是教师传递科学文化知识、技术理论知识和生产技能，表达思想情感，启发学生思维，塑造学生心灵的最常用手段。教师口语表达技能的高低直接影响着学生的学习效果。教师职业的目的就是实现自身掌握知识技能向学生掌握知识技能的转化，发展学生的各项能力，使之成为社会发展中的有用之才。因此，教师要具备高超的口语表达技能，才能被学生理解并接受。

口头语言广泛使用在教育教学的各方面、各环节，它有多种表现形式，如复述、描述、概述、评论等。只有掌握了这些，才能提高口语表达水平。

（二）书写规范汉字和书面表达技能

1. 书写规范汉字的技能

"二字一话"即钢笔字、粉笔字和普通话，是教师的重要职业技能，教师传递科学文化知识，培养学生的职业活动能力，都离不开说和写，书写规范汉字是教师口头语言的必要补充。教师书写规范汉字包括两方面内容：一是用字规范，即使用规范汉字；二是书写规范，即笔画、结构和笔顺规范。

2. 书面表达技能

教师在听评课、作业批语、试卷分析等活动中离不开书面写作，教师应掌握教育应用写作的基本格式和书写要求，提高自身的书面表达能力。

书面表达是一种复杂的脑力劳动，无论写什么内容，都是教师在教育实践活动中将客观事物通过自己的头脑加工成所要反映的产物。一般需经过感知—内化—外化的过程。

（1）感知。是对材料的占有，材料是书面表达的基础和所要表达的主要成分。教师书面表达技能的提高，要求教师利用一切感官和机会，充分感知事物，多方收集材料，建立富有的材料"仓库"。

（2）内化。是对材料内容鉴别、选择、概括、升华后确定主题。鉴别是教师对材料真伪、价值的判定，它反映了教师对材料的认识和自身的才、学、胆、识。选材是教师根据主题的需要，选择真实、准确、典型、新颖、生动的材料。主题是教师书面语言表达的主要思想，是对材料所持的观点和评价。实践过程中要求深刻、新颖、集中。

（3）外化。是用文字符号的形式，实现孕育在教师头脑里的内在形态向外在形态转化。要求层次清楚、过渡自然、语言流畅、交代明白、描写传神、论证严密、字斟句酌，同时注意语言的美感和写作技法。

（三）教学工作技能

教学工作技能是在教学行为过程中，教师运用教学理论、专业知识等为促进学生学习，实现教学目标而采取的特定的教学行为方式。教学工作技能包括使用课堂教学技能、现代化教学手段的技能、指导课外活动技能、教学设计技能、教学研究技能等，其中以课堂教学技能为主体。课堂教学是一种复杂的教学行为。为了有效地对课堂教学技能加以研究和训练，我们可以将其分解成各种类型。课堂教学技能的分类，与研究者的观察角度、教育学和心理学理论基础以及现有课堂教学一般模式有关，因此不同的学者有不同的分类结果。下面介绍课堂教学工作技能：

（1）导入技能。导入新课，顺利进入新课学习，是教学活动的重要环节。

（2）教学语言技能。教学语言是完成教学任务的主要手段，包括口语和书面语。高度的语言修养是合理地利用时间的重要条件。

（3）板书技能。要求教师书写的板书形式优美，重点突出，层次分明，高度概括教学内容。

（4）变化技能。包括教态的变化、教学手段的变化和师生相互作用方式的变化。要求教师通过对学生刺激的变化来吸引学生注意，活跃气氛，促进学生学习。

（5）演示技能。包括直观教学手段的运用和操作动作的示范。

（6）讲解技能。要求教师提供材料，揭示事物本质和必然联系，培养学生的逻辑思维能力。

（7）提问技能。教师提出问题，要求学生回答是教学活动中的常见场景。

（8）反馈强化技能。要求教师善于获取教学反馈信息，及时调整教学，并对学生的行为实施强化。

（9）结束技能。要求教师具有总结概括能力，而且通过对知识的整理，使学生对知识的领会向更高一级升华。

（10）教学组织技能。要求教师了解学生的特点，能够持久地维持学生注意，控制学生的行为，创造良好的课堂气氛。

现代化教学手段是传递和再现教育信息的现代化工具，主要由硬件和软件组成。随着教学条件的改善，一些现代化的教学设备走进课堂，教师应了解这些现代化教学手段的基本组成、功能和工作原理，掌握正确的操作方法，并能设计、制作简单的教学软件。

指导课外活动技能是指教师参与组织学生课余生活的工作技能。学生校内课堂教学时间有限，放假后，教育工作并未结束。实施素质教育，促进学生全面发展，仅靠课堂进行还不够，必须重视对学生课外活动的指导。主要内容包括：指导课外兴趣小组活动、指导文体小组活动等。教师应了解学生的兴趣、爱好、特长，充分调动学生的积极性，掌握指导课外活动的特点和一般规律，具有设计课外活动方案、组织实施、业务指导和控制活动过程的能力。

教学设计技能是指在教学备课活动过程中，选择、运用教学手段和教学方法，设计课堂教学的结构和过程，合理展现教学内容的技能。要求教师善于分析教学目标和教学内容，了解学生的现有基础知识结构和能力水平，确定教学策略和教学手段以及教学方法的运用方式，使学生高效地完成学习任务。

教学研究技能是总结教学经验、探索教学规律和开展教育科学研究的工作技能。教师应具备选择科研课题、制订教学研究计划、设计调查文件、进行科学观察、统计分析资料和撰写科研论文的能力。

（四）教育和管理学生的技能

无论是文化理论课教师还是实习指导教师，完成教育教学任务，都需要把几十名学生组织起来进行管理，班主任更需要掌握较强的教育和管理学生的技能。教育和管理学生的技能涉及学生工作的各个方面，此处只介绍其中的一部分内容。

1. 了解和研究学生的技能

学生管理不同于其他管理，它的目的是通过管理促进学生健康成长。因此，学生管理的前提条件是对学生情况进行深入、细致、全面地了解和认真地分析、综合、归纳。只有这样学生管理才能符合学生实际，才能有的放矢、因材施教，实现管理与育人相结合。成功的教育工作者无一不是对学生情况了如指掌，他们是学生的知心朋友，学生也喜欢把自己的心里话对他们说，愿意听从教诲和接受管理。职业学校的学生在生产实习和社会实践中，提高了自身的社会化水平，教师如果对学生情况知之甚少，就主观武断地管理学生，必然会使学生产生对立情绪，增加了管理难度，更达不到培养和教育的目的。

了解和研究学生的内容包括个体和集体两方面。学生个体情况主要包括：①学习情况；②思想情况；③心理情况；④家庭情况；⑤课余生活情况；⑥身体健康情况。

学生集体情况主要包括：①学习风气；②舆论导向；③班干部；④班级待进生；⑤集体兴趣爱好；⑥与其他班级的关系；⑦学生的一般身心特点；⑧存在的主要问题。

2. 组织班会技能

班会是教师与学生、学生与学生之间公开交流思想，培养学生的组织和表现能力，教学教育与自我教育的有效方式，也是培养集体舆论的重要阵地。

组织班会要求教师做到以下几点：①做好计划；②注意形式的变化；③引导学生参与。

3. 处理偶发事件的技能

偶发事件是偶然发生的意外事件，指日常学习生活中意料之外发生的矛盾冲突。常见的偶发事件有课堂纠纷、同学之间争吵与斗殴、钱物失窃、破坏公物、意外受伤、师生矛盾冲突等。正确处理偶发事件，对维护正常教学和生活秩序、树立正确舆论导向和教育肇事人员都关系重大。处理偶发事件时，要求教师做到：（1）冷静、沉着、慎重。情绪急躁，大动肝火，不仅无助于解决问题，反倒会扩大事态，越弄越糟。（2）调查研究，弄清真相，实事求是，公平公正地解决问题。教师不可偏听偏信，更不能主观武断，一切结论必须产生于调查研究之后，处理问题不能"偏心眼"。（3）启发引导学生进行自我检查、自我反思、自我教育。批评和惩罚是教育的手段而非目的，运用这种手段，学生容易产生逆反心理，比较而言，教师帮助学生分析事情发生的原因、后果和危害，引导学生自我检查、自我反思、自我教育会更加有效。（4）分析事件中的消极因素和积极因素，善于挖掘积极因素，促使消极因素向积极因素转化，把坏事变成好事。

5. 考核评定技能

教育教学活动进行到一个阶段以后，就要对学生的表现进行考核评定，其目的是使学生看到取得的成绩和存在的不足。教师对学生的考核评定对学生的成长发展具有重要意义。要求考核评定：（1）具有全面性。人是复杂的，不能将学生简单地分成绩优生和后进生。对于处在成长、发展和不断变化阶段的职业学校学生来说，更不能和商品一样打上优、劣的标签，主观片面的评定往往导致绩优生骄傲自满、不求上进，后进生垂头丧气、自暴自弃。考核评定应包括培养目标要求的德智体美劳等方面，而且不仅要看现在取得的成绩，还要看取得成绩的基础、态度、方法以及今后发展的方向和潜力。（2）具有激励性。考核评定应成为所有学生上一阶段的总结回顾和下一阶段的"加油站"，教师的评定必须冷静客观、实事求是。对存在较多缺点的学生来说，既要看到他们的不足之处，提出改进措施，也要看到他们的特长和闪光点，鼓励其奋起直追。（3）具有针对性。每个学生都有其鲜明的个性特征，对他们的评价应该体现出被评价对象的特点，不能千篇一律，千人一面，应付了事。

四、汽车产业发展对教师的要求

随着全球汽车产业的迅猛发展,特别是在新能源汽车、智能网联汽车等领域的突破性进展,这一行业正经历着前所未有的变革。这一变化不仅影响着汽车产业的从业人员,也对教育领域,特别是与汽车产业相关的专业教师提出了新的要求和挑战。以下是汽车产业发展对教师的一些具体要求。

1. 更新专业知识结构

(1)紧跟技术前沿。教师需要不断关注汽车产业的新技术、新材料、新工艺以及市场趋势,如电动汽车技术、自动驾驶技术、车联网技术等,确保教学内容的时效性和前瞻性。

(2)深化专业知识。在掌握基础汽车知识的基础上,教师还应深入研究某一或某几个细分领域的专业知识,如汽车电子控制、动力电池技术、智能驾驶算法等,以满足学生对专业深度学习的需求。

2. 提升教学能力与方法

(1)创新教学模式。面对汽车产业快速变化的特点,教师应积极探索和实践项目式学习、翻转课堂、在线课程等新型教学模式,以激发学生的学习兴趣和创造力。

(2)强化实践教学。汽车产业是高度实践性的行业,教师应加强与企业合作,建立校外实训基地,为学生提供更多实践机会,让学生在真实的工作环境中学习和成长。

3. 加强跨学科融合

(1)拓宽知识视野。汽车产业涉及机械、电子、计算机、材料、管理等多个学科领域,教师应具备跨学科的知识背景,能够引导学生从多个角度思考问题。

(2)促进学科交叉。在教学中,教师应鼓励学生跨学科的研究项目,促进不同学科之间的融合与创新,培养复合型人才。

4. 提升专业素养和沟通能力

(1)职业道德教育。教师应注重培养学生的职业道德和社会责任感,引导学生树立正确的职业观和价值观。

(2)沟通能力培养。汽车产业是高度协作的行业,教师应加强对学生沟通能力的培养,使其具备与团队成员、客户、供应商等有效沟通的能力。

5. 关注产业动态与政策导向

(1)了解政策环境。教师应密切关注国家及地方关于汽车产业的政策法规、发展规划和扶持政策，以便在教学中引导学生正确把握行业发展趋势。

（2）参与产业交流。教师应积极参加各类汽车产业论坛、研讨会等活动，与业界专家、学者保持密切联系，获取第一手产业信息。

总之，汽车产业的发展对教师提出了更高的要求。教师需要不断更新知识结构、提升教学能力与方法、加强跨学科融合、提升职业素养和沟通能力，并关注产业动态与政策导向，以适应汽车产业快速发展的需要，为培养更多优秀的汽车产业人才贡献自己的力量。

第三节 "双师型"教师

"双师型"教师是一个颇具中国特色的概念，是基于中国特定情境下催生的一个"情境性"特征的概念。"双师型"教师的概念可以追溯到20世纪80年代，当时我国的高等职业教育开始起步，为了提高学生的实际操作能力，一些高职院校开始引进具有实际工作经验的教师，这些教师不仅具备理论知识，还具备实践经验，能够更好地指导学生进行实践操作。随着高等职业教育的不断发展，"双师型"教师的地位和作用也越来越重要。他们不仅能够传授学生理论知识，还能够通过自己的实践经验指导学生进行实践操作，帮助学生将理论知识转化为实际能力。这种教师类型不仅在职业教育领域受到欢迎，在其他领域也逐渐得到认可和应用。依据《国务院关于印发国家职业教育改革实施方案的通知》第三条第（十二）款：从2019年起，职业院校、应用型本科高校相关专业教师原则上从具有3年以上企业工作经历并具有高职以上学历的人员中公开招聘，特殊高技能人才（含具有高级工以上职业资格人员）可适当放宽学历要求，2020年起基本不再从应届毕业生中招聘；依据教育部办公厅《关于进一步加强全国职业院校教师教学创新团队建设的通知》（教师厅函〔2022〕21号）第三条：要求"双师型"教师占比不低于50%。为深入贯彻落实党的二十大精神，加快推进职业教育"双师型"教师队伍高质量建设，2022年10月教育部办公厅印发关于做好职业教育"双师型"教师认定工作的通知，颁布《职业教育"双师型"教师基本标准（试行）》（详见附录4）。

一、"双师型"教师内涵

之前，学界对"双师型"教师的认识尚未达成共识，主要有如下几种。

（1）"双证书一体化"说。

这一概念最早由天津职业技术师范大学提出，主要是从培养未来适应职业学校教学需要出发而形成的，"双证书一体化"教师是既能从事专业理论教学，又能指导专业技能训练的教师。通常，在职业学校具体标准是大学本科以上学历，具有中级及以上专业技术职称，具有高级工及以上职业资格，接受过系统教学理论的培养和培训。"一体化"是"双师型"能力要求的直观表述，"双师型"要求有专业实践经历，但不一定必须具备承担实践教学特别是技能训练的能力。

（2）"双证"说。

持此观点的学者认为，凡是持有"双证"（教师资格证和职业资格证）的教师就是"双师型"教师，该界定从"形式上"、能力结构上强调了"双师型"教师应具备的基本特征。

（3）"双能"说（"双素质"说）。

持此观点的论证认为，"双师型"教师是既具有作为教师的职业素质和能力，又具有技师（或其他高级专业人员）的职业素质和能力的专业教师，与"双能"说内涵一致，更强调能力。

（4）"叠加"说。

该观点强调"双证＋双能"，既要有证，又要有能力。"双证"是"双师型"教师的形式或外延，而"双能"是"双师型"教师的内容或内涵，两者相辅相成，缺一不可。

（5）"双职称"说。

该观点既要求"双师型"教师具有讲师的职称，又具有工程师（农艺师、会计师）的职称。该观点也是从形式上强调了"双师型"教师应具有的"两栖"功能。

（6）"双层次"说。

该观点认为，职业院校教师就是各级各类大中专职业院校中既能讲授专业知识，又能开展专业实践；既能引导学生人格价值，又能指导学生获得与个人个性相匹配的职业的一种复合型教师。"双层次"型教师的第一层次为能力之师，即经师（经典专业知识）＋技师（精湛专业技术）；第二层次为素质之师，即人师（价值引导）＋事师（职业指导）。

（7）"理论＋实践"说。

该观点认为"双师型"教师是既能讲授理论知识，又能指导学生实践，融独特专业知识、专业能力和专业精神于一体的教师。

（8）"多师"说。

该观点统整了多种说法，认为"双师型"教师是指"经师＋人师＋匠师＋艺师＋教师＋技师"。

（9）"双来源"说。

该观点基于教师队伍结构而言，认为"双师型"教师是指专职教师＋兼职教师。

（10）"特定"说。

这一观点没有对"双师型"教师给出具体的操作定义，只是指出"双师型"的提法只有在职业教育重理论、轻实践的特定背景下才有意义。离开了这一特定的教育背景，"双师"的提法就没有现实意义，因为普通教育同样要求教师要理论联系实际，要重视实践教学。

尽管上述观点从不同侧面反映了"双师型"教师的特征，但是不能用"双证书"或"双职称"等标准简单化，也不能用难以实现的标准神秘化。实际上，"双师型"教师是在教学过程中能够把专业理论与生产实践有机结合起来的教师。他们一般具有在专业生产一线工作的经验，能够胜任专业理论和专业实践教学任务。

"双师型"教师最显著的特征是把专业理论与生产实践结合起来，高效地教会学生。这不是获得几个证书或几个职称就能解决的问题，证书或职称只表明具备某种单项职业的资格或能力水平，"双师型"教师追求的是各单项知识、能力、经验的结合和综合表现，证书或职称是"双师型"教师必要条件，但不能说具备几个证书或几个职称就是"双师型"教师。判定"双师型"教师的核心标准是看其工作表现，而不是他获得了哪些资格。这种工作表现也很难用"双素质""多素质"来描述，因为单项素质的简单相加，并不一定能完成综合性任务。

总之，"双师型"教师是职业学校对教师的特殊要求，他们除了要符合《中华人民共和国教师法》规定的一般要求外，还应满足以下要求。

首先，具有一定的操作能力。操作能力是指履行生产岗位职责的实践能力，是任职顶岗所必需的实用性职业技能、专业技术和技术应用能力，包括熟悉技术工作的内容要求和操作流程，掌握职业技术规范、熟练的专业技术操作能力、基本实验能力和设计能力等。

其次，具有综合职业能力，能解决生产中的实际问题。综合职业能力不仅是操作技能或动手能力，还包括知识、技能、经验、态度等为完成职业任务所需的全部内容。职业教育通常采用以横向为主的模块式课程体系，要求教师具有知识、技能的横向联系和综合运用能力。"双师型"教师既能在教学岗位完成教学任务，又能在生产岗位完成生产任务。他们是教学行家，也是生产好手，能将各种知识、技能、技术相互渗透、融合和转化。

再次，具有本专业生产一线工作经历。真实的生产过程和理论上的生产过程存在许多区别，理论上的生产过程是在理想状态下的生产，而真实的生产过程却复杂得多，受多种因素影响和制约。本专业生产一线工作经历是获得实践经验的唯一渠道，成长为"双师型"教师应该具备这样的工作经历。

最后，具有一定的组织生产经营、创业和科技推广能力。"双师型"教师除了能讲会做之外，还要具备班级管理、生产管理的知识，有较强的组织领导能力。职业教育是与产业联系最为紧密的教育类型，教师应成为沟通教育与产业的纽带，成熟的"双师型"教师要集"班主任"与"车间主任"于一身，使教学、管理与科技推广一体化。

二、"双师型"教师培养

（一）师范生的"双证书"制度

为职业学校培养师资的职业技术师范学院和其他相关院校应提供"双证书"教育，即学生获得学术性证书和职业技能性证书。许多国家都重视职教师资的学术性和职业技能性教育。日本的职业能力开发大学是一所专门培养职教师资的四年制本科大学，其办学理念是要求学生不仅要学完与普通工科大学相同的课程，而且要学习职业教育类课程，还要进行技能训练，并达到二级技能水平。德国职教师资的培养是由教育科学（含社会科学）、职业科学（专业工作）以及专业科学三部分组成。其中职业科学约占50%；教育科学和专业科学占50%；教育科学和专业科学比例约为5∶3。学生毕业前需要参加至少一年的实习工作，毕业后还要做两年的实习教师，并通过国家考试后才能成为正式的职校教师。

（二）在职教师的培训

目前，职业学校教师分为文化课教师、专业课教师和实习指导教师。这种教师的分类方法容易导致把理论和实践分开，造成专业课教师缺乏实践经验，"能说不能做"，实习指导教师缺乏理论知识，"能做不能说"，不利于职业学校开展"一体化"教学，也不利于"双师型"教师的成长。因此，对在职教师的培训应根据每个人的实际情况，缺什么补什么，为"双师型"教师的成长创造条件。

（三）校企人才交流与岗位互换

职业学校应有一定比例的兼职教师，要与相关专业的企业、科研院所建立密切合作关系，定期进行岗位互换和人员交流，这是快速培养"双师型"教师的有效措施。从事教育教学的教师定期到生产一线进行专业技能的学习和实践，提高专业技术水平；生产一线的高水平专业技术人员定期到学校的专业教学岗位从事教学工作，提高专业理论水平。岗位互换，人才交流，"双师"知识和能力的交叉互补，可以使教师和一线专业技术人员的职业素质都能得到全面提高。

教育部教师工作司负责人就《教育部办公厅关于做好职业教育"双师型"教师认定

工作的通知》答记者问。转引内容如下：

为深入贯彻落实党的二十大精神，加快推进职业教育"双师型"教师队伍高质量建设，日前，教育部印发《教育部办公厅关于做好职业教育"双师型"教师认定工作的通知》（以下简称《通知》）。

1. 《通知》出台的背景

一是贯彻国家文件精神。2021年，中共中央办公厅、国务院办公厅印发了《关于推动现代职业教育高质量发展的意见》提出，要强化"双师型"教师队伍建设，制定"双师型"教师标准，建设一支高素质"双师型"的教师队伍。《国务院关于印发国家职业教育改革实施方案的通知》（国发〔2019〕4号）要求"双师型"教师占专业课教师总数超过一半。《教育部等四部门关于印发〈深化新时代职业教育"双师型"教师队伍建设改革实施方案〉的通知》（教师〔2019〕6号），要求各地结合实际，制定"双师型"教师认定标准，将体现技能水平和专业教学能力的双师素质纳入教师考核评价体系。这些聚焦于职业教育"双师型"教师队伍建设的文件，为国家层面"双师型"教师认定标准的制定与实施带来了重要的建设契机。

二是响应地方迫切需求。据不完全统计，截至2022年10月，全国共有福建、河南、吉林、新疆等多个省区出台职业学校"双师型"教师认定相关文件并实质性开展认定工作，为国家层面"双师型"教师认定工作实施提供了客观有效的经验参考。但是，各省区在"双师型"教师认定主体、认定对象、认定条件、认定程序等方面缺乏标准共识，缺乏与认定成果相配套的激励制度和支持政策，影响认定工作的规范运行。近年来，各地在学校办学能力达标、项目评审等多项活动中都将双师型教师作用发挥情况作为重要依据，需要国家层面出台一个相对统一的认定基本标准，规范认定过程实施。

2. 《通知》的起草思路

一是规范认定范围。认定范围以职业学校专任教师中的专业课教师为主，将职业学校中的公共课教师、校内其他具有教师资格并实际承担教学任务的人员，正式聘任的校外兼职教师，以及其他依法开展职业学校教育的机构中具有教师资格的人员也纳入其中，由地方和学校结合实际自行确定，便于职校教师"双师"素质整体提升，也进一步拓宽了教师个体发展通道。

二是明确基本标准。职业学校包括中等职业学校、专科层次职业学校和本科层次职业学校，在专业设置上又分别划分为19个专业大类和若干专业中类和专业，各地教师队伍整体情况也是千差万别，国家层面较难制定出一个统一的、详细的双师型教师标准。鉴于此，我们在充分调研的基础上，借鉴职称评定工作有关做法，从国家层面出台基本标准，各地根据实际情况明确本级认定标准，学校制定认定的实施细则。

三是规范实施过程。落实教育领域"放管服"改革,结合职业学校特点,简除烦苛,由符合条件的学校作为认定工作的实施主体。地方教育行政部门通过建立健全公示公开、第三方评估、抽查复查、责任追究、过程追溯等制度,畅通投诉反馈渠道,确保过程透明规范、结果公平公正。国家将定期对各地"双师型"教师认定工作进行检查指导。

四是畅通发展路径。根据教师不同能力条件分级认定,给予政策激励和奖励倾斜,明确评定周期和复核制度,根据发展需求精准提供教育教学、岗位实训、企业实践等多种机会,引导和鼓励广大教师走"双师型"发展道路。

3.《通知》的研制经历过程

研制工作共分为三个阶段。一是研制初稿。草拟职业教育"双师型"教师基本要求,初步征求了吉林、安徽、福建等7个已出台认定标准省份的意见,并组织职教专家专题研判。二是广泛征求意见。文件制定期间,通过电话、线上会议、线下座谈等多种形式,与一线教师、院校领导、职教专家等不同类型人员多次研讨、反复论证,并正式发文征求所有省厅及职成司、政法司、督导局等机关司局的意见。三是修改完善印发。结合文件起草思路对反馈意见逐一认真研判、吸收,修改完善文稿并印发。

4.《通知》的主要内容

文件由正文和附件两部分内容组成。正文主要明确了六方面内容。一是明确认定范围。以职业学校的专业课教师(含实习指导教师)为主,其他符合条件的人员和技工院校"一体化"教师可参照实施。二是严格标准要求。坚持把师德师风作为衡量"双师型"教师能力素质的第一标准,突出对理论教学和实践教学能力的考察,注重教学改革和专业建设实绩。三是加强组织实施。明确认定基本流程,由省级教育行政部门负责认定工作的组织领导、统筹协调,认定主体由具备认定条件的学校、第三方机构或专家组织等担任。四是强化监督评价。明确国家和地方对"双师型"教师认定工作的监督评价等有关要求。五是促进持续发展。明确职业学校"双师型"教师的发展路径、制度保障、待遇倾斜、认定和复核周期等内容。六是注重作用发挥。明确"双师型"教师在综合育人、教学改革、社会服务等方面带头引领作用,并将"双师型"教师作用发挥情况作为"双高"建设计划的重要指标。

5. 保障《通知》落实

一是强化组织领导。各省级教育行政部门按照国家制定的职业教育"双师型"教师基本标准并结合本地具体情况,以及不同教育层次、专业大类等,参照制定修订本级"双师型"教师认定标准、实施办法。

二是细化实施要求。认定工作实施主体应根据认定对象具体情况,制定"双师型"

教师认定实施细则，报所属教育行政部门备案后实施。

三是及时解决问题。结合各地开展"双师型"教师认定相关工作的情况，及时总结经验做法，研究解决出现的新情况和新问题。充分用好各级各类宣传平台，及时总结宣传"双师型"教师认定经验。

三、校企合作

校企合作是指学校与企业之间建立的紧密和长期合作关系，旨在通过共同开展教学、科研、实践等活动，促进人才培养和产学研深度融合。校企合作在人才培养中具有重要的作用和意义，以下是具体分析。

（一）校企合作的作用

1. 提高学生实践能力

校企合作可以为学生提供更多的实践机会，使他们能够更加深入地了解行业发展趋势、企业运营管理等方面的知识，并且能够将所学知识应用到实际工作中。这样可以帮助学生提高自己的实践能力，增强自己的综合素质。

2. 促进教育资源共享

通过校企合作，学校可以向企业借鉴先进管理经验和技术成果，从而提高自身教育水平和科研水平。同时，企业也可以通过与高等院校建立联系，获取最新科技成果和人才资源。这种资源共享模式不仅有利于双方的发展，也有利于推动社会经济发展。

3. 推动人才培养与企业需求对接

校企合作可以使学校更好地了解企业的需求和行业趋势，从而调整人才培养方向和课程设置，使学生更加符合企业的用人需求。同时，通过实习、就业等方式，可以为学生提供更多的就业机会和发展。

（二）校企合作对学校的影响

随着社会经济的发展，校企合作已成为职业院校与企业之间密切的重要方式。校企合作对于提高学生就业率和职业素养方面有着积极的影响。将从以下三个方面来评估校企合作对学生就业的影响。

1. 提供更多的实践机会

校企合作可以为学生提供更多的实践机会，使他们更好地理解和掌握专业知识。通过与企业紧密合作，学生可以接触到真实的工作环境和实际工作中遇到的问题，从而加深对专业知识的理解和掌握。同时，这些实践经验也可以帮助学生更好地适应未来工作中可能遇到的挑战。

2. 增强职场竞争力

通过参与校企合作项目，学生可以获得更多与专业相关的技能和知识，并且在实践中不断提升自己的能力。这些技能和知识不仅能够增强学生在求职时的竞争力，还可以为他们未来在职场上取得成功打下坚实基础。

3. 提高就业率

校企合作可以为学生提供更多的就业机会。通过与企业紧密合作，学生可以更好地了解企业的需求和招聘信息，并在企业中建立起自己的人脉关系。这些人脉关系不仅可以为学生提供更多的就业机会，还可以帮助他们更好地应对未来工作中可能遇到的挑战。

（三）校企合作对企业发展的贡献

随着市场经济的发展，企业需要不断提高自身的竞争力，而校企合作已经成为一种非常重要的方式。在这种合作模式下，学校和企业可以相互协作，共同推进各自的发展。本文将探讨校企合作对企业发展的贡献。

1. 提高人才素质

在校企合作中，学校可以向企业提供优秀的人才资源。通过与学校合作，企业可以招聘到具有专业知识和实践经验的毕业生，并且可以培养他们成为符合公司需求的优秀员工。同时，在与学校进行技术研究和开发时，也能够吸引到具有创新思维和实践能力的教师和学生加入项目团队，从而提高了整个团队的素质。

2. 促进技术创新

在现代社会中，技术创新是推动社会进步和产业升级的重要因素。通过与学校进行技术研究和开发，企业可以获得更多前沿科技信息，并且可以借助学校的创新能力，共同研发新产品和新技术。此外，在校企合作中，学校可以提供一些先进设备和实验室资源，使得企业能够更加便捷地开展研究和开发工作。

3. 提升企业形象

通过与学校合作，企业可以获得社会认可度的提升。学校具有一定的社会威望，与其进行合作可以使得企业在公众心目中的形象更加正面。同时，在与学校合作的过程中，企业也要遵循一定的规范和标准，这有助于提升企业形象。

四、产教融合

产教融合是指职业学校根据所设专业，积极开办专业产业，把产业与教学密切结合，相互支持，相互促进，把学校办成集人才培养、科学研究、科技服务于一体的产业型经营实体，形成学校与企业浑然一体的办学模式。

（一）产教融合的作用

1. 有利于激发学生的创造力、创新力，并为学生工读结合、勤工俭学创造条件

职业学校兴办专业产业，并使之与教学相结合，这为学生提供了必要的实习条件和难得的锻炼机会。在生产实践和管理实践中，学生会在老师的带领、指导下，把学到的书本知识运用到实践之中，从而加深对知识的理解，增强应用知识和解决实际问题的能力。不仅如此，产教结合还会激发学生的创造、创新的愿望和热情，激励他们在实践中不断探索，不断创新，而这种创新意识、创新能力、创新人才的培养正是我们职业教育的办学方向。学校兴办专业产业，让学生参与生产或经营，取得一定的报酬，这客观上也为学生工读结合、勤工俭学创造了条件。

2. 有利于提高教师的业务水平

现在，职业学校的老师大多是从高校直接毕业的，他们专业水平高，理论知识丰富，但缺点是知识应用能力不强，实际操作水平不高，这也极大地影响了职校教学质量的提高。学校创设实习基地，兴办专业产业，为广大教师，特别是专业课教师参加实践、提高实际工作的能力提供了条件和机会，而且在实际工作中，教师把理论知识与生产实践相结合，把教学与科研相结合，这有利于提高自身业务素质，提高教学的质量，对职业学校建立一支过硬的师资队伍有着十分重要的意义。

3. 有利于促进地方经济繁荣发展

职业教育是最直接为当地经济建设服务的，它与当地经济建设关系密切、联系广泛，职业学校设置的专业都与当地经济建设密切相关。由于学校教师专业知识丰富，头脑灵活，他们依靠科技兴办产业，因而在当地具有一定的示范性，同时，职业学校培养了一大批懂技术、会管理的人才，他们走上社会，必然会成为该领域的行家里手，这有利于带动当地经济结构的调整，促进地方经济的繁荣和发展。

4. 有利于促进职业教育的健康发展

职业教育是以就业为导向的教育，培养的是生产、建设、管理和服务第一线需要的高技能人才。这类人才具有鲜明的职业性、技能性、实用性等岗位特征。简单地说，就是工作在第一线，懂技术、会操作、能管理的技术员，因此应将岗位群对人才的知识、能力、素质的需求作为最高原则来设置专业，制订教学计划。"产教结合，校企一体"的培养思路正是这种需求的集中体现，应大力推广和提倡。同时，学校也应针对企业所需的产品与技术进行开发，以实现学校培养人才、研发产品和技术服务三大功能。为使企业需求与学校教学无缝衔接，与技术发展方向合拍，就必须依靠和吸收企业技术骨干、学者专家参与培养目标的研讨、教学计划的制订。

（二）产教融合的措施

产教结合的基础是"产"，即必须以真实的产品生产为前提，在这样的基础和氛围中进行专业实践教学，学生才能学到真本领，教师才能教出真水平。这样的"产"不能是单纯的工厂生产，必须与教学紧密结合，其目的是"教"，在产教结合比较成熟的情况下，再逐步向"产、学、研"发展。学校真正形成了"产、学、研"的能力，职业学校适应了市场的需要，形成发展能力就落到了实处，做强做优也就有了基础。思路逐渐清晰，愿景更加美好。

根据现有条件和管理状况，比较有可能性的办法是：引入社会上管理和技术较为先进的企业，愿意加盟校企合作，通过利用该校的设备，进行产品生产，在生产过程中引入教学内容，校企共同制订产教结合的实施性教学生产计划，让教师学到技术，让学生加入生产，让生产产生效益，校企双赢，共生共荣。

具体实施办法如下：

（1）以学校现有的专业实习工厂和主要设施、设备为载体，引入企业加盟，学校出厂房、出设备；企业带工人、带产品，也出设备，双方结合，进行生产、人才培养。在生产中结合教学需要，让教师和学生参与生产，在生产中学习技术。

（2）企业安排生产工人、技术人员、管理人员作为兼职教学人员，根据产教结合教学计划，实施生产中的教学工作。学校安排有关教师跟班参加生产兼指导、辅导学生学习生产技术。

（3）校企合作前，双方考察选择。对企业可考察生产、法人代表（或出资人情况）、注册资金、设备情况、管理情况等。学校应向企业提供必需的资料和考察情况。

（三）突破融合难点，完善育人体系

（1）构建科学合理的模块化课程体系：让学生在完成文化课、专业基础课的学习及基本技能的训练之后，再进行专业主干课程的学习。

（2）加强学生规范意识、质量意识的培养：职业学校学生的整体素质参差不齐，尤其表现在行为习惯上。为此，一方面加强思想教育，从学生入学开始就强化常规行为

习惯的培养；另一方面，制定了严格的实习规范及奖惩考核细则，将学生的行为规范要求同成绩学分考核结合起来。通过典型的事例来教育学生树立质量意识。

（3）实施分组分阶段教学：采用分组教学、分阶段实施的办法，将一个班级学生分成3～4个小组，统筹安排，分组进行。

（四）产教融合的成效

改革和创新，都是从理想到现实的过程，都是从理论到实践的过程。产教融合要走向深入，必须认真总结。回顾近几年的尝试，我们觉得有以下几点收获。

1. 育人效应得到有效显现

在产教结合的实施过程中，学生的专业技能得到了充分的训练。产教结合实施以来，汽修专业学生从这里走向了工作岗位，他们很快适应了企业的要求，迅速成长为企业的技术骨干。

2. 教师水平得到有效提升

在产教结合的实施过程中，为教师提供了实践的平台。专业教师在生产一线进行见习和实践，获得了良好的理论联系实际、提高专业素质的机会。教师们得到了锻炼和成长，教师专业水平也得到了很大的提高。一支具有真才实干的专业教师队伍逐步成长起来，这为学校将来的可持续发展奠定了坚实的人才基础，是学校的一笔巨大财富。

3. 校企文化得到有效融合

在产教融合的实施过程中，企业管理制度逐步迁移到实训基地的管理过程中，推进了企业文化与校园文化的有机融合。企业文化进入了学校，丰富了校园文化的内涵。接受企业文化辐射、推进企业文化与校园文化的融合，是实现学生与企业员工无缝对接的重要保证。定期邀请企业管理人员到学校宣讲企业精神、企业文化，创造学生与企业直接对话的机会，引导学生自觉培养企业需要的职业道德素质和团队协作精神。

4. 育人成本得到有效补充

产教融合过程中，企业承担了部分育人成本，同时，企业还承担了耗材和机器设备的折旧费用，并带来一些生产设备；对积极上进、表现突出的学生设立了"奖学金"。这些都是对学校育人成本的补充。

产教融合的根本目的是人才培养，生产是基础，但必须服务于教学，这是处理产教融合过程中各种问题的基本原则。产教结合的实施，在现行教育管理体制状况下，不能外包给校外企业专用于产品生产，不管"教"，成为变相的校办厂；也不能由校内人承包，更不能完全由学校名义来组织。那样，企业优势进不来，还将是原来的学校实习工厂。因此，还是要在"融合"上深入研究，探索机制。企业追求经济效应，我们追求成才效应，两者"融合"的完善程度决定着产教融合的总体水平。

五、双轨双融通式"双师型"教师队伍建设

职业院校需持续推进"人才强校"战略，旨在培养国家省市级教学名师和"工匠型"技术技能大师。为此，学校应制定并实施双轨双融通式"双师型"教师队伍规划与建设，目标是打造一支师德高尚、业务精湛、具有国际视野且结构优化的高水平"双师型"教师队伍。具体措施如下。

1. 制定高于国家标准的"双师型"教师基本标准，创新阶梯式教师培养体系

根据国务院《国家职业教育改革实施方案》的要求，结合学校汽车类专业实际，构建教师发展专业标准和职业能力标准。以这些标准为导向，创新双轨双融通式"双师型"教师培养体系，包括两条发展轨迹："青年教师—双师型教师—骨干教师—专业带头人—教学名师"和"青年教师—双师型教师—技术骨干—技术能手—技术技能大师"。通过"双轨"并行和"双线"培养，依据教师专业成长规律，分层次、分阶段、阶梯式打造高水平"双师型"教师队伍。同时，配套教师绩效考核评价激励机制及职务职称晋升机制，鼓励教师向更高层次发展。

2. 开展"双师型"教师遴选认定，实施动态管理

依据教育部《关于全面深化新时代教师队伍建设改革的意见》，结合学校实际，制定《双师素质教师推荐认定与管理办法》。每年进行遴选认定，符合标准的教师经过个人申请、专业部审核推荐、学校遴选认定后，确定为具有"双师素质"或符合"双师型"标准的教师。对已认定的"双师型"教师，采取过程管理和动态考核的办法，进行年度"双考核"，即教师专业能力和职业能力的考核。

3. 构建双轨式"双师型"教师培养培训体系，打造高水平教师队伍

（1）健全阶梯式的"教练型"教师培养体系，全面提升教师的专业素养和教学能力。建立包括师德修养、教育教学、教研科研和社会实践四个维度的特色鲜明的教师专业标准，形成有区分度与发展空间的教师专业化发展依据。构建"三阶段五级制"阶梯式的"教练型"教师培养体系，从岗位适应、成长锻炼、创新发展三个阶段分类选拔培养不同层次的教师。完善选拔机制、激励机制和培训机制，包括选送高层次研修、企业轮训；培养高层次人才、高水平教练。完善研修、培训、企业实践、挂职锻炼机制，记录教师成长历程，开展考核性管理，促进教师自我诊改。

（2）健全"工匠型"教师培养体系，全面提升专业教师的实践教学和社会服务能力。制定专业教师职业技能标准，建立"三阶段五级制"阶梯式的"工匠型"教师培养体系，从岗位适应、成长锻炼、创新发展三个阶段分类选拔培养不同层次的教师。根据教师所处的阶段和层次，有计划地开展分层次、递进式、有针对性的培养培训。包括实习指导教师在内的职业学校专业课教师要根据专业特点，每5年必须累计不少于6个月到企业或生产服务一线实践，具备"双师素质"资格；鼓励"双师素质"教师取得相关职业资格和技术指导资格，具备"双师型"教师资格。选派"双师型"教师到实训基地、工厂企业顶岗工作和挂职锻炼，参与生产实践与产品开发，培养技术骨干。通过校企合作、共建共享等模式，定期选派技术骨干参加企业实践锻炼，与企业技术人员共同研发项目，着力培养能够改进企业工艺、解决生产技术难题的技术能手。择优选送技术能手到行业企业挂职，担任相关职务，同时，选聘企业优秀技术人员来校兼课，共同制订人才培养方案、课程体系等，引厂进校，校企合力培育技术技能大师。通过构建"三阶段五级制"阶梯式的"工匠型"专业教师培养体系，提升教师的职业技能水平、实践教学能力和社会服务能力，同时提升学校的育人水平和社会影响力。

4. 利用校内"双师型"教师培养培训基地，提升专业教师队伍素质

利用校内"双师型"教师培养培训基地（专注于汽车与新能源汽车领域），开展全方位、全过程、全员参与的培训活动，旨在全面提升教师队伍的专业素质。在培训过程中，该基地不断总结经验教训，提高培训质量和效率，形成了一套科学的教师培养运行机制，并构建了一个完善的"双师型"教师培训体系。此外，还建立了一套完整有效的规章制度，完善了教学质量监控体系，形成了长效管理机制，从而提升了整体管理水平。为实现教育与企业之间的深度融合（即"双融通"机制），本基地与企业合作开发了一系列特色鲜明的课程标准及教材，共同制定了职业能力评价标准。通过这些举措，不仅增强了师资队伍的实力，也为学校的长期发展奠定了坚实基础。

5. "引、聘、培"相结合，不断提高"双师型"教师队伍比例

为了加快专业教师队伍建设步伐并增加"双师型"教师的比例，采取了引进、聘用和培养相结合的策略。在外引方面，探索实施"固定岗+流动岗"相结合的灵活用人模式，吸引企业工程技术人才加入；在内培方面，则制订了针对性强的培养计划，涵盖岗前培训和考核等多个环节。同时，鼓励现有"双师型"教师发挥桥梁作用，促进产教融合。通过建立校企联合平台，推动双方人员向更高层次转型。随着兼职教师管理制度等相关政策的成功实施，下一步将进一步完善相关管理办法，加大力度聘请具有丰富实践经验的专业人士担任兼职导师，逐步形成专兼结合的教学团队结构。

6. 创新"双师型"教师队伍考核评价激励机制，激发专业教师干事创业的活力

创新考核评价激励机制是激发教师积极性的关键所在。为此，提出了"一主体、多配套"的评价框架，强调以教育教学成果为核心指标的同时兼顾社会服务等方面的表现。成立专门机构负责制定科学合理的评估标准，并采用信息化手段进行管理。另外，还将建立动态调整的薪酬体系以及支持教师发展的服务平台，为持续优化师资力量提供保障。

六、"双师型"教师队伍保障

高水平技能人才具备相应的理论教学和实践教学能力，他们通常具有企业相关工作经历或积极深入企业和生产服务一线进行岗位实践。这些教师不仅要持有教师资格证，还需要拥有相应的职业资格或中级以上技术职务。

近年来，国家一直在加快推进职业教育"双师型"教师队伍的高质量建设。教育部在2022年发布的《关于进一步加强全国职业院校教师教学创新团队建设的通知》中提出了职业学校"双师型"教师占比不低于50%的要求。

建设"双师型"教师队伍需要较大的教育投入。从世界范围看，对职业教育的投入通常是普通教育投入的三倍，原因之一就是职业教育教师是"双师"。因此，保障投入并鼓励更多技能人才到职业学校兼职，是推动"双师型"教师队伍建设的关键所在。

在经费保障方面，教育部等四部门印发的《职业学校兼职教师管理办法》明确，地方可以结合实际，优化教育支出结构，支持专业师资紧缺、特殊行业急需的职业学校聘请兼职教师。同时，鼓励职业学校多渠道依法筹集资金，用于支付兼职教师的工作报酬。职业学校还可以采取灵活多样的分配方式，合理确定工作报酬水平，充分体现兼职教师的价值贡献。

如何提高企业、技能人才和职业学校三方的积极性，也是推进职业院校兼职教师发展中必须思考的问题。《职业学校兼职教师管理办法》新增了支持体系一章，通过多种措施提高选派兼职教师的积极性。企业方面，将选派兼职教师的数量和水平作为认定、评价产教融合型企业等的重要指标依据。学校方面，将兼职教师的聘请与任教情况纳入学校教师队伍建设和办学质量考核的重要内容，明确在计算职业学校生师比时，可参照相关标准将兼职教师数折算成专任教师数。人才方面，明确职业学校要将兼职教师纳入教师培训体系；企事业单位应将在职业学校兼职人员的任教情况作为其考核评价、评优评先、职称职务晋升的重要参考；地方教育部门要将兼职教师纳入年度教育领域评优评先的范畴。

不仅如此，为充分保障兼职教师的合法权益，《职业学校兼职教师管理办法》明确了兼职教师岗前培训的组织部门、培训方式、内容及考核结果的认定方式，并根据《工伤保险条例》对兼职教师工伤保险的缴纳方式及相关责任进行了规范。值得注意的是，《办法》新增了兼职教师退出机制的内容，如果兼职教师存在师德师风、教育教学等方面问题，职业学校应解除工作协议。

第四节 职业学校兼职教师

为进一步完善职业学校兼职教师管理制度，推动职业学校与企事业单位建立协作共同体，支持、鼓励和规范职业学校聘请具有实践经验的企事业单位等人员担任兼职教师，按照《中共中央国务院关于全面深化新时代教师队伍建设改革的意见》《国务院关于印发国家职业教育改革实施方案的通知》以及中共中央办公厅、国务院办公厅印发的《关于推动现代职业教育高质量发展的意见》《关于深化现代职业教育体系建设改革的意见》等文件精神，根据《中华人民共和国职业教育法》，制定《职业学校兼职教师管理办法》。以下简称《办法》（详见附录5）。

一、高水平技能人才到职业学校兼职是多赢之举

职业教育的重要地位和作用日益凸显，建设一支技艺精湛、专兼职结合的"双师型"教师队伍是推动现代职业教育高质量发展、深化现代职业教育体系建设的强基固本之策。

为鼓励吸引技术技能人才到职业学校兼职任教，教育部会同财政部、人力资源和社会保障部、国务院国有资产监督管理委员会修订印发《职业学校兼职教师管理办法》。

高水平技能人才到职业学校兼职是多赢之举。职业学校能加强"双师型"教师队伍建设，提高职业教育质量；企业选派技能人才到职业学校任教也能提高技能人才职业荣誉感，促进人才发挥更大作用。"《办法》明确了兼职教师选聘条件，注重保障兼职教师合法权益，有助于吸引更多技术技能人才到职业学校兼职任教。实际执行中，要避免流于形式，推进职业学校兼职教师管理制度建设，为职业教育高质量发展提供有力支撑。

二、职业学校高素质"双师型"教师队伍选聘范围扩大

对于职业教育而言，发展并完善兼职教师制度是产教融合的重要方式之一。职业学

校也迫切需要高技能人才进校园，通过吸纳更多来自企业一线的高技能人才、能工巧匠们共同参与人才培养，加强职业学校高素质"双师型"教师队伍建设。

2022年5月1日起施行的修订后的《中华人民共和国职业教育法》第四十七条规定，国家鼓励职业学校聘请技能大师、劳动模范、能工巧匠、非物质文化遗产代表性传承人等高技能人才，通过担任专职或者兼职专业课教师、设立工作室等方式，参与人才培养、技术开发、技能传承等工作。

早在2012年，教育部等四部门就联合印发了《职业学校兼职教师管理办法》。新的《办法》正是对2012年印发的《职业学校兼职教师管理办法》的进一步修订完善，在原办法6章23条的基础上扩展为9章34条，充分体现了职业教育发展的新形势和新要求。

为贯彻落实修订后的《中华人民共和国职业教育法》，《办法》在适用范围方面进行了调整，所指职业学校包括了中等职业学校（含技工学校）、高等职业学校（含专科、本科层次的职业学校），并将职教本科纳入其中。

修订后的《中华人民共和国职业教育法》第四十六条规定，具备条件的企业、事业单位经营管理和专业技术人员，以及其他有专业知识或者特殊技能的人员，经教育教学能力培训合格的，可以担任职业学校的专职或者兼职专业课教师。

为进一步扩大兼职教师选聘范围，《办法》取消了对聘请退休人员任教的离岗时间和年龄限制，将能够胜任教育教学工作作为选聘条件，鼓励聘请退休工程师、医师、教师。同时，将企事业单位经营管理者也纳入选聘范围。

值得一提的是，为鼓励学校和企业开展更多兼职教师选聘模式，《办法》特别新增了选聘方式一章，明确职业学校可以采取个体聘请、团体聘请或个体与团体相结合的方式聘请兼职教师。新增了通过特聘教授、客座教授、产业导师、专业带头人、技能大师工作室负责人等多种方式聘请兼职教师。此外，还鼓励职业学校与企事业单位互聘兼职。

三、"双师型"教师队伍保障

高水平技能人才到职业学校兼职，有助于推动职业学校"双师型"教师队伍建设。高水平技能人才具备相应的理论教学和实践教学能力，具有企业相关工作经历或积极深入企业和生产服务一线进行岗位实践的教师。教师既要有教师资格证，也要有相应的职业资格或中级以上技术职务。

近年来，国家一直在加快推进职业教育"双师型"教师队伍高质量建设。教育部2022年发布的《关于进一步加强全国职业院校教师教学创新团队建设的通知》中就提出了职业学校"双师型"教师占比不低于50%的要求。

建设"双师型"教师队伍需要较大的教育投入，从世界范围看，对职业教育的投入通常是普通教育投入的三倍，原因之一就是职业教育教师是"双师"。因此，保障投入，鼓励更多技能人才到职业学校兼职，是推动"双师型"教师队伍建设的关键所在。

在经费保障方面，《办法》明确地方可结合实际，优化教育支出结构，支持专业师资紧缺、特殊行业急需的职业学校聘请兼职教师。同时，鼓励职业学校多渠道依法筹集资金，用于支付兼职教师工作报酬。职业学校还可采取灵活多样的分配方式，合理确定工作报酬水平，充分体现兼职教师的价值贡献。

如何提高企业、技能人才、职业学校三方的积极性，也是推进职业院校兼职教师发展中必须思考的问题。

《办法》新增了支持体系一章，通过多种措施提高选派兼职教师的积极性。企业方面，将选派兼职教师的数量和水平作为认定、评价产教融合型企业等的重要指标依据。学校方面，将兼职教师的聘请与任教情况纳入学校教师队伍建设和办学质量考核的重要内容，明确在计算职业学校生师比时，可参照相关标准将兼职教师数折算成专任教师数。人才方面，明确职业学校要将兼职教师纳入教师培训体系；企事业单位应将在职业学校兼职人员的任教情况作为其考核评价、评优评先、职称职务晋升的重要参考；地方教育部门要将兼职教师纳入年度教育领域评优评先的范畴。

不仅如此，为充分保障兼职教师合法权益，《办法》明确了兼职教师岗前培训的组织部门、培训方式、内容及考核结果的认定方式，并根据《工伤保险条例》对兼职教师工伤保险的缴纳方式及相关责任进行了规范。

值得注意的是，《办法》新增了兼职教师退出机制的内容，兼职教师存在师德师风、教育教学等方面问题，职业学校应解除工作协议。

四、坚持职教定位

事实上，当前职业院校兼职教师在实践中并不少见，但注意到，大多数企业技能人才到职业院校兼职任教，存在流于形式等问题。比如，有些技能人才只是每年去学校开几次讲座，学生根本无法从他们身上学到有用的技能。

我们认为，如果不能真正解决职业院校如何发挥技能人才作用这一根本问题，种种激励措施可能带来的只是企业、学校形式上的重视。比如，企业和职业学校签署校企合作协议，给企业技能人才颁发兼职教师聘书，但随后却无实质性推进行动，企业却由此获得产教融合型企业认定，职业院校也把这些兼职教师作为本校的"双师型"教师，但对于职业院校和学生发展没有任何实质性帮助。

"只有推进职业学校回归职业教育定位，才能真正让职业学校聘请的企业技能人才发挥作用。"当前一些职业学校偏离职业教育定位，不以就业为导向切实提高技能人才培养质量，而是以升学为导向关注职校生的升学率，这使得学校对推进产教融合缺乏兴趣，不重视"双师型"教师队伍建设，更没有聘请企业技能人才到学校兼职的"内驱力"。

我们认为，要坚决贯彻落实《中华人民共和国职业教育法》中对职业教育的类型教育定位，让职业学校坚持职业教育定位。比如，应以技能课程建设质量评价职业院校的办学水平，这样会让职业院校真正重视"双师型"教师队伍建设。同时，要始终保障职业教育与普通教育平等发展，尽快清理歧视职业教育、技能人才等政策，这也是我国职业教育发展的关键所在。

五、产业导师

1. 产业导师的稀缺性

产业导师是指指导学生专业实践或开设课程的企事业单位专业技术人员或高技能人才。产业导师属于职业教育兼职教师的一种，广泛意义上的产业导师是指职业院校经过严格程序聘请的，具有独立承担专业课教学任务能力、行业企业丰富经验的高技能人才和经营管理人才。虽然产业导师属于兼职教师范畴，但却是高级别的兼职教师，是兼职教师群体中的少数，具有精英化的特征。《职业学校兼职教师管理办法》规定专业教师中兼职教师的比例最高可达30%。产业导师是职业院校紧缺的人才，是能够带动教学团队建设、促进专业发展的存在。

2. 产业导师是职教师资的特聘者

产业导师是职业院校特聘岗位，主要用于聘用急需的高层次人才。可以说职业院校传统的岗位设置总体上是固定的，这也在一定程度上限制了教师人力资源的配置，不利于优秀人才的引进。

3. 产业导师是深化产教融合的助推者

（1）补足教育链短板。

职业教育是与经济发展最为紧密的一种教育类型，职业教育的跨界属性要求其重视与充分发挥企业在人才培养中的地位与作用，但是教育领域与生产领域有着本质的不同，职业教育与产业一线存在着不小的距离，难以实现真正的产教融合。产业导师连接着市场和职业院校，把握着企业一线前沿，是企业创新发展的一线力量，更是补足教育链短板的突破口，职业教育产业导师的选聘，实现了产学融合由理念向落地的发展，有助于破解职业院校高技术技能人才从知识到应用的最后障碍。产业导师利用自身丰富的行业背景和独特的引领作用，让职业院校与企业实现资源的深度对接，也提升了职业院校人才培养质量、科技服务水平和社会服务能力等。同时，通过发挥产业导师作用，充分对接产业链，能够倒逼职业院校专业建设和教育模式升级，在人才培养中产业导师的指导更加贴合学生专业需求，更容易让学生学以致用，将知识与实际相结合，提升职业院校人才培养的适用性。

（2）产业链升级支撑者。

产业导师是破解校企合作难题，实现校企双赢的有力探索，产业导师有利于将企业与职业院校的不同诉求点相结合，帮助校企在发展和育人上深度耦合，形成发展的命运共同体，其桥梁、纽带作用显著。通过产业导师，职业院校培养的人才更具适应性，是企业发展重要的人力和智力支撑。同时，产业导师搭桥，更利于使职业院校的人才团队长期、稳定地为企业所用，进一步提升企业的产业化能力，为企业、产业的发展助力。此外，产业导师更容易将联合培养的高技术技能人才推荐到企业，也更容易实现企业及职业院校教师等的合作，成为企业培养、招募人才的重要渠道。可以说，产业导师架起了校企沟通和合作的桥梁，充分体现职业教育对产业转型升级、对地方经济社会发展的支撑引领作用。

产业导师怀立德树人之心、赋实践创新之能、立担当作为之责，践行产教融合协同育人的理念，通过开展产学研协同创新座谈会、进课堂开讲座、入企业实调研、助实习促就业等活动，与学生面对面零距离沟通，解开学生职业困惑，助力学生提高实践能力、提升创新意识，为培养"应用实践型"学生奠定良好的基础。

六、教师教学创新团队对职业教育的作用

《全国职业院校教师教学创新团队建设方案》（教师函〔2019〕4号）指出：面向中等职业学校、高等职业学校和应用型本科高校，聚焦战略性重点产业领域和民生紧缺领域专业，分年度、分批次、分专业遴选建设国家级职业院校教师教学创新团队，示范引领各地各校因地制宜做好省级、校级团队整体规划和建设布局，按计划、分步骤建成一批覆盖骨干专业（群）、引领教育教学模式改革创新、推进人才培养质量持续提升的教师教学创新团队。

1. 教师能力提升

教师能力提升是教师教学创新团队建设的核心任务。创新团队通过组织专项培训、开展课题研究、加强校际校企协作等方式，全面提升教师的师德师风、教学能力、专业实践和科研能力。特别是通过"双导师"制、协议工资制等管理模式，吸引和留住了一批高水平企业兼职教师，有效提升了"双师型"教师的比例和整体水平。

2. 教学模式革新

教师教学创新团队通过引入先进的教学理念和方法，实现了传统教学模式的创新。

教师积极探索项目式教学、情境式教学、集成化教学等新型教学模式，强调以学生为中心，注重培养学生的实践能力和创新思维。

3. 课程内容优化

创新团队紧密对接行业企业需求，优化课程内容，确保课程内容与职业标准、生产过程高度对接。创新团队与企业技术专家深度合作，共同制定人才培养方案，重构课程体系，开发符合职业岗位（群）要求的集成化课程。通过组织团队教师集体备课、协同教研，规范教案编写，推动课堂教学革命，确保学生所学知识技能的实用性和前沿性。

4. 技能实训强化

技能实训是职业教育的重要组成部分。教师教学创新团队重视技能实训的强化，通过与企业共建实训基地、引进企业新技术新工艺等方式，为学生提供更多实践机会。同时，团队通过优先保障教师企业实践，提升教师实习实训指导和技术技能创新能力，确保学生在校期间能够获得充分的技能训练和实战经验。

5. 教学资源整合

教师教学创新团队通过整合校内外优质教育资源，构建了资源共享、优势互补的教学资源体系。教师团队充分利用国家级、省级、市级和校级创新团队的示范引领作用，推动教学资源的优化配置和高效利用。同时，通过搭建技术服务平台、创新工厂等，实现技术技能知识的再生产和再利用。

6. 学生创新能力激发

创新团队注重培养学生的创新意识和创新能力。团队通过设立创新项目、组织创新创业大赛、提供创业指导等方式，激发学生的创新潜能。同时，在教学过程中，注重培养学生的批判性思维、问题解决能力和团队协作能力，为学生未来的职业发展打下坚实基础。

7. 校企合作深化

校企合作是职业教育发展的重要途径。教师教学创新团队通过与企业建立深度合作关系，共同开展人才培养、技术创新和社会服务等工作。他们通过共建实训基地、开展联合培养、推动产学研合作等方式，实现校企双方的共赢发展。这不仅有助于提升学生的职业素养和就业竞争力，也有助于推动企业的技术创新和产业升级。

8. 评价体系改革

创新团队积极推动职业教育评价体系改革。他们打破传统单一的评价方式，构建多元化、全方位的评价体系。通过引入企业评价、学生评价、同行评价等多种评价方式，全面评估教师教学效果和学生学习成果。同时，注重过程性评价和结果性评价的有机结合，确保评价结果的客观性和公正性。

第四章 教材与课程设计

第一节 教材概述

  教材是学生在学校获得系统知识、进行学习的主要材料，它可以帮助学生掌握教师讲授的内容；同时，也便于学生预习、复习和做作业。教师要教会学生如何有效地使用教材，发挥教材的最大作用。教材也是教师进行教学的主要依据，它为教师备课、上课、布置作业等提供了基本材料。为贯彻党中央、国务院关于加强和改进新形势下大中小学教材建设的意见，建立健全大中小学教材管理制度，切实提高教材建设水平，教育部牵头制定了《中小学教材管理办法》《职业院校教材管理办法》和《普通高等学校教材管理办法》（教材〔2019〕3号）（详见附录6）。2021年，教育部办公厅印发《"十四五"职业教育规划教材建设实施方案》（教职成厅〔2021〕3号）（详见附录7）。

一、纸质教材

  纸质教材又称"课本"，它是依据课程标准编制的教学规范用书，系统反映学科内容的教学用书。它是以准确的语言和鲜明的图表，明晰而系统地按教学科目分别编写的教学规范知识。课程方案中规定的每门课程，一般都有相应的纸质教材。纸质教材是课程标准的具体化，它不同于一般的书籍，通常按学年或学期分册，划分单元或章节。它主要是由目录、课文、习题、实验、图表、注释和附录等部分组成。课文是纸质教材的主体部分。课文一般分类别、模块、纲目来编排与陈述，是纸质教材的基本部分，是教学的主要依据。随着科学技术的发展、教学手段的现代化，教学内容的载体也多样化了。除纸质教材以外，还有各类指导书和补充读物；工具书、挂图、图表和其他教学辅助用书。此外，纸质教材的编辑要妥善处理思想性与科学性、观点与材料、理论与实际、知识与技能的广度与深度、基础知识与当代科学新成就的关系。

  纸质教材是学生在学校获得系统知识、进行学习的主要材料，学生在学校循序渐进地学习以获得系统的基础知识的主要资源和工具。它便于学生预习，便于学生理解和掌握教师讲授的内容，也便于学生复习、做作业、深化与运用知识，形成相应的基本技能。学生学会阅读和运用教科书，不仅能有效地配合教学，提高教学质量，而且能为他们阅读课外读物，进一步掌握学习方法、学会学习奠定良好的基础。要注意教育学生注重纸质教材的重要作用，结合教学来组织与指导他们认真学习、充分利用纸质教材，以培养和提高他们的阅读能力。

纸质教材也是教师进行教学的主要依据，它不仅为教师的备课、上课、布置作业等工作提供了基本材料，而且为教师创造性地开发课程资源、在教学中联系社会生活实际提供了基础和依据。深透理解与熟练掌握和运用纸质教材，是教师顺利完成教学任务的重要条件，也是提高教学质量的重要而切实的途径。

纸质教材的编排形式要有利于学生的学习，符合教育学、卫生学、心理学和美学的要求。纸质教材的内容阐述要层次分明；文字表述要简练、准确、生动、流畅；篇幅要详略得当。标题和结论要用不同的字体或符号标出，使之鲜明、醒目。封面、图表、插图等，要力求清晰、美观。字体大小要适宜，装订要牢固，规格大小、厚薄要合适，便于携带。

纸质教材是学生进一步扩大知识与技术领域的基础，所以要教会学生如何有效地使用纸质教材，发挥纸质教材的最大作用。

二、教材的含义

教材是供教学用的资料，如课本、讲义等。教材的定义有广义和狭义之分。广义的教材指课堂上和课堂外教师和学生使用的所有教学材料，比如课本、练习册、活动册、故事书等。教师自己编写或设计的材料也可称为教学材料。计算机网络上使用的学习材料也是教学材料。总之，广义的教材不一定是装订成册或正式出版的书本。凡是有利于学习者增长知识或发展技能的材料都可称为教材。狭义的教材即教科书。教科书是一个课程的核心教学材料。教科书除学生用书外，几乎无一例外地配有教师用书，很多还配有练习册、活动册以及配套读物、音像带等。什么是教材？随着教学资源概念的流行，人们逐渐接受了狭义的教材定义，即把教材理解为教科书，它是系统表述课程内容的教学工具。至于教学辅助材料，则全部纳入教学资源这一概念中。在传统的学科课程框架中，人们形成了对教材形式的基本看法，即准确、精练、系统地叙述知识和基本素材的教科书。其中，知识主要是指概念和原理。当然，随着对教材的教学功能的强调，教材中也包含了练习、讨论等学习栏目，但这些栏目只是知识系统的补充。长期以来，职业教育课程采取的主要是学科课程形态，因此其教材呈现形式也与普通教育基本一致，主要是系统地阐述专业理论知识。这就是人们对职业教育教材的刻板印象。

任务引领、项目驱动职业教育课程改革的推广和深入，逐步解构了我们对职业教育课程教材的刻板印象。因为新的课程模式必然需要新的教材做支持,在项目课程理念的引领下,人们普遍开始了项目化教材开发的探索,各类项目化教材层出不穷,其呈现形式各异,与过去的学科化教材有了根本性区别。当然,项目化教材本身也存在开发质量不平衡的现象,有的项目化教材只是传统学科化教材在标题上的改造,有的项目化教材实质上是以工作任务为中心的教材,有些教材则是彻底的项目化教材。然而,对于彻底的项目化教材,人们不禁要问:这样设计教材合适吗?这样设计教材是否意味着该门课程只能教这几个项目?如果不这样设计项目化教材,那么项目化教材的呈现形式又应该是什么?

项目化教材开发在推进职业教育教材建设的同时,也给职业教育教材研究带来了重大理论问题,体现在两个方面:(1)到底什么是教材?项目化教材打破了以往按照知识逻辑呈现课程内容的形式,转而以项目为中心呈现课程内容,且这种教材不仅要叙述完成项目所需要的理论知识,还要叙述如何实施和评价项目。项目化教材这种非常独特的内容和形式,大大拓展了我们对教材性质和形式的看法,但同时也给我们带来了亟待解决的理论问题:到底什么内容可以放入教材,什么内容不能放入教材?如何把教材与其他教学材料在内容和形式上相区分?今后教材建设的方向是什么?(2)项目化教材是否是职业教育教材设计的最高形式?把项目化看作职业教育教材设计的唯一形式必然会遭到反对,但人们对项目化教材的无限热情,让我们必须冷静地思考一个问题:项目化是否是职业教育教材设计的最好形式?是否所有课程的教材都能或者都有必要采取项目化形式?

三、教材的应用

教材在教学、课程资源开发和利用中虽有其重要的地位与作用,但它毕竟只是课程资源的一种。我们在编好和用好教材的基础上,还应开发和利用其他丰富多彩、生动具体的课程资源,以充实课程的内容和提高教学的质量。在这个问题上,我们必须纠正传统教学常见的一种偏见,即把课程内容与教学局限于教材的范围和书本知识,不重视、不懂得,也懒于开发与利用生活周遭可资利用的课程资源,其结果必然导致学校课程与社会生活脱节,使教学趋于封闭、狭窄、被动、抽象与死板。然而,在锐意进取与改革的新形势下,也要防止出现另一种偏颇,即一味追求超越教材,广泛开发与利用其他各种课程资源,反而忽视了教材这个重要的课程资源的充分利用,忽视了教材在开发与利用其他课程资源过程中的基础与指导作用,导致课程资源的开发与利用失去了正确的方向与核心,造成教学活动的分散与杂乱,削弱了教材在教学中的重要地位与作用,影响了教学与育人的质量。

第二节　课程设计

课程设计是以一定的课程观为指导制定课程标准、选择和组织课程内容、预设学习活动方式的活动，是对课程目标、教育经验和预设学习活动方式的具体化过程。课程设计还能表示一个有目的、有计划、有结构的产生课程计划（教学计划）、课程标准（教学大纲）以及教材等系统化活动。职业教育适应社会发展的需要，表现在学校数量、办学层次、学生质量等多方面，其核心和根本问题是专业设置与课程建设。

一、课程设计的意义

课程设计具有重要的现实意义，具体说明如下：

（1）有助于教师确切、深入地理解教育目标。

通过参与教育目标的设计，教师可以清晰地了解教育目标制定的依据、设计的方式等，有助于教师确切而深入地把握和理解教育目标，指导教育教学工作的开展。

（2）有助于教师整体、全面地把握教育内容。

参与课程内容的选择与设计，教师对课程内容的把握更准确，对课程内容的编排和组织的理解更科学，有助于教师整体而全面地把握教育内容，科学合理地施教。

（3）有助于教师更加科学、有效地开展教育教学工作。

教师参与课程设计，对课程目标、课程内容都有了深入而系统的把握和理解，对其中蕴含的教育规律、教育理论有了更好的认识，有助于更加科学地开展教育教学工作。

总之，课程设计的过程有助于教师深入了解课程，教师的参与将有助于整个教育教学工作的开展，有助于教学质量的提高。

二、课程设计的内容

（一）课程目标的设计

课程目标是课程实施应达到的学生身心素质发展的预期结果，是对培养目标的具体化。课程目标对学生素质的规定，可以具体化到量的层次和质的层次，如"理解……""熟悉……""形成……能力和态度"等。

1. 课程目标制定的依据

制定课程目标的直接依据应来自教育目的和专业培养目标，但课程目标不是教育目的和培养目标的简单推演。课程目标设计的具体依据是什么？课程理论史上普遍认为，课程目标设计的依据是对学生的研究、对社会的研究、对学科的研究。因此，人们认为，课程的基本因素是社会、知识和学生三要素。

社会因素是制约课程目标的重要因素。要为设计课程目标提供明确的依据，就需要深入考察社会生活领域。为考察社会因素对课程目标的制约，泰勒介绍了一种可行的社会因素考察方案，主张从健康、家庭、娱乐、职业、宗教、消费、公民等方面考察社会因素，以便为课程目标提供具体的标准。概括地说，社会政治、经济、文化的发展趋势、时代特征及其对人的素质要求，是设计课程目标的现实依据。

知识因素与课程目标有内在联系。因为教育的一个重要的任务就在于将人类积累起来的知识传授给年轻一代以促进他们的成长，从而维系社会的传承和发展。所以，在确定课程目标时，首先要考虑人类社会的文化知识。

课程目标是直接指向学生的身心发展及其素质提高的，因而学生身心发展规律及其发展需要也是设计课程目标的重要依据。

2. 课程目标设计的基本问题

课程目标是课程实施所要达到的预期的结果。课程目标设计中如何规定这些预期的结果？课程目标可分为哪些类型？它在数量上有何特殊的陈述要求？这些问题是课程目标设计的基本问题。

（1）课程目标的具体化和抽象化问题。

早在1918年，博比特在他的《课程》一书中就提出了课程科学化的问题，主张课程目标必须具体化、标准化。在《怎样编制课程》一书中，他设计了课程目标，一共列出10个领域的800多个目标。追求课程目标的具体化在当时教育理论中成为一种趋势，似乎课程目标越具体越好。

课程目标设计中面临着目标具体化与抽象化的问题。课程目标是对培养目标的具体化，但对更为具体的教学目标来说，它又是具有概括性的。因而，在处理目标的具体化与抽象化问题时，课程目标的设计应概括地指明目标的项目，如认知领域、情感领域、动作技能领域的目标；或者知识与能力、思想品德、情感态度等大的方面的目标，同时要将这些方面的目标，以行为化的目标所要求达到的程度陈述出来。

课程目标的设计过于具体、目标行为表述太细致，往往会限制过死，不利于教学目标的研制；而课程目标过于抽象和概括，又不利于课程知识的选择和组织，不利于课程评价。因此，应当使这两个方面保持适当的平衡。

（2）课程目标的层次与结构问题。

课程目标设计的标高层次问题。从标高看，课程目标设计主要有两个层次：一是最高课程目标；二是最低课程目标。课程目标设计究竟以最高目标为准，还是以最低目标为准？

从目标的本意上说，课程目标作为课程实施的预期结果，有一定的理想性，应当是课程实施的最高目标。但最高目标往往不易达到，因而许多学者主张课程目标的设计应以最低目标为主。然而，最低目标作为课程实施预期结果的一种基准，它应当是培养现代人的基本素质的保障，是以绝大多数能够达到为起点的。但最低目标低到什么程度为宜，又需要在目标项目中有明确的量的考量和规定。

我们认为，课程目标的设计应当有不同层次，包括最高标准和最低标准、终极目标和观察目标等不同层次的目标，这样才能对课程的实施起着导向、调控和评价作用。

3．课程目标设计的基本方式

课程目标设计不仅仅是课程专家应考虑的问题，也是学校管理者和教师在课程实施过程中必须考虑的问题。不管哪一门课程，课程目标的陈述方式应该是一致的。一般说来，完整的课程目标体系包括三类：结果性目标、体验性目标和表现性目标。因此，目标的陈述也有相应的三种基本的方式。

（1）结果性目标的陈述方式。

所谓结果性目标，即明确告诉人们学生的学习结果是什么。在设计时所采用的行为动词要求具体、明确、可观测、可量化。这种指向可以结果化的课程目标，主要应用于"知识"领域。这类结果性目标陈述的表述方式如表4-1所示。

表4-1　结果性目标表述方式

	目标水平	行为动词
知识	了解水平： 再认或回忆知识； 识别、辨认事实或证据； 举出例子；描述对象的基本特征	说出、背诵、辨认、回忆、选出、举例、列举、复述、描述、识别、再认等
	理解水平： 把握内在逻辑联系； 与已有知识建立联系； 进行解释、推断、区分、扩展； 提供证据； 收集、整理信息等	解释、说明、阐明、比较、分类、归纳、概述、概判断、区别、提供、转换、猜测、预测、估计、推断、检索、收集、整理等
	应用水平： 在新的情境中使用抽象的概念、原则； 进行总结、推广； 建立不同情境下的合理联系等	应用、使用、质疑、辩护、设计、解决、撰写、拟定、检验、计划、总结、推广、证明、评价等

续表

目标水平		行为动词
技能	模仿水平： 在原型示范和具体指导下完成操作； 对所提供的对象进行模拟、修改等	模拟、重复、再现、模仿、例证、临摹、扩展、缩写等
	独立操作水平： 独立完成操作； 进行调整与改进； 尝试与已有技能建立联系等	完成、表现、制定、解决、拟定、安装、绘制、测量、尝试、试验等
	迁移水平： 在新的情境下运用已有技能； 理解同一技能在不同情境中的适用性等	联系、转换、灵活运用、举一反三、触类旁通等

（2）体验性目标的陈述方式。

所谓体验性目标，即描述学生自己的心理感受、情绪体验应达成的标准。它在设计中所采用的行为动词往往是历时性的、过程性的。这种指向难以结果化的课程目标，主要应用于各种"过程"领域。这类体验性目标陈述的表述方式如表4-2所示。

表4-2 体验性目标表述方式

目标水平	行为动词
经历（感受）水平： 独立从事或合作参与相关活动； 建立感性认识等。	经历、感受、参加、参与、尝试、寻找、讨论、交流、合作、分享、参观、访问、考察、接触、体验等
反应（认同）水平： 在经历基础上表达感受、态度和价值判断； 做出相应的反应等	遵守、拒绝、认可、认同、承认、接受、同意、反对、愿意、欣赏、称赞、喜欢、讨厌、感兴趣、关心、关注、重视、采用、采纳、支持、尊重、爱护、珍惜、蔑视、怀疑、摒弃、抵制、克服、拥护、帮助等。
领悟（内化）水平： 具有相对稳定的态度； 表现出持续的行为； 具有个性化的价值观念等	形成、养成、具有、热爱、树立、建立、坚持、保持、独立、追求等

（3）表现性目标的陈述方式。

所谓表现性目标，即明确安排学生各种各样的个性化的发展机会和发展程度。它在设计中所采用的行为动词通常是与学生表现什么有关的或者结果是开放性的。这种指向表现性的课程目标，主要适用于各种"制作"领域。这类表现性目标陈述的表述方式如表4-3所示。

表4-3 表现性目标陈述的表述方式

目标水平	行为动词
复制水平： 按照教师的提示重复某项活动； 利用可得到的资源，复制某项作品、产品或某种操作活动； 按教师指令或提示，利用多种简单技能完成某项任务等	从事、做、说、画、写、表演、模仿、表达、展示、复述等
创作水平： 按照提示，从事某种较复杂的创作； 按照自己的思想和可得到的资源，完成某种任务； 利用多种技能创作某种产品	设计、制作、描绘、涂染、折叠、编织、雕塑、拓印、收藏、表演、编导、编写、谱曲、扮演、创作等

（二）课程内容的设计

1. 课程内容的概念

课程内容是课程的核心要素，从总体上讲，课程内容是根据课程目标从人类的经验体系中选择出来，并按照一定的学科逻辑序列或者技能任务和学生心理发展规律组织编排而成的知识体系和经验体系。它体现在由课程或专业建设方案所设定的，由各门课程标准分别规定的，并考虑到学生的年龄特征、知识与经验水平、预期的学习活动及效果的需要而编写的教材上。

课程内容的基本性质是知识，它包含着学生应当具有的间接经验和与之相关的直接经验，其中，间接经验即理论化、系统化的书本知识，直接经验是指学生为学习书本知识而需要的感性知识。所以，为了让学生能够掌握由教材呈现的来自人类积累的间接经验、文字知识，课程内容的选编还要预先考虑学生应有的感性经验及其获取的学习活动；为了突出学生的实际活动及其践行能力的培养，除了设置学科课程外，还应设置实践活动课程。

可见，课程内容极为丰富，其表述也比较复杂，它涉及教材、学生的学习经验和学习活动等关系，只有正确认识和处理这些关系，才能全面理解课程内容的概念。

（1）课程内容与教材。

教材是指以文字和图形等符号形式反映一定课程内容的教学用书。教材虽然选编了课程的基本内容，但并不等于明确地展现了课程的全部内容。课程内容所包含的学生应获取的各种丰富的直接经验、情感性经验，如课程思政内容是隐含在教材中，难以完全呈现出来。况且，每门学科的课程纲要也不限于选编一种教材，可以有不同的设计与组织编写方式，可以编出多种教材。

"传统教育"派的课程内容设计,存在着"课程内容即教材"的偏向。如果把课程内容定义为教材,或等同于某一种教材的书本知识,就会使课程内容趋向凝固、封闭、死板,忽视与外界世界的丰富多彩的联系,忽视对学生学习教材所需的相关的直接经验和情趣与欲求的关注。

(2)课程内容与学习经验。

"学习经验"或"教育经验"是课程理论常用的一个术语。泰勒在他的《课程与教学的基本原理》中经常使用"学习经验"或"教育经验"。把"学习经验"作为课程内容,强调了学生对课程的理解、体验,强调了学生已有认知结构及情感特征对课程内容的制约作用,认为课程内容不全是由课程专家支配的,还要受学生身心发展与态度的制约,并有利于弘扬学生在课程学习中的主体地位。这些见解富有新意,值得肯定。

但是,不少课程论者却把"学习经验"当作课程内容的同义词,片面夸大学生的学习经验与直接经验,便会否定或贬低学科的系统知识的重要作用,而且过于强调学生直接经验的探究也给学科课程内容的预期带来较大的困难。

(3)课程内容与学习活动。

通过活动分析法来确定和设计课程内容的倾向,早在英国哲学家、社会学家、教育家斯宾塞时期就开始了。斯宾塞根据对学生未来成人的五个生活领域,设计了一个比较庞大的课程内容体系。20世纪以来,一些课程论专家主张,通过研究成人的活动,识别社会各种需要,把他们转化为课程目标,再把这些目标转化成学生的学习活动,构成课程内容,这就是所谓课程内容设计的"活动分析法"。活动分析法被认为是课程内容设计的一种有效的编制技术,英国教育家怀特海(A.N.Whitehead)就曾说:"教育只有一种教材,那就是生活的一切方面。"

毫无疑问,课程内容应当反映生活的一切方面,为学生的生活、成长和为他们未来参与社会和就业服务。但是,学校课程反映生活不是也不可能全盘照搬,而应依据教育的目的与要求有选择地反映,并经过理性地概括和提升,具体表现在课程设置、课程标准和教材上。

若从课程内容设计的角度看,强调活动分析法的人,关注的主要不是向学生呈现什么系统化的知识,而是要引导学生积极从事各种活动,注重学生的外显的学习活动,把学生获取直接经验的活动也看成是课程内容,例如职业院校的专业课程。这就把课程内容等同于学习活动与教学活动,扩大了课程内容本不应当包括的范围。

总之,课程内容是课程专家以课程目标为依据,并遵循青少年学生的身心发展规律,考虑学生认识活动的特性,甚至课程与教学改革进程中的历史经验,对学生所要学习的课程内容选编而成的分科或综合性的课程标准及其教材。它是对学生应当学习的课程内容的谋划和预设。在设计课程内容时,有必要对课程内容的实施活动(教学活动)

进行考虑和建议，但也只限于对课程内容的谋划和预设，而不应介入课程内容的实施或教学。若要进行教学，对课程专家所设计的课程内容，还需要学校任课教师依据所在的学校和班级学生的具体学习状况与水平进行二度设计（编制教学计划和备课），并开展教学活动以完成预期的目的。可见，课程与教学既有内在联系，又有明确的区别，二者不可混淆。如果以对课程实施的思考（教学计划、教案）取代课程内容的设计，就会使课程内容泛化，造成课程与教学的混淆，从而使课程内容设计本身得不到真正的重视和落实，大大削弱了对课程理论的研究与落实。

2. 课程内容的选择与组织

（1）课程内容的选择。

课程内容是依据课程目标从各门科学或学科中的系统的知识理论、技能及方法选编而成的。但科学或学科的理论知识是十分丰富的，因此，选编时要注重包含下述三个主要方面的内容。

① 基本事实。

任何复杂的科学理论都有其研究的客观事实与现象。这既是科学研究的对象，又是形成作为研究成果的科学理论知识的基本材料。因此，首先必须从科学涉及的复杂现象或事实中选择出基本的事实，为学生理解和掌握理论知识提供基本的感性经验和认识基础。其实，这也是学科课程反映与联系学生现实生活的一种重要方式，并为学生进行感知、探究学习提供了对象、契机与资源。

② 基本概念与原理。

基本概念是理论知识的重要成分，是通过对科学事实进行分析、抽象与概括获得的。科学理论不是仅仅停留在现象和事实层次上的描述，而是在概念的基础上通过推理获得的理性认识。基本原理是在基本概念的基础上揭示的具有普遍意义的观点、命题或学科道理。每门学科都由一系列基本概念和原理构成，对实践有重要的指导作用。课程内容必须选择基本概念和基本理论，以便使学生在获得学科的基本概念的基础上掌握理论知识，并在学习与运用理论知识过程中发展基本的能力和养成正确的世界观、人生观、价值观与科学精神。

③ 基本方法。

基本方法是科学理论知识的实质性成分，是运用学科的基本概念与原理以分析问题和解决问题的策略、技能。中职学校学科课程的内容要为学生提供学科的基本方法，以便学生在运用理论于实际的过程中，学会与掌握分析问题、解决问题的策略和技能，特别是中职学校技能课程教学。当然，由于各门学科的性质不同，基础理论知识的选择，需要处理好理论性与应用性、艺术性与工具性，以及基础知识与知识更新之间的关系。

（2）课程内容的组织。

课程内容采取何种形式组织与编写，直接影响课程内容结构的性质与形式，制约着课程实施中的学习活动方式和学生学习的成效。早在20世纪40年代，泰勒就明确提出了课程内容组织的三条规则，即连续性（continuity）、顺序性（sequence）、整合性（integration）。连续性要求直线式地陈述课程内容；顺序性要求每一后继内容应以前面的内容为基础，同时又对前面的内容加以深化、拓展；整合性则强调保持各种课程内容之间的横向联系，以便学生获得一种统一观念。泰勒提出的关于课程内容组织的三条规则，对课程设计产生了重要影响。

课程内容的组织，除了上述三条规则外，主要应处理好以下组织形式的关系。

① 直线式与螺旋式。

关于课程内容的组织，一直存在着直线式与螺旋式两种组织形式。直线式，是指把课程内容组织成一条在学科知识逻辑上前后联系的"直线"，即学科课程内容的组织呈直线前进，前面安排过的内容在后面不再呈现。螺旋式，是指在不同单元或阶段，乃至同课程门类中，使课程内容重复出现、螺旋上升、逐渐扩大知识面，加深知识难度，即同一课程内容前后重复出现，前面的内容是后面内容的基础，后面内容是对前面内容的不断扩展和加深，且层层递进。

直线式的依据是，科学知识本身的内在逻辑是直线前进的，主张根据科学知识发展的逻辑来组织和编排课程内容。由于直线式编排的课程内容前后不重复，因而被认为是效率较高的一种内容组织形式。螺旋式的依据是，人的心理发展过程的规律，即人的认识由易到难、由低到高、螺旋上升，因而课程内容的组织和编写也要适应学生学习的心理需求，逐步加深、适当反复、螺旋上升，并稳步前进。

直线式和螺旋式是教材编写的两种基本的组织方式，它们各有利弊，分别适用于不同性质的学科、不同年级的学生。对理论性较强、学生不易理解和掌握的内容，采用螺旋式来组编较适合；对一些理论性、难度或操作性相对较低的学科知识，采用直线式组编则较适合。其实，情况往往比较复杂，有时在同一课程的内容体系的编写中，直线式和螺旋式都是必不可少的。在组织编写中究竟应当采取何种形式，应根据不同学科内容的特点和学生心理发展的需求而定。

② 纵向组织与横向组织。

纵向组织，是指教材内容要按照学科知识的逻辑序列，从已知到未知、从简单到复杂、从具体到抽象等先后顺序来组织编写。这是从学习理论的角度提出的一种组织形式。加涅（R.M.Gagne）就倾向于按照学生学习的八种层次的逻辑关系来设计课程内容的顺序。这八种学习层次为：信号学习、刺激-反应学习、动作连锁学习、言语联想学习、辨别学习、概念学习、规则学习、问题学习。加涅认为学习是由简单到复杂依次推进的。

横向组织，是指打破学科的知识界限和传统的知识体系，按照学生发展的阶段，以学生心理发展阶段需要探索的、社会最为关心的问题为依据来组织编写教材内容，构成一个一个相对独立的专题。这比较适合中职学校的教材开发编写。横向组织是依据发展心理学从人的成长过程的角度提出的。从心理发展角度看，学生生理的、社会的、理智的、情感的发展，都是按照一定的顺序由内部加以调节的，因此，教材内容应考虑学生发展的阶段性要求，从综合的角度，以知识之间的横向联系的方式组织课程内容。

相比较而言，纵向组织注重课程内容的学科理论体系和学术性，而横向组织则强调课程内容在社会生活中的实际运用和知识的综合性。同直线式和螺旋式的关系一样，这两种组织方式都是不可偏废的。

总之，人们在历史上很早就注意按知识的难易程度来循序渐进地组织进行课程内容的学习，随后也依据学生发展阶段特点的需求为不同年龄阶段学生编写具有综合性、通俗性、实用性的课程教材，中职学校就需要这种特点的教材。只是到了现代，由于科学与学科得到较高程度的分化与发展，基础教育的分层与普及日渐完善，课程设置与教材选编的经验日益积累，这时课程内容的组织也日趋科学。"传统教育"派主张根据学科内在的逻辑顺序来组织课程内容，便于学生分门别类地获得系统的学科知识，于是产生了"直线式""纵向组织"的课程内容组织方式。"现代教育"派则强调根据学生身心发展规律来组织课程内容，适合学生的需要，更便于学习的稳步有效地进行，于是出现了"螺旋式""横向组织"的课程内容组织方式。经过实践的比较、竞争、反思与总结，现在人们公认：两者均为课程内容的组织所需，各有优势与不足，最好是把课程内容组织的"逻辑顺序"和"心理顺序"结合起来，根据实际情况的需要科学地加以运用，以期获得最佳成效。

第三节　教材的形式

在教育活动中，教材是一种重要的教学工具。而教材的组织形式则是教材的一个很重要的方面。教材的组织形式是指教材内容按照一定的规律、顺序排列组合之后形成的一种整体结构。教材的组织形式是否有条理，是否严密、有关联，是否具有启发性、针对性和实用性等方面与教学的质量密切相关，它是教材内涵的重要体现。优秀的教材组织形式能够帮助学生更好地理解知识、掌握知识，也能够帮助教师更好地组织教学课程。一方面，教材内容的好坏决定了教学效果的好坏，而教材的组织形式则是保证教材内容充实且体系合理的基础。另一方面，教材组织形式的好坏同样也决定了教师教学的效率和成功度。

一、教材形式的表述方式

教育学对教材内涵及其形式的现代解读，普遍认为由于技术的、时空的、应用的指向不同，对教材形式的构建和理解也就具有各自专有的表达方式。由此，基于现代意义的检查概念，对教材的界定同样也是多义性和发展性的。

1. 基于承载媒体不同的教材

基于承载媒体不同的教材，包括狭义范围的教材和广义范围的教材。狭义范围的教材专指文字或纯文本形态的教学材料；广义范围的教材涵盖视听或多媒体形态的教学材料，如课本、练习册、活动册、故事书、补充练习、辅导资料、自学手册、录音带、录像带、计算机光盘、复印材料、报纸杂志、广播电视节目、幻灯片、照片、卡片、教学实物，以及教师自己编写的资料或设计的教具，计算机和互联网上使用的学习材料，包括互联网时代的慕课、微课等。

2. 基于使用主体不同的教材

基于使用主体不同的教材，包括旨在使教师的教学过程更加清晰的教师用教学材料，如教师手册、教学软件、教学参考资料等，此时指称为"教材"；旨在使学生的学习过程更加主动的学生用学习材料，如工作页、练习册、学习软件等，此时指称为"学材"。

3. 基于装帧形式不同的教材

基于装帧形式不同的教材，包括封闭式的教材，如固定教材，惯指传统的正式出版、装订成册、页码"固化"的"刚性"纸质书本。半封闭半开放式的检材，如活页教材，特指新出现的正式出版，页码可抽出、更换的"柔性"的纸质书本。开放式的教材，一是指非正式出版的、由教师自行编写的、具有教师个性特色的教案等，如讲义等；二是指能组成教案的要素材料，如引导文、任务单等。

二、对教材的理解

纵观这些关于教材的解读，其所凸显的都只是实现教育和教学的实体性物化的一个手段，只是对教育和教学的目标及内容的载体选择，实际上，从基本的教育功能和作用出发，教材更应该指教学资源，甚至"教材"一词应被"教学资源"一词所取代。这就是说，教学资源是教科书以及一切有利于学生增长知识或发展技能的材料的总和。或者说，现代意义的教材是以不同的承载媒体、不同的使用主体与不同的装帧形式出现的教学资源的集合。

对教材的这一理解是符合教材，特别是将教科书作为主体教学材料的历史功能的。基于对教材这一传统认识的驱动，为使教科书更好地服务于课程，除了为之配备相应的学生用书和教师用书之外，还配有练习册、活动册以及读物、挂图、卡片、音像、软件等。但是，伴随着教材外延的扩展，这里存在着一个认识的误区，即教科书以外的教学材料，常被认为只是为更好地使用教科书服务的，都是辅助的教学材料，而教科书才是核心的教学材料。这就是所谓"教科书中心"的教材观。实际上，对教材的现代认识表明，教科书只是教学资源的一种，它与教育资源库中所有其他的检修材料一样，都是为课程服务的。

因此，从教材的适用区域来看，如果说，伴随着多样性的教学地点的出现，这些教学地点的特殊性决定和形成了对教材的多样化的诉求，而教材的多样化正是教材特色化的过程，特别是，对于职业教育来说，其教材开发就应该坚决抛弃只关注一个学习地点的即学校使用的教科书及为教科书服务的封闭的教学资源建设的观念，而应将视野扩展至服务于产教融合、校企合作、工学结合这一凸显职业教育特色的、覆盖企业和学校的两个学习地点的、基于学习与工作情境构建的开放的教材或教学资源的建设上来。

由此，从教材的内容创新来看，如果说，伴随着"课程结构的变化呈现出复合、多元的趋势时，人们关于教材的概念进一步扩大，认识到教科书并不是唯一的教材。凡是承载教学内容和信息的物化的材料，乃至教具，都是教材"，那么，职业教育的教材应该按照应用知识的"工作过程系统化"的课程结构，从对封闭的基于存储与传递学科专业理论知识的教科书的解构与重构之中，走向基于知识应用的，涵盖企业与学校两个学习地点的课程标准的整体的、开放的教学资源建设上来。

这意味着，职业教育的教材是职业教育课程发展的载体，涉及内容、形式和地点的关联，是物化的，是构成的。因此，教材形式由封闭走向开放，是职业教育发展的必然。

三、新形态教材

《国家职业教育改革实施方案》《职业院校教材管理办法》以及《"十四五"职业教育规划教材建设实施方案》（简称《方案》）等一系列关于职业教育改革的文件都特别提出教材改革，不仅在理念层面指明了教材开发的发展方向，也将教材建设的重要性提升到国家层面高度，这彰显着职业教育教材建设已进入特殊的发展水平。《方案》明确指出"加快建设新形态教材，校企等联合开发形式多样的活页式、工作手册式、融媒体教材等新形态教材"。"活页式""工作手册式""融媒体"等新形态教材已成为职业教育教材改革的重点。

1. 新形态教材的范畴区分

新形态教材的"形态"分为内在、外在两种物理形态。内在物理形态是指教材内容的表征形式，包括教材内容的来源、收集及组稿等；外在物理形态则是指教材的体例、版式设计及装帧形式等。根据《方案》，新形态教材种类主要包括新型活页式教材、工作手册式教材、融媒体教材等。在教材开发、编写过程中应准确把握各种新形态教材的定义范畴、内涵特征及外延，这样才能开发、编写出职业教育类型的、有个性的、与产业对接的新形态教材，助推职业教育的"教师""教材""教法"改革。

（1）活页式教材。

活页式教材"活页"的含义不限于外表的物理装帧方式，其本质含义是指教材内容的来源、组稿逻辑及体例。活页式教材的内容设计需要结合企业典型岗位，对接行业标准和生产过程标准，将岗位典型工作任务所需的理论知识、操作技能、注意事项以及工作流程等一体化融合，形成高度集成化的任务单元，这样不仅有利于开展以学生为中心、以能力提升为本位的任务教学，也使教材编排更符合学生的认知规律，在不破坏教材体例结构的基础上有利于教材内容的迭代更新，始终体现教材的适应性和先进性。

（2）工作手册式教材。

工作手册是指企业为了提高工作效率和质量的一种指导性文件，主要包括岗位工作职责、工作标准、工作流程等条目。工作手册式教材是指参照企业的生产操作指导手册设计教材架构、确定教材内容，但并不是将操作手册作为教材直接用于教学，需要对操作手册进行教学设计和加工，吸取手册的操作专业性、规范性、标准化等岗位元素，将其转化为具有适用性和教育性的技术技能知识的教学内容，缩小典型岗位与学习任务之间的距离，实现学习任务与岗位工作任务、学习标准与岗位工作标准、学习过程与岗位生产过程的有机对接。这样设计开发的教材才能提升学生的工作规范水平，进而提升对社会的适应能力。

（3）融媒体教材。

融媒体教材是指融合纸质教材，配套学习指导、信息化教学资源以及数字化平台的立体化教材。它是以传统纸质教材为基础，借助人工智能等现代信息技术构建教学平台，整合教学资源，优化学习环境，通过理实一体化的教学设计促进个体职业发展的新型教学方案。融媒体教材借助"互联网+"时代的云计算和大数据技术，通过采集教学交互、学习行为、学习评价以及教学反馈等数据进行学情分析，全方位地服务于教师教学和学生学习，提供全新的学习体验，充分发挥教材的知识载体的作用。

2. 新形态教材的内涵辨析

新形态教材建设的出发点是教学模式。教学模式决定了教材内容适用性和组织逻辑合理性，能力本位是职业教育教学的核心。这里的"教材"是指广义的教材，即包括课程教学必备的相关教学资源。职业教育的课程改革应符合国家经济发展的趋势，围绕产业职业岗位、工作过程和工作任务展开，使学生通过职业岗位的工作实践锻炼达到掌握专业知识、习得专业技能以及养成职业素养，也就是获得职业岗位的综合能力。

新形态教材的本质内涵是以职业能力培养为目标，按照职业岗位的工作流程组织教材的逻辑结构，通过拆分工作过程的职业能力设计教材的集成模块或项目，将岗位工作过程所必备的专业知识和实践技能有机融通；集成模块或项目既具备一定的独立性，也可以进行优化组合，可以根据产业技术发展进行动态迭代更新，同时兼顾灵活性，满足教师教学、学生学习的个性化需求，适应职业岗位对能力要求的快速变化。

因此，活页式教材并不只是物理形式上拆分教材，以"活页"形式进行装订，而是帮助学生学习如何完成工作任务，方便学生学习。工作手册式教材也非传统意义上的工作流程的指导手册，而是将企业工作手册的编写方式引入教材设计，充分利用工作手册基于流程化的操作和具体的方法指导的实用性，让教材成为学生能独立完成某个工作任务的参考材料。融媒体教材则能提供丰富、多元的数字化资源，拓宽了纸质教材的使用范围，为课程教学实施提供整体解决方案，满足数字时代的新型教学模式的需要。

3. 新形态教材的特征分析

"活页式""工作手册式"和"融媒体"作为新形态教材具备鲜明的职业教育类型特征，体现职业教育教学的内在规律。只有准确把握这些基本特征，才能编写出符合职业教育要求的高质量教材，从而提升职业教育对技术技能人才的培养质量。

活页式教材的特征主要体现在以下几点：一是以能力为本位起点体现社会职业性。职业教育的类型特征要求活页式教材要以职业能力培养为出发点，以岗位工作过程为教材脉络，分解工作任务，掌握职业能力相关的知识点、技能点和职业素养，有机融合构建学习项目或任务，实现岗位能力与学习过程的对接，体现职业生涯能力发展的职业性。二是以集成化设计体现产业技术更新。活页式教材在内容组织上以项目为模块，项目之间相对独立，按照工作过程循序渐进组织项目结构。项目化设计能及时将新技术、新工艺、新材料或新规范融入教材，对教材内容进行优化升级。三是以活页装订体现灵活性。活页装订可以实现针对职业院校的不同生源进行教材内容的灵活调整，实现个性化定制。

工作手册式教材的出发点不同于活页式教材，它更倾向于岗位工作过程的操作性流程。但与职业教育的实训手册也不同，实训手册只是编写了实训目标、实训过程以及实训安排等内容的概要性文件，无法作为教学载体用于教学。工作手册式教材应具备以下特征：一是以学生为主体体现实用性。工作手册式教材应立足于指导学生在工作环境中的学习和实操练习，按照工作过程的任务分解，将理论知识、任务实施、评价反馈及拓展延伸等内容有机融合，学生通过自主学习培养分析问题、解决问题的能力，构建自身的能力体系。二是以工作逻辑组织教材内容。工作手册式教材应具备极强的操作性和实践指导性，教材内容的结构安排遵循工作任务的完成逻辑，提升学生在不同工作情境下的适应能力。

融媒体教材体现教育信息化的发展水平，其具备典型的数字化特征：一是内容呈现方式多样化。融媒体教材应根据教材内容选择最佳的数字化呈现形式，如运用图片、音视频、动画、二维码技术、虚拟仿真技术、云端实验平台以及 VR/AR/MR 虚拟现实技术等。二是交互性增强体验。融媒体教材可以利用数字媒介优势，交互式呈现工作过程，带来沉浸式的工作场景或工作体验，特别是针对一些危险的工作场景采用融媒体教学不仅节省耗材，同时杜绝了实训事故发生的可能性。三是及时更新产业技术发展。对于那些快速发展的产业技术可以随时使用数字化的形式将新技术、新工艺以及新标准扩展到教材资源中，并根据市场反馈及时更新、修订教材内容，职业教育对社会的适应性显著提高。

由以上的特征分析可以看出，这三种类型的新形态教材以不同的方式强化了职业教育的职业性、实践性、实效性和适应性。将它们有机结合，通过一体化整体构建完成职业教育新形态教材的转型升级，完整地发挥新形态教材的最大效能，提升职业教育的人才培养质量。

四、汽车产业的发展对新形态教材开发编写的影响

随着汽车技术的不断进步和产业升级，新形态教材的开发编写需要紧密对接产业升级和技术变革趋势，确保教材内容能够反映行业企业的新技术、新工艺、新流程和新规范。这种需求推动了职业教育教材的改革和创新，以适应汽车产业的发展趋势，培养符合行业需求的高素质技术技能人才。

首先，新形态教材的开发编写应深度推进校企"双元"合作，邀请企业共同开发教材。通过校企合作，可以确保教材内容包含行业、企业的新技术、新工艺、新规范，同时将企业技术、广泛、案例融入教材中，使职业教育教材更加贴近实际工作需求。这种合作模式不仅体现了职业教育的职业特性，也保证了内容的科学性，为职业教育注入了新的活力。

其次，新形态教材的开发编写应紧密对接产业升级和技术变革趋势，服务产业基础高级化和产业链现代化需求。通过将岗位技能要求、职业技能竞赛、职业技能证书标准有关内容有机融入教材，开发活页式、工作手册式、融媒体等新形态教材，与纸质教材

相配套，及时反映新技术、新工艺、新规范、新标准等，实现"岗课赛证"综合育人。这种做法有助于学生更好地理解和应用所学知识，提高他们的职业竞争力。

最后，新形态教材的开发编写还应推进职业教育教材数字化转型发展。适应人工智能发展和智慧教育需要，推动现代信息技术与教育教学深度融合，重点建设一批形态多样、直观形象、可听可视、可练可互动的数字教材，对接真实职业场景开发虚拟仿真实训软件系统和融媒体资源，实现交互、共享、自适应等功能，满足个性化、情境化教学需要，提升学生自主学习和可持续发展能力。这种数字化转型不仅提升了教学质量，也为学生提供了更加丰富的学习资源和更加灵活的学习方式。

五、汽车专业活页式教材开发编写注意事项

新型活页式教材其"活页"属性使教材具备结构化、形式化、模块化、灵活性、重组性等诸多符合职业教育教学和自主学习的特征。活页式教材在一定程度上要求弱化"教学材料"属性，强调"学习材料"属性，按照"以学生为中心、学习成果为导向、促进自主学习"思路进行教材开发编写设计。通过学习任务引领，构建深度学习体系。活页式教材把"企业岗位的典型工作任务及工作过程知识"作为教材主体内容，突出如何借助"学习任务"实施职业教育教学，提供丰富和适用的信息化课程资源。

1. 处理好教材与职业的逻辑关系

在确定要编写一种专业课程活页式教材时，首先要处理好教材与职业的关系。教材的命名和所要编写的内容要体现所选定职业或岗位的若干项典型工作任务，这是专业课程活页式教材选题的逻辑起点。一个职业之所以存在，是因为它一定能分解为若干个典型工作任务，即在工作的内容、方法、管理方面等有其独到之处。职业的典型工作任务是一个职业的具体工作领域，又称为"职业行动领域"，它是工作过程结构的综合性任务，反映了该职业典型的工作内容和工作方式。典型工作任务来源于企业典型实践，一种活页式教材应当反映一项典型的职业工作任务，因此，确定和描述一个典型工作任务，是专业设置和课程开发的基础，也是活页式教材选题的重要依据。

2. 处理好教材开发的课程模式

活页式教材开发编写首先要选定好课程模式，教材开发编写和课程模式总是相辅相成的，没有课程，就没有教材，好的教材有利于课程建设。活页式教材的开发编写一定要基于先进的课程模式理论。技能领域课程模式更关注完整行动过程，从完整工作任务出发，注重"学习任务"设计，根据心理学理论，能更好地帮助学生建构工作过程知识。活页式教材开发编写时应选择基于工作过程系统化的技能领域课程方案，技能领域

课程模式对活页式教材的开发具有重要的指导意义。

典型工作任务分析主要解决专业课程的学习内容与工作实际存在差距的问题。通过典型工作任务分析，找出学生胜任工作应该掌握的内容及应该达到的技能程度，这是活页式教材开发的逻辑起点。综合职业能力的培养是基于学生在相对真实的情境中，通过让学生完成学习任务逐渐培养的，而引入什么样的学习任务，不应是任课教师凭主观随意安排的，而应来源于实际工作，要对工作实际中的典型工作任务进行分析，才能开始进行活页式教材的编写，否则会造成教材的内容选择与实际工作任务错位，教材编写不能反映岗位实际工作内容，就不能传授学生真正的工作过程知识。

从专业建设方案的总体框架来看，每一种专业的课程体系一般由10～20个学习领域（约10～20门课程）组成，具体数量根据专业需要决定。从专业结构考虑，组成专业课程体系的各学习领域之间在内容和形式上应无明显的重叠关系，但在具体课程实施时却可以采取跨学习领域的组合学习方式，即根据职业定向的案例性工作任务，采取如项目教学等行动导向的教学组织来进行，实质上是将专业的课程结构体系的内容有机地融入工作过程的结构中，这无形中增加了教材编写的难度，也给活页式教材的编写带来了巨大的挑战。比较科学的处理方法是采用集成化的教材编写思路，在经过典型工作任务分析之后确定全部的学习领域，也就是要编写的教材基本明确，然后梳理每一个学习领域的职业能力清单，即完成这个典型的工作任务所需要的职业能力是什么，并要清晰地描述出来，并以职业能力清单引领活页式教材的开发编写工作。职业能力清单为教材集成化与活页式设计提供了重要的理论支持。通过这种方式，我们可以针对每项职业能力设计专门的学习任务，确保学生在完成每个任务后都能掌握相关的职业能力。当学生逐一完成这些学习任务时，他们实际上也在逐步掌握一个完整的典型工作任务所需的全部技能。

3. 处理好教材中"学习任务"的开发

学习任务是一个案例化的学习单元，是组成集成化课程方案的结构要素，它把理论知识、实践技能结合在一起，是专业建设方案在学习过程中的一个个具体化。活页式教材就是基于教学化处理的模块而设计的具体的学习任务的物化成果，因此，要高度重视学习任务的开发。

学习任务即用来学习的工作任务，学习的内容是工作和通过工作完成的学习任务，又称为"学习性任务"，学习任务是学习情境的具体化表现。从典型工作任务到学习任务的确定，是活页式教材开发的重要过程。

学习任务设计的主要工作之一是设计学习材料。这些材料不仅是师生间信息交流的载体，而且通过特定形式帮助学生在完成任务过程中像实践专家那样思考并解决问题，从而获得工作过程知识，实现高效学习。根据其在学习过程中扮演的角色，学习材料可以分为两大类：引导性材料和相关知识拓展材料。

引导性材料主要包括引导问题、任务书以及任务工单等，它们对学生完成学习任务起到指导作用，有助于明确目标、经历完整的工作流程，并加强对应用性知识的理解。此外，这类材料还记录了学生完成任务的过程，可作为评估依据。

相关知识拓展材料则通常被放置在每个学习任务之后。借助专业文献、技术手册及互联网资源，学生能够找到完成特定任务所需的背景知识和技术支持。这部分内容详细介绍了工具选择、方法论、原理解释、操作步骤和技术规范等方面的信息。为了让理论知识更好地服务于实际操作，可以在每个引导问题后面添加"小提示"或"小帮手"栏目来补充关键点；或者采用二维码链接的方式将理论与实践相结合，这与传统教科书模式有所不同。

当呈现学习任务时，可以结合数字化资源设计，如二维码、微课视频、增强现实（AR）技术和在线学习平台等手段丰富活页教材的内容，使其从单一的纸质形式转变为更加立体多元的教学资源。

第五章 职业教育课程与教材

第一节 职业教育课程与教材的关系

教材无论如何都无法脱离课程而存在,可以说,没有课程,就没有教材,课程是教材存在的合法性理由与根据。从理论上来说,课程先于教材,但是,理论发展的历史顺序与实践的逻辑却反向而行。在课程理论尚未完善与普及之前,人们较少谈论课程,甚至较少研究具有一定课程功能的"教学大纲",而往往把教材视作课程本身。无论是赫尔巴特的"学科中心"的教材观,还是杜威的"经验中心"的教材观,无不把教材作为教育教学的基本依据,都把学生知识的建构、心理与能力的发展、师生的合作等融于教材中。

一、职业教育课程

课程,一般被定义为"学校教学的科目和进程",新的定义为"有规定数量和内容的工作或学习的进程。今指教学的科目和进程"。

教材,则一般被定义为"为教学需要而编写的材料,如书籍、讲义、图片、讲授提纲等"。新的定义为,"也指对人有教育作用的材料",或"有关讲授内容的材料"。

在这里,关于课程和教材的定义颇有一些新义:

因为,对课程来说,其狭义的解释仅限于与工作无关的学习的范畴,即教学的科目与进程,往往特指某一门学科;其广义的解释则扩展至与学习相关的工作的范畴,即集成了工作与学习的教学科目进程,常常泛指工作与学习所需要的教学内容总和及其进程。

同样,对教材来说,其狭义的解释仅限于微观的教学领域,即教学需要的材料,认为教材是"根据一定学科的任务,编选和组织具有一定范围和深度的知识和技能的体系。它一般以教科书的形式来具体反映";延伸开来,狭义的教材指的是与工作无关的仅限于学校这一学习地点的、为教学或教育使用的材料;其广义的解释则扩展至宏观的教育领域,即教育需要的材料,认为教材还指与学习相关的不限于学校这一学习地点的、为教学或教育使用的材料。这意味着，一切基于学校的正规教育（或学习）、基于培训的非正规教育（或学习）、基于自学（包括互联网学习、远程学习等）的非正式教育（或学习），这三大类教育或学习所需要的教学或教育材料均可纳入教材的支持范围。

值得一提的是：人们对于课程和教材，这两个在教育界和社会上被广泛使用着的设计教育和教学的核心概念之间的关联与区别，却并不甚明晰。所以，虽然研究者们对课程与教材定义的阐释多种多样，但依然会使人感到莫衷一是，以致出现了一个令人忧虑的现象，即把课程视为教材，认为课程和教材是合二为一的概念；甚至进一步认为，教材，尤指纸质教材，就是课程的具体体现，以至于认为课程只是在涉及教材时才有具体意义。这些观点不仅实际存在而且流传甚广。因此，一个亟待解决的问题是：从分析教材与课程的内涵出发，必须厘清课程与教材的关系，即厘清到底是教材为本，还是课程为本。如果对课程与教材关系的阐释与处理本末倒置，将会严重地影响教育和教学改革的主攻方向。

教育学对课程的内涵及其实质的现代解读，普遍认为由于哲学的、价值的、实践的指向不同，对课程内涵的理解也就具有各自独特的视野，从而呈现多元的现象。因此，从现代意义的课程概念出发，关于课程的界定，确实是多义性和发展性的。

其一，基于目标与内容的课程界定，包括：课程即教学科目，课程即有计划的教学活动，课程即预期的学习结果，课程即社会改造。对于这类界定的简约表述是课程作为学科或科目，课程作为目标或计划，课程作为经验或体验。或者更概括些：课程是知识，课程是经验，课程是活动。

其二，基于范畴与领域的课程界定，包括：视为学科维度的课程；视为目标维度的课程；视为经验维度的课程；视为活动维度的课程；视为计划维度的课程；视为文化维度的课程——"课程作为教育学化了的文化"。

其三，基于层次与功能的课程界定，包括：理想的课程——专家研究提出的课程，正式的课程——教育部门规定的课程，领悟的课程——教师理解领会的课程，实行的课程——教学实际实施的课程，经验的课程——学生实际体验的课程。

审视这些关于课程的界定，其所凸显的都只是构成教育和教学的时空多棱体的一个侧面，只是对教育和教学的目标及内容的微分结果。而实际上，从能力本位的教育理念出发，课程更应该是关于教育和教学的诸多要素之整合，例如，是对知识与经验、结果与过程、理论与实践、文化与价值等，在目标、内容、范畴、领域、层次与功能等多个时空的积分成果。

对课程的这一理解，是符合课程英文curriculum一词的拉丁文词源——currere之本义的。currere的名词形式是"跑道"，重点是"道"；currere的动词形式是"奔跑"，重点是"跑"。基于此，名词意义的课程表明应重视对不同智力类型的学生和不同教育类型的教育设计适宜的教学途径，重在教学内容——"跑道"材料的选择；动词意义的课程则昭示应重视对不同智力类型的学生和不同教育类型的教育在实现目标的教学途径上促进其经验的积累、反思并升华的教学过程，重在教学过程——"奔跑"序列的建构。

从教育学角度阐释，如果说，课程是指"在某一学习阶段，按照某种顺序展开的教和学的内容的全部""课程即有计划的系统的学习内容"。为此，职业教育的课程应该是：根据"以服务发展为宗旨，以促进就业为导向"的教育目标，将职业和职业岗位（群）工作任务的内容，根据学习主体的心理特点和智力特点，按照工作过程进行基于教学论的组合和序化而构成的教学内容体系，是主体教学学习活动的根本依据。显然，对于旨在获取完整的职业能力的职业教育来说，这样一个基于企业与学校两个学习地点的跨界的教育类型，其课程开发应该遵循一个基本原则——积分原理。

由此，从哲学角度解释，如果说，"课程系统包含历时态课程要素和共时态课程要素"，那么，职业教育课程的积分原理就应该是：将历时态课程要素，即"构成作为一个时间动态系统的课程研制过程的基本单元或基本因素"，这里主要指工作过程的序列结构要素，涉及工作任务、工作成果和工作程序；与共时态课程要素，即"构成作为一种空间立体结构的课程系统的基本单元或基本因素"，这里主要指工作过程的内容结构要素，涉及工作对象、工作内容、工作手段、工作组织、工作环境，将历时态与共时态要素予以集成并在此基础上实现职业技能、职业知识与职业素养，或者专业能力、方法能力、社会能力的集成，进而掌握普适的工作过程——由咨询、决策、计划、实施、检查和评价构成的完整的思维与行动的序列。显然，对于跨界的职业教育课程来说，历时性要素是对"奔跑"——"跑是过程"的解读，强调的是积分路径——工作过程的时间序列，即历时性的时间序列的机构要素；共时性要素是对"跑道"——"道是材料"的解读，强调的是积分因子——工作过程的内容要素，即共时性的空间内容的结构要素。

这意味着，职业教育的课程是职业发展的载体，涉及教师、学生、情境的互动，是流动的，是生成的。因此，课程内涵由单一走向集成，是职业教育课程发展的必然。

二、职业教育课程与教材的关系

"以服务发展为宗旨，以促进就业为导向"的职业教育，强调学生应于直接经验习得的过程中去获取间接经验，教学应有意识地使学生通过经验的习得逐步实现策略的获取，将经验层面的能力升华为策略层面的能力。这一习得与获取的过程，与工作过程及工作过程知识紧密相连，这正是职业教育的课程与教材必须关注的目标与内容。所以，对与之相关的职业教育的课程与教材的内涵、功能与价值，尤其是蕴含其间的相互关系予以科学梳理，将职业性的规律和特征与教育性的规律和特征予以整合，是当前职业教育的教育和教学改革必须解决的问题。

从职业世界维度理解，工作任务及其工作过程总处于运动状态之中。它的发展性变动必然会在职业教育的教育与教学中产生映射。这一映射的结果，一是表现在以"鲜活"的直接经验形式存在的载体——课程之中。二是表现在以"固化"的间接经验形式存在的载体——教材之中。职业教育的教学实践表明，过程形式的动态情境化的课程，远比结果形式的静态文本化的教材，对职业变化的反应要敏感得多，因而课程相应的调整也就比教材迅速得多。

从哲学世界维度理解，职业教育的课程与教材尽管都指向教育和教学，但是课程更多地具有本质的属性，是以过程形式存在的教育和教学载体，彰显主动的动态实在的意义，课程始终伴随着职业的工作任务及其工作过程的发展而生生不息地进化着，这是蕴含生命的载体；教材则更多地具有质料的属性，是以结果形式存在的教育和教学载体，呈现被动的静态潜在的意义，教材始终伴随着职业教育课程的发展而亦步亦趋地记录着，这是承载生命的驿站。

综上所述，如恩格斯所说，"世界不是既成事物的集合体，而是过程的集合体"。这里的一个最大启示是，职业教育的课程应该是整合了职业实践与专业知识的工作过程的集合体。基于此，作为狭义的课程载体的职业教育的教材，或者广义地说，职业教育的教学资源，既不应是学科理论知识复制的集合体，也不应是理论知识与实践知识叠加的集合体。

工作过程的生命性赋予了课程的生命意义。可见，课程是原生的，是教材的生命之源，是教材编写过程中文本性的历史依据；教材是次生的，是课程生命之果，是课程成长过程中阶段性的历史记录。

因而，就这一意义而言，课程是职业生命的载体，教材是课程物化的载体。

第二节　以工作过程为导向的教学内容观

从2014年到2015年，国家层面先后颁布了《国务院关于加快发展现代职业教育的决定》《教育部关于深化职业教育教学改革全面提高人才培养质量的若干意见》两个重要文件，其中均明确提出推行"工作过程导向教学模式"。在2016年《教育部办公厅关于做好修（制）订工作的通知》文件中，更是把"以工作过程为导向创新教学模式"作为一条工作原则。工作过程导向课程思想发端于20世纪80年代的德国，是为跟进技术进步、知识社会发展、职业综合化、企业现代化、终身学习等应运而生的课程理论，并具有人文主义技术哲学、建构主义学习理论等深厚的哲学、心理学基础。21世纪初，工作过程导向课程理论在我国得到广泛传播和推广，逐渐成为职业教育课程改革的主要指导思想，对改善职业教育人才培养模式，提高教学质量发挥了重要作用。可见，工作过程导向课程并非空穴来风，是从理论探索到实践检验最终转化为指导政策的过程，是引进当代国际职业教育先进理论并结合我国国情进行的有益尝试，是社会生产组织方式发展和教育理念发展下的历史选择。

一、职业能力

以促进就业为导向的职业教育，其教学过程不只是为了追求精深的专业理论知识，也不只是掌握精湛的职业技能，而是旨在培养学生的职业能力。通过企业调查，他们认为毕业生要勤思肯钻，乐于接受新技术；团队精神非常重要，乐于与人合作；非常注重学生的敬业精神；重视学生善于学习的能力。实际上，企业对职业学校毕业生的要求不仅仅局限在娴熟的职业操作技能，也需要毕业生具有良好的职业文化素养，这是一种对毕业生综合职业能力的要求。一般而言，综合职业能力由三大部分组成，即专业能力、方法能力和社会能力。专业能力是劳动者在专业领域内从事职业活动的基本生存能力，包含专业知识和专业技能；方法能力是劳动者从事职业活动所需要的学习和工作方法，如获得与利用信息分析判断决策能力等；社会能力是劳动者从事职业活动以及社会生活中所需要的行为能力，如合作沟通、适应环境的能力等。以职业能力发展为本位的教学目标观旨在转变重理论轻实践动手能力的观念，确立突出实践动手能力、手脑并用观念，从学科本位向岗位职业能力转变。

二、工作过程

长期以来，职业教育课程改革踌躇不前的原因在于课程微观内容的选择与编排远未跳出学科体系的樊篱，因而在这一传统观念束缚下编写的教材始终不能适应职业工作的需要。无疑，课程内容的序化状况已成为影响职业教育课程改革成败的关键。

就实际的、具象的或形式上的意义来说，广义的工作过程指的是旨在实现确定目标的生产活动和服务活动的顺序；狭义的工作过程则是指指向物质产品生产的顺序，或服务产品的工作流程（如汽车维修）。工作过程是"在企业里为完成一件工作任务并获得工作成果而进行的一个完整的工作程序""是一个综合的、时刻处于运动状态但结构相对固定的系统"。工作过程的意义在于，"一个职业之所以能够成为一个职业，是因为它具有特殊的工作过程，即在工作的方式、内容、方法、组织以及工具的历史发展方面有它自身的独到之处"。

在以往的职业教育中,教学内容主要指向于抽象的专业理论知识和脱离工作情境的专业技能,而工作过程本身的内容没有被考虑到,导致学生对学习不感兴趣,所学到的理论知识和技能难以有效地应用到生产实践中。职业学校教学内容的选择来源于工作过程知识,工作过程知识是指有丰富经验的技术工人所特有的、与生产过程相关的知识。"工作过程知识涉及企业整个的工作过程,它不仅包含工作经验,而且还包括有关生产的目的与生产过程方面的知识,工作过程知识是在具体的情景中积累起来的,它不只是关于具体的操作知识,而且是有关不同的劳动怎样与企业的整体联系在一起的知识。因此,工作过程知识不是通过从学科知识中引导出来的第二手的知识,它具有自己的品质,隐含在具体的实际职业工作中。"在欧美一些国家所推广的"MES""CBE""学习领域课程"等改革中,教学内容不再按照学术体系的方式组织,而是将工作过程知识作为教学内容的核心,以典型的职业工作任务作为工作过程知识的载体,根据学生职业能力的发展规律对典型的职业工作任务教学分析并序列化,使教学内容来源于真实的职业世界。教学内容的组织按照工作过程的程序安排,即根据"咨询、决策、计划、实施、检查和评价"的程序组织教学内容。

三、课程开发

课程开发有两个基本要素:其一是课程内容选择的标准,其二是课程内容排序的标准。

工作过程导向的课程开发,首先要解决的是课程内容的选择取向问题。

一般来说,课程内容可分为两大类:一类是涉及事实、概念以及理解、原理方面的"陈述性知识";另一类是涉及经验以及策略方面的"过程性知识"。"事实与概念"解答的是"是什么"的问题,"理解与原理"回答的是"为什么"的问题。而"经验"指的是"怎样做"的问题,"策略"强调的则是"怎样做更好"——"在什么条件下或什么情况下可以做得更好"的问题。

由专业学科构成的以结构逻辑为中心的学科体系,是以"结果学生"呈现的"符号体系",以传授实际存在的显性知识——陈述性知识为主。这类显性知识一般指理论性知识,主要解决"是什么"(事实、概念等)和"为什么"(原理、规律等)的问题。这是培养科学型人才的一条主要途径。

由实践情境构成的以过程逻辑为中心的行动体系,是以"过程形式"呈现的"非符号体系",以强调获取自我建构的隐性知识——过程性知识为主。这类隐性知识一般指经验并可进一步发展为策略,即以尽可能小的代价获取尽可能大的效益的知识,主要解决"怎样做"（经验）和"怎样做更好"（策略）的问题。这是培养职业型人才的一条主要途径。

显然，以服务发展为宗旨，以促进就业为导向的职业教育，其课程内容的序化首先要解决的是内容的取舍问题。答案是：应以过程性知识为主、陈述性知识为辅，即以实际应用的经验和策略的习得为主，以适度够用的概念和原理的理解为辅。

工作过程导向的课程开发，其次要解决的是课程内容的序化结构问题。

一般来说，课程结构也可分为两大类：一类是学科体系的框架，其理论基础是物理学意义上的构成论，强调的是静态的无生命的"机械"对知识的客观构造；另一类是行动体系的框架，其理论依据是生物学上的生成论，强调的是动态的有生命的"机体"对知识的主观构建。

显而易见，学科体系课程的内容编排是一种"平行结构"。尽管这一体系考虑到了学习过程中学习者认知的心理顺序，即由浅入深、由易到难、由表及里的"时序"串行的情况，然而，课程内容却是根据结构庞大而逻辑严密的学科顺序编排的。不仅专业学习的宏观内容的编排采取了各门分科课程平行展开的方式，而且各分科课程本身，即微观的内容编排也是按学科结构平行展开的。

这意味着，学生与生俱来的自然的认知心理顺序，与人为建构的非自然的学科结构顺序出现了不一致或相悖的现象：在有生命的"机体"对知识的"有机"序化过程，与对知识的无生命"机械"序化过程之间，出现了碰撞。因此，强调课程结构要确保陈述性知识与过程性知识、理论知识与实践知识在组织方式的整合，强调知识排序的方式与知识习得的方式的整合，正是职业教育课程改革与创新的主要目标。

行动体系课程的内容编排则是一种串行结构。学习过程中学生认知的心理顺序，与专业所对应的典型职业工作顺序，或是对实际的多个职业工作过程经过归纳抽象整合后的职业工作顺序，即行动顺序都是串行的。这样，针对行动顺序的每一个工作过程环节来传授相关的课程内容，以实现实践技能习得与理论知识掌握的整合，将收到事半功倍的效果。每一行动顺序都是一种自然形成的工作过程序列，并且学生认知的心理顺序也是循序渐进的学习过程序列。这表明，自然形成的认知心理顺序与自然形成的工作过程顺序是一致的，亦即有生命的"机体"对知识的"有机"序化过程与"机体"在工作过程中的行动实现了融合。

需要特别强调的是，按照工作过程来序化知识，即以工作过程为参照系，将陈述性知识与过程性知识整合、理论知识与实践知识整合，意味着适度、够用的陈述性知识的总量没有变化，而是这类知识在课程中的排序方式发生了变化。课程不再只是以静态的学科体系的显性理论知识的复制与再现为主，而是更多地着眼于动态的行动体系的隐性知识的生成与构建。

"知识的总量未变，知识排序的方式发生变化"，正是对这一新的职业教育课程开发方案中所蕴含的革命性变化的本质概括。

第三节 职业学校课程内容的选择

课程一方面为学生发展服务，同时又是教育的核心，体现一定的社会价值。因此，课程内容的选择除了要从学生的实际出发，还必须考虑社会发展的需要。教材是一门课程的核心教学材料。课程的一个基本的职能就是要促进学生的发展。因此，课程内容的选择应该关注有关学生的各种研究，尤其是有关学生的需要、兴趣、身心发展特点等方面的研究。

一、以实践行动为主导的课程内容体系

职业学校课程内容的选择是立足于学科体系还是工作过程？职业学校课程内容的组织是立足于文本中心还是行动中心？目前，在课程内容的选择与组织上，跳出了学科体系的藩篱而走向行动导向，以实际生产实践过程为逻辑主线，以实际工作过程为参照系，形成以实践行动为主导的课程内容体系。呈现出以工作知识、工作过程、技术知识、职业标准、职业知识、行业企业多种视角来确定与分析职业学校课程内容。特别是将德国学习领域课程引入，从企业的生产过程或实际工作岗位中提炼出典型工作任务，将其转化为具有学习价值的教学内容，形成工作过程导向的学习领域课程。例如，对文化教材课程的改革，突出以就业为导向、努力实现文化基础课程为专业课程服务。

二、课程内容必须到实践的现场去选择

德国基于工作过程结构的"学习领域"课程观强调，课程内容必须到实践的现场去选择。其基本思路是：第一步，确定"行动领域"，即在工作现场通过对相关专业典型职业活动的工作过程进行调查来确定"行动领域"，这实际上是从业者完成工作任务的职业情境。"行动领域"是在与本专业紧密相关的职业、生计和社会的行动情境中，构成职业能力的工作任务的总和。第二步，确定"学习领域"，即对已确定的"行动领域"进行教学归纳以构建"学习领域"。"学习领域"是按照教学论要求对职业行动领域进行归纳后形成的职业学校的教学行动领域。第三步，确定"学习情境"，即通过教

学实践传授学习领域课程,就是"学习领域"在教学实践中的具体化。一般采取范例、项目等教学组织和教学方法构成"学习情境"。"学习情境"是"学习领域"的具体表现,是在与本职业紧密相关的职业、生计和社会的行动情境中,职业工作任务和职业行动领域在教学过程中的具体反映。

三、专业课程内容与职业标准对接

《教育部关于推进中等和高等职业教育协调发展的指导意见》中提出,现代职业教育要以经济社会发展需求为依据,要与经济社会实现"五个对接",即"专业与产业对接、课程内容与职业标准对接、教学过程与生产过程对接、学历证书与职业资格证书对接、职业教育与终身学习对接"。五句话比较好理解,但要做到还真不容易,尤其是"课程内容要对接职业标准"。专业课程内容与职业标准对接,是指根据产业转型升级对职业标准提出的新要求,将职业标准融入课程标准、课程内容的设计和实施中。

教学中要实现"课程内容对接职业标准",至少有三点值得教师注意。

第一,要熟悉职业标准。职业标准是一种工作标准,是对从业人员工作能力水平的规范性要求。我国的职业标准,主要由人力资源和社会保障部组织制定并统一颁布。职业学校的教师了解和熟悉国家的职业标准,是职业教育的基本要求,也是现代职业教育对教师的基本要求。从这个意义上来说,提高教师的"双师型"素质对于"课程内容与职业标准对接"尤其具有重要的现实意义。而了解熟悉职业标准的途径,一是学习《国家职业标准》;二是深入行业、企业和生产岗位一线,直接了解岗位职业标准。

第二,要有意识地运用职业标准。仅仅熟悉职业标准还不够,还要在教学中有意识地运用职业标准,将职业标准引入到课程内容中来。如汽车专业教师,要熟悉汽车维修的行业标准,并在教学中有意识地加以运用,不能对已有的行业标准视而不见。

第三,要善于利用职业标准。《国家职业标准》也是我国职业教育课程开发的重要依据,在开发职业教育课程时,要积极引入职业标准。在教学中,如果现有教材中已经引入职业标准,就可直接使用;如果使用的教材还没有来得及引入职业标准,就需要教师认真学习《国家职业标准》,找到所任教课程对应职业的职业标准,将职业标准补充和引入教学。

从某种意义上来说,职业标准相当于我们的教学标准(从学生角度来说,则是学习标准)。凡是需要用到教学标准的时候,都可以考虑将相关的职业标准直接或改造后作为教学标准;对照职业标准的各项要求,又可以确定职业教育课程的具体内容。

第四节　职业教育教材设计

职业教育教材是连接课程标准与教学的纽带，是课堂教学实施的主要媒介，是教学质量的基本保证，是落地职业教育改革最有效的工具。一本好的教材，可以有效引导课程内容在课堂层面的展开，确保以学生为中心的教学组织方式的根本变革，达到提升教学质量的目的。现代职业教育的关键是课程，而课程开发的关注点则在教材建设。

一、职业教育课程教材设计多样化

"教材多样化是世界各国教材发展的主流和趋势，没有真正的教材多样化，就不可能有真正高质量的教材。"职业教育教材设计采取单一的项目化模式肯定是不合适的，许多项目化教材在呈现形式上的牵强便说明了这一点。即使是项目化教材本身，也会有多种呈现形式，这是由职业教育课程内容的多样化特征决定的，体现在：（1）从整个职业教育课程内容体系看，它不仅要包含理论知识，还要包含实践知识，而实践知识又可划分为多种类型，如工作情境知识、工作方法知识、分析与判断知识等，就是理论知识也可进一步划分成多种类型，如基础理论知识、技术原理知识等。而普通教育课程通常只包含单一性质的学科知识。（2）对同一专业的不同职业教育课程而言，不同类型知识所占比重及组织方式存在较大差别。这是因为虽然所开发的均是职业教育课程，但这些课程设置的依据是不一样的，有的课程重在给学生提供入门的系统知识，有的课程则重在训练学生的职业能力，课程的功能定位不同，课程内容的性质自然也就不同。（3）对不同专业而言，其课程内容的整体结构也存在很大差异。职业教育的不同专业虽然同属职业教育体系，但其内部的差异其实非常大，比如机械类专业必然要包括大量理论知识，烹饪专业则以实践知识为主，而酒店服务专业更强调专业素养。

课程内容的多样化源于人类职业活动的多样化，从而也就决定了职业教育教材设计模式的多样化。这是职业教育教材设计模式的本质属性。这一属性给职业教育教材设计带来了一大难题：如何把握要开发的教材的具体呈现形式？如何判断某部教材应采取哪种呈现形式？要解决这一问题，就需要为职业教育教材体系分析提供一个清晰的理论框架。

二、职业教育课程教材三维理论的构建

1. 职业维度

所谓职业维度，就是一本教材与职业建立何种关系模式，在何种程度上体现出职业

性。职业教育教材最为突出的特征就是与职业的关系，但这种关系到底采取何种模式，在教材设计时是可以有多种选择的，其中存在着许多不确定性，因此，职业是界定职业教育教材呈现形式的首要维度。

比如，在一个职业教育专业的课程体系中，除了那些完全围绕岗位任务设置的、旨在培养学生职业能力的课程外，往往还需要设置若干门旨在让学生获得与职业相关的理论知识的课程，这些课程也是与职业密切相关的，但它们显然不能以任务或项目为中心进行设计。至于那些完全贴近岗位工作要求设置的能力本位课程，在教材的具体设计时也存在到底是依据任务还是项目进行设计的问题，因为任务和项目是两个层面的概念，任务是岗位上具有概括性的职责，而项目是岗位上具有具体性的活动，依据任务或依据项目进行教材设计会使教材形成完全不同的呈现形式。具体而言，我们会面对两个选择：（1）教材围绕任务呈现，教师在教学设计时再把任务具体化到项目中；（2）教材直接依据项目呈现，教材设计便已把任务融入具体项目中。到底选择哪个方案，应当完全根据课程所面向的职业活动的特点来确定。对于项目基本确定、选择空间不大的课程，可以直接依据项目进行教材呈现；而对于项目难以确定、选择空间很大的课程，则应依据任务进行教材呈现。

这样，至少可以把职业维度进一步区分为相关、任务和项目三种水平，采取不同水平的关联模式，会使职业教育教材呈现完全不同的表现形式。如果采取的是相关这一水平，那么这种教材呈现的内容是根据岗位任务精心筛选的、与岗位任务关联度较高的知识，但教材呈现的结构还是知识逻辑。虽然这是一本系统阐述专业知识的教材，但与传统的学科化教材相比，其中的知识更为实用，实际的案例也更多；呈现结构虽然是知识逻辑，但它是进行岗位工作时运用知识的逻辑，这种知识逻辑已明显地包含了职业元素。如果采取的是任务这一水平，那么这种教材是按照岗位的标准化任务呈现的，知识在任务中进行展开。在陈述任务的实施过程时，可以依托具体项目进行，但这里的项目只是一个实例，并不具有直接的教学价值。如果采取的是项目这一水平，那么这种教材就是完全按照鲜活的实际项目进行呈现的，教材的逻辑主线是描述清晰、高度结构化的项目，任务和知识均融入项目实施过程。教材展开过程实现了与工作过程最大程度的对接。

2. 知识维度

所谓知识维度，就是一本教材拟表述的知识的类型。教材的核心功能之一是系统地表达作为课程内容的知识。没有高质量的知识表述，就不可能有高质量的教材。在知识选择上，职业教育教材与普通教育教材有很大区别。普通教育教材要表达的知识基本上都是学科知识，其知识的形式比较单一，知识选择主要体现在范围与难易程度的判断上，相对来说这是比较容易处理的。职业教育教材开发中的知识选择问题相对来说就要复杂多了，因为职业教育教材不仅包含理论知识，还包含实践知识（这里特指工作实践中告诉我们如何去做的标准化的知识，如材料知识、工具知识、工作程序与方法知识、职业行动的判断知识等），甚至还可能经验知识。随着社会对职业教育人才培养水准的要求越来越高，职业教育正在努力开发工作中的经验知识，并把它们纳入教材。这样，职业教育教材设计不仅要合理地编排、有机地组合这三类知识，而且要在知识维度上合理定位教材，从而准确判断这三类知识在教材中所占的比重。由于职业教育教材在知识类型的选择上存在较大不确定性，因此应当把知识作为职业教育教材的第二个重要维度。

教材质量的核心在内容，职业教育教材质量不高的一个重要原因固然在于"教师很少有时间深入行业一线调研，教材编写不能反映行业实际"，但也有许多教材质量不高不是因为教材开发者没有投入足够的精力，而是因为在知识这一维度上对教材定位不清。开发者不知道什么知识应该选取，什么知识应该舍弃，什么知识应该详细表述，什么知识可以简略表述。比较常见的是，一本教材，从其课程功能定位看，应当是着力培养学生职业能力的，然而整本教材阐述的全是理论知识，与工作实际脱离很远。运用这种教材如何能培养学生的职业能力？在"实用化"理念的支持下，职业教育教材设计还出现了另一种趋势，即有的教材的内容完全是操作步骤的汇聚，基本没有核心概念和原理的表述，甚至没有基本的工作规范的表述。这样定位教材内容也是不合适的，它把教材与操作手册相混淆了。

从知识维度可以将教材内容划分为三类，即理论知识、实践知识和经验知识。一本教材如果定位于理论知识，那么这本教材的主要设计目标是精选并表达清楚相关理论知识，它在呈现形式上与传统教材基本一致，其水平主要体现在对概念和原理表述的清晰性、准确性、简练性和实用性上。编写这种教材时可精选一些职业活动的案例，用以帮助学习者更好地理解概念和原理，但不宜过多地涉及具体工作的内容，否则就会带来核心逻辑不清晰的问题。在目前的职业教育课程改革中有一种主动力量，那就是"理论与实践一体化"。职业教育课程的主体部分按理论与实践一体化的要求教学设计是合理的，但它并不能完全否定纯粹理论课程存在的价值，同样也不能完全否定纯粹实训课程存在的价值。

一本教材如果定位于实践知识，那么这本教材设计的首要目标应当是表述清楚完成工作任务所需要的各类实践知识。这有一定难度，难就难在"各类"，因为实践知识本身又是包含多种类型的。可以把实践知识至少可划分为四类，即工作对象知识、工作结果知识、工具设备知识和工作方法知识。工作对象、工作结果与工具设备都是工作情境的基本构成要素，因此可以把和它们相关的知识统称为工作情境知识。

工作情境知识与工作方法知识的结合不会自动发生。工作过程中的认知心理过程是指个体运用自己的分析与判断能力，把工作方法知识与工作情境知识相结合而产生具体行动方案。因此，职业活动还需要另一种非常重要的实践知识，即分析与判断知识。

当然，并非每项工作任务都会同时具备这四类知识，或者说需要同时表述这四类知识（有时可能存在，但不需要进行清晰地表述）。比如有的任务可能不需要使用专门的工具设备，或者说所使用的工具设备非常简单，几乎不需要经过专门的学习就可掌握，那么这种任务中就可忽略工具设备知识。有的任务工作方法知识与工作情境知识的结合比较清晰，不需要经过太多的分析和判断，那么也是可以把这类知识忽略的。教材开发者要做的是，认真鉴别这几类实践知识，并采取合适的结构进行表达，以使初学者获得该专业最标准、最规范的实践知识。尤其要注意对分析和判断知识的表达，因为这类知识是以往的教材极少专门凸显的。一般地说，开发得好的课程标准已对这些知识进行过系统梳理和规范，但即便如此，教材开发者还是需要对知识进行具体展开，并寻找合适的表达结构。

定位于实践知识的教材，是"理论与实践一体化"课程开发理念主要的适用对象。职业教育课程实践的发展，要求把理论与实践尽可能地结合起来进行学习。理论课程由于重点是让学生系统学习相关理论知识，因而难以实现这一功能；实训课程的目的是深度训练学生的职业能力，其课程内容必须完全偏向实践知识，甚至是经验知识，因而也难以体现这一功能。最能体现这一功能的便是以实践知识学习为主要目标的能力本位课程。因此，这两种课程的教材在开发时还面临如何合理地分布所涉及的理论知识，并采取与任务相关的方式表达理论知识这一难题。这对教材开发者来说是个极大的挑战，需要开发者能融会贯通地理解专业的理论知识和实践知识。然而"目前的综合化教材，多数仅是形式上的综合，没有将专业理论与专业实践之间的界限完全打破，没有将教材的内容按照职业活动的要求编排"。

一本教材如果定位于经验知识，那么这本教材设计的主要目标就是系统地开发并表述职业活动中的经验知识。定位于实践知识的教材也可能会涉及一些经验知识，但这种教材中的经验知识只是一种拓展和点缀，而定位于经验知识的教材，其功能则是专门归纳和表述经验知识。这种教材主要用于实训课程。以往在开发实训课程的教材时，教材开发者往往不知道该表述哪些知识，因而总是把先前课程中已经学习过的知识再转述一遍。这显然不是我们所需要的实训课程教材。实训课程教材的特色应体现在对经验知识的梳理和表述上。这种教材开发的难点在于其所涉及的知识在课程标准中可能没有清晰的界定，完全需要教材开发者自己进行开发，因为经验知识具有极大的不确定性，而课程标准只能表述标准化的知识。既然经验知识具有极大的不确定性，那么不同开发者开发的这类教材在内容上就会有很大差异，因此这类教材更多地具有校本属性。

知识维度与职业维度会存在某种程度的相关。如果一本教材在职业维度上定位于"相关",那么其知识维度基本上会定位于"理论知识"水平,反之亦然。如果一本教材在知识维度上定位于"实践知识",那么它在职业维度上肯定不会定位在"相关"水平,而可能会定位于"任务"水平或是"项目"水平,具体定位在哪种水平要根据项目的确定性程度而定。如果一本教材在知识维度上定位于经验知识,那么在职业维度上它只能定位于"项目"水平。尽管这两个维度存在很高程度的相关,但在进行理论构建时还是有必要把它们区别开来,因为它们涉及的是教材设计的两个不同方面。

3. 学习维度

职业维度涉及的是教材呈现的基本结构,知识维度涉及的是教材的内容构成,除此以外,教材设计还有一个重要问题,即知识的表述模式。由于表述模式选择背后的决定因素是学习方式,因此教材设计的这一维度被称为学习维度。学习理论的发展是推动教材呈现形式革新的主要决定因素之一。现代教材的呈现形式纷繁多样,背后都包含了大量学习理论的研究成果。比如国外一些设计得非常精细的教材,甚至对教材中颜色的使用都做了精心设计,目的就在于尽可能地使教材设计更好地符合学习者的学习心理原理。精美的电子化教材的设计,同样也包含了大量学习理论的研究成果。教材最终是用来学习的,因此职业教育教材设计必须充分考虑学习维度。

职业教育教材表述模式经历了三个发展阶段:(1)叙述模式阶段。传统教材给我们留下的印象是系统叙述知识的工具。这种教材设计模式被认为是为了方便教师的教,是按照教师教的思路进行设计的。更准确地说,它是基于传统的知识讲授式教学方法而设计的。(2)对话模式阶段。随着对教材性质研究的深入,人们敏锐地意识到,既然课堂要从以教师为中心转向以学生为中心,学与教的互动模式要从学的过程服从教的过程转变为教的过程服从学的过程,那么教材也应变为"学材","教材的功能也应从传统的知识呈现变为学生学习过程的引导者",教材在呈现形式的设计上不仅要便于教师教,更要便于学生学。在以学生为中心的教育思想的影响下,教材的呈现形式发生了根本性变化,不仅教材的呈现结构大大超越了单一的知识要素的局限,多种多样的学习要素被纳入教材(如学习目标、问题讨论、问题解决、自我评价等),而且教材也改变了以往单纯叙述知识的表述模式,转向了引导学习者进行教材学习的对话模式。这在教材设计上是个很大的发展,它使教材越来越接近它本身的性质,即学与教的工具。(3)活动模式阶段。对话模式的教材不管在形式上如何体现了学习的环节,但它的基本定位是知识学习。随着能力本位教育思想的发展,要在课堂中实施"做中学"的教学模式,就必须设计出鉴于活动课程理论的教材,用于学生职业能力的培养。当然这种教材的呈现形式仍然可以采取对话式,但对话的主要内容不是知识,而是活动展开与能力训练过程。如果是"理论与实践一体化"教材，则还需要在活动展开的同时教学知识学习。

这样，职业教育教材设计的学习维度也可以划分为叙述、对话与行动三个水平。不同的是，职业维度和知识维度的三种水平不存在严格的高低差别，且三种水平均有适当的对象，而学习维度的三种水平则是有高低差异的。叙述水平由于其刻板性，几乎不体现学与教的原理，因而正在呈淘汰趋势。除非是在一些理论性非常强的课程中，这种教材呈现形式还会有一些适用空间。今后的职业教育教材呈现形式应该主要是在对话模式与活动模式之间进行选择。选择哪种模式与教材的功能相关，即要看教材的目的是让学生学习知识还是获得职业能力。教材的目的如果是训练学生的职业能力，那么在职业维度上它还会有两个选择，即采取任务水平还是项目水平。

教材呈现形式的确立应充分体现学与教的原理，这样才能使教材真正成为支持教学过程的工具。但是有些职业教育教材在这一维度上出现了过度设计的现象，比如有的教材甚至成了教案的汇聚，把教学过程的设计和教学评价的设计也纳入教材。这是由对教材这种特殊的学与教工具的性质定位不清所致。教材只是课堂教学实施的基本蓝本，它只是教学中需要用到的材料之一，教材不能包揽所有教学资源的功能。如果出于实用目的，把教材内容一直延伸到教学设计，似乎提高了教材的操作性，却降低了教材的普适性，反而对教材建设不利。教学材料开发中有一条基本原则，那就是必须明确所要开发的材料是用在教学的哪个环节？其使用的主体是学生还是教师？或是同时面向学生和教师？

三、基于三维理论的职业教育课程教材设计

1. 相关—理论—对话型教材设计

相关—理论—对话型教材是指用对话的表述方式表述与职业相关的理论知识的教材。这种教材适用于独立设置的理论课程，比如专业入门课程，它旨在帮助学生建构专业的基本概念体系与工作原理。在今天的职业教育课程理念中，尽管理论课程存在一些问题，然而这并不意味着理论课程不重要，更不意味着要取消所有的理论课程，因为有些知识集中学习的效果要比分散学习的效果好。其实，理论课程的教材同样可以设计得实用、易学，而且如果设计得好，可以大大改变理论课程目前的教学状况。

这种模式的教材的设计要点：（1）尽可能采取与职业相关的方式设计教材的整体结构，并展开内容表述。其实理论教材也是同样可以建立与职业相关的结构的，只不过它不用追求工作任务的完整性和精密性。比如汽车构造这门课程，为什么不按照汽车检修的工作逻辑来设计其教材结构？（2）一定要彻底摆脱传统学科知识体系的思想禁锢，精选与工作任务密切相关，且能启迪学生智慧的知识。尽管课程标准规定了课程

的基本内容范围，但还有大量知识展开的任务要由教材开发者完成。通过对教材具体内容的分析可以发现，内容不实用仍是理论课程面临的突出问题。（3）采用与学习者对话、引导学习过程的方式设计教材体例，并表述知识。比如教材可从工作中的实际问题呈现出发，并在教材中不断地设置一些引导性和讨论性问题，引导学生在思考和讨论的基础上学习知识，以体现教材与学习者之间的互动性。此外，还可以把知识点设计成一些分析性、判断性活动，让学习者先通过活动形成对知识的基本认知，然后给学习者提供规范的知识表述。

2. 任务—实践—对话型教材设计

任务—实践—对话型教材是指以工作任务为教材的基本结构，用对话的方式系统表述任务完成所需要的实践知识及相关理论知识的教材。这种教材适用于不能以项目为教材基本结构的能力本位课程。能力本位课程是职业教育课程的主体，因此这种教材模式的应用面最广。但在学习维度上，这种教材模式只采取了对话式，而没有采取活动式。这可能是基于"这种课程的活动形式比较简单，教师容易把握，教材开发的重心是要阐述清楚活动所涉及的知识"的考虑。

这种模式的教材的设计要点是：（1）教材的整体结构设计应与实际的工作任务相一致。（2）教材表述时应先表述工作任务的内容及要达到的标准，然后表述完成工作任务所涉及的所有知识。这些知识可能包括：对象与结果知识、过程与方法知识、概念与原理知识。教材编写时要注意有机地整合这几类知识，使之形成组织严密、结构清晰的教材内容。尤其要注意处理好理论知识与实践知识的关系，根据教材要融入的理论知识的量，选择嵌入式或独立式的方法。嵌入式是把理论知识嵌入实践知识中，独立式是划分出专门的栏目表述理论知识。这部分知识的组织和表述，尤其是理论知识嵌入的方式，是这一模式的教材开发最大的难点。（3）这种教材不必过于详细地表述每个工作步骤的细节，尤其是没有必要反复地表述一些没有实质意义的工作步骤，但是要注意充分包含重要的技术知识，以提高教材的教育价值。（4）这种教材的对话形式不是通过思考性问题来体现的，而是通过实践性问题来体现的，通过引导学习者学习如何完成工作任务来体现教材的对话特征。

3. 任务—实践—活动型教材设计

任务—实践—活动型教材也是以工作任务为教材的基本结构，用对话的方式系统表述任务完成所需要的实践知识及相关理论知识。这种教材也适用于不能以项目为教材基本结构的能力本位课程，但它要在知识表述的基础上，进一步进行活动设计。它不仅要告诉学习者完成任务所需要的知识，还要引导学习者通过活动获得完成任务所需要的能力。

该模式的教材是任务—实践—对话型教材在设计上的进一步深化，因此前者的所有设计方法均适用于这一模式。除此以外，这种模式的教材在设计时还要注意：（1）该模式的活动都是情境式的，活动要围绕细分后的小任务进行设计，否则会造成表述上的很大困难。（2）该模式的活动尽管都是情境式的，但可以有意识地围绕完整的项目来设计活动，并把它们分配到工作任务中去。一本教材可围绕一个项目进行活动设计，也可围绕多个项目进行活动设计。这种设计方法会使活动具有整体性。这样，在这种教材中，项目成了教材展开的背景。（3）既然有活动设计，就必须对活动的结果及其要求进行清晰描述，使学习者明确地知道要求做什么、学什么。（4）要把知识尽可能地融入活动过程，避免形成知识与活动"两张皮"的现象，以便于"做中学"教学模式的实施。

4. 项目—实践—活动型教材设计

项目—实践—活动型教材是指直接以明确的产品或服务构成的项目为教材的基本结构，把项目实施过程与项目完成所需要的实践知识及相关理论知识有机地综合起来，系统进行表述的教材。这种教材适合的是项目类型基本确定的能力本位课程。这就是目前通常所说的项目化教材。这种教材对能力培养的效果是非常明显的，但开发这种教材必须有一个前提，那就是该课程的项目（至少项目类型）是可以确定的，否则就不能采取这种教材呈现形式，因为它会使能力培养的范围变窄，甚至可能使得其他教师无法使用该教材。在项目课程改革中，人们对项目化教材的热情极高，似乎要把所有课程的教材都项目化，这是不对的。不开发项目教材不等于不实施项目课程。要把项目课程与项目化教材区别开来。项目课程的教材可以是项目化的，也可以是任务化的，项目体现在课程的哪个层面，要根据课程的特点而定。

项目化教材的开发难度非常大。首先，要进行项目描述，告诉学习者要学习的项目是什么，在这个项目中要做什么，要达到的结果是什么。项目实施的目的是学习，因此项目描述时一定要注意开发重要的学习活动。学习活动的开发是教材开发者普遍感到比较困难的环节，这主要是因为对项目的学习功能分析得不够透彻。其次，项目化教材的表述要处理好许多课程要素之间的关系，包括项目与项目的关系、项目与任务的关系、项目与知识的关系。尤其是项目实施过程与知识学习和思维培养的有机融合，这是项目化教材开发者感到非常困难的环节。他们不仅对打破知识的系统性、把知识合理地分配到项目实施的不同环节中去感到比较困难，而且对教材编述时把项目实施过程与知识学习有机地衔接起来也感到困难重重。要处理好这个环节，建议先编制项目实施过程与知识学习的对应关系表。项目化教材中应尽量引入企业使用的工单、表格等资料，使学生边学、边做、边填写。

5. 项目—经验—活动型教材设计

项目—经验—活动型教材是以不确定的综合性项目为载体，系统表述项目实施的总体要求与活动框架以及所涉及的经验知识，旨在培养学生综合职业能力的教材。这种教材适合综合实训课程。目前综合实训课程的教材建设水平还较低，研究者们普遍认为"实习实训的教材比较少，质量不高"，并有调查发现："教师对不同类型课程教材质量的评价差异较显著，教材质量由高到低按文化课、专业基础课、专业理论课和专业实践课的顺序依次排列。"项目化教材的开发目前还没有拓展到这类课程，然而综合实训课程是最适合开发项目化教材的。

这种模式的教材的设计要点：（1）项目最好是来自企业的真实项目，可以对它进行教学化改造。（2）项目的数目是不确定的，没有必要确定一门课程的项目数，通常是越多越好，以供教学时选择。因此这种教材是逐步完善的，最终成为一个项目库。（3）对项目的描述必须非常明确，尤其是项目中的学习活动要设计得非常具体，具有可操作性，然而项目实施过程要根据课程的性质而定。有的课程尤其项目实施过程是封闭的，即学习者只能按照既定的步骤完成项目，这种课程的项目实施过程可以描述得具体些；有的课程则要求项目实施过程是开放的，由学习者自己进行设计，这种课程的项目实施过程则可描述得极为概括，甚至不描述。（4）系统整理和表述经验知识。其他教材中尽管也可能有一些经验知识的表述，但综合实训的教材要对经验知识进行系统表述。这四个方面的特点使得这种模式的教材只能是校本教材。

第五节　职业教育教学资源库开发

按照"国家急需、全国一流、面向专业"的要求，围绕国家和战略性新兴产业和支柱产业，服务产业高端和高端产业，聚焦技术技能人才紧缺的职业领域，建立健全优质资源库，提升教学信息化水平，带动教育理念、教学方法和学习方式变革，为在校学生、社会学习者提供服务，增强职业教育社会服务能力，不断提高职业教育和培训质量，为经济社会高质量发展提供技术技能人才支撑。为深入贯彻落实中共中央办公厅、国务院办公厅《关于深化现代职业教育体系建设改革的意见》《职业教育提质培优行动计划（2020—2023年）》，教育部已经于2022年、2023年连续2次开展职业教育国家在线精品课程遴选工作。

一、职业教育教学资源库开发的产品定位

（一）教学资源概念

教学资源，顾名思义，就是教学可资之源，也就是为教学的有效开展提供的各种可利用的条件。从广义上讲，教学资源涵盖了人力资源、物质资源和信息资源等诸多方面，包括能够促进有效学习的所有资源。从狭义上讲，教学资源的概念根植于教育技术的媒体观，通常理解为应用于教与学过程的各种媒体设备和教学材料，如各类教学软件和教学传播系统等。

我国教育部2004年颁布的《中小学教师教育技术能力标准（试行）》中对学习资源的定义：学习资源是指在学习过程中可被学习者利用的一切人力与非人力资源，主要包括信息、资料、设备、人员、场所等。在课堂教学中所利用的学习资源也称"教学资源"。

从这些定义中我们可以发现，教学资源一直是教育技术学关注的重点问题之一，但在各种国内外的定义中，"教学资源"常被"学习资源"所取代，近年来在各种论文和书籍中也经常可以看到这种变化。这种表述的变化反映了教育技术学领域研究重心的改变，教学资源从开始强调视听媒体资源的设计制作，到重视媒体资源在教学活动中的利用效率，再到更加重视学习，扩展为一切可以用来促进学生学习、支持学与教全部过程的各种支持系统、学习材料和环境条件的总称，体现了教育观念从以"教"为中心向以"学"为中心的转变。"教学资源"与"学习资源"这两个名词虽然经常混用，含义上也没有质的区别，但考虑到我国的教育现状，采用"教学资源"比"学习资源"更合适。因为我国主要的学习形式还是以教师为主的班级授课制，绝大多数学习活动是与教学活动同时发生的。采用"教学资源"的表述方式，将教学资源界定为支持教师的"教"与学生的"学"的教学材料、教学环境以及教学支持系统。

（二）教学资源的作用

1. 对教学资源的认识偏颇

高质量的职业教育需要以高质量的教材为基础，但仅有教材是远远不够的，还需要各种教学资源的支持。教学资源的丰富性是现代职业教育的重要特征之一。与普通教育相比，职业教育对教学资源的要求有着特殊性。职业教育是面向极为鲜活的工作世界的教育，它所涉及的知识形式多种多样，这就决定了职业教育对教学资源有着更多样的要求。比如学生对工作场景的认知，教学过程中不可能在任何需要的时候都能即时把学生带到工作现场，而精心拍摄的工作场景视频便可在教学中发挥重要作用。即使我们正在

快速提高实训设备设施的建设水平，倡导真实工作情境中的学习，但真实工作情境要发挥教学效果，也必须有教学资源做支撑。甚至可以说，实训设备设施教学功能的发挥程度与教学资源开发水平有着高度的相关性。教学资源也是信息化手段在职业教育教学中运用的深化，有了教学资源库，才能把各种信息化手段的综合作用发挥到极致。

这里讨论的教学资源，是指除教材、实习实训硬件设备与设施以外的，以文本、图片、视频、动画、软件等形式显现的教学辅助材料，比如，教学案例、操作指导书、试题库、操作演示视频、工作情境展示动画、学习评价软件等。教学资源库就是教学资源各种要素的集合。教学资源库开发是当前职业教育中的重点建设项目，但这也是一项投入巨大却收效甚微的项目。已开发的教学资源本身的质量以及与教学需求之间的契合度均不高，导致教师不愿意或不方便使用。教学资源库开发的这种状况与相关研究的滞后是分不开的，因此极有必要对教学资源库开发中的相关问题进行研究。

2. 数字化教学资源对师生的促进作用

（1）学生建构知识、信息素养能力得到提高。

教学实践表明，有效地利用数字化教学资源，对于学生学习能力以及问题意识的培养乃至怀疑精神的塑造具有重要意义。利用数字化教学资源，学生的学习和发现的兴趣得到激发，这成为培养自主学习能力和创业能力非常有效的途径。数字时代年轻一代所具有的优势通常超过年长者，这种并非个性因素形成的优越已越来越得到认同，这也是人类在数字化革命中所取得的最重要的收获之一。数字文化中自然形成的DIY学习理念已成为网络上的一种标志性文化符号。这种文化理念通常培养出一种互动精神，而互动能协助孩子成长，促进自我价值的发现与发展，同时提高他们的分析力、评估力、批判力以及帮助他人的能力。在这种情况下，教师在教学中应积极且及时地引导学生开发和利用数字化教学资源，从而培养学生的发现、思考、分析和判断能力。学生可以根据自己的知识背景和思维结构以及学业需求，自主选择和组织相关的教学资料与信息。通过这一过程，他们能够构建个人的知识体系，并形成自己的观点和见解。

学生通过接触数字化教学资源，不仅可以获得建构知识的能力，还能培养信息素养。这种能力的核心是自主学习。在选取和利用数字化教学资源的实践中，学生的学习方式从单向指导转变为建设性和发现性的学习模式，从被动学习变为主动探索，由教师传授知识转变为学生自我创造知识。研究显示，在数字化时代和信息社会中，学生的自主学习能力在很大程度上取决于他们的信息素养。直接使用数字化教学资源是提高学生信息素养的有效途径，也是检验其学习成果的最佳方法之一。

（2）教师角色定位观念、方法能力提升应与时俱进。

相对于学生，教师面对数字化教学资源所感受到的不仅是便利，更多的是挑战。

第一，数字化时代要求我们对教师的角色观念有新的认识和定位。传统教学模式以教师为中心，以线性结构为主，学生多为被动接受者。这种模式下，教师的专业背景、知识取向和个人喜好对教学内容影响较大，使得教师在教学中处于中心和权威地位。然而，随着信息化和数字化技术的发展，单向传播式教学模式已不再适用。如今，学习渠道多样化，不仅有纸媒文化，还有电子媒介特别是网络上的各种数字资源，这对教师的中心地位构成了挑战。网络信息面前人人平等，教师与学生共享同样的信息资源，这为教师带来了新的课题。面对学生利用数字化教学资源的优越性，教师不应回避或视而不见，而应鼓励并激发他们。"弟子不必不如师"告诉我们，教育的本质在于超越。

第二，面对数字化时代的新挑战和新课题，教师需要有清醒的认识，并思考实施新的对策和方法。一方面要积极培养学生自主学习和创新能力；另一方面需重新确定教育教学的重点。鉴于师生都拥有相同的数字信息资源，教师应将重点放在学科前沿性和前瞻性上，通过研究分析归纳，整理评价学科问题，并介绍相关前沿知识。这样做有助于培养学生的问题意识，提高其分析和解决问题的能力，同时也为学生的未来发展提供指导。

第三，教学内容还应聚焦于知识的深度性。加强内容的深度教学不仅是信息时代的要求，也是职业院校的重要目标之一。教师应在课堂上针对特定问题提出有见解且具有科研含量的观点，这是学生们期待听到的内容。这将促进教学与科研之间的良性互动，实现以教促研、以研促育、教研相长的理想状态。

（三）网络课程

1. 网络课程概念

网络课程就是通过网络表现的某门学科或课程的教学内容及实施的教学活动的总和，是信息时代条件下课程新的表现形式。它包括按一定的教学目标、教学策略组织起来的教学内容和网络教学支撑环境。其中网络教学支撑环境特指支持网络教学的软件工具、教学资源以及在网络教学平台上实施的教学活动。网络课程具有交互性、共享性、开放性、协作性和自主性等基本特征。简而言之，网络课程就是通过某种软件在网络上进行的远程课程。

2. 对网络课程片面认识

所谓网络课程，就是在互联网上进行学习的课程。由于网络课程大大拓展了不受时空限制的学习机会，极大丰富了教学资源，因而可以把网络课程开发作为教学资源开发的一种形式。但要注意的是，尽管网络课程具有促进教学资源建设的功能，但教学资源库与网络课程在功能定位上有所区别。教学资源库是用于支持现实教学的一个辅助材料库，而网络课程是以网络学习为主要形式的课程。不能把网络课程开发与教学资源库开发完全等同起来。从教学资源库建设的角度看，网络课程还只是一种初级形式。

现在有一种声音，认为课堂教学会被网络课程逐步取代。然而，无论网络课程的支持者如何说明这种课程形式的优势，稍有学与教经验的人都知道，网络课程是不可能取代课堂教学的。一些网络课程的支持者往往夸大课堂教学的问题。他们把课堂教学假定为一种简单地"播放"知识的活动。然而课堂教学绝不是教师机械地陈述知识，学生被动地接受知识。课堂教学是一个复杂的智力活动过程，即使是最基本的知识点讲解，教师也需针对学生学习的情况决定其讲解的角度，以及是否需要进行补充讲解。此外，教师还需要引导学生积极思维，训练学生的技能，发展学生的社会意识与能力。现实课堂中的这些教学活动是网络课程能替代的吗？在目前的技术条件下，我们显然还没有看到实现的可能性，而我们一直在努力推行的项目教学法等操作复杂的教学模式，更是无法通过网络课程来实现的。所以，网络课程只能是课堂教学的一种补充，它对于扩充学习资源来说是有益的，但不可能成为课堂教学的一个替代品。时代越发展，人们对教育本质的认识就越深入，教学过程中的智力活动就越复杂，课堂教学也就越不可能被网络课程所替代。事实上，信息技术最发达的国家的教育发展趋势恰恰不是技术化，而是人性化。因此，网络课程不会成为教学资源库建设的主要方向选择。

前几年盛行的慕课和微课是一种改进了的网络课程。无论在技术上如何改进，慕课和微课本质上只是一种信息传播手段。这种手段在大学课程建设中的确具有独特优势，比如把国际著名学者的授课视频等放到网络平台上，可以使更多人远距离学习到优质课程。但这种手段可能只有在大学课程建设中才具有独特优势：（1）大学课程的许多知识本身主要以语言形式传播，如著作、讲座等，以语言为主要传播媒介的知识容易在网络上取得相等效果。（2）大学生自主学习的意识与能力比较强，可以大大丰富自主学习的资源。（3）慕课的最大特点是开放性，而开放性本身就是大学教育要遵循的基本规律。但对职业教育而言，慕课的效果就不会那么好。职业教育是以实践为中心的教育，大量教育活动要以实践形式完成，网络授课是无法代替这种教育活动的。当然，有些职业院校受办学条件制约，许多实践教学可能无法开展，然而越是在这种教育情境中，越需要由教师直接进行授课，而绝不能用网络课程代替。如果没有扎实地面对面授课的基础，网络课程的教学效果会大打折扣。

3．网络课程的作用

网络课程的作用主要体现在以下几个方面：

（1）为终身教育搭建平台。

第一，强调学习者的主体地位。随着教育理念的进步，人们认识到在教学活动中确立学生主体地位的重要性。现代信息技术的发展改变了传统教育的方式和观念。在网络教育中，教师的角色从主导者转变为教育资源的提供者，而学习者则成为教育资源的选择者和利用者。这种变化使得学习者的主体地位得到了真正的体现。在信息量激增、传输便捷的今天，网络教育能够实现全球学习资源的共享，极大地丰富了学习资源，并增强了学习者的主动性。因此，现代社会要求个体必须学会主动学习，否则难以适应社会的发展。

第二，注重对学习者的支持。网络课程教育具有个性化的特征，学习过程由学习者控制。设计学习过程时，要特别关注对学习者的支持。这包括提供详细的指导指南，突出学习目标和难点，指导如何有效分配学习时间和资源；培养学习能力，介绍不同内容的学习方法和技巧；以及帮助学习者学会自我调节，根据反馈调整学习目标和方法。

第三，促进终身学习的构建。现代网络课程教育利用不断发展的信息技术，提供了人性化和个性化的教育体验。它打破了时空限制，拥有丰富的学习资源和有效的学习支持系统，费用相对低廉，使终身学习成为可能。此外，网络课程还与现代社会信息技术同步发展，有助于提高人们的学习能力，适应不断变化的社会环境。

第四，增添学习色彩。网络课程教学改变了传统教学中师生之间的关系，使二者更易于建立教学相长的关系。同时，它也为学生合作提供了广阔空间和多种可能，使个性化学习成为现实。学生可以自主安排学习，并通过交流和集体参与实现合作学习，提高学习兴趣和效率。

（2）为终身教育提供舞台。

第一，教材实用性强。网络课程选取的教材具有很强的实用性。如果学习者能够完全掌握教材内容，将大大提高他们的水平。通过举一反三、融会贯通，学习者可以达到学习的目的。

第二，多渠道接受教育。网络课程教育的另一个优点是可以利用各种媒介来提高学习者的学习成绩。网络作为现代化进程的标志，提供了良好的学习机会，特别适合忙碌的现代人。

第三，实现教育和学习资源共享。信息技术的发展使信息能够迅速传播全球。凭借这一技术，教育和信息资源可以实现全球共享。

（3）为创新学习提供渠道。

教育不仅仅是灌输和管理，更重要的是发现、发掘和强化学生的创造潜力，启迪创造性思维，培养创造精神，造就创新人才。网络课程教育应将创新精神和实践能力的培养贯穿于教育过程始终，确立学生的主体地位，鼓励独立思考和创造。同时，探索适应现代网络课程特点的社会实践活动和教学模式，提高学生的实践能力，通过实践活动促进创新精神和创新能力的培养。现代网络课程教育的目标是培养有自主学习能力的学习者，因此，必须把培养学生利用现代信息技术进行自主学习的能力作为素质教育的重点。

（四）精品课程

1. 精品课程产生背景

精品课程是具有一流教师队伍、一流教学内容、一流教学方法、一流教材和一流教学管理等特点的示范性课程，它是学校教学质量与教学改革工程的重要组成部分。校、省、国家三级都有精品课程。为贯彻落实党的教育方针，切实推进教育创新，深化教学改革，促进现代信息技术在教学中的应用，共享优质教学资源，进一步推动教授上讲台，全面提高教育教学质量，培养数以千万计的专门人才和一大批拔尖创新人才，提升我国高等教育的综合实力和国际竞争能力，教育部决定在全国高等学校包括高职高专院校中启动高等学校教学质量与教学改革工程精品课程建设工作。2021年，广东省教育厅开始在中职学校实施职业教育质量提升计划，其中包括在线精品课程建设项目。

2. 精品课程建设存在的主要问题

近几年，精品课程建设在职业教育领域蓬勃兴起，成为教学资源建设的另一种模式。教师们通过精品课程建设，把优秀的课程资源贡献出来，这对于丰富教学资源当然是极为有益的。然而人们对精品课程的热情很快就冷却了。投入巨大的精品课程，浏览者却不多。这是为什么？这说明精品课程在教学实践中似乎没有存在的根基，其热潮的出现可能只是项目建设或评选活动推动的结果。精品课程的主要问题在于：（1）许多精品课程只是展示课程建设的成效，并没有充分体现共享课程资源这一最初目的，比如课程资源的出现方式通常是根据素材的种类进行归类，而不是根据教学过程的使用逻辑进行归类和组织，前者更有助于专家评审，但这种方式在使用时极不便利，这就从根本上决定了精品课程难以引起其他教师的兴趣。（2）精品课程往往定位在教师个体的课程资源，所展示的课程素材难以普遍推广，其实施模式也并不具备可复制性，这也必然影响其推广。（3）精品课程建设中，往往更偏重教学实施状态的展示，而相对忽视了具有普适意义的课程素材的开发，这就会影响到精品课程的实际使用价值。

3. 精品在线开放课程

国家精品在线开放课程的建设旨在落实立德树人的根本任务，并适应"互联网+职业教育"的新要求。通过创新发展形成的线上线下相结合的教学模式已成为今后职业教育教学改革的重点方向之一。教育部将采用使用评价、定期检查等方式，对国家精品在线开放课程的在线运行、教学服务、实际应用和教学效果进行跟踪监督和管理。对于未能达到持续更新和运行要求的课程，将取消其国家精品在线开放课程的资格。

精品在线开放课程的总体建设要求如下：

（1）根据预设的教学目标、学科或课程特点、学生认知规律及教学方式，围绕学科或课程的核心概念及教学内容和资源间的关系，以碎片化的方式组织教学内容及资源，并设置教学情境。这样形成了围绕知识点展开、清晰表达知识框架的短视频模块集。每个短视频时长宜为5至15分钟，针对各模块知识点或专题应设置内嵌测试的作业题或讨论题，以帮助学习者掌握学习内容或测试学习效果。每门课程应有负责人介绍、课程介绍、教学大纲、预备知识、教学辅导、参考资料、考核方式、在线作业、在线题库和在线答疑等内容。

（2）课程设计、教学安排和呈现方式需符合学习者的移动学习和混合式教学需求。

（3）重视学习任务与活动的设计，积极开展案例式、混合式、探究式等多种教学模式的学习。通过网页插入式在线测试、即时网上辅导反馈、线上线下讨论、网上作业提交和批改、网上社区讨论等方式，促进师生之间、学生之间的资源共享、问题交流和协作学习。

（4）注重对教学效果的跟踪评价，并开展教学研究工作。基于大数据信息采集分析，全程记录和跟踪教师的教学和学生的学习过程、内容及反馈，全面跟踪和掌握每个学生的个性特点和学习行为，从而改进学校及教师的教学质量，促进因材施教。

精品在线开放课程的特色与优势包括：

（1）利用互联网技术与信息化课程相融合的形式，制定全新的课程体系标准，改变传统课堂式教学。

（2）建立一套合理有效的沟通机制，确保学生在学习在线课程过程中遇到的问题能够得到及时解决。在线学习不再是单向输出形式，而是双向互动形式，这解决了传统"灌输式"教学中学习者被动学习、缺乏创新等问题，实现了个性化主动教学，真正发挥了"互联网+"的优势。

（3）在线课程资源多样且情境真实，通过案例视频与仿真实验的互补，充分发挥各方优势，提高情境化教学质量，让学生足不出户即可获得实景化的体验。

（4）构建教学资源库，有效整合素材资源，促进优质教学资源的共享，从而提高专业教学质量。

（5）通过互联网和大数据技术构建真实的师生互动平台，一方面解决了传统课程授课方式存在的弊端，另一方面拓展了课程服务对象。同时响应国家号召，创新性地发展"互联网+"职业教育模式，建设"智慧校园"和"智慧课堂"。

（五）基于素材的资源库

"教学资源库"这个概念的产生与系列行动的推出，可以看作是对精品课程的否定。然而近年来开发的大多数教学资源库，在素材类型和与呈现方式上几乎完全套用精品课程的模式。对教学资源库性质的这种理解，与我们所期望的教学资源库差距很大。

另有一种理解，把教学资源库理解为教学所需要的各种辅助性教学资源（素材）的总和，如动画、视频、图片、题库、课件等。这一理解比较接近我们所需要的教学资源库，至少在这种概念指导下的教学资源库建设中产生了一些在教学中有实际价值的教学资源。比如仿真实训软件，这些软件虽然不能完全取代真实的能力训练，但它们至少对提高学生对实践知识的认知是非常有帮助的。教师们收集、开发的各种各样的图片、视频，大大丰富了教学的信息源；制作精美的课件也使枯燥的课堂变得生动、活泼。

但基于素材的资源库开发也同样存在一些问题：（1）对素材的性质仍然理解不清。往往简单地把教材内容分割后放置到教学资源库中，使教学资源库成了教材的另一种呈现方式。（2）对素材的结构缺乏系统研究。这种教学资源库开发，往往只是局限于特定教学资源的素材，而没有对教学所需要的资源进行整体分析，从而建构完整的教学资源体系，因此按照这种思路开发出来的教学资源库，只能局部地在教学中发挥作用，却不能整体地推进教学模式的创新。（3）没有深刻认识到资源库素材呈现结构的重要性。教学资源库不仅要重视素材开发，还要重视素材的组织方式，以便于教学中对资源库的使用。然而这种教学资源库往往只是把相同性质的素材归类在一起，与教学时对素材的使用过程是完全脱节的，使得资源库因为使用不便利而不被教师所采纳。

（六）基于教学平台的资源库

在经历了近年资源库构建的实践探索后，我们对价值资源库的性质有了越来越清晰的认识：资源库应当定位为支持课堂教学改革深化、具有普遍适用性的教学辅助材料系统，不能引导学与教的过程的教学平台。既不能把资源库定位为现有课堂教学的一个替代系统，也不能把它定位为教师个性化教学材料的汇聚。如果把课程与教学改革比喻为一棵大树，资源库应当是依附在这棵大树上的藤。但这根藤不仅仅是从大树吸收营养，把大树作为一个寄居地，它也会积极地支持大树的成长，使这棵树变得更加茁壮、茂盛。最后，它们密切地融合在一起，成为一个不可分割的整体。

按照这种思路建设教学资源库，就必须紧紧依据课堂教学模式改革深化的需要开发作为教学资源库基本构建的素材。这一方面要求对职业教育前沿教学方法的本质有深刻研究，另一方面要对教学实施所需要的素材进行系统分析，在此基础上，依据学与教的原理，按照教学过程对素材进行合理组织，设计教学资源的网络呈现框架，使之成为一个具有很高实用性的教学平台。

二、专业教学资源库的建设意义

国家级职业教育专业教学资源库建设于2006年提出，2010年正式启动。在教育部的统筹规划和有力推动下，以职业院校为建设主体，各地、各部门、各行业积极参与，汇聚政校企行等多方力量，项目建设取得了明显成绩和显著效果。

1. 丰富教育资源供给方式

以前，我国职业教育的发展重心放在职业学校。然而，职业是人们参与社会经济活动、创造劳动价值的载体，职业生涯发展对于接受职业教育和培训的需求不可能全部在学校教育中实现。因此，需要建立一种能够面向人人、服务终身的新的教育资源供给模式。

具有划时代意义的信息技术革命为实现这种新模式提供了基础。通过建设职业教育专业教学资源库，利用成熟的互联网信息技术手段，将优质职业教育与培训资源放到开放性网络平台，让更多的人能够分享、受益，显然是建立新的资源供给模式的可行路径。这一新模式带来的效益将从职业学校的千万计师生扩大到数以亿计的潜在用户。

《职业教育专业教学资源库建设指南》中提出，资源库建设要坚持服务型、公益性、开放性、共享性特征。其服务对象从职业学校教师、学生扩大到企业职工和社会学习者，并探索建立基于资源库应用的学习成果认证、积累和转换机制。这些措施为形成灵活开放的终身教育体系、促进学习型社会建设提供条件和保障。这些重要理念和政策实际上是为了建立一种新的职业教育学习制度。

如果我们不理解国家级职业教育专业教学资源库建设的社会背景、真实目的和远大目标，就容易把资源库建设当作学校自己的事情，将"能学辅教"简单地理解成学校教学的网络版。那么，资源库的应用范围和优质资源的应有价值就会大打折扣，职业教育在推动民生改善、经济发展、社会进步方面的重要作用就无法得到充分体现。

2. 教育主导技术与教育融合

当前，互联网信息技术正加速融入经济社会各个领域，不断催生新产品、新业务、新模式和新业态。这深刻改变了个人生活和工作方式、企业生产方式、经济运行模式以及社会管理和公共服务。面对这样的趋势，职业教育面临着严峻挑战和深刻变革。

在这种背景下，"互联网+"职业教育展现出两种不同的境界。一种是技术主导下的"追着技术走""跟着技术变"，即积极引入并应用多样化的技术成果。另一种则是教育主导下的技术与教育的融合，这种融合强调将技术优势与教育规律和特点相结合，以突出教育的特色和优势。

职业教育专业教学资源库是"互联网+职业教育"实践的具体体现，它引导职业教育迈向技术与教育融合的新阶段。该资源库不仅是基本教学资源和优质教学资源的集成，也是先进的在线教学与学习系统。相比一般的教学资源和在线学习系统，职业教育资源库的优势在于其紧密结合了职业教育自身的特点和规律，这也是教育部大力推动立项建设专业教学资源库的根本原因。

实施职业教育离不开行业企业的参与，校企合作、工学结合是这类教育的基本特征。职业教育教学紧密联系职场环境、工作过程、行业企业标准和实训资源。职业分类和岗位设置复杂多样，学习与职业之间的联系错综复杂，需求的个性化和多样化决定了职业教育的选择性和分众化特点。从这些方面可以看出，职业教育资源库和在线学习系统的建设与其他类型教育存在根本差别，这也凸显了职业教育信息化的比较优势。

如果不能准确把握职业教育的特点和规律，资源库建设脱离行业企业、职场环境和实践特征，不能与教育教学改革同步进行，就无法充分利用信息化带给职业教育的比较优势，可能导致建成缺乏职教特色的教育网站或学习平台。

3. 建立机制整合建设资源

建立机制整合建设资源是深化职业教育综合改革的重要步骤。资源库项目是在"国家示范性高等职业院校建设计划"和"国家中等职业教育改革发展示范校建设计划"之后设立的重大项目。该项目以专业建设为核心，旨在满足国家战略和行业需求。通过由基础较强的学校牵头，跨区域组织建设力量，集合全国同类专业的优秀教学团队，汇集优质教育资源，重新研究专业定位。共同制定专业教学标准、人才培养方案，开发结构化课程体系和颗粒化教学资源。此外，合作推广资源库应用，建立共建共享及学习成果认证制度，形成新的教育资源整合与建设机制。

为了突出重点、集中力量、合理布局并避免重复，确定了不重复布点同一专业资源库、已有主持在建项目的学校不新增立项等工作原则。这确保了国家级资源库建设的方向明确且协调有序。已立项支持的资源库覆盖了高职教育的所有领域及大部分中职专业大类。资源库项目在第一、第二、第三产业的布点与全国三大产业布局基本一致，体现了服务国家战略的专业体系建设意图。

承担资源库项目建设的单位需具备家国情怀和大局意识，以及服务国家战略和支撑行业发展的强烈使命感。应主动对接产业需求，深入调查研究，将国家、行业、企业的需求转化为项目建设的具体目标和任务。牵头建设学校要担负起领导责任，确保联合建设单位协同作战，共同推进项目。联合建设单位需实质性参与，并将建设成果广泛应用于实践中。

三、职业教育专业教学资源库的建设方向

资源库建设是我国职业教育领域的一项重要创新，对推进教育信息化进程做出了重要贡献。它在促进优质资源共享、深化专业教学改革等方面发挥了独特作用，成为推动职业教育创新发展的关键工程之一，也是展示职业教育信息化成就的重要窗口。

（1）专业教学资源库应当反映最新的教学改革成果，并提供达到行业顶尖水平的国家级标准化课程。其目标不仅仅是现有课程内容的数字化转换，而是要在教学改革的基础上构建。如果资源库在立项后仅由各参建单位敷衍了事，则违背了建立初心。组建团队旨在特定专业领域内发挥领导示范作用。

（2）该资源库既注重典型示范也满足个性化需求。教师可以利用模块化资源自主开发课程，从而为学生提供更加贴合实际的学习材料。虽然提供了高水平的标准化课程，但是否实用还需根据具体情况判断。对于职业教育而言，良好的学习效果离不开面对面指导。因此，鼓励教师结合自身学生特点充分利用库内资源进行课程设计，以实现最佳教学效果，并留下一门针对性强且个性化的课程。这样，随着更多教师参与进来，资源库将能够提供更多定制化的学习选项。

（3）资源库需要多方合作共建共享。这不仅涉及学校内部各部门之间的协作，还包括与企业之间的合作。整个过程中不应仅仅依赖于项目负责人或某个学院的努力，而是全校上下共同参与的结果。

（4）主要服务于学生及课堂教学是资源库的核心功能定位。尽管最初设想覆盖范围广泛（如社会培训等），但随着实践深入，最终还是要回归到支持日常教学活动上来。这意味着无论是从教师的角度还是学生的需求出发，都必须给予高度重视。

（5）学校信息化程度直接影响着资源库的有效运用与发展。随着信息技术日新月异的发展，许多曾经难以实现的功能如今都已成为可能。现代学习方式相较于以往有了很大变化，这一切都建立在先进技术基础之上。因此，加强校园网络基础设施建设至关重要，确保每位用户都能获得良好体验。

（6）采取逐级建设和择优扶持策略有助于形成国家—省—校三级联动机制。通过这种方式不仅可以加快各地教育改革步伐，还能激发各方积极性。如今评估标准不再局限于故事讲述得多么精彩，更重要的是看实际成效如何。

（7）为了保证长期活力，资源库需实行全生命周期管理。这意味着不仅要持续更新维护现有资料，还要密切关注用户反馈以便不断改进服务质量。此外，定期检查使用者的行为模式也非常必要，这有助于进一步优化用户体验并提高服务水平。

四、职业教育教学资源库中素材的结构

（一）解释性素材

解释性素材是对教材中的内容做进一步补充说明的素材，其目的既是为了使教材内容变得更加容易理解，也是为了使教材内容能更好地与实际结合，并使教材内容更具现实性。与描述性素材不同，解释性素材给教材的含义提供了增量，但要把解释性素材与对现有知识进行更为深入的理论分析区别开来，后者已超越了教材内容本身，是在拓宽教材内容。教材内容不仅具有概要性，还具有稳定性、适应性。教材中通常只会包括具有普遍意义的知识。教师在设计教学时，通常都要收集能用于进一步解释教材内容的案例，这是教材处理的重要工作。教学资源库如果能提供有助于教学的案例，对教师的教学设计是极有帮助的。

最常见的解释性素材有案例、故事、寓言等，这些教学资源在教学质量提升中的作用是显而易见的。一些复杂的理论，如果能提供一个实例，或者作一个恰当的比喻，其内涵会容易理解得多。一条职业素养要求，比如对工作场所的安全性要求，如果能提供一个实例，学习者对其重要性的理解将大大增强。解释性素材开发要注意：（1）素材内容的针对性要强，要与教材内容紧密对应，并确实有助于对教材内容的理解。（2）素材如果是案例，一定要真实，要实际上发生过。因此，解释性素材开发的重要途径是日常的收集与积累。

（二）描述性素材

描述性素材指用更为直观、形象、具体的方法描述工作过程与知识的素材。受篇幅限制及教材性质的要求，教材不仅难以对概念和原理知识做非常详细、直观的表述，而且对工作过程与方法的表述也难以做到非常详细和直观。因此，要更好地发挥教材的教学效用，就需要有对教学内容进行更加详细、直观描述的教学资源。

描述性素材包括对概念和原理知识进行归纳整理的图表（如思维导图）、演示工作原理的动画、展示实物的照片、展示工作过程的视频、说明工作过程的文本与图片、电子教材等。这些教学资源能大大促进学习者对教材内容的理解，并使教材内容更具实用性。比如汽车底盘的工作原理，如果没有相应的教学资源做支持，学习者几乎不可能真实地感知其过程。描述性素材的作用只是对教学内容本身进行更加明确、细化、直观的描述，这种教学资源开发的关键点在于充分挖掘知识的直观展示法。

（三）学习过程支持素材

前面两种素材都属于教学资源库的基础性素材，即它们的功能都只是在完善教学内容的本身，而学习过程支持素材，以及后面要探讨的教学过程支持素材，其功能所指向的是教学实施。学习过程支持素材是用于支持学习者的学习过程而展开的素材。学习是一个复杂的过程，因此学习过程是教学资源开发的主要空间。

职业教育的学习包括实践学习与理论学习。需要的教学资源有：（1）标准作业模型，即要求学生完成的作业的标准样板，如标准的零件、成功的产品设计案例等，标准作业模型要尽善尽美，以不使学习者对技能操作产生任何错误认知。（2）实践训练手册，指导学习者完成实践训练的手册，内容可能有项目描述、学习目标、材料清单、工作计划、工作程序、操作步骤、质量检验等内容。（3）理论学习指导，帮助学习者正确理解相关概念、原理与方法的素材。（4）对要学习的内容专题进行讲解的视频，内容可包括实践操作讲解和理论讲解，比如近几年流行的"微课"。（5）模拟操作软件，供学习者在模拟环境中进行技能操作的素材，目的在于避免实际操作的危险或降低材料损耗，还可以使一些无法在实际环境中进行训练的技能得到训练。（6）反思与讨论，用于指导学习者在实践的基础上进行反思与讨论的思考题。（7）自测题库，用于学习者自我检验学习效果的题库等。

学习过程支持素材是用于支持学习者有效展开学习活动的素材，这种素材的开发要紧贴学习过程的实际需要，并要以对职业教育学习过程的深入研究为基础。"做中学"是职业教育的主要教学模式，在做的基础上既可展开技能学习，也可展开理论学习与职业素养学习，还可展开问题讨论，学习过程支持素材应主要围绕这一教学模式的展开来设计。

（四）延伸性素材

延伸性素材是在教材内容的基础上帮助学生进一步拓宽知识面的素材，其目的是使教学内容更加丰富，使教材具有更好的适应性。延伸性素材与解释性素材的区别在于，它的作用是扩充现有教材内容，而不是深化现有教材的含义。以下几种情况需要延伸性素材：（1）学生需要了解，但限于篇幅无法纳入教材的教学内容。（2）新技术、新工艺、新方法等，把这些内容补充到教学内容中，可以使学生获得本专业的前沿知识与技能。（3）满足学习能力更强的学生对教学内容的要求。（4）满足特定地区对教学内容的特殊要求。

延伸性素材包含行业标准、延伸阅读资料、更为复杂的能力训练模块、体现地方特色的能力训练模块等。采取哪种具体形式要根据专业特点与课程建设需要而定。延伸性素材的特点是需要不断更新。教学资源库建设的动态性主要体现在这部分素材上。

（五）教学过程支持素材

教学过程支持素材是指导教师进行教学设计，辅助教师展开教学并检验教学效果的素材。教学是教与学的结合，教师的教与学生的学在教学过程中是紧密结合在一起的，因此许多学习过程支持素材也是教师实施教学时可以用到的，但除此以外，我们还需要开发一些专门用于支持教学过程的素材。

可开发的教学过程支持素材有：（1）课程整体说明。对该门课程的目标、地位、内容体系进行详细说明、解释，以帮助教师从整体上把握该门课程。（2）教学设计指导。用于对教师的教学设计教学指导，内容可包括对教学目标、教学内容、教学评价要求的说明，以及对教学过程设计、教学环境要求的建议等。教学设计指导是最重要的教学过程支持素材。（3）对教学内容的补充说明。它可使教师更好地理解教学内容，在教学中做到得心应手。这部分素材可为教师提供获取更多教学资源的途径。（4）教学评价工具。用于对学习者的学习效果进行实时评价和分析。（5）测试题库。用于对学习的最终结果进行评价，主要针对理论知识的学习效果。

除了上述五种教学资源素材外，还可以根据课程的特点开发其他种类的教学资源素材。教学资源素材多种多样，但在开发过程中我们需要遵循两条原则：（1）紧贴教学的实际需要。教学资源不是供观赏的，也不是供职业院校夸耀自己的课程建设水平的，而是用于课程与教学改革，提高教学质量的。教学资源库开发投入巨大，因此一定要充分发挥它在实际教学中的效果。（2）要在把握课程性质的基础上，对"教学对教学资源的需求"进行系统分析，以使进行资源在进行过程中发挥整体效应。高质量的教学资源库开发，要充分体现课程、教学研究与信息技术的完美结合。没有对课程性质与教学需求的深入研究，就难以保证所开发的教学资源库的实用性；而如果没有对信息技术的充分应用，也不可能获得高质量的教学资源库。

在目前的教学资源库开发中，人们往往热衷于制作PPT课件、教案等素材，这是不可取的。开发教学资源库的目的，是为课题教学提供具有普遍适用性的、仅靠教师个人能力无法完成的教学手段，以达到改革课堂教学形态、提升课堂教学质量的目的，而不是去替代教师的教学设计工作，更不意味着要包揽教师所有的教学资源开发工作。PPT课件、教案等素材，都是具有个人性的，它的设计要体现教师本人对课的理解，也要符合教师个人的教学习惯与风格。一位拿着别人制作的PPT课件和教案上课的教师，怎么可能上出优质的课？教师的教学能力怎么可能逐步提升？这种完全基于商业化的教学资源开发行为，看似减轻了教师的工作负担，其实是极为有害的，它会使课堂教学成为一个完全程式化的，甚至仅仅是播放PPT课件的过程，而它自身因为偏离了教学资源库开发的本质，也不可能具有长久的生命力。

第六章 教学心理

第一节 教学设计

教师的教学设计在许多方面决定了学生将要学什么、怎么学。教师通过教学设计将课程转变成学生的活动、作业和任务。教师一旦设置好了一个教学计划,就试图把它贯穿在所有的学习材料和活动之中。当然这并不意味着教学计划一旦制订,就控制着课堂中的每一个环节,实际上,有经验的教师往往把自己的计划看作指导课堂行为的可变性框架。

一、设置教学目标

(一)设置教学目标的意义

教学目标是预期学生通过教学活动获得的学习结果。在教学中,教师首先要决定学生在学习结束时将会发生什么变化。

设置教学目标对学生的学习、课堂行为以及教学评价具有重要的作用。

首先,可促进学生的学习。对于一些组织结构松散的学习活动,如讲课、看电影,或者学习材料和活动本身无法使学生知晓什么是重要信息时,教学目标能够帮助学生将注意力集中于关键的信息。此外,向学生表述教学目标,也有利于使学生认识到学习的意义,从而激发学习动机,促进学生的学习。

其次,可促进课堂行为和交流。教学目标为教师指引课堂行为和交流提供了方向。明确了教学目标,教师也就明确了应该让学生出现什么样的变化,从而选择和创造那些能帮助学生掌握重要目标的活动,使课堂行为和交流,如提问朝着目标前进。这不仅会使预期的变化更容易达到,而且会增进师生、生生之间的交流。

最后,有利于教学评价和测验。教师评价学生的成绩往往立足于学习目标。教师即使从来没有确定过教学目标,学生们也能通过他对测验和作业的评价逐渐意识到教学目标。例如,如果教师总是给那些把事实记得很好的学生以高分,学生们就会想到这个教师的教学目标就是记忆事实。如果教师事先提供了教学目标,对学生来说,一旦知道了学习标准，其学习将变得更容易、更高效；对教师来说，准备测验就变成了一项比较简单的工作，并且能很容易地根据这种测验的结果，评价学生的成绩和教学的有效性。

（二）教学目标的表述方法

教师的学习观影响了教学目标的设置。持行为主义学习观的教师表述出来的目标主要集中在学生可观察和测量的变化上，他们会用一些诸如"列出""定义""计算"等术语来表述目标；而持认知学习观的人表述出来的目标则强调学生内在的变化，他们会用诸如"理解""再认""创造"或"应用"等术语来表述目标。下面具体介绍行为目标和认知目标的表述方法。

1. 行为目标表述法

梅杰（Mager，1975）认为，教学目标应当描述学生的成就表现行为，获得这些成就行为的方式、方法，以及教师是如何获悉学生的成就表现行为的。在梅杰看来，一个好的目标具有3个部分：第一，描述想象中的学生行为——学生必须做什么；第二，列出行为发生的条件——这种行为如何被识别和测验；第三，给出在测验中可接受的一个标准。

梅杰的行为目标表述法强调要对学生的最终行为做非常清楚的表述。他相信这种努力是有价值的，如果给学生提供了表述清楚的目标，学生一般就能自己教自己。教师应当最先以一般的术语（理解、鉴赏等）表述一个教学目标，然后列举一些样例行为进一步加以明确。这些样例行为能为学生是否达到目标提供依据，格兰伦德的系统经常被用来表述认知目标。

2. 认知目标表述法

格兰伦德（Gronlund）认为，真正的目标是理解，教师并不想让学生停留在定义、识别和区分等具体行为上，而是根据这些样例任务的成绩来决定学生是否已经理解。格兰伦德强调要把具体的目标当作一般能力的样例。由于教师不可能列出真正理解某个主题的所有行为，表述一般目标可让人做到心中有数：理解才是目的。

综合上述两种方法可以较为完善地表述教学目标。假如教师给学生的目标是推理、理解，怎么告知学生是否完成了目标？方法之一就是给学生一个具体的、可测量的、能说明行为变化的任务。

不管采用什么方法表述教学目标，教师都要尽量避免采用宏大而模糊的语词，以免学生不明白所要传达的意图，要确保测试与目标有关，在表述目标的同时写出测验草稿，并根据各目标的重要性以及在每个目标上所花的时间来加权测验。此外，教师要使学习活动适用于目标。例如，对于词汇记忆目标，教师就要给学生提供有关记忆的辅助方法和实践练习；对于发展学生深思熟虑的见解，教师可考虑采用撰写议论文和展开辩论等教学手段。

（三）教学目标的分类

教学往往要同时设置几种不同的目标。布鲁姆（Bloom，1956）将教学目标分为三种类型：认知目标、情感目标和动作技能目标。在实际生活中，这三方面的行为几乎是同时发生的。例如，学生在操作机器时（动作技能），也正在进行记忆和推理（认知），同时，对这个任务会产生某种情绪反应（情感）。还有人提出，教学目标还应包括人际关系技能等。

下面将分别探讨布鲁姆的三种领域目标的设置以及评价。

1. 认知目标

布鲁姆（Bloom，1956）认为，认知方面的目标包括知识、领会、运用、分析、综合和评价六个水平。

这六级目标由简单到复杂构成金字塔式排列。布鲁姆认为较高水平的目标包含并依赖于较低水平的认知技能。例如，评价水平的目标比认知水平的目标所要求的心理操作要复杂一些。同时，较高水平的目标比较低水平的目标更真实，更可能代表学生的现实世界所要求的行为。

在实际教学中，对于每一种教学内容，教师都可以设置这些目标，甚至可以同时设置各级水平的目标。

对于认知目标的评价，知识水平的目标可以用是非题、简答题、匹配题以及多项选择题进行测验。领会、应用和分析水平的目标也可以用这些测验来评价。但是，评价水平的目标不适合使用这些测验，而比较适合使用论文测验。论文测验对中等水平的目标也能行得通，但是对测量知识水平的目标则不那么有效。因此，在评价中等水平的目标时，教师可以选择不同的方法，但在评价最高水平和最低水平的目标时，教师一定要注意评价方法是否适于这些目标。

2. 情感目标

教学不仅需要设置认知方面的目标，也要考虑情感方面的目标，如培养学生的兴趣、态度以及价值观等。情感方面包括接受、反应、形成价值观念、组织价值观念系统和价值体系个性化五种基本的目标。如表6-1所示。

表6-1 情感目标的具体内容

水平	含义	学习结果
接受（receiving）	专注于特定现象或刺激，如专注于课堂教学活动、教科书、音乐等，即意识到或愿意注意某一刺激（听或看）	位于只是意识到某物的存在到有选择的注意之间
反应（responding）	积极参与活动，以某种方式做出反应，如学生提一些有关的专业问题，这时，学生不仅专注于某一特定现象，而且采取某种方式作用于自己注意的对象	着重于默认的反应、自愿反应、满足的反应等方面
形成价值观念（valuing）	对特定对象、现象或行为的价值或重要性的认识	注重行为的连贯和足够的稳定
组织价值观念系统（organization）	组合不同的价值、解决价值间的冲突、建立一种内部协调的价值体系等，其重点在于价值的比较、联系和综合	注重价值概念的形成（如认识自己对改善人与人关系的责任）、价值体系的建立等
价值体系个性化（characterization by value）	具有一种价值体系，这一价值体系在相当长的时间内控制着他的行为，并使他形成独特的"生活方式"	包括广泛的活动范围，但重在那些有代表性的行为或行为特征

在设置一个具体的目标时，教师必须表述学生在接受和反应时学会了什么。例如，一节有关汽车发动机排气机构拆装的课在形成价值观念的水平上的目标可以表述如下。

在学完汽车发动机配气机构拆装后，学生形成了小心谨慎、团结协作的工作作风，能科学理解工匠精神的丰富内涵，有利于形成执着专注、精益求精、一丝不苟、追求卓越的工匠精神。

在对情感目标进行评价时，教师可以在上课之前，先将这些目标用作诊断的标准，看学生把什么价值体系带到了课堂。这样，课后的评价就可以帮助教师估量自己在多大程度上成功地使学生的态度或价值朝期望的方向变化了。事实上，情感目标是否已经达到很难测量。

3．动作技能目标

动作技能目标分为知觉、模仿、操作、准确、连贯和习惯化六种。如表6-2所示。

表6-2 动作技能目标和具体内容

水平	含义	举例
知觉（perception）	通过感官对动作、物体、性质或关系等的意识能力，以及进行心理、躯体和情绪等的预备调节能力	观看发动机拆装的演示，能感知正确的发动机拆装方法和正确的步骤

续表

水平	含义	举例
模仿（imitation）	按照特定提示采取行动或重现之前观察到的行为。然而，这种行为往往缺乏控制，例如在表演动作时可能会显得冲动且不完善	在观看发动机拆装的姿势之后，能以一定的精确度来演示这一动作
操作（operation）	按提示要求行动的能力，但不是模仿性的观察，如按照指示表演或练习动作等	在进行了一段时间的发动机拆装练习之后，能达到中级职业资格技能水平
准确（accuracy）	全面完成复杂作业的能力，通过练习可以把错误减少到最低限度，如有控制地、正确地、准确地再现某些动作	能表演一个可以接受的发动机配气正时安装动作，成功率至少达到80%
连贯（consistency）	按规定顺序和协调要求而调整行为、动作等的能力，如准确而有节奏地安装机械零件	能准确而有节奏地安装气缸盖螺栓
习惯化（habituation）	自发或自觉地行动的能力，如经常性的、自然和稳定的行为就是习惯化行为，也就是学生能下意识地、有效率地、各部协调一致地操作	在需要的时候，不借助模板就能够正确地画出发动机点火系统电路

动作技能不只是体育课或手工课的教学目标，中职汽车类专业课技能课程常常需要设置动作技能方面的目标。这些专业技能课需要专门的动作和手眼协调性。使用实训设备如故障诊断仪、举升机等都意味着学习了一种新的动作技能，书写文字也是如此。

学生一旦达到动作技能方面的目标，就意味着发展出了某种特定的表现能力。教育者可以通过两种方式来评价学生的表现：首先是要求学生演示该种技能，以观察其效率。当学生进行实际表现时，教师需要制定一份核查积分单。一张核查记分单通常从几个维度来测量学生的表现，每个维度留出一系列的空间供教师描述自己的判断和打分，或者提供划分等级的标准。在交通运输汽车类专业技能比赛中，裁判们就常常使用这样的方法。其次是评价学生的产品。在某些情况下，学生每表现一项技能就会产生出一个产品，因此对产品的评价可以替代对实际表现的观察。例如，教师通过对汽车类专业如汽车美容抛光作品的分析鉴赏，可以评价学生的相应技能。

（四）教学目标的设计

1. 列举学习内容和行为

列表格的具体做法如下。首先确定课程的一般目标，用广义的术语加以表述。然后将每一个一般目标分为两个维度：一个维度是学生的行为，如获得知识、理解、分析以及概括等;另一个维度是课程内容,即覆盖该课程的各个课题。例如,在汽车底盘维修课中,行驶系统的检修一般目标是通过几个任务的学习掌握车轮的作用、车轮的组成、轮胎的换位、轮胎的结构及分类、轮胎的标记、车轮的动平衡、悬架的作用及组成、减震器的工作原理、行驶系统的类型、车轮定位的作用及含义、车轮定位的判断和车轮定位的好处等知识,能规范使用工、量具和设备对悬架系统装置进行拆装及检查。那么,学生的行为就可能包括知识、理解能力、比较能力、批判性思维能力、综合能力以及形成价值观念等。

在画矩阵表时,横向列出学生的行为,从最简单到最复杂地排列,纵向列出课程的内容。表6-3就是行驶系统的检修课的教学目标的行为——内容矩阵表。

表6-3 有关汽车行驶系统的检修课的教学目标的行为——内容矩阵表

内容	行为						总目标数
	知识	理解	分析	综合	评价	价值	
……	……	……	……	……	……	……	……
……	……	……	……	……	……	……	……
……	……	……	……	……	……	……	……
总目标数	……	……	……	……	……	……	……

在表中每一个行为和内容交叉的方格里的数字显示出教师设置了多少个目标。

在矩阵表的每一格中,某个特定的行为和某个特定的内容范围相交叉,从而形成每一个方格中的教学目标。这种方法能确保所有重要的行为和主题都被看作可能的目标,使整个课程的所有目标一目了然,并且以更符合逻辑的顺序去组织它们。教师也可以设置优先级,在有些方格中可以设置几个目标,在有些风格中有时可能连一个目标都没有,这有赖于所追求的教学结果。在测验时,教师可以强调关键的地方,在最重要的方格中多提一些问题。

2. 任务分析

当确定了课程的所有教学目标之后,就要对每一个教学目标进行任务分析(task analysis)。任务分析是指将目标划分成各级任务,再将各级任务逐级划分成各种技能和子技能的过程。在课堂里,教师一开始要先问自己:"学生在达到我头脑中的最终目标之前,先得做什么?"对这个问题的解答可能有助于其确定几种基本的技能。假设教师确定了4种技能,那么他要接着问:"学生要成功地掌握这4种技能,必须能做什么?"对这个问题的解答又能使每种基本技能产生许多子技能。如此反推,有助于描绘出学生成功完成目标所必须具有的所有能力。

通过任务分析，教师能搞清实现最终目标的各个步骤的逻辑顺序。这将有助于教师在给学生布置作业前确保学生具有必需的技能。此外，当学生有困难时，教师能一针见血地指出问题在哪儿。如果教师对刚才所举的例子做了任务分析的话，就能为学生写出几个不同的目标。例如，有些学生在完成最终的任务时还必须达到一些辅助性目标。

通过对学生所犯错误的分析，教师可以了解到学生要成功完成任务需要具备的某项技能。教师可以利用从学生的错误中得来的信息进一步分析整个任务，给下一届学生做准备。每年积累经验将使教学变得越来越好。

（五）职业教育教学目标的设计

普通教育与职业教育是两种不同类型的教育，这一观点已逐步成为共识。但是，对两者之间的根本区别的认定，却有着截然不同的观点。传统"排他性"的教育观认为，普通教育重视个性发展需求，其目标是内隐的；职业教育重视社会发展需求，其目标是外显的。换句话说，普通教育的教学目标是"非功利性"的，而职业教育的教学目标是"功利性"的。现代"融合性"的教育观却认为，目标外显的服务发展、就业导向的职业教育，同样可以做到既满足社会发展需求，又满足个性发展需要。这意味着，职业教育绝不是一种等同于一般意义上的职业培训的功利性的社会活动。作为一种教育类型，职业教育依然高举着教育以人为本、促进人的全面发展的大旗。

职业教育不能只是培养被动适应社会经济发展、满足功利性的岗位需求的"职业人"。作为一种教育，职业教育对人的全面发展同样发挥着重要作用。所以，强调职业教育是服务发展、就业导向的教育，除了要实现所谓职业的功利性目标之外，还要实现教育的人本性目标，即在获取职业技能、职业知识和就业机会的同时，发展学生的个性、发掘学生的潜力、发现学生的价值，还应使其有能力在未来职业生涯中主动参与社会进程和工作世界的设计，成为对国家有用、对社会有责任感的"社会人"。

实现"职业人＋社会人"的培养目标，从被动地适应导向转向主动地设计导向，是职业教育在培养目标的指导思想范式领域里的一次大跃变。

二、选择教学模式

（一）直接教学

直接教学（direct instruction）是以学习成绩为中心，在教师指导下使用结构化的有序材料的课堂教学模式。在直接教学中，学生清楚教学目标，分配给教学的时间是充足和连续的，所包含的内容是广泛的，学生的表现受到监控，学生收到的反馈是及时的，并且主要是学业性的,在直接教学中,教师控制着教学目标,选择适合学生能力的材料,控制教学的进度,交互作用是结构化了的,但并非权威性的。学习在一个欢乐的学业气氛中进行。

罗森赛恩及其同事们(Rosenshine,1988;Rosenshine & Stevens,1986)在有效教学研究的基础上,提出了六种主要的教学活动。如表6-4所示。

表6-4 直接教学的教学过程

教学功能活动	解释
复习和检查过去的学习	检查作业; 重教学生出错的内容,对相关概念或技能进行必要的复习,弄清楚学生是否已经掌握了作为先决条件的技能
呈现新内容并赋予结构	提供概述; 以小步骤前进,但节奏要快; 如有必要,详细而反复地指导和解释; 在测量旧技能时逐步引入新技能
提供有指导的练习	进行高频率的提问和公开的学生练习; 在初次学习时适时给予提示; 让所有学生都有机会回答并获得反馈; 通过评估学生的回答检查其理解情况; 继续练习直到学生能够肯定地回答; 初次学习的成功率要达到80%或者更高
提供反馈和纠正	给学生反馈,特别是在他们回答正确、却还犹豫的时候; 学生的错误给教师提供了反馈,有必要纠正或重教; 通过简化问题、给出线索、解释或复习步骤等方法来纠正,必要时,以更小的步骤重新教授
提供独立的练习	让学生做当堂练习或家庭作业; 对学生的疑问提供解释,允许学生彼此帮助; 独立练习的成功率要达到95%,直到所学技能因过度学习而达到自动化
提供每周或每月的复习,以巩固学生的学习	每一周开始时复习上一周的课,每个月月末复习这4周所学的内容; 复习形式包括做家庭作业、经常性的测验、补习在测验中未通过的材料等; 如有必要可重教

表6-4中的这些活动并非一定遵循表中的顺序展开。例如反馈、复习、补教,只要有必要就要进行。教学活动的顺序可以根据学生的能力状况以及他们对内容所要掌握

的程度做出调整。学生对内容的掌握程度与他们有效运用课堂时间以及积极练习直接相关。

直接教学模式尤其适合教授那些学生必须掌握的、有良好结构的信息或技能。直接教学甚至在某些方面是必不可少的。例如，学生对某些基本事实、规则和动作序列必须达到熟练掌握的程度，或者为了促进后续学习而必须进行过度学习（Good & Grouws，1987）。如果教学的主要目标是深层的概念转变、探究、发现，或者是开放的教学目标，就不宜使用直接教学。

（二）探究学习

1. 探究学习

探究学习是在20世纪50年代美国掀起的"教育现代化运动"中，由施瓦布（Schwab，1962）所倡导的。随着逐渐深入，探究学习已经成为一种符合建构主义思想的重要教学模式和学习方式。具体说来，探究学习是指学生仿照科学研究的过程来学习科学内容，体验、理解和应用科学研究方法，获得科学研究能力的一种学习方式（刘儒德，2005）。根据美国国家研究理事会2000年的阐述，它包括以下五个方面的活动：(1) 提出问题，学生围绕科学性问题展开探究活动。(2) 收集数据，学生获取可以帮助他们解释和评价科学性问题的证据。(3) 形成解释，学生要根据事实证据形成解释，对科学性问题做出回答。(4) 评价结果，学生通过比较其他可能的解释，特别是那些体现出科学性理解的解释，来评价他们自己的解释，使解释和科学知识相联系。(5) 表述结果，学生要阐述、论证和交流他们提出的解释。

探究学习重视科学概念、科学方法、科学态度三者的综合和对科学研究过程的理解。它传达的意义在于，科学知识不是固定不变的，随着探究方式的更新会不断被修正，因此不能被当作绝对的真理教给学生，而应作为有证据的结论。探究获得的知识不仅仅是事实的知识，还是对事实的解释，是一种解释的事实。此外，教学内容应当包括学科特有的探究方法。

2. 探究学习的程度

根据师生在探究活动中的作用程度，探究学习分为自由探究和定向探究。在自由探究中，学生独自完成各种探究活动，极少得到教师的指导和帮助。在定向探究中，学生在教师的大量指导和帮助下完成各种探究活动。

其实，探究学习的每一种探究活动在学生自主程度上都存在一个连续体，自主程度最高者为自由探究，自主程度最低者为定向探究。任何一次探究学习都是由自主程度高低不同的五种探究活动组成的，如表6-5所示。

表6-5　自主程度高低不同的五种探究活动

探究活动	自由探究	低度指导探究	高度指导探究	定向探究
提出问题	自己提出	从所给问题中选择，据此提出新问题	来自教师、学习材料或其他途径，但问题不那么直接，需要学生有所改变或体会其含义	直接来自教师、学习材料或其他途径
收集数据	自己确定什么可作为证据并进行收集	在他人的指导下收集某些数据	直接给出数据，学生教学分析	数据和分析方法都给学生
形成解释	学生总结实施证据之后做出解释	在他人的指导下收集论据，形成解释	使用证据形成解释的可能途径已知	证据已知
评价结果	独立地考察其他事实来源，建立事实与已有解释的联系	被引导到科学知识的领域和来源	可能的联系被给出	可能的联系被给出
表达结果	用合理的、合乎逻辑的论据表达自己的理解	阐述自己解释的过程中得到了他人的指导	阐述自己解释的过程中得到了广泛的指导	表达的步骤和程序都被给出

3．探究学习的模式

各种探究学习的基本活动和特征虽然是一致的，但是由于探究内容、探究主体不同，所以又有不同的探究模式。比较经典的探究学习的模式有萨奇曼（Suchman，1986）的探究训练模式（inquiry training model）、施瓦布（Schwab）的生物科学探究模式等（转引自刘儒德，2005）。这里仅以最有代表性的萨奇曼的探究训练模式为例说明探究学习的过程。萨奇曼考察、研究了科学家的创造性的探究活动，从中提炼出科学研究过程的基本要素和程序，如组织信息、进行因果关系推理、提出并验证理论等，并压缩这一程序，结合教学法的要求，概括出了一套探究的训练程序。这套程序重在训练学生通过收集事实来建立理论的科学思维能力，并教给学生一些学术研究技巧和语言，教会学生调查和解释异常现象。从学生的课堂活动来看，探究训练模式包括四个基本环节（刘儒德，2005）。

（1）面对问题情境。

教师向学生展示问题，设置疑难情境。学生理解所要探究的问题，并了解探究的程序。

（2）提出假设，收集资料。

提出假设和收集资料是紧密相连的。学生可以先做假设再收集资料，可以先收集资料再提出假设，也可以边收集资料边提出假设。学生需要循环往复地"提出假设—收集资料"。教师充当资料的提供者。学生通过向教师提一些只能用"是"或"否"回答的问题，来收集资料，以证明自己的假设。

在最初阶段，学生收集资料有一定的盲目性。随着经验的积累，他们越来越倾向于有意识地为验证假设而收集资料。

（3）形成解释，做出结论。

学生不断解释所收集的资料，验证假设，做出结论。当学生无法解释资料时，教师要求学生进一步收集或分析资料。有时，学生请教师评判他们的解释。

（4）分析探究过程。

学生分析和认识他们自己的探究过程，为今后改善探究过程提供依据。这是发展学生探究能力必不可少的阶段。

（三）基于问题学习

1. 基于问题学习的内涵

基于问题学习（Problem-Based Learning，PBL）是一种让学生通过解决不一定具有正确答案的真实性问题来获取知识的教学，是由理解和解决问题的活动构成的一种学习方式（Barrows & Tamblyn，1980）。PBL作为一种问题取向的教学思路，可以追溯到美国教育家杜威的进步教育运动。杜威认为教师应当通过吸引和激发学生调查研究与进行创造的过程来进行教学。PBL作为一种教学模式起源于20世纪60年代加拿大麦克马斯特大学（MacMaster University）的医学教育。

PBL注重培养学生灵活的知识基础、高层次思维能力及自主学习能力，倡导从问题入手获取知识，并应用所学知识来解决问题，如此反复循环，不断深化对知识的理解并提高对知识的灵活应用，强调发挥学生的自主性和教师的促进者作用（刘儒德，2002）。

有研究者（Norman & Schmidt，2000；Dochy，et al.，2003）做了大量的研究来探讨PBL的效果，发现PBL虽然在短期内不能让学生学到更多的知识，但长期看，PBL的学生对知识的保持程度要好，并且能让学生在短时间内获得解决问题、高层次思维等能力，对学习过程保持更高的满意度。

2. 基于问题学习的环节

（1）呈现问题情境。

问题情境应该与学生在日常生活中所关注的东西联系在一起，如学生的个人经验、家庭或朋友的经验，或者学生喜欢的电视节目、电影、音乐等。

不是所有的疑问都能成为好的问题，教师选择的问题应该考虑以下几个特点：第一，从学生的先前经验出发。第二，问题具有真实性。第三，与教学目标相结合。第四，鼓励提出开放性问题。第五，问题需要合作解决。在PBL过程中，教师的角色主要是设计者、支持者与评价者（刘儒德，2002）。此外，一次给学生提供的信息不能过多，学生必须通过设问来获得更多的信息和资料，在这个具体的、有限的问题中分析更多的信息。

（2）研究问题。

学生以小组为单位对问题进行研究，工作白板（whiteboard）就是一个非常好的思考工具，包括问题中的事实信息（facts）、学生们的想法和假设（ideas）、所确定的学习议题（learning issues）和行动计划（action plan）。教师要从学生中挑选一个人做记录员，负责在白板上记录解决问题的过程。师生一同填写这个白板来进一步澄清学生的思想。

当学生熟悉白板的操作后，要让他们尽可能地发散出解决问题的想法、有关问题的事实以及待澄清的学习论题。

（3）重新研究问题。

当学生做完独立研究以后，全班学生又重新聚集在一起，对问题进行再次考察。教师首先让每组学生报告他们的工作。与此同时，教师要对学生所使用的资源、时间的利用以及对他们的行动计划的整体有效性进行评定。

学生们根据其他小组所做的研究产生了新的疑问，或者想到了一些新的解决办法。这时教师就要给学生提供额外的研究时间，让他们检验这些新的疑问和解决方法。在第二轮研究中，各小组可能会去研究在第一轮研究中所没有研究的其他解决方法。如果没有新的疑问和解决方法产生，全班学生或各小组可以投票决定他们想用哪一个解决方案来完成他们的项目。教师可以补充一些新问题，让学生找新的问题再去做调查。

（4）交流与汇报。

交流和汇报研究成果是整个PBL任务所要达到的成功目标，它能反映出学生的学习结果。最后的研究成果包括许多不同的部分，可以每个或每组学生分别完成各部分，也可以各组创作出各自的项目。

（5）反思与评价。

为了帮助学生提炼所学到的东西，教师要有意地鼓励学生反思问题解决的过程，思考这个问题与以前所遇到的问题的共同点和不同点，这对帮助学生概括和理解新知识的应用情境非常有帮助。而评价贯穿整个研究过程，涉及多个主体（教师与学生）、多种方式（形成性评价、诊断性评价、教师评价、学生自评、互评）。教师要鼓励学生评价自己的表现、整个小组的表现以及问题本身的质量。当然，开始的时候可能会遇到一些困难，教师可能要给他们提供一张自我评价表来帮助他们过渡。

第二节　课堂管理

　　课堂管理是有效教学的重要组成部分，涉及教学管理、时间管理、环境管理和行为管理等。课堂管理与教学密不可分，它们通过教学过程中的许多变量发生相互影响。一方面，课堂管理影响教学，如控制型的课堂管理风格能使学生保持安静，但会影响学生积极的学习态度。另一方面，教学也会影响课堂管理。例如，一个全身心投入学习的学生一般不会同时卷入与教师或同学的冲突。课堂管理的目标是为学生创造更多的学习时间，使更多的学生投入学习，帮助学生进行自我管理。要完成这些目标，教师必须建立一个良好的学习环境。为此，教师首先要设计规则和程序，接着在新学期第一节课教学生如何遵守这些规则和程序，最后是维持良好的学习环境。

一、课堂管理概述

（一）课堂管理的相关概念

1. 课堂

课堂是一种特别的环境。多勒（Loyle，1986）描述了课堂的六大特征。

（1）多维性。

课堂中，不同的人有不同的目标、爱好和能力，他们要共享资源，完成不同的任务，要进出教室等。此外，教师的一个行动可能会产生多重效果。教师鼓励能力弱的学生回答问题，却放慢了讨论的进程，一旦学生回答不出来，还会引出一些管理问题。

（2）同时性。

同时性与多维性有关。在课堂上很多事情都同时发生。一位教师正在解释一个概念，他还必须注意学生是否听懂了他的解释，决定是忽视还是制止两名正在说悄悄话的学生，确定是否有足够的时间进行下一个主题，并且还要决定由谁来回答刚才提出的问题。

（3）即时性。

课堂生活节奏快，一件事情之后马上就有另一件事情发生。教师一天之内和学生有着成百上千个即刻的交流。

（4）不可预测性。

即使教师周密细致地准备好一切，课堂计划仍有可能被打乱。例如，停电、学生突然病了、窗外的汽车声等，都可能打乱课堂计划。

（5）公开性。

全班都看着并且评判着教师如何处理这些意外事件，因为课堂是公开的，学生总在注意教师是否"公正"，想着打破规则的后果是什么。

（6）历史性。

教师或学生做出什么样的行为，部分依赖于以前发生的事。教师对学生第十五次迟到的反应不同于其第一次迟到。另外，学校最初几周的生活会影响全年的班级生活。

2. 课堂气氛

课堂气氛是指班上各种心理的和社会的气氛，如拘谨的程度、灵活性、结构、焦虑、教师的控制、主动性以及激励作用等。课堂气氛的类型与教师的领导方式有关。在民主型的领导方式下，教师和学生确立合作性的学习目标，共同讨论，解决问题，学生既能够独立思考，又能相互交流，教师充分调动了学生的积极性，形成既活泼又严谨的课堂气氛；在专制独裁型的领导方式下，学生往往由于被忽略而产生抵触情绪，在学习过程中因受到惩罚而感到焦虑，形成沉闷、低落的学习气氛；在放任型的领导方式下，学生学习不稳定，纪律松散，学习效率低下，会形成无纪律无目的的课堂气氛。

3. 纪律

纪律是指学生行为适当的度，这些度蕴含在课堂活动中，表现为指向性的任务。换句话说，就是教师采取某些方法来防止和处理学生的行为问题以减少行为问题的发生。因此，纪律只是课堂管理的一个方面，即行为管理。而课堂管理的其他方面，如教学管理、时间管理、环境管理等，则关系到教学组织、教师行为以及课堂组织模式等，如教师如何根据个别化、竞争性和合作性学习活动组织课堂等。因此，课堂管理和组织纪律不能等同，前者比后者意义更广。

（二）课堂管理的阶段性

不同年龄阶段的学生需要不同的课堂管理方式，赢得幼儿园学生的合作绝不同于赢得高中阶段学生的合作。

中职学校之前的初中阶段，友谊以及在伙伴团体中的地位对学生来说很重要，他们不再取悦教师而是取悦伙伴，有些学生甚至开始检验和否定权威。这一阶段管理的关键是如何建设性地处理这些混乱，如何激励那些不再关心教师观点的学生以及对社会生活更感兴趣的学生。中职学校即高中阶段的主要任务是课程管理，使专业材料适合学生的兴趣和能力，帮助学生较多地管理自己的学习。每一学期开始的几节课都要教学生一些特别的程序，如使用材料和设备、做记录、做作业等。多数学生知道什么是教师所期望的，所以有经验的教师一定熟悉中职学校的课堂管理内容。

（三）课堂管理的目标

课堂管理不是用来维持课堂秩序、驯服学生的，而是用来促进学生的学习和发展的。它的重要意义主要表现在它要实现的目标上。课堂管理具有三个目标。

1. 争取更多的时间用于学习

学生在校学习时间有限，教师要在所规定的教学时间里为学生争取更多的学习时间。教学时间可以被划分为四个层次。（1）分配时间，是教师为某一特定的学科或课程设计的时间，这是由课表决定的。（2）教学时间，是在完成常规管理以及管理任务之后所剩的用于教学的时间。（3）投入时间，也称"专注于功课的时间"，属于教学时间，它是学生实际上积极投入学习或专注于学习的时间。（4）学业学习时间，是学生以高效率完成功课所花的时间。

高质量的课堂学习取决于学生投入学习的时间以及完成学习的效率。为学生争取更多的学习时间，就是使学生投入有价值的学习活动，从而提高所用时间的质量。有两种途径为学生争取更多的时间用于学习。直接的途径是教师不无故旷课，不迟到早退，上课后尽快使学生静下来等，这是学校对教师的基本要求。间接的途径包括本章所讨论的所有的课堂管理措施，包括处理学生不良行为。

2. 争取更多的学生投入学习

学生参与课堂活动需要遵循一定的规则。课堂活动不同，其规则也会有所不同。例如，在有些课上，学生回答问题先要举手，而在有些课上则不必举手，只要看一看教师就行。为了让每名学生成功参与一项课堂活动，教师要确保他们理解活动规则。

第一，教师要确保每名学生知道每项具体活动的参与规则与教师的期望。在课堂上，对有些活动的规则，教师做过明确表述，有些规则却常常未作表述，教师和学生都没意识到他们在不同的活动中遵循着不同的规则，如回答问题时举手与不举手的规则。教师要弄清哪些规则是明确表述过的，哪些是内隐的、惯例性的，考虑自己所发出的参与信号是否前后一致，是否需要表述那些内隐的活动规则。

第二，关注课堂活动规则与学生先前的活动经验的关系。每个家庭都有一套活动规则。有些学生家里的活动规则和学校的比较一致，他们在学校中的参与性就要好一些。但有时两者不一致。例如，在有些家庭，家人在谈话时，每个成员都可以随时插嘴，但在学校的交流中，这会被看作打断别人的谈话。教师在制定课堂活动规则时要考虑：这些规则是否适合学生？是否与学生的其他权威形象相一致？

3. 帮助学生自我管理

为了让学生对课堂行为进行自我管理，教师可以考虑以下措施：第一，让学生更多地参与课堂规则的制定；第二，要求学生尽可能地反思制定某些规则的原因以及他们产生不良行为的原因；第三，给学生提供机会，让他们考虑如何计划、监视和调节自己的行为；第四，教师可以要求学生回顾课堂规则，提一些必要的修改建议。在帮助学生自我管理这方面，有经验的老教师，特别是班主任经历丰富的教师比较重视。

二、课堂管理过程

（一）课堂规则和程序的设计

1. 确定所期望的学生行为

教师所期望的行为要与课堂的运转方式相匹配，同时需要顾及课堂活动的多样性，如课堂自习、小组讨论、全班教学等。在不同的教学情境中，教师期望学生表现不同的行为。例如，在全班教学中呈现信息时，教师期望学生静静地倾听，但这一行为显然不是在小组讨论中教师所期望的行为。此外，教师还要充分考虑最优使用空间、设备以及一些常规程序。在确定期望行为时，教师最好结合在别人课堂上观察到的有效的课堂程序和自己以往的教学经验。

2. 把期望转换为程序和规则

程序是有关活动的步骤，涉及学生如何参与课堂活动。例如，如何分发和收集材料与作业，在什么条件下能离开教室，上课铃响和下课铃响时应当做何反应，怎样完成作业等，以及一些与设备安全等有关的特殊步骤。它们是在班级中学生完成各项事务的方法，很少被写成书面的东西。

规则则是一些条款，这些条款确定期望的和禁止的行为，往往要写成书面的东西并且传达给学生。教师设立的规则最好是一般性的规则，而不是罗列所有能做和不能做的具体行为。但是，如果有一些具体的动作是被禁止的，如在课堂上有一些不雅行为，那么就要有一条规则做出明确的规定。

值得注意的是，由于不同的活动要求不同的规则，在彻底学会所有的规则之前，也有极少数学生理解有限。因此，教师不妨制作一个告示牌，列出每个活动的规则，然后在活动开始时显示相应的告示牌提醒学生。

中职学生规则，教师都需要教给学生并解释清楚，告知学生这个规则所包括和排除的行为，以免学生误解教师期望的行为，这一点，我想我们每个教师都有一定的经验。

3. 确定后果

教师需要同学生讨论遵守或者无视课堂规则和程序的后果。学生需要事先知道破坏规则、违反程序的后果；如果等到规则被破坏才了解，就为时已晚了。根据行为主义理论，教师需要适当地强化学生的良好行为，如微笑、给予荣誉以及一些权利等；如果学生破坏了规则，教师就要使用一些惩罚，如撤销权利等。这一工作的关键就是对学生的适当行为建立有效的强化系统。

（二）课堂规则和程序的建立

开学几周决定了此后一学期或一年学生在课堂上如何与教师、同学交往。教师要在前几周在全班建立所设计的规则和程序系统，甚至在开学的第一天集中精力建立规则和程序。好的开始是成功的一半。教师可以在开学前几周做下列几件事情。

（1）开学第一堂课专门花一些时间讨论课堂规则，有经验的老教师很注重这方面的工作。

（2）较具体地教授课堂程序和规则，让学生知道有哪些程序和规则。

（3）让学生按照课堂规则和程序完成一些简单的任务，使他们在开学的头几天获得高度的成功感。

（4）至少在开始几天，开展一些需要全班注意的活动。

（5）强化学生遵守具体的课堂常规。

（6）多次重申某一程序。不要认为学生经过一次尝试后就知道如何执行某一程序，换句话说，对某些事只做一次解释并不意味着学生已经理解教师想让他们做什么。

有效的管理者不会想当然地认为学生以前就知道有关规则。他们在一开学就建立规则和程序，并且把这些规则和程序教授给学生。他们解释、传达和讨论每个规则的合理性，如"如果我在帮助别人时你打断我，我就要花更长时间来帮他"或"如果每个人都同时谈话，我谁也听不见"。有效的管理者还让学生反复操练这些规则和常规，了解他们遵守的程度。在某些情况下，教师需示范合适的行为，并要求学生做一遍。例如，离开实训室时要求按"6S"管理制度（整理、整顿、清扫、清洁、素养、安全）执行，把实训设备放在适当的位置，让地面清洁得非常干净。而无效的管理者可能也有规则，但是他们的规则通常是模糊不清的甚至可能是摆设，有时偶尔加以介绍，但不进行讨论。

有效的管理者会及时处理课堂问题，不忽视任何违反课堂规则和程序的行为。而无效的管理者很少管理自己的班级，允许发生不当行为，不能有效处理不遵守规则和程序的学生，有人把它称为"放羊式教学"。

有效的管理者会给出一个较明确的指示，并且使用较好的教学程序，很好地处理从一个活动向另一个活动的过渡，给学生提供反馈。而无效的管理者课堂组织性差，学生不会长时间地学习学业材料，教师指令混乱，学生做完作业之后不知做什么。和无效的教师相比，有效的教师似乎更能理解学生的需要和关心的事情，更容易知道什么时候修改教学活动，所以，他们能把课设计得更好，能使用更有趣的材料。

总之，教师要在开学几周内明确传达学业和行为标准、课堂规则和程序，并且始终如一地给予强化，学生的行为受到严密的监视，破坏规则的行为能得到及时处理。

（三）课堂规则和程序的维持与完善

为了维持课堂规则和程序，教师需要始终让学生投入富有建设性的学习任务，预防问题的发生，妥善处理不良的课堂行为。

1. 鼓励投入学习

学生一旦积极投入学习，一般不会出现课堂行为问题，这有利于更多学生获得更多的投入时间。而学生是否投入学习取决于学生对功课的注意和意愿。

（1）注意教学进程的组织性。

课堂的组织性影响学生的投入。一般而言，教师的监督和连续的任务可以增强课堂的组织性。随着教师的监督增强，学生投入的时间也会增加。受监督的学生只损失5%的时间，而在不受监督、独自学习、自定学习步调的情况下则会损失15%的时间，并且从一个活动向另一个活动过渡还得花去10%的时间。因此，学生进行独立学习时，教师也要进行仔细的监督，独立并不一定意味着让学生没有指导地完全独自进行。另外，当学习任务具有很好的连续性时，学生知道下一步应该做什么，他们就会更好地投入学习。这就要求活动步骤简洁明了，一个步骤自然地就会引出下一个步骤。另外，学生完成任务所需的材料应该齐全，为学生投入学习提供保障，避免干扰和分心。

（2）提高教学活动的参与性。

增加学生投入时间的最好途径就是使教学非常有趣、具有参与性。教师的课一旦与学生的兴趣有关，学生就愿意做要求他们做的事，自然而然地卷入教学。学生的参与性在教师教课时比在课堂自习尤其是没有监督的课堂自习时高，学生的投入时间在结构完善的合作学习课程中要比在独立的课堂自习中多。

（3）保持教学过渡的流畅性。

流畅性是指不断地注意教学意义的连续性。流畅的教学从一个活动转向另一个活动时所花的时间极少，并且能给学生一个注意信号，避免毫无过渡地在不同的活动之间跳转。当教师正在重复和复习学生早已弄懂了的材料，无端停下来中断上课，或处理一件无关紧要的小事时，都会产生纪律问题。

（4）确保教学节奏的紧凑性。

流畅性和动量（momentum）是相互联系在一起的。和动量一样，流畅性和学生的投入时间以及成绩有密切的关系（Kounin，1970；Brophy & Evertson，1976）。动量是指避免打断或放慢，就是平时所说的紧凑。上课时保持动量是学生高度参与的关键。在一个保持良好动量的班级里，学生总是有事可做，并且一旦做起来就不会被打断。当学生们正聚精会神地听讲时，教师突然中断演讲，大张旗鼓地处理一件本可以忽略的小事，对学生的干扰极大。学生浪费的不仅仅是几分钟的时间，更糟的是，在处理事故之后他们需要更多的时间才能安定下来，使自己的注意重新回到功课上。

（5）维持班级整体的注意焦点。

上课时维持班级整体的注意焦点是指使用课堂组织策略和提问技术，确保班上所有学生始终投入课堂，即使教师在只请一名学生回答问题时也是如此。这里介绍维持班级整体注意焦点的两个基本策略：问责制和群体警觉（Kounin，1970），它们会影响学生在当下任务（on-task）中的行为。

问责制是指在提问和回答期间教师让学生反映与说明他们完成任务的情况。例如，所有的学生都举着他们的作业让教师看，教师在学生中间走动看他们正在做什么时，要求其他学生注意某名学生的任务完成情况，如教师对全班同学说："我要你们所有的人都看看陈某某是怎么做的，然后你们要告诉我，你们是否同意他的回答。"

这些策略隐含着这样一个目的：课堂上的任何时候都要保持所有的学生的投入。在提问与回答时，被叫起回答问题的学生很少，这时教师需要确保所有的学生都集中注意力。教师要把所有的学生吸引到课堂活动中，避免做一些使大多数学生长时间作旁观者的活动。例如，让一两名学生到黑板上解决一个长长的问题，其他学生却无事可做。

群体警觉（group alerting）是指在讲课和讨论期间教师用来鼓励学生保持注意力的提问方法。在采用此方法时，叫起陈某某之前，全班所有的学生都在进行思考。随机点名也能保持群体警觉，这能使学生知道，教师可能会问他们一些有关问题。这要求中职学校的教师在课堂上如何提问并且如何利用群体警觉。

（6）增强课堂自习的投入度。

课堂自习为学生提供了一个最好的个别辅导的机会，但教师也要监督学生的学习。教师可以正式检查个别学生的功课，在学生的课桌或实训工位周围走动，看他们正在做什么，以及时解决学生所面临的问题，以免他们进行错误的练习或操作。但教师不要对个别学生花的时间太长，否则，班上的其他学生就可能敷衍了事。

学生对课堂自习的投入与教师提供的功课的挑战性及多样性也有关。如果作业难度水平合适并且有趣、多样化，学生就会长时间认真做作业。如果作业太简单，学生就会感到乏味。作业也不能太难，，教师要在挑战性水平和成功可能性之间进行平衡，让学生能在完成作业中体验到高度的成就感。

（7）鼓励学生管理自己的学习。

教师不可能监督每一名学生，也不能完全相信学生的自觉性。教师必须想出办法来保证学生自己学习和完成任务。有效的课堂管理者往往设有一个鼓励学生管理他们学习的完善体系。

值得注意的是，在争取更多的参与学习时间时，要防止"假参与"的倾向。"假参与"即不从教学需要出发，而是为了参与而过分强调参与，反而会妨碍学习。如果一味地追求较高水平的专注功课的时间而避免复杂的或不稳定的任务，这种教学策略显然是不好的。维持课堂秩序毕竟只是教学的众多目标中的一个。

2. 预防不良行为

维持管理体系的最佳方法是防患于未然。课堂规则和程序一旦建立，教师就要仔细监督学生的行为，要求学生严格遵守，防微杜渐。对于课堂不良行为要以预防为主，处理为辅。有研究者（Kounin，1970）观察有效课堂管理者和无效管理者的行为后发现，当问题出现以后两者的处理没什么不同，不同的是成功的管理者能较好地预防问题。下面介绍四种预防课堂不良行为的策略。

（1）明察秋毫。

明察秋毫（with-it-ness）是指教师要让学生知道，他注意到了课堂里发生的每一件事，不会漏下任何一件。明察的教师尽量避免被少数几名学生吸引或只与他们交流，他们老是扫视教室，与学生保持目光接触，有些教师甚至在黑板上写板书时都知道谁在搞小动作，脑后仿佛长有一双眼睛。

这些教师从最初能预防少数人捣乱慢慢演变成能预防多数人捣乱。他们知道是谁在捣乱，并且也能准确处理当事者，不会犯时机错误（要等很长时间才进行干预）或目标错误（批评错了学生，让真正的当事者逃避惩罚）（Kounin，1970）。如果两个问题同时发生，有效的教师总是首先处理更严重的问题。

（2）一心多用。

一心多用（overlapping）是指同时跟踪和监督几个活动。这同样需要教师不断地监控全班。例如，教师在检查个别学生的作业的同时还要对其他学生说："好，继续！"让他们继续学习。

（3）关注整体。

关注整体（group focusing）是指使尽量多的学生投入班级活动，而避免把注意力集中在一两名学生身上。在课上，所有的学生都应当有事可做。例如，教师要求每名学生写出问题的答案，然后指定某名学生回答，同时让其他学生比较他们的答案。当教师在班上走动时，要求学生做出各自的反应（Charles，2011）。一些教师让学生使用小黑板或卡纸做出反应，既能确保每名学生都投入其中，也能检查学生是否理解了学习材料。

（4）转换管理。

转换（transitions）是从一个活动向另一个活动的变化，如从理论到实操，从一门专业基础课到另一门专业核心课。转换是课堂管理的"缝隙"，课堂秩序最容易被打乱。转换管理（transition management）是指使课堂和全班学生能够顺利地完成过渡，有适当而灵活的进度，能够多样化地变换活动。有效的教师会避免突然过渡，如在获得学生的注意之前宣布一个新的活动。在这些情境中，全班1/3的学生将会参与新的活动，许多人将会停留在旧的活动上，课堂会很乱的。

在过渡时注意避免过于缓慢（slowdown）（Kounin，1970），即在开始一个新的活动时花费的时间不要过长。

当教师让某一名学生做事情，而让全班其他人等待观望时，问题行为就会出现。比如，在有的课上，教师让学生展示某个实操动作，一列一列地做，或者一个一个地做，就很难保证班上其他人不出问题。

在进行活动转换时要遵循3条规则。

第一，转换时应给学生一个明确的信号。学生应当早就被教过如何对这些信号做反应。例如，听到铃声，马上安静听讲。

第二，在转换之前，学生一定要明确收到信号后做什么。

第三，转换时要求所有的人同时进行，不要一次一名学生地进行。

教师如果能够成功地鼓励学生投入、预防不良行为，课堂就显得充实、繁忙、有序，学生们都在积极地学习，获得胜任感和自我价值感，而不是做出不良行为以赢得别人的注意或获得某种地位。

3. 处理违纪问题

没有一个课堂不会发生问题，在中职学校尤其如此。教师处理的大多数不良行为问题都是一些小乱子，如做小动作、玩手机、趴在桌子上睡觉等。这些事并不很严重，但为了保证学习的正常进行，这些行为必须被消除。面对出现的问题，教师必须言行一致、说话算数，"言必信，行必果"。但是，作为一个有效的管理者，教师不应有意公开地纠正每一个小小的犯规行为。教师要明白，消除不良行为不只是为了维持纪律，更重要的是促进学生的发展。

由于花在维持学生纪律上的时间与学生的成绩具有负相关，在处理日常课堂行为问题时，教师要以最少干预为原则，就是要用最简短的干预纠正学生的行为，尽量做到既有效又不打断上课。下面是一系列处理典型纪律问题的策略。这些策略是根据中断上课的程度排列的，前面的策略中断程度最小，后面的策略中断程度最大。

（1）非言语线索。

使用非言语线索能消除许多课堂不良行为，并且不必中断上课。这些非言语线索包括目光接触、手势、身体靠近和触摸等。例如，有两名学生正交头接耳，教师只需看看这两名学生或其中的一名就会有很好的效果；走向行为不良的学生也能制止其行为。如果这一招不管用，那么把手轻轻放在学生的肩膀上可能会奏效，但要慎用，因为一些学生可能会对触摸感到反感。这些非言语策略传递了同一个信息："我看见你正做什么，我不喜欢你这样，快回到学习上来。"

（2）表扬与不良行为相反的行为。

对许多学生来说，表扬是强有力的激励。教师要想减少学生的不良行为，就要从这些学生的正确行为入手，表扬他们所做出的与不良相反的行为。如果学生常擅自离开座位，教师就要在他们坐在座位上认真学习的时候表扬他们。

（3）表扬其他做出良好行为的学生。

表扬做出良好行为的学生，常会使其他学生也做出这一良好行为。例如，如果陈某某正在做小动作，这时教师说："我很高兴……看到这么多学生都在认真学习，刘某某做得不错，谢某某在专心致志……"当陈某某最后也开始学习时，教师也应当表扬他，不计较他曾走过神，而是一如既往，"我看见李某某、申某某和陈某某都在全神贯注地学习"。

（4）言语提示。

如果以上策略不奏效，简单的言语提示可能会使学生重新回到学习上来。在学生犯规之后，教师要马上给予提示，延缓的提示是无效的，并且应当给予正面的提示以表达对其未来行为的期望，告诉学生应该遵守规则，做教师要求做的事，而不是纠缠他正在做的错事。例如，说"陈某某，请你做自己的作业"就要比说"陈某某，别抄谢某某的作业"要好一些。当然，教师也可以用一种平和、友好的方法让学生自己说出正确的规则和程序，然后遵守。值得注意的是，给予提示要对事不对人，尽管某名学生的表现令人无法容忍，但他始终是受班级接纳和欢迎的。

（5）反复提示。

有时候，学生会拒绝听从简单的提示，有意无视教师的要求，或者向教师提出请求，想以此试探教师的意志。这时，教师应该反复地给出提示，无视任何无关的请求和争吵。这就是坎特（Kanter, L. & Canter, M., 1992）所谓的"坚定纪律"（assertive discipline），它是对学生不良行为的明确、坚定而友好的反应。教师应明确他们想要学生做的行为，清楚地告诉学生，并且反复重复，直到学生领会为止。如果学生认识到教师立场坚定，并且会采取适当的措施，这种试探将会慢慢消失。

坚定性反应可以让学生知道，教师是因为关心他们才禁止不适当行为继续下去的，因此，教师要明确表达自己的期望。为了更奏效，教师还可以看着学生的眼睛，叫他们的名字，碰一碰学生的肩膀。教师的声音要平静、坚定而自信，不斥责学生"你不懂"或"你不喜欢我"，不和学生讨论规则的公正性，只是期望他们改变，而不是承诺和道歉。

（6）应用后果。

当前面所有的步骤都不奏效时，最后一招就是应用后果（applying consequences）

让学生做出选择：要么听从，要么后果自负，如把学生请出教室，或让学生放学后留下，甚至可请学生家长过来一起共同教育。

不听从的后果应当是轻微的不快，时间短，并且尽可能在行为发生之后马上实施。教师要说话算数，并且尽量不要使用长时间的、严厉的惩罚。长时间的、严厉的惩罚会让学生出现仇视和敌对态度；而轻微又必然的后果能使学生知道："我不能容忍这种行为，但我还是很关心你的，希望你尽快准备好，好好上课。"

后果必须能够贯彻实施，且不可空洞或者比较含糊。当教师对学生说"你要么马上学习，要么停止一切活动5分钟"时，教师一定要肯定有人能看住他5分钟。空洞或模糊的威胁，如"你赶快停止那么做，否则你小心着"或"你马上学习，否则我让你中断一个月"。不仅没用，反而会更糟糕，因为教师不能实施这一后果，学生根本不会把它当回事。

当后果实施完后，教师尽量不要再提这一事件。例如，当学生在教室外面站10分钟回到班上后，教师应当接纳他，这件事也就过去了。

三、处理严重的问题行为

学生在学习里有一些行为比上面提到的常见的课堂不良行为要严重得多，如打架、偷窃、辱骂教师、故意损坏公物等。对于这些严重的不良行为，必须给予及时而必要的惩罚，任何延迟的和不定的惩罚都会使后果无效。如果使用的后果屡次无效，就要实施一个计划来解决这一问题。行为主义学习论指出，不受强化或受到惩罚的行为将会减少发生的频率，这一思想可以运用到严重问题行为的矫正中。以下内容根据实用行为分析（applied behavior analysis），即应用行为主义学习原则来分析课堂行为，采用具体的行为矫正策略来预防和处理不良行为。

（一）不良行为的原因分析

学生的不良行为一定是有原因的。行为主义学习理论的基本原则说明，一种行为之所以持续了很长时间，是因为受到了某些强化，要想减少课堂不良行为，教师就一定要知道是什么强化物在维持不良行为。课堂不良行为最常见的强化物一般有两种：一是获得教师或同伴的注意；而是逃避不愉快的状态或活动。

1. **教师的注意**

有时候，学生表现出不良行为是为了引起教师的注意，哪怕是消极的注意，斥责对他们而言起到了强化作用。教师的解决方法就是尽量忽视他们，当他们表现不良时只注意那些表现好的学生；如果实在无法忽视他们的不良行为，就暂时请他们出去，如让学生站在一个安静的角落。

2. 同伴的注意

学生表现不良的另一个普遍原因是为了获得同学的注意和赞赏。这时，忽视受同伴强化的不良行为是无济于事的。例如，一名学生将书放在头上晃来晃去惹得全班哄堂大笑。教师如果选择忽视，这一行为就会继续下去，并且还可能鼓励其他人做出类似的行为；如果斥责他，又只会吸引全班更多的注意，甚至还会增强他在同伴中的地位。对于受同伴强化的不良行为，教师可以采用以下两种方法干预：一是请犯规者出去，消除同伴的注意；二是使用集体绩效，根据全班（或实训小组）所有成员的表现给予奖励，可以消除同伴对不良行为的支持。

3. 逃避不愉快的状态或活动

不良行为第三个重要的强化是逃避烦闷、挫折、乏味和不愉快的活动。根据行为主义学习理论，逃避不愉快的刺激就是一种强化。那些在学校里反复遭受失败的学生把许多事都看作不愉快的、烦闷的、挫折的和疲惫的。他们会频繁请求上洗手间、去班主任那里请假等。有时候，学生表现不良就是想被请出课堂，把这样的学生请到班外会产生相反的作用。

解决由这一原因引起的不良行为的最好方法就是防患于未然。教师可使用合作学习的方法，选择具有挑战性又不是很难的学习材料等，让学生积极参与课堂，帮助学生获得成功，从而消除由挫折引起的行为问题。表扬对大多数学生都很有效，但对成绩差的学生可能无效，如果给他们提供特殊的学习指导，他们的不良行为可能就会消失。在自己的水平上体验成功，足以消除他通过表现不良来逃避挫折和失败的需求。

（二）行为矫正原则

行为矫正（behavior modification）是指一种系统地应用先前刺激和后果来改变行为的方法。教师可以对个别学生进行行为矫正，也可以对全班同学进行行为矫正。建立和使用任何行为矫正程序，都需要遵循由行为观察到程序完成，再到程序评定等一系列步骤。这里所讲的只是全部行为矫正程序的一部分。

1. 识别目标行为和强化

完成一个行为矫正程序，首先要观察行为不良的学生，以识别出一个或少数几个行为作为目标行为（target behavior）。第一个被作为目标的行为应当是最严重、最容易看出、最重要并且发生频率较高的。教师要看一看是什么强化物在维持这一行为。观察的另一个意图就是设立一个基点，以便比较后来的改进。

2. 设立基点行为

教师要在接下来的几天里（至少3天）观察学生，看看其目标行为发生的频率有多高。在此之前，教师需要明确界定这一行为的构成。例如，如果目标行为是"打扰同伴"，那么你就得决定什么具体行为构成了"打扰"（或许是逗乐、伸头、打断、拿走材料）。

教师可以根据频率或时间来测量行为基点。频率记录较容易保持一些，只需在讲桌上放一些纸，在纸上做一个标记就行。

3. 选择强化物和强化的标准

行为主义学习论和行为矫正的原则都强调强化适当行为，而不是惩罚不当行为。在开始阶段需要始终一致地强化适当的行为，但随着行为的改进，强化就可以提供得越来越少，甚至逐渐消失。有时可能需要使用一两种惩罚，但只有在无法使用强化测量或强化策略不管用时才予以使用。

典型的课堂强化物包括表扬、权利、奖品等。在一个结构严密的行为矫正程序里，表扬对改善学生的行为极其有效，有意忽视不当行为与表扬适当行为效果常常相当。除了表扬以外，给学生其他小的奖品也很有用。

4. 必要的惩罚及其标准

当使用强化程序也无法解决某一个严重的行为问题时，教师需要使用惩罚。学校里常见的惩罚有逐出教室或停止学习等。有人提出7条有效而人道地使用惩罚的原则：（1）偶尔使用惩罚。（2）使学生明白为什么自己要受惩罚。（3）给学生提供一个可选的方法以获得某种积极的强化。（4）强化学生与问题行为相反的行为。（5）避免使用体罚。（6）避免在你非常愤怒或情绪不好时使用惩罚。（7）在某个行为开始而不是结束时使用惩罚。

5. 观察行为并与基点做比较

评价程序的有效性是非常重要的。一个行为矫正程序往往要持续好几天，如果一周以后行为并未得到改善，那么教师就要尝试其他系统或强化物了。

6. 减少强化的频率

一个行为矫正程序实施了一段时间，如果学生的行为得到了改善，并且稳定在某个新的水平上，强化的频率就可以减少了。一开始，适当的行为每出现一次就予以强化一次，随着时间的推移，出现几次适当行为才给一次强化，减少强化的频率有助于长时间维持新的行为，并且有助于把行为延伸到其他情境中。

四、职业教育"课堂革命"

（一）职业教育"课堂革命"的应然内涵

"革命"有多种含义，既指生产力领域的革命，如产业革命、科技革命等；也指社会领域的革命，如一个阶级推翻另一个阶级的统治，组织和建设新的社会经济制度；还指精神层面的革命，如革命精神、革命干劲等。"课堂"是师生开展或参与教学实践的活动场所，是人才培养的空间和实体环境。"革命"一词内涵丰富，本书定义为对教学实践进行深入的改革。总的来看，职业教育"课堂革命"是指为提高技术技能人才培养质量，在"课堂"这一空间或实体环境对课堂教学进行全面而深刻的改革。职业教育"课堂革命"的已有前提是课堂的应然状态与实际状态之间存在差距，其本质就是在新理念的引领下，融合新的技术路线，对课堂教学进行全方位的、全覆盖的、深度的、本质的变革，从而达到课堂的理想状态。

1. 职业教育"课堂革命"是新理念引领下的创新革命

《国家职业教育改革实施方案》明确指出："职业教育是一种类型教育，与普通教育具有同等的社会地位"，这无疑为开展"课堂革命"指明了正确方向。职业教育不能参照普通教育的人才培养模式、教育理念来进行课堂教学。针对职业教育生源基础多样化、发展目标多元化的特点，职业教育"课堂革命"的理念定位应坚持遵循心理学多元智能理论，充分运用先进信息技术手段进行教学手段改革和创新，并有机融入课程思政，培养德智体美劳全面发展的高素质技术技能人才。

2. 职业教育"课堂革命"是新技术支撑下的革命

教学信息化进入智能化阶段，智慧职教技术的支撑日益完善，课堂焕发出全新生机。教育技术的发展革新了时空观，实现了从封闭课堂到开放课堂的转变。一方面，职业教育"课堂革命"是教师运用人工智能、互联网、现代信息技术不断革新教学手段、改进教学方法、创新教学模式，将各种新技术融入并整合到教学内容、新形态教材及相关配套教学资源建设中。另一方面，学生通过课上课下、线上线下多途径获取多样化资源，满足多元化学习需求。

3. 职业教育"课堂革命"是教与学全方位推进的革命

"课堂革命"是对课堂教学的全面变革，包括对教学目标的优化、教学内容的升级、教学方法的改进以及教学过程的科学设计，是一项整体推进的系统工程。"课堂革命"不仅聚焦于"教师"与"学生"两个主体，还同时兼顾多元课堂元素，重视资源的开发、信息的传递、硬件设施的支持，以构建和谐课堂生态，是一场深层次的教学改革活动，能够通过课堂教学将职业院校的内涵建设和质量提升体现于每位学生的学习成长过程之中。

（二）职业教育"课堂革命"的外因

1. 职业教育特点的客观要求

职业教育的特点是相对于普通教育而言的，以其在培养目标的实用性、运用性而区别于普通教育的学术性、系统性。实用性、运用性人才的培养目标是职业教育特点的深层含义。最终培养目标仍要体现在课堂教学中，因此，职业教育对"课堂革命"提出了时代要求。作为一种类型教育，职业教育固然要区别于普通教育。"课堂革命"要"革"掉旧思维，不再以普通教育的眼光对学生进行以基础学科知识为主要教学内容的教学，而是要以适应培养不同层次技术技能人才的需要为主要教学内容重构课堂。教学内容应来自行业企业典型工作岗位需要。此外，"课堂革命"在突出职业教育特点时，教师要把握好课堂教学中"两关系"，即理论知识与实践应用、人文素养与技术技能的关系。既要重视学生动手实践能力与职业技能的培养，也不能忽视学生专业理论的奠定和人文素养的提高。

2. 学生课堂主体地位的应然选择

一直以来，很多职业院校学生基础参差不齐，课堂教学效果欠佳、学生学习积极性不高、教师职业认同感不强等现象时有出现。究其原因，课堂教学中学生主体地位缺失，部分教师"一言堂""以教定学"，课堂过分突出教师主体，致使教育理念走偏，与传统课堂相差无几。还学生课堂主体地位，打造以学习者为中心的职业教育新课堂成为亟需解决的问题。一方面，需要教师转变教育理念，尊重学生的多元化，真正做到以学生为主体；另一方面，需要教师提升"双师"教学能力，满足学生个性化的学习需求。

3. 职业教育吸引力提升的必经之路

职业教育是我国教育体系的重要组成部分，其发展得到了政府、社会各界的大力支持。但一些家长对职业教育仍"另眼看待"而非"刮目相待"，两种截然不同的态度说明当前职业教育的"供给"与人民群众的"需求"仍存在一定的错位。一些人片面地认为职业院校学生工资待遇低、工作环境差、可持续发展能力弱，导致职业教育吸引力偏低。课堂是职业教育人才培养主阵地，是改变这一现状的关键。因此，必须推行"课堂革命"，提升职业教育人才培养质量，增强职业教育吸引力。

4. 先进信息技术发展的时代要求

人工智能等先进信息技术的发展为"课堂革命"带来了生机与活力。先进信息技术不仅能够助力教师聚焦学生核心能力培养,提高教育教学能力与社会服务能力,还能帮助学生转变学习方式,改变学习技术路径,提高学习效率,同时实现跨界学习。先进信息技术的发展能够助力职业教育实现"课堂革命"的多维度推进。首先,微课、MOOC的广泛应用使课堂教学不受时空的限制,学生可以随时随地接触大量不同专业、不同领域的知识,从"教学"向"自学"转变;其次,新形态"活页式""工作手册式""融媒体"教材将传统纸质教材与互联网+相结合,随时随地实现教学内容更新迭代。教材的"立体化"已变成现实,很大程度上解决了传统纸质教材更新滞后的问题,为学生学习提供了优质丰富的学习资源。

(三)职业教育"课堂革命"的内化

1. 构建"为学而教""学生中心"课堂

现在,创建智慧课堂和变革教学模式已成为职业院校的建设基础。因此,必须首先打破以教师中心、教材为中心和教室为中心的"三中心"合一模式,舍弃"为教而教"的教育观,以学生成长为逻辑起点,变"适教课堂"为"适学课堂",变"以教定学"为"以教辅学""以教助学""以教引学"。秉承"学生中心、活动中心"的教育观念,以新课堂观激发课堂活力,以新教学观激发学生活力,以新学习观点燃学生热情,努力构建"为学而教"课堂。积极推进信息技术与课堂教学深度融合,促进职业院校教师与企业技术人员交流合作,加强在校学生与企业在岗员工的交流互动,以学生为中心,让"学"领悟得更透更深。

2. 创设"合作探究""以学定教"课堂

传统的"以教定学"模式是以"教师如何教"来设计"学生如何学",用教师的"教"来决定学生的"学",其逻辑是教师教得好,学生必然学得好。这种匹配工业化社会的教学范式已经不适应信息化社会的要求。

"合作探究"课堂是指在教学中,学生以小组形式开展学习活动,积极主动参与讨论,建构知识,确定经验概念,并改变学习态度和学习行为。学生自身、教师和环境是促进学生学习方式转变的主要因素。职业院校要根据学生的特点,制订个性化的培养计划,提高学生学习的针对性。要营造融合式学习环境,建立良好师生关系、同伴关系,实施过程多元评价,促进校企共同参与育人,推动学生自主发展,以合作探究促进学生更好发展。

"以学定教"课堂是一种基于学生学习情况来定制教学内容和方法的教学模式。这种模式强调教师在教学过程中应充分考虑学生的学情,包括学生的知识基础、能力水平、认知特点、学习风格和情感态度等因素,以此为依据来确定教学的目标、内容、方法和策略，旨在实现每一位学生的最优化发展。

3. 创设"师生共同""教学相长"课堂

"三教中心""为教而教"等传统教学观念都昭示了教师的"知识权威"与"居高临下"，规定着学生学什么、怎么学，传授给学生什么知识、培训给学生什么技能。课堂革命就是要破除这种知识权威，改变这种教学关系，使教学关系由单向变为交互，促进教学相长和共同发展；由权威变为平等，促进知识构建在师生间的交流；由"教师中心"变为"学生中心"，促进学生成为主动学习者，转变教师角色为引导者、辅助者和答疑者。这不仅能改变"教"与"学"的先后次序、教学内容与教学方法，也能提升"教"对"学"的引导作用与指导效果。教师与学生有着共同的信念和愿景，教师以引导者、答疑者的角色发表见解与信息，促进学生深层理解学习内容。学生则主动作为、积极回应，以强烈的主观能动性理解、吸收、迁移、内化所学知识。

（四）职业教育"课堂革命"的策略

1. 建立新型的师生一体关系

师生之间的关系不仅仅是一种教学上的联系，还包括情感交流和个人间的互动。这种综合性的关系对于提升课堂教学效果至关重要。通过实施课堂革命，我们可以促进形成更加紧密和谐的师生合作关系。

（1）教学观念转变是新型师生一体关系的前提。教师要密切留意学生的课堂学习情况，持续增强"学生中心"的教学主体观。同时，学生也要适应新的学习方式，自主学习、主动探究。

（2）教学环境升级是新型师生一体关系的基础。人工智能等新一代信息技术产生实现了教学环境的更新迭代。在这样的新环境中，教师和学生有意愿为了一个共同目标而努力，形成学习共同体。

（3）教学资源获取方式是新型师生一体关系的关键。在获取学习资源方式方面，学生减少了对教师的依赖，拥有了更多的选择渠道，既满足了学生自主学习的需要，也实现了学生的个性化发展需求。

（4）教学角色重塑是新型师生一体关系的源泉。教师要转变为知识的传播者、建构者和服务者，以及学习的参与者、引导者和合作者。同时，学生也应当从被动的学习者转变为主动的学习者。

（5）社会风尚是新型师生一体关系的保障。全社会要弘扬尊师重教风尚，着力构建新型的家校联动关系，努力为青少年提供更加优质的家庭教育，确保新型师生关系良性发展。

2. 开展新型的"课堂革命"培训

课程改革的核心是课堂，课堂改革的重心在教师。课堂革命是课程改革的行动号角，抓好职业院校教师培训是这场"革命"的突破口。

（1）促进教师思想观念更新。既要使教师领悟现代职业教育教学基本理论与方法，也要推动教师突出学生主体地位、建构课堂立体评价、建立现代人本课堂。

（2）促进教师培训转型升级。职业院校要积极促进校内师资培训转型升级，使师资内训成为学校创新发展的"助推器"、教师成长进步的"动力源"、教学内涵建设的"新动能"。

（3）促进教师专业持续发展。新型教师培训要高瞻远瞩，一方面，要走深走实，有针对性地发现本校课堂存在的实际问题，在调研、分析基础上，提出具体解决方案；另一方面，要放眼时代，学习当前"课堂革命"优秀的教研成果，为职业教育更好地开展课堂革命提出意见和建议。

（4）促进学生开展自主学习。要培养教师的专业实践能力、教育教学能力和自我学习能力，特别是要注重培养教师指导学生开展小组学习和提高学习效率的能力，教师通过向学生传授自学方法，培养学生自主学习能力，解决学生被动学习的问题。

3. 打造新型的"课堂革命"文化

（1）承认学生的主体地位。课堂革命就是要解放学生，解放学生的学习力，使学生成为主人。教学活动从根本上看是学生的学习（认识）活动，这需要改变原有教学方式，促进学生自主学习、合作学习和探究学习，发挥教师引导、指导和辅导的作用。

（2）加强学生的思想政治教育与行为规范指导。发挥思政教育的重要作用，严格课堂规范，并坚持以学生为中心。构建综合思政育人体系，并在产教融合、校企合作中开展课程思政建设，以生为本、以文化人，传承优秀企业文化，弘扬工匠精神。创新行为激励评价机制，适应学生行为激励的多样化评价需要。

（3）培养学生的创新精神和实践能力。要树立教育新观念，以人为本，促进学生五育并举，全面发展。要确立教学新目标，以基础知识、基本能力、基本观念为基础，重视培养学生的创新精神和实践能力。

（4）预设竞争与合作的高度统一。在教育过程中，我们应当追求竞争与合作的和谐统一。合作体现了团队精神，而竞争则是推动个人发展的动力。缺乏竞争，发展将停滞不前；没有合作，进步也将受限。因此，在课堂教学中，教师需要重视培养学生的合作精神和竞争意识。通过激发学生的合作动机和提升他们的竞争能力，可以鼓励学生更积极地参与集体和团队学习活动。这样不仅能够增进学生之间的相互理解和支持，还能有效提升整个学习群体的表现。

4. 提升学生的规划和学习资源整合能力

（1）要帮助学生提升整体规划能力。整体规划能力对自主学习至关重要，它贯穿于自主学习的全过程，有助于学生全面理解学习任务，进而提高自主学习能力。课堂是培养学生整体规划能力的关键场所。一方面，教师需引导学生建立具体的自我认知，持有积极的自我期待来规划学业；另一方面，通过评估和咨询，帮助学生意识到自身的学习状况，评估他们的学业表现，并据此调整期望和规划，以此促进自主学习能力的提升。

（2）要增强学习资源的内化与整合能力。学习资源的质量直接影响教学质量，也是自主学习的有效工具。学生能否将校外学习资源内化并与校内外资源有效整合，是提升自主学习能力的核心。首先，需要激发学生的学习积极性，从被动接受转为主动求知；其次，利用新生入学教育和军训等机会，上好"开学第一课"，引导学生制定学业及职业规划；最后，鼓励学生积极了解并利用校内资源，如实训设施，同时探索校外资源，如实习基地和优秀校友网络，将这些资源转化为个人成长的动力。

（3）要协助学生创造支持性环境。支持性环境能够激发内在动机，且与他人的支持密切相关。研究显示，这样的环境与学生的心理需求、自主情感及学习成效正相关。为此，教师应转变角色，成为激励者，不仅在课堂上促进学生的自主学习意识，还要关注他们的实际学习行为；同时，学生自身也需不断强化自主学习的习惯，既要学会社会交往，也要善于利用各种学习资源，包括校内外的实训设施和实习机会。

5. 构建新型的教学评价

（1）将多元评价与学生发展相统一。课堂教学的核心目标是学生的学习与发展，因此，课堂的优劣应以学生的学习效果为评价标准。在构建评价标准时，应关注学生的学习状态和情感体验，尊重学生的人格特质与个性差异，以促进学生的全面发展和特色发展。无论是外部评价者、教师还是学生，他们的评价都应以学生为中心，旨在促进学生的全面发展，体现多元评价与学生发展的一致性。

（2）重视教学过程，并从多个角度进行评价。只有将教学评价融入教学过程，才能有效发挥其作用。多元评价主体应坚持学生中心的评价理念，尽管评价的角度可能不同，但目标是一致的。教师应激发学生的学习热情，鼓励探究和合作，高效地实现教学目标；学生则应自觉端正学习动机，主动学习和积极进取，促进自主学习；外部评价者应遵循评价观，严格按照标准进行客观公正的评价，服务于学生的发展。

（3）推动教师素养提升，实现多维指导与批判反思的统一。教学评价的目的是提高教学质量和促进学生发展。评价主体应围绕学生中心地位，开展多元评价、多方评议和多维指导。一方面，这有助于教师在课前设计、课中调控和课后反思中不断提高教学水平和技能，为教学管理部门提供决策依据；另一方面，通过体验教师的教学行为，学生能够对自己的学习行为进行批判和反思，逐步提高自主学习能力。

第三节　学习评定

学习评定旨在运用适当的测验、仪器和技术收集有关学生学习过程和结果的信息，从而描述和分析学生的学习和行为状况，并对课程、教学方法和培养方案做出决策。学习评定是教学过程的有机组成部分，不仅有助于准确评价教学成效，还能改善教与学的质量。学习评定的主要目的在于促进教师和学生的教与学，这是因为学习评定的反馈信息具有调节功能和动机功能。评定既检查了学生的学习效果，又检查了教师的教学效果，师生双方都可以根据评定结果来调整教和学的活动，提高教与学的积极性。此外，学习评定还具有评价课程计划以及帮助指导、咨询和个别教学的作用。提高技术技能人才培养质量是发展现代职业教育的基本任务，是构建现代职业教育体系的关键所在，是主动适应经济发展新常态、服务中国制造2025、创造更大人才红利的重要抓手。2015年6月，教育部办公厅出台《关于建立职业院校教学工作诊断与改进制度的通知》，以引导和支持学校全面开展教学诊断与改进工作，切实发挥学校的教育质量保证主体作用，不断完善内部质量保证制度体系和运行机制，是持续提高技术技能人才培养质量的重要举措和制度安排，也是教育行政部门加强事中事后监管、履行管理职责的重要形式，对加快发展现代职业教育具有重要意义。

一、学习评定概述

（一）学习评定的相关概念

在教学中，教师需要通过搜集学生在课堂中的信息对学生的学习状况进行判断和决策，并制订出最适合学生发展的教学计划。教师对学生的学习成效进行测量的各种手段都是学习评定。

一提起评定（assessment），人们往往联想到测量（measurement，tests）。虽然它们互相关联，但也存在着区别。评定是一个更为一般化的术语，是指利用各种方法获取与学生学业有关的信息（纸笔测验、开放性问题以及对专业实训项目的操作等），并对学生学业进步的价值进行判断的过程，它要回答的问题是："个人的表现如何？"测量是根据教育目标和测量的具体目标，建立测量的量度标准，据此对学生现有的行为水平进行量化描述的方法，它要回答的是"程度"的问题，是评定中做出价值判断的主要依据。测验是评价的一种特定的形式,是由一组题目组成的,并在相同的条件下通过施测来测量一个行为样本的工具或者系统的方法。它也回答"在与他人比较时个人的表现如何"这一问题。其实,这3个过程解决了不同的问题:测量是用量化资料来描述学生的学习情况,限于定量描述;评定是根据(测量)和定性描述(非测量)做出的一种主观的价值判断;测验是一种特定的测量活动或测量工具,它的含义在这3个概念中最具体。

此外,学习评定还涉及评价(evaluation)的概念。评价是指为了特定的目的而对观点、作品、解答、方法或材料的价值做出的判断(Tuchman & Monetti,2013)。这些判断可能是定量的,如一些数字,也可以是定性的,如一些品质术语。这些判断依照学生自己确定的或者是提供给学生的标准。这些标准被用来评定作品、观点或者特定解答的准确、有效、经济或者满意的程度。在一定的语境中,评定与评价通用。

学习评定、课堂评定、教育评定是逐级包含的。课堂评定一般是教师对学生的学习、行为、社会化程度和道德方面的评价,但重点是学习评定。教育评定包括教育活动中的所有评定工作,除了课堂评定外,还有学校对教师教学成效的评定等。课堂评定与教育评定相比,其概念更加具体、范围更小。学习评定的概念最具体,仅仅指对学生学习活动或学业成就的评定,是课堂评定的一个最重要的组成部分。

(二)学习评定的重要性

学习评定为教学提供了大量的信息,任何教育决策的制订都必须建立在评定的基础上。任何学习评定都是建立在每一堂课的基础上。总的来说,评定的功能主要体现在以下几方面:提供反馈、提供信息、作为诱因、衡量教学。

1. 提供反馈

学习评定为师生调整和改进教学提供了充足的反馈信息,教师得以了解教学效果。在课堂上,教师可以随时提问学生,根据回答的情况推想学生对讲课内容的理解程度;经常让学生做一些小测验,能更准确地把握学生的学习进展情况。

学生通过学习评定,能明确自己对知识的掌握情况。如果学生明白了自己的不足,在下节课的学习中就会对症下药。

评定信息越明确,越具体(只要是积极的、具有建设性的),反馈越有效。有研究发现,给学生提供具体的描述性反馈,学生更易于对成功进行内部归因,而只给学生提供等级分数,学生更偏向外部归因,如运气等。很多专家型教师最开始使用积极性反馈来表扬鼓励学生,然后用建设性反馈,告诉他们应该改进什么。

2. 提供信息

学习评定为家长了解学生的学习情况，为学校鉴别学生的学业成绩提供信息。学校通过成绩单向家长报告学生的评定结果，可以使家长及时了解学生在学校中的表现。此外，成绩单有助于家长配合学校的教育，家庭应该建立一套以评定为标准的强化系统。由于家长倾向于鼓励孩子取得好成绩，在学校做好学生，所以成绩作为一个有效和重要的刺激物，可以促进学生的积极行为和学业的进步。

学校通过评定的结果来选拔学生，对学生进行职业指导，并为学生设计出更适合其能力发展的培养计划。评定信息是制订特殊学生的教育方案的重要依据。在中职学校这种有针对性的指导非常有利于学生的职业发展，所以，在国家大力支持职业教育发展的政策背景下，中职学校教师做好学生的职业生涯规划指导具有巨大的现实作用。中职学校汽车类相关专业可定期邀请汽车类行业企业的技术骨干或者技术管理者到学校现身说法，指导学生的发展方向，这样可避免学生少走弯路。

3. 作为诱因

评定结果作为诱因可以激励学生努力学习。学习评定能够激励学生付出最大的努力。高分、奖励、技能竞赛获奖等都是对出色工作的奖励。要想通过评定促进学生努力，需要注意下列事项：（1）评定对学生实现有价值的目标有影响或者起关键作用，否则就成不了诱因。（2）评定要公平、客观。它对所有的人是一致的，并且要与学生的真实表现紧密相连。（3）要有清晰的评估标准，学生知道怎么做才能获得好的评价。（4）对评估要有合理的解释，根据情境不同而不同。（5）评估应该具有经常性和挑战性，进行频繁而短小的检测比偶尔的大检测更能促进学生学习，并且评估要对所有的学生都有挑战性，能够根据学生进步和改善的程度进行评估。

4. 衡量教学

学习评定和教学的关系决定了评定—教学过程的有效性。学习评定与教学活动是密切联系的。学习评定与教学的关系越密切，教学过程就越有效。在教学活动中，评定旨在通过预期的教学目标对教学效果进行价值判断，确定教学行为在多大程度上接近预设的目标，判断教学活动的效果与效率。教学过程是一个需要学习评定不断向教学目标、起点行为和教学活动提供反馈，反复循环上升，不断逼近教学目标的过程。如果学习评定的结果表明教学已经达到了既定的目标，那么这就标志着教学过程的终结，而新的循环又会产生。因此，成功的教学除了包括合理可行的教学目标、对起点行为的准确把握、适当的教学活动外，还必须包括有效的评定方法。最初的评价通常在教学前开始，但是在教学过程中和结束时，教师还应不断地进行评定，以便准确、及时地掌握学生正逐渐改变着的学习状况。这样，不间断多次评定和决策确保了有效的教学得以顺利实现。

（三）学习评定的模式

心理学家对评定的看法一直存在着分歧，围绕不同的理论内核形成了不同的品德模式。大致有三种常用的评定模式：传统评定模式、动态评定模式和课程本位评定模式。尤其是后两种模式在实际教学活动中的影响日益深入。

1. 传统评定模式

学校人员使用传统评定（traditional assessment）是为了解答几个方面的问题：学生在学习上有何特点？他的各项基本能力处在什么样的发展水平？他的长处和短处是什么？怎样帮助学生在今后的学习中获得进步？学生的进步情况如何？

传统评定在指导思想上更多地受到了行为主义和早期认知心理学的影响。它经常使用的测验是标准化常模参照测验。不过，除了标准化测验，教师有时也借鉴其他非正式评价的手段，来确定学生学习的状况及原因。学校人员根据传统模式的评定结果，可以进行有关的教育决策，包括对学生进行分班，确定学生在某些技能发展上的优势与不足。

2. 动态评定模式

由于传统评定模式具有僵化性，其在应用过程中引起了不少非议。一些教育心理学家十分重视发挥评定对教学的作用，极力推荐动态评定（dynamic assessment），并探讨了动态评定的方法及程序。他们提出动态评定不只是简单的前测和后测，而是一个连续不断的过程，评定需要与教学融为一体，能直接指导教学。

教师使用动态评定的目的是评价学生在教学情境中进行学习的能力水平，而不是确定学生已经学会了什么。因此，标准化测验的重要性有所下降，非正式评价被提升到显著的位置。非正式评价可由学生自己进行。例如，学生就自己完成某一学习目标所做的活动以及活动的效果进行反思和总结，学生对他人学习进步的思考等。教师采用的非正式评价对学生具有很强的针对性和指导性，且评定的资料大多是采用非正式方式收集的。非正式评价只要运用得当，就会取得与正式测验相得益彰的效果。总之，为了获得自己感兴趣或关心的信息，教师需要经常自行编制测验或设计评定活动，由自己决定评定的目标、对象、性质和时间。因此，动态评定具有很大的灵活性和连续性。

动态评定的目的是确定学生在适宜的条件下能够学得多好，评价学生在师生交互作用的教学条件下的学习情况。动态评定的关键因素是学习发生的社会环境。当学生和教师之间建立了一种健康的互相作用的关系时，学生的学习能力会得到发展和充实，从而有可能最大限度地发挥出学习的潜能。动态评定的过程一般是教师先提供教学，再观察学生在教学中的反应和表现，然后进行主观评价。因为评定结果主要用于调整和指导教学，所以评定的标准不是测验分数，而经常是由自定或者和学生协商的。

3. 课程本位评定模式

课程本位评定（curriculum-based assessment）是以课程内容为依据、使用标准参照测验进行的评定，是职业教育领域使用得最为广泛的评定模式。标准参照评价是基于某种特定的标准，来评价学生对与教学密切关联的具体知识和技能的掌握程度。由于标准参照评价不考虑其他个体对任务的完成情况，故有时又叫"自我参照评定"。

课程本位评定针对的是学生的掌握情况，而不考虑与常模团体的比较，是传统评定方式的有效补充。它把教学提到最显著的位置，注重课程目标，降低了测验与考试的作用（Shinn & Hubbard，1992）。与传统评定相比，评定的内容一般经过了良好的界定，提供的信息也比较详细，有助于描述学生对课程的掌握情况。它所使用的材料通常是教材和教学涉及的内容，有时甚至就是学生在课堂中学习的内容。例如，教师计划教会学生发动机曲柄连杆机构拆装，学生学完之后的评定就是检查学生对发动机曲柄连杆机构拆装的掌握情况。根据课程要求对学生的学习进行评价，有助于加强评定与教学的联系。另外，课程本位评定还能减少竞争带来的一些负面影响，如同学关系的淡漠、对学习和考试的消极情绪等。

课程本位评定要求教师：首先，制定课程范围或个体教育计划的目标，即希望学生学会什么内容，掌握到何种程度。教育计划的目标应该详细，甚至可以具体到个别学生。其次，针对课程范围内的问题或学习任务，经常进行系统性、重复性的测量来评定学生。最后，在图表上绘制出评定结果，这样，学生和教师都可以清晰地看到学生取得的进步。

课程本位评定缩小了课程和教学之间的差距，加强了教学的目的性，为教学活动尤其是学习困难的学生提供了行之有效的评定手段。它的特征是：（1）多采用标准参照评价的形式，是传统常模参照测验的有效补充。（2）以学生的学校或班级所教的课程内容为核心。（3）把测验与教学有机地结合起来。（4）与个体教育计划相联系。（5）要求对评定结果绘图。（6）使用直接的重复性测量来表示学生在某一连续时间段内取得的进步。

（四）学习评定的方法

评定策略必须与评定的目的相适宜（Airsian，1994；McMillian，2001）。要想正确地应用评定，首先要了解不同的评定方法。

1. 诊断性评价、形成性评价和总结性评价

布卢姆依据学习评定在教学工作中的作用，把它划分为三类：诊断性评价（diagnostic evaluation，又称"配置性或准备性评定"）、形成性评价（formative evaluation，又称

"诊断进步评定或进展评定")和总结性评价（summative evaluation，又称"终结性评定"）。它们在教学活动的不同阶段表现出不同的功能。具体如表6-6所示。

表6-6 诊断性评价、形成性评价与总结性评价的比较

评定方法	使用时机	目的	评定结果的处理
诊断性评价	教学目标确定后、教学前	分析学生的起点行为，确定学生对新任务的准备状态	只供教师安排教学时参考，不记作学生的成绩，也可以与学习后的数据相比较，根据成绩的改变来评价教学和学生学习的效果
形成性评价	教学中多次进行	了解教学效果，探索教学中存在的问题	测验分数并不计入成绩册，也不评定学生的等级或名次
总结性评价	一门课程或教学活动结束后，如单元、章节、科目、课程、学期结束时	判断是否达到教学目标，检查教学的有效性和教材教法的适当性，考核学生的学习效果，确定学生的最终学习成绩	要对学生的成绩进行分组，记入成绩报告单，作为某种资格认定的依据

2. 常模参照评价与标准参照评价

根据评定时的比较标准，还可以把评定分为常模参照评价和标准（效标）参照评定。常模参照评价（norm-reference evaluation）是指评定时需要把学生的成绩与其所在团体或常模团体教学比较，根据个体在团体中的相对位置来报告评价结果。标准参照评价（criterion-referenced evaluation）是基于某种特定的标准，来评价学生对与教学密切关联的具体知识和技能的掌握程度，可以用来判断学生是否需要更多的指导。好的标准参照评价应该与特定的教学目标或者所教授课程的特定内容密切相联。

常模参照评价和标准参照评价既可以使用标准化测验，也可以用教师自编测验。由于不同的性质，常模参照评价对总结性评价的作用较大，而标准参照评价通常适用于形成性评价。

3. 正式评价与非正式评价

学习评定按照其严谨程度可以分为正式评价与非正式评价。正式评价（formal evaluation）指学生在相同的情况下接受相同的评估，且采用的品德工具比较客观，如测验、问卷等。非正式评价（informal evaluation）则针对个别学生，且评定的资料大多是采用非正式方式收集的，如观察、谈话等。有时，教师也会采用非正式评价，作为正式评价的补充。

4. 团体评价与个体评价

在同一时间对一定数量的学生（一个班、一个年级等）的评定，叫作团体评价（group evaluation）。教师事先准备好试卷，然后要求学生在课堂上作答的形式，大部分就属于这种类型的评定。团体评价需要使用团体测验，团体评价的标准既可能是标准参照的，也可能是常模参照的。

在同一时间对一名学生进行的评定叫作个体评价（individual evaluation）。比如，一名学生接受一位教师的指导，这位教师将全面地考查学生运用所学知识解决问题的能力，并根据观察获得的信息主观地评定其学业成就，这就是个体评价。个体评价的形式也包括标准参照评价和常模参照评价，使用的测验大多是个体测验。

（五）良好评定的指标

教育与心理测量学表明，良好的评定必须具有较高的信度（reliability）和效度（validity）指标，这样品德信息才能对学生的成绩提供准确的估计，使得教师或其他决策者可以进行恰如其分的决策。

1. 信度

信度指评定的可靠性，即多次评定的分数稳定、一致的程度。它回答的问题是，关于某一个体或班级的评定结果是否跟某段时间内的评定结果大致相同，是否跟另一环境下的评定结果大致相同，是否跟另一个评分者的评定结果大致相同。例如，如果在三种互不相干的地方和氛围下，每次的回答都是相同的，那么这样的信息被认为是可信的。通常，主观题的评分者信度较低，客观题的评分者信度较高。明确评分标准，对评分人员进行培训，会提高评分者的信度。增加题目的数目也会提高测评的信度。

2. 效度

效度指评定的正确性，即一个评定在何种程度上测量了它想测的东西，并且在何种程度上允许对学生的技能和能力进行适宜的概化。

二、标准化测验

测验是测量一个行为样本的系统程序，即通过观察少数具有代表性的行为或现象，来量化描述人们的心理特征。而标准化测验（standardized test）是指由专家或学者们所编制的适用于大规模评定个体心理特征水平的测验。这种测验的命题、施测、评分和解释都有一定的标准和规定，并且具有较好的信度和效度。

（一）标准化测验的优点

标准化测验的支持者可能会从心理测验理论、统计证据、标准化的优点、许多具体测验的预测效度、客观性计分程序等方面对标准化测验加以肯定，认为在各种评定学习和其他心理能力的程序中测验是最简便、有效、公正、偏见最少的手段。

1. 客观性

标准化测验最大的优势在于它的客观性。在大多数情境中，标准化测验是一种比教师自编测验更加客观的测量工具。因为教师对学生的情况了如指掌，他们对不同的学生存在着不同的预期，相信学习较好的学生在将来的考试中也会名列前茅，以前考试成绩不佳的学生以后的考试成绩也会很差。因此，在批改模棱两可的答案时，教师就极有可能给成绩好的学生高分，而给成绩落后的学生低分。标准化测验是由测验专家编制的，他们与接受测验的学生没有个人情感上的联系，因此可以避免此类问题。测验专家在进行测验内容取样和题目编制时，也比教师更系统、合理。总之，标准化测验的编制人能比较全面地考虑造成测验误差的各项因素，并最大限度地减少这些因素的影响，从而将各方面的误差控制在尽可能小的范围内，使测验可靠准确。

2. 计划性

标准化测验更具有计划性。因为专家在编制标准化测验时，已经考虑到所需的时间和经费，所以标准化测验比大部分的课堂测验更有计划性。

3. 可比性

标准化测验具有统一的参照标准，使得不同考试的分数具有可比性。标准化测验有助于将单名学生的分数与标准化样本比较，以便弄清学生在某个特定的学科领域里的优势和弱点，还可以用于比较一个班级的学生与标准化样本的状况。不仅标准化成就测验，测量其他特征的测验也可以用于对比。

（二）标准化测验的劣势

标准化测验在很多方面卓有成效，但是一旦忽略某些条件就会出现纰漏，而且它以测查基本知识和技能为目标，忽略了测量学生解决实际问题的能力，因而也受到一些批评。

1. 不能促进学习

标准化测验不能提高或促进学生的学习。首先，要评定的学习成果必须与测验所针对的目标一致。在我国，各地区的教学状况还存在着一定的差距，同一个年级或地区的教学内容也可能不同于另一个地区。因此，一些地区的学生所学到的内容与标准化样本所学的内容有差别。这就要求教师在选用标准化测验前仔细查阅内容效度，使测验的目标与评价的目的相匹配。

在实际的教学应用中，标准化测验与学校课程之间的关系相差大。一方面，如果标准化成就测验的内容不是学校课程强调的部分，那么标准化测验的结果就不能有效地评定学生的学业成就；另一方面，标准化测验成为教学的指挥棒，统治、限制了教学，使得教师为了对付考试而进行教学，这样教学完全偏离了本来的目标，而一味照搬测验所涉及的内容。在国家对职业教育政策导向即中职生既升学又就业的大背景下，中职学校将如何适应这种政策呢？在这点上，教师必须认识到：标准化测验服务和服从于教学。所以，标准化测验的结果只是在对学生或课程进行学业决策时所依据的一部分评估信息。只有结合其他评定信息才能做出合理的教育决策，以便为学生提供及时反馈，改善学生的学习过程，诊断学习问题。

2. 使用条件非常严格

标准化测验所需的条件是非常严格的。标准化测验要求接受测验的人在所有的重要方面必须接近标准化样本。这说明，标准化测验的分数不是绝对正确的，而解释分数和与其他人做比较尤其需要谨慎。标准化测验只是一个目标行为的样本，是理想化的产物。只有在限定的范围内，它才是比较准确、良好的。

由于测验分数可能会出错，所以我们利用标准化测验对学生分类和贴标签，往往会带来更大的危害。在进行重要的教育决策时，教师必须想一想：学生是否属于标准化测验对应的样本，标准化测验是否能为决策提供充分的信息，这种方法是否比用其他途径搜集来的信息更有价值。基于此，有些中职学校为了化解就业与升学的矛盾采取普通班、订单班、中高职三二分段班、3＋证书高考班、现代学徒制班等，这满足了不同学生的发展需要，体现了学校因材施教的教学原则。

三、教师自编测验

（一）教师自编测验与标准化成就测验的区别

教师自编测验（teacher-made/developed test）是由教师根据具体的教学目标、基础内容和测验目的编制的测验。教师自编测验通常用于测量学生的学习状况，而标准化成就测验则用来判断学生与常模相比时所处的水平。教师自编测验与和标准化测验的异同点（Dembo，1994）如表6-7所示。

表6-7 教师自编测验与和标准化测验的异同点（Dembo，1994）

维度	教师自编测验	标准化成就测验
施测及计分方面	通常没有具体、统一的规定	具有特别的标准化施测和计分方法的说明
内容取样	内容及其取样全部由任课教师决定	内容由课程及教材专家决定，包含对教学大纲、教材和教学发展计划的深入研究，并对教材内容做了系统的取样
编制过程	可能仓促随意编成，通常没有测验计划、题目测试、项目分析或修订，其测验品质可能不高	经过悉心策划的编制程序，包括编制目标及测验计划，并经过题目测试、项目分析及项目修订和筛选步骤
常模	只采用本班或几个班作为常模	除了本班常模，标准化测验必须具备学区性以上常模
目的及应用	适用于测量教师设定的特殊教学目标，如职业教育的专业核心课程，作为班内或几个班比较的依据	适用于测量广泛的课程目标，如语数英学科，作为班级、校际及地区性比较的依据

由上表可知，教师自编测验与标准化成就测验相比，最关键的区别在于其标准化程度远远低于标准化测验。

（二）设计测验前的计划

为了收集到恰当的资料，做出正确的决策，教师应该尽量使自己使用的测验具有较好的信度和效度指标。这就意味着教师在设计测验前，有必要完成一些准备工作。这些工作包括四个步骤。

1. 确定测验的目的

测验是用于形成性目标还是总结性目标，抑或是为了诊断学习困难的学生，以便提供因材施教教育？不同的测验目标决定了测验的长度和题目的取样，也会影响测验题型的构成。这个问题是教师在编制测验前必须解决的。

2. 确定测验要考查的学习结果

教师必须依据特定的教学目标和布卢姆以及其他心理学家划分的教学目标等级。如果在教学前已经具有了明确的目的，那么考试的重点与这个目标应该基本一致。如果教师在教学前没有明确的目标，那么应该在编写试题前，查阅自己的教案以及教材，并考虑需要考查学生的哪些学习结果。

3. 列出测验要包括的课程内容

根据中职专业类国家教学标准，每一门课程都规定了教学内容。每所中职学校再根据专业人才培养方案和课程标准设计课程标准实施方案，从而指导课程实施老师根据课程内容教学。

4. 针对计划测量的学习结果，选择适当的题型

由于每种题型各有利弊，所以，教师在选择时，应该仔细权衡。

（三）教师自编测验的具体形式

教师自编测验的题目可分为客观题和主观题。客观题具有良好的结构，对学生的反应限制较多。学生的回答只有对、错之分，因此教师评分也就只可能是得分或失分。主观题则要求学生自己组织材料，并采用合适的方式表达出来。教师在评分时，对学生的回答需要给出不同的分值，而不仅仅是满分或零分。

1. 选择题

选择题是由题干和两个或更多的选择项组成的。题干可以是直接提问或者以不完整的句子的形式出现，目的是设置问题情境。选择项则提供可供选择的答案，包括一个正确答案和若干具有干扰性的错误项或迷惑项。学生的任务就是阅读题目，再从选项中挑选出正确的项目。

选择题具有如下优点：有较大的灵活性；能够在一个测验里尽可能多地从课程内容中取样；易于计分，客观性强。教师在自己编制选择题时要牢记，有能力的学生应该能够选出正确的答案，不受错误选项的干扰。另外，错误答案要具有迷惑性，要避免不了解相关知识的学生仅凭猜测就能选对答案，否则就降低了测验的信度和效度。

经过精心设计的题干和选择项，可以测查目标系列中的高于知识水平的任何等级。此外，选择题还有一种常用变式，选择项中有一至多个答案，即通常被称为"多选题"。这种题型的难度大于常规的选择题（单选题），可以有效地检查高一级的学习成果，在测验中使用得较广。

2. 是非题

是非题常用的形式是，陈述一句话要求学生判断对错。是非题可用于测量不同水平的教学目标，并且形式简单，能够在一份试卷内覆盖大量的内容，教师在评判时也较客观，计分简便省时。是非题只有两种选择：对或错。所以，即使在完全猜测的情况下，学生也有50%的机会选择到正确答案。因此，教师要增加题目的数量，对题目总体的取样应较全面，使学生很难只凭猜测获得高分。

3. 匹配题

匹配题是另一种可提供多种选择的考试形式，题目也包括两列词句，学生根据题意按照某种关系将左右的项目连接起来。匹配题形式简单，能够有效地测量学生对知识联系的掌握情况，且易于计分。但是，它只能用于测查彼此存在着简单关系的知识。匹配题要求项目之间具有内在联系，属于同一类型，这使得项目很难编写。匹配题对于较低水平的学习更为有效。同时，它很难独立成题，只能与其他类型的题目配合使用。

4. 填空题

填空题是一种特殊形式的小型论文题，只需要用一个词、短语或一句话来回答。常见的形式是，呈现给学生一句或一段不完整的话或者直接提问，要求学生简要作答。当教师的目的只是让学生写出事实时，填空题是十分有用的。填空题经过认真设计后，也可以要求学生构想出一个有意义的论点。它的优点在于，填空题考查了学生的回忆和再认能力，把学生猜测的可能性降到最低。但是，填空题往往要求学生写出答案，因此经常只能考查较低层次的信息加工产品。此外，评分受到笔迹、用词等无关因素的影响。

（四）编制测验的注意事项

1. 测验应与教学目标密切相关

自编测验的最重要的原则是，不能脱离教学目标和内容（Fuchs, et al., 1991; Linn, 1983）。测验应该考查学生对教学或课程中最重要的概念和技能的掌握情况。如果学生们在接受课堂测验时，发现许多东西都很陌生、没有学过，或者都是不重要的部分，那么这份测验的编制应该说是失败的。

2. 测验必须是教学内容的良好取样

测验几乎不可能完全评定学生所学到的任何知识和技能。通常，题目是从学习结果的总体中取样得到的，代表了教学的目标和内容。如果测验不能很好地代表教学内容，不仅会造成评定和教学的脱节，还会增加学生准备考试的难度。

3. 根据测验目的，确定测验的结构

教师应先明确测验的信息用作什么评价。形成性评价要求测验的内容与最近的教学内容相关，而总结性评价的测验涉及的知识和技能的范围就超过前者。如果要判断班里学习困难学生的问题是什么，诊断性测验是最好的选择；而要评定学生的一般能力和知识水平，就应该考虑用预测性测验。在确定了测验的性质后，还需根据要测量的学习结果，选择最适宜的题目类型。选择题对于考查学生的再认能力比较有效，如果教师的目的是评价学生解决实践操作问题的能力，那么选择题显然不太适合。

4. 注意测验的信度，解释结果时应慎重

信度是测验良好程度的一项指标。教师可以通过增加题目数量、减少区分度小的题目、界定好题目使之与教学目标联系紧密等方法，来提高测验的信度。不过即使测验的信度较高，也还有很多因素会影响到学生的得分，如考试技巧、考试焦虑、学生猜测的运气、天气的好坏等。所以，教师在解释结果时，要知道测验分数只是大致反映了学生的学习水平，不可能是绝对准确的表示值。教师一般不要下定论，更多的时候需要思考为什么会是这样的结果。

5. 测验应该能促进学生的学习

测验是教学的一个环节，所以不少专家强调把测验功能与学习功能结合起来，教师可以利用测验调整教学并指导学生的学习（Foos & Fisher，1988）。教师在测验后，应尽快把评价信息反馈给学生，纠正学生的错误，告诉他们正确的答案和合理的思考方式。教师要参考测验获得的信息，确定学生理解了哪些内容，还有哪些内容需要解释，从而制订出教学计划和进度。此外，如果没有特殊的原因，教师事先应向学生说明测验的范围和时间，以便督促学生复习。学生系统地回顾和整理已学知识，也是一种学习。

（五）学习理论的启示

评定方法是由我们的学习观决定的。由于建构主义学习理论的影响正逐渐扩大，所以评定观念也呈现出相应的变化趋势。传统的评定方法是建立在行为主义学习理论的基础上的。根据早期的行为主义学习理论，复杂的高级技能是以小步子形式获得的，即可以把学习任务分割成一系列简单技能，让学生逐步掌握。这里隐含着一个错误的假设：靠死记硬背可以学会基本技能，然后这些技能联结和组合成为复杂的理解与领悟。然而，建构主义理论认为，所有的学习都是反思、建构和自我调控的。这种有意义学习要求学习者自己设定目标、选择任务，发展出自我评定的标准，能计划下一步的学习活动。学习者不是事实性信息的接受者和记录者，而是具有自己独特知识结构的创造者。学习并不单单是被动地接收信息，还需要主动解释信息，并与已有知识发生联系，建构出自己的理解。以往选择题测验的关注点只能检测学生是否掌握零散的孤立信息，而不能有效地评定有意义的学习活动。现在，评定的重点是学生是否以及怎样在解决复杂问题情境中组织、构造和使用这些信息，以确定学生是否真的理解了知识，真的掌握了知识。

建构主义学习理论指出，只是训练与鼓励事实性知识的操作和练习对学生的学习危害极大。操练和练习把孤立和分离的事实与技能以单调、机械的方式组织和联系起来，它们之间缺乏内在的有意义的联系，并且情境性差。这样的学习任务难度很大，即使学生生硬地记住了非情境性的概念和原理，他们也不会在现实情境中使用和发展相应的高级思

维技能。因此，学习必须根植于一定的情境，而评定也就需要设计一些情境性的任务。

建构主义学习观主张学习是非线性的，是先前的认知结构与当前背景下信息的相互作用，它能同时从多个方向，以不平衡的步子进行加工。例如，概念学习并不是非得等到掌握了所有基本事实后才可以开始的。所有年龄阶段和能力水平的人都可以自觉和不自觉地使用与界定概念。这无疑对传统的线性测验方式提出了严峻的挑战。

当然，在看到评定对于支持和推动学校发展与课程改革方面的重要性时，众多的观点中仍存有某些万变不离其宗的信条。例如，为了保证教学决策的准确，尽可能从多种来源获取评定信息；学生应参与评定目标和标准的制定；学生在完成评定任务时，必须操作、创造、制造某种东西或从事某种活动；评定任务需要学生使用高级思维或问题解决技能；评定任务能测量元认知技能、态度、合作技能、自我调节技能及其他较常见的智力产品；评定任务测量了有意义的教学活动；评定任务通常可以在现实条件下的一定情境中出现；根据具体的评分标准对学生的反应评分，并且学生事先知道这些标准。

四、以行为表现为标准的教学评价观

如何确立符合职业教育规律的教学评价观，这是衡量和评判职业学校教学质量和学生发展的一个标准。职业学校教学评价观取决于职业学校学生的特点，这就要求我们转变轻视技能人才的观念，进一步确立重视技能人才的观念，深刻认识技能人才是社会正常运行和发展必不可少的人才。转变采用普通教育质量评价标准对职业教育教学质量进行评价的观念，确立突出专业道德和职业技能的教育教学质量评价观念。转变以语言智能和逻辑——数学智能为核心的传统的单一智能观念，改变中职生比不上普高生的错误看法，树立多元智能和人才多样性观念及相信人人有才，帮助人人成才的理念。

基于上述认识，我们主张确立表现性教学评价观。表现性教学评价是根据课程目标和教学内容，在真实情境中设置真正的任务，对学生完成任务的过程及其成果进行评价。表现性教学评价是在学生学习完一定的知识后，通过让学生完成某一实际任务来评价学生的学习状况，包括表现性任务和对表现的评价。它的评价方式有别于传统的纸笔测验评价，是对学生能力行为进行直接的评价。表现性评价，学生自己必须创造出问题解决办法（即答案）或自己的行为表现来证明自己的学习过程和结果，而不是选择答案。评价者必须观察学生的实际操作或记录学业成果。表现性评价能使学生在实际操作中学习知识和发展能力。表现性评价的特点：评价时要求学生演示、创造、制作或动手做某事，每个学生都能有良好的表现。要求激发学生高水平的思维能力和解决问题的技能。使用有意义的教学活动作为评价任务。唤起真实情境的运用。人工评分、人工评判而不是机器评分。要求教师在教学和评价中担任新的角色。

第七章 学习心理

第一节 知识的学习

人类的学习本身是复杂的，存在着不同的类型和水平，每类学习都能使我们获得不同的能力。在学校教育中，知识是学生学习的最基本内容。通过知识的学习，学生获得了生存和发展所必需的各种经验，并在这一过程中逐渐形成了各种态度和能力。

一、知识的分类与表征

（一）知识及其含义

从认识论的本质上讲，知识（knowledge）是人对事物属性与联系的能动反映，是通过人与客观事物的相互作用形成的。人在与外界相互作用的实践活动中，获得来自客体的各种信息，用一定的方式对这些信息进行加工和组织，形成对事物的理解，从而形成知识。

知识不同于数据（data）和信息（information），但与它们相联系。数据是客观世界的相对零散的事实。我们的网络购物行为就是数据，包括了一些客观的、零散的事实，如购买的物品、时间、数量、价格和频次等。信息是用符号表示，以一定语义规则加以排列和处理的数据。知识是经过主体建构而赋予主观意义的信息。一些电商机构经过建构，如对信息之间进行联系和组织，对这些信息进行解释，赋予它们一定的主观意义，就构成了知识，如形成了对每个个体的购物偏好、某个群体的消费风格的认识，从而采取相应的决策和行动，如对不同个体或群体推送不同的广告。

信息是客观的、可以共享的，而知识是人的主观认识，但一旦得到社会公认和传播，就成为客观知识。知识一方面存储在个体的头脑中，成为个体知识或主观知识，同时，又可以通过文字符号等表达出来，传播开来，成为公共知识或客观知识，而人可以通过学习和交往活动，借助于公共知识来发展自己的个体知识。知识是人们对实践经验或实践活动的认知成果，具有一定的稳定性和明确性。特别是在教育领域，各门学科所涉及的基本是该学科中较为确定、接近共识的内容，是人类积累下来的较为可靠的经验体系。但是，这些知识并不是千真万确、不可置疑的定论。知识总在不断进化与更新，人总在试图对世界做出更准确、更完整、更深刻的理解和解释。在学校教育中，我们不应把知识作为结论教给学生，不要用知识的"权威"去"压服"学生，而应该把知识当成一种看法、一种解释，让学生去理解，去分析，去鉴别。在不可超越、无可挑剔的"权威"面前，学生就不可能有展现自主性和创造性的空间。

知识不简单等同于能力，但知识是能力发展的重要基础。能力是更稳定的心理特性，是知识、技能加以进一步概括化和系统化的结果，是通过对知识、技能的广泛迁移而实现的。如何提高知识获得的效果和效率，如何使学生掌握深层的、灵活的、有用的知识，始终是教学研究和改革的核心主题之一。

（二）知识的分类

人类的知识本身复杂多样，研究者从不同的角度划分了不同类别的知识。

1. 陈述性知识和程序性知识

安德森（Anderson，1983）从信息加工的角度，把知识分为陈述性知识和程序性知识。陈述性知识是关于"是什么"的知识，是对事实、定义、规则和原理等的描述。程序性知识则是关于"怎么做"的知识，如怎样进行推理、决策或者解决某类问题等。陈述性知识容易被人意识到，并且人能够明确地用词汇或者其他符号将其系统地表述出来。例如，发动机排量的计算公式是：排量 $= \pi/4 \times$（缸径）$^2 \times$ 行程 $\times$ 缸数。而程序性知识体现在实际活动中，个体到底有没有程序性知识，不是通过他的回忆，而是通过他的活动才能判断的。例如，同样对于知识"排量"，学生不仅可以说出排量的计算公式，而且可以根据公式对所接收的信息进行加工变换，用公式来解决有关的问题，这就意味着他具有了这方面的程序性知识。程序性知识是与一定的问题相联系的，在一定的问题情境面前，它会被激活，而后被执行，这一过程几乎是自动进行的，不需要太多的意识。程序性知识一旦被掌握，反而无法用语言描述出来。陈述性知识和程序性知识的学习过程有所不同。陈述性知识的学习要经历理解符号代表的意义，建立符号与事物之间的等值关系，对事实进行归类，掌握同类事物的关键特征，理解概念、事实之间的关系（邵瑞珍、皮连生，1997）等一系列步骤。陈述性知识的学习需要的是理解和记忆，而程序性知识的学习在此基础上，还主要包括两个相互联系的部分。（1）模式识别（pattern-recognition），即将输入的刺激信息与长时记忆中有关的信息进行匹配，从而辨认出该刺激属于什么范畴的过程。和陈述性知识的学习一样，程序性知识一般通过概括和区分的方法来完成，做到准确把握产生式的条件项。（2）动作序列（action-sequence）是指顺利执行、完成一项活动的一系列操作序列。这个部分的重点是形成清晰的产生式，并对产生式进行综合。总之，不管是模式识别还是把动作序列化，都需要接触大量的练习和反馈，从而达到熟悉和自动化。

陈述性知识和程序性知识在实际的学习与问题解决活动中是相互联系的。在实际活动中，陈述性知识常常可以为执行某个实际操作程序提供必要的信息。反过来，程序性知识的掌握也会促进陈述性知识的深化。另外，陈述性知识还常常是创造的基础，专家对问题的灵活解决常常与其丰富的经验有关。在学习中，陈述性知识常常是学习程序性知识的基础。另外，掌握记笔记、阅读等程序性知识对学习陈述性知识也具有很重要的意义。

学生的学习常常从陈述性知识的获得开始，而后把陈述性知识与具体的任务目标联系起来，去解决一个又一个问题，变成可以灵活、熟练应用的程序性知识。

程序，汉语的基本意思是"事情进行的先后次序"，其英文表述为procedure，更多地指向规定的步骤、程序和传统的做法，具有已经成为常规的含义。所以，程序常指已经固化了的规范态，相对着眼细节的表述。

其一，从抽象的时空维度考虑，程序强调步骤的先后次序，因而更多地具有时间轴的基本含义。

其二，从具体的时空维度考虑，程序涉及的范围较小，一般指某一具体事情实施的"线性"步骤。

2. 显性知识和隐性知识

1958年，英国科学家、哲学家波兰尼（Michael Polanyi）提出了显性知识（explicit knowledge）和隐性知识（implicit knowledge）的知识形态。显性知识是指用书面文字、图表和数学表述的知识，通常是用言语等人为方式，通过表述来实现的，所以又称为"言明的知识"（articulate knowledge）。隐性知识是指尚未被言语或其他形式表述的知识，是尚未言明或者难以言传的知识。

显性知识与隐性知识的存在是相对而言的，两者能够相互转化。有人（Nonaka & Takeuchi, 1995）建立了一个知识转换的矩阵，来说明两种知识转化的途径。

通过隐性知识社会化，我们分享别人的经历和经验，理解别人的思想和感情。通过隐性知识外化，我们用其他人能够理解的方式将隐性知识表达为显性知识。通过显性知识内化，我们将显性知识与自己的原有知识进行综合，转换成更复杂的显性知识。教师和学生在实践新的显性的教学模式和学习策略的过程中，也会产生自己的隐性知识。教师的教学和教育经验与学生的学习经验中也蕴藏着丰富的知识和才能，其中的显性知识能够被意识到，并能被分享，但有些隐性知识需要教师和学生进行观察、对比和分析才能整理出来，与其他人分享，成为显性知识。

（三）知识的表征

知识的表征（knowledge representation）指知识在头脑中的表示形式和组织结构。知识是通过个体与信息，甚至是整个情境相互作用而获得的，个体一旦获得知识，就会在头脑中用某种形式和方式来代表其意义，把它存储起来。

1. 概念

概念代表着事物的基本属性和基本特征，是一种简单的表征形式。特征本身又分为直觉特征、功能特征、关系特征等。不同概念在头脑中是相互联系的，又具有一定的层次关系，因此，它们就构成了概念层次网络组织。

关于概念的表征，目前心理学中主要有两种理论：特征表理论（feature list theory）和原型理论（prototype theory）。特征表理论认为概念是由定义特征和概念规则两个因素构成的。定义特征是概念的实例共同具有的特征。概念规则是指一些定义特征之间的关系或整合这些定义特征的规则。概念规则有肯定、否定、合取、析取、关系等。特征表理论能解释具有明确的定义特征的概念，如力的概念。原型理论认为，概念是由原型和与原型有相似性的成员构成的（Rosch，1975）。原型就是某一类别的最佳实例。而类别成员的代表程度，就是其他实例偏离原型的容许距离。确定一个物体属于某一个概念系统的依据是，它更符合哪一个原型。

2. 命题和命题网络

命题（proposition）是意义或观念的最小单元。用于表述一个事实或描述一个状态，通常由一个关系和一个以上的论题组成，关系限制论题。例如，在"汽车制动开关坏了"这一命题中，"制动开关"是命题谈及的论题，而"坏了"则是这一命题的关系，对我们所知道的有关制动开关的全部情况做了限制，使得我们只注意到制动开关坏了这一内容，而不关注有关制动开关的其他情况。一个命题虽然只能有一个关系，但其中所包含的论题可以不止一个。

命题用句子来表达，但命题不等于句子。一个句子可以包含一个或多个命题。句子代表着交流观念的方式，而命题代表着观念本身。个体使用命题而不是句子将观念储存在头脑中。

如果命题之间具有相互关系，则构成命题网络（propositional network）。两个或多个命题常常因为有某个共同的成分而联系在一起，从而构成了命题网络，或称为"语义网络"。命题按层次网络结构储存，相互有联系的信息组成网络。由于上位概念的特征只出现一次，无须在其他所有的下位概念中再储存，这样的分级表征可以大大节省储存空间，体现出"认知经济"原则，因而学习成效可以大为提高。命题和命题网络是陈述性知识的主要表征方式。

3. 表象

表象（image）是人们头脑中形成的与现实世界的情境相类似的心理图像。表象是对事物的物理特征做出连续保留的一种知识形式，是保存情境信息与形象信息的一种重要方式。当我们形成表象时，总是试图回忆或者重构信息的自然属性和空间结构。命题是一种断续的、抽象的表征；表象则是一种连续的、模拟的表征，特别适合在工作记忆中对空间信息和视觉信息进行某种经济的表征。如汽车VR就是一种虚拟仿真教学软件，是对汽车结构或者操作的一种虚拟实训，可以降低实训成本和提高汽车实训的安全性。

4. 图式

命题和表象都只涉及单个观念，心理学家提出图式的概念来组合概念、命题和表象。图式表征了对某个主题的综合性知识。比如，我们在头脑中都有关于实训室的图式，与它相关的信息有教师、学生、黑板、桌子、多媒体设备、理论区、实训区、实训设备等。通过这样的图式，我们可以预想到整个实训室的布置，可以预想到上课时的情境。

图式是指有组织的知识结构，即关于某个主题或某个实训项目任务的单元，包括与该主题或任务相关的一套相互联系的基本概念，构成了感知、理解外界信息的框架结构。安德森认为，图式是"对类别的规律性进行编码的一种形式。这些规律性既可以是知觉的，也可以是命题性的"（Anderson，1995）。据此，图式不仅仅是命题表征的扩展，因为命题并不对知觉的规律性做出编码，只是表征事物的抽象含义，图式更是表征了特殊事物间的相同点。这种相同点既可以是抽象命题水平的，也可以是知觉性质的。

5. 产生式

我们的日常活动通常包含着一些决策。比如，如果口渴，就找水喝；如果学习累了，就听一听音乐调节一下；考试中如果不知道这道题的答案，就先放下它做下面的题……做出这些决策时，我们通常需要确定当时的情境和条件，然后采取相应的行动。

产生式是指条件—动作的配对，即"如果某种条件满足，那么就执行某种动作"的知识。它表明了所要进行的活动以及发生这种活动的条件。它与前面的概念和命题网络的表征方式不同，它具有自动激活的特点，一旦存在，满足了特定的条件，相应的行为就会发生，这常常不需要明确的意识。

产生式是程序性知识的主要表征方式。程序性知识在获得之初是以命题网络的形式表征的，在变式练习的条件下，就转化为产生式的表征方式。一旦条件满足，行为自动激活。这就解释了熟练技能自动执行的心理机制。所以，中职学校汽车类专业技能课程一定要让学生反复训练达到熟练的程度，毕业参加工作时通过产生式将操作技能自动激活。

一个产生式的结果可以作为另一个产生式的条件，从而引发其他的行动。这样，众多的产生式联系在一起，就构成了复杂的产生式系统。复杂的汽车故障排除过程往往就是由一系列产生式系统表征的。

（四）知识学习的基本机制

对于知识的学习的机制，人们从知识类型、学习方式、学习深度等不同角度做出了实质性解释，并提出了相应的学习过程模式。例如，知识的学习可以根据知识的分类分为陈述性知识学习和程序性知识学习，或者分为符号学习、概念学习和命题学习。知识的学习也可以按照学习方式分为接受学习、发现学习与支架式学习。鲁姆哈特和诺曼（Rumelhart & Norman，1978）根据图式理论提出，知识的获得有图式的积累（accretion）、调整（tuning）和重构（reconstruction）三种方式。积累指在原有的图式内积累新的事实和知识，从而导致图式的发展，这时，新经验与原来的图式是一致的，只要把新经验吸收到原来的图式里面就行了。调整指为了更准确地适应新的实际情况，已有图式常常需要做一些小的调整，包括推广或限制它的适用范围，确定其优劣之处等。重构指打破原来的图式，创建新的图式，这是图式的质变。

冯忠良等人提出，知识的掌握经历了领会、巩固和应用3个阶段。因此，直观、概括化及具体化等认知动作与识记及保持等记忆动作是实现这三个环节的核心。

斯皮罗等人提出知识获得（acquisition of knowledge）经历了初级学习和高级学习两个阶段。因此，理解和应用是实现这两个环节的重点。但是，知识的获得不是一次性完成的，知识的获得与知识的应用也不是绝对依次进行的。知识往往是在应用的过程中被获得、理解、深化和整合的。

从建构观点看，知识学习都遵循知识的双向建构过程。个体获得知识的过程不简单是知识从外到内的传送转移过程，不是学习者原封不动地接受、占有知识，而是学习者建构自己的知识的过程，这种建构活动是通过新信息与原有知识经验之间双向、反复的作用完成的（陈琦、张建稳，1998）。

在知识建构过程中，学习者需要以原有知识经验为基础来同化新知识。对新信息的理解总是依赖于学习者原有的知识经验，学习者必须在新信息与原有知识经验之间建立适当的联系，才能获得新信息的意义。学习者通过将新知识与原有知识经验联系起来，从而获得新知识的意义，把它纳入已有认知结构的过程，就叫作新知识的同化。同化过程涉及感知、判断、推理、记忆等一系列复杂的认知活动。一旦学习者在新知识与原有观念之间建立了逻辑联系，他就可以利用相关的背景知识对信息做出进一步的推论和预期。这样，通过积极地在新、旧知识之间建立联系，将原有知识经验投射到新情境中，学习者就可以"超越所给的信息"，进一步生成更丰富的理解。因此，知识的同化过程实际上是一个不断建立联系，做出推论的过程。学习者正是通过这种联系和推论活动将外在信息转化成"自己的"知识的。

与此同时，随着新知识的同化，原有知识经验会因为新知识的纳入而发生一定的调整或改组，这就是知识的顺应。当新观念与原有知识之间可以融洽相处时，新观念的进入可以丰富、充实原有知识。有时，新观念与原有知识之间有一定的偏差，这时，新观念的进入会使原有观念发生轻微的调整。

同化意味着学习者联系、利用原有知识来获取新观念，它体现了知识发展的连续性和累积性。顺应则意味着新、旧知识的协调，它体现了知识发展的对立性和改造性。通过同化理解新知识的意义是原有知识发生顺应的基础，而真正的同化也常常离不开顺应的发生，因为只有转变了原有的错误观念，解决了新、旧知识之间的冲突，新观念才能与原有知识体系协调起来，从而真正一体化。知识建构一方面表现为新知识进入，另一方面又表现为原有知识的调整改变，同化和顺应作为知识建构的基本机制，是相互依存、不可分割的两个侧面。

综上所述，知识的建构是通过新、旧知识之间充分的、双向的作用实现的。在获得新知识时，学习者需要充分调动有关的知识经验，分析、组织当前的新信息，生成对信息的理解和解释。同时，学习者要反省新知识和旧知识的一致性，鉴别、评判它们的合理性。作为中职的专业老师，我们怎么样利用知识建构的基本机制，让学生愿意学习并乐于学习，是摆在我们面前的一项重要课题，因为我们面对的一些学生对理论知识不感兴趣。

二、知识的理解

（一）知识理解的过程

我们是怎样理解知识的？比如，读一段文字，似乎它所表达的意义就在字里行间，它"射入"我们的感官，进而进入我们的大脑，我们就可以很自然地明白它在说什么。但其实，理解过程并不是这样"简捷"。

理解是一个复杂的过程，不仅仅是信息通过感官输入我们的大脑。学习者的已有知识和经验也会与当前的情境相映射，从而帮助我们构建意义。意义的理解正是在这种外界信息与已有知识经验的相互作用中得以实现的。

维特罗克（Osborne & Wittrock, 1983）的生成学习理论对理解的这一生成过程（generative process）做了深入分析和解释。他认为，学习是学习者生成信息的有意义的过程，这一过程是通过原有认知结构及相关知识经验与从环境中接收到的感觉信息的相互作用实现的。在这种相互作用的过程中，学习者主动地选择信息和注意信息，主动地建构信息的意义。

（二）知识理解的影响因素

1. 客观因素

（1）学习材料的内容。

第一，学习材料的意义性。有意义的学习材料应该有逻辑地、清晰地表达某种观念意义，具有激活学习者相关知识经验的可能性。那些无意义的音节或乱码是难以导致理解活动的。

第二，学习材料内容的具体程度。具体的、形象的、与生活经验更为贴近的信息，容易激活学生的先前经验，有助于学生形成丰富的联系。抽象的内容往往是对具体内容的提炼、概括，只保留了其中的关键信息，概括了事物的一般特征或规律，远离学生的具体经验，对这样的学习材料，学生需要用更多的意识努力，去分析、思考这些内容，生成与原有知识经验的联系，填补这些抽象内容与原有经验背景之间的缝隙。这就是为什么中职的学生对那些抽象性太强的学科或课程不感兴趣的原因，因为这些抽象的内容理解起来太难。

学习材料的相对复杂性和难度。涉及因素较少、概念之间关系比较直接的知识较易于为学生接受和理解。当一个知识所揭示的关系超越了学生现有的知识基础和认知发展水平时，学习者的认知负荷将会超载，从而导致学习困难。

（2）学习材料的形式。

同样的内容，往往既可以用较抽象的方式来呈现，也可以用直观的方式来表现。直观的方式包括：（1）实物，即对实物的直接观察。（2）模型，即用模拟的形象来描述、表现一种事物，让学生看到无法或难以直接观察的东西，如流程图、汽车发动机或底盘总成模型，特别是汽车电路图等。（3）言语，形象的言语也可以使事物的信息丰富、生动起来，从而让学生有活灵活现、身临其境之感。这些直观的方式可以为抽象内容提供具体感性信息的支持。但直观并不局限于感知水平，它也可以为更高级的认知活动提供支持。比如，对实物特征的比较、分析、归纳，对模型结构中各种关系的辨别，对现象的实验操纵、分析等，其中都包含了高水平的思维活动。不要为直观而直观，"在处理所有的事物时都渗透着推理……只教授事物而没有思维，只有感官知觉而没有与之相关的判断，这是最不符合自然本性的"（约翰·杜威，1991）。

当所教的内容较为复杂时，多媒体和虚拟现实等计算机技术则会起到很好的教学辅助作用。这些计算机技术可以用形象、直观的形式把一种动态的过程，各种复杂的变化、关系、结构（如汽车复杂总成的内部结构）等用言语难以描述清楚的内容很好地表现出来，这对学生的理解是非常有帮助的。

（3）教师言语的提示和指导。

教师在不同教学阶段的言语提示对学生的学习有直接的影响。在教学的开始阶段，教师用言语可以为学生创设一个问题情境，激发学生探索和求知的欲望；在具体讲述某一知识以前，教师通过课堂提问可以唤起学生对已有有关经验的回忆；在向学生陈述和解释知识的过程中，教师的言语提示可以帮助学生正确建立起知识中包含的各个概念之间以及新学知识和学生的已有知识之间的内在联系，并使学生从中获得所学知识的具体意义。在教学中，教师言语的作用不应仅仅局限于对某一具体知识的描述和解释，重要的是用言语引导学生进行主动的建构。

2. 主观因素

（1）原有的知识经验背景。

学生对新信息的理解会受到原有知识经验背景的制约，这种知识经验背景有着广泛的含义。

第一，它不仅包括学习新知识所需要的直接的基础性知识（准备性知识），也包括相关领域的知识以及更一般的经验背景。比如，学生的生活经验以及物理知识都会影响到他们对汽车构造配气机构原理的学习。

第二，它不仅包括学生在学校学习的正规知识，也包括他们的日常直觉经验。比如，学生对各种机械的观察经验会直接影响到他们对汽车类专业开设课程的学习。

第三，它不仅包括与新知识相一致的、相融的知识经验，也包括与新知识相冲突的经验。前者可以帮助学生理解新知识，这是奥苏伯尔所说的可以作为新知识的固着点的先前知识，而那些与科学知识相违背的错误观念（misconception）则会使学生难以真正理解新知识，感到它不可思议。

第四，它不仅包括具体领域的知识，还涉及学生的基本信念。①本体论信念，指学生关于世界及其运行方式的假定。比如，万事万物都是有规律可循的吗？事物的性质是确定的，还是偶然的？时间和空间是绝对的吗？这些信念会影响到学生对科学知识的理解。②认识论信念，指学生对知识、对学习的看法。比如，知识是静态的，还是动态的？知识是一堆零散的真实材料，还是一个相互联系的体系？学习是对这些知识的接受和记忆吗？这种知识观和学习观会影响到他们对知识的加工理解方式以及学习的效果。

第五，它不仅包括直接以现实的表征方式存在于长时记忆中的知识经验，也包括一些潜在的观念。有些问题学习者还从未接触过，但一旦面对这种问题时，他们便可以自己的知识经验为背景，依靠自己的推理和判断能力，形成自己的假设和解释。这并不都是胡乱地猜测，它们常常是从其经验背景中得出的具有一定合理性的推论。这种潜在的背景知识同样也会对新知识的理解产生影响。

第六，它有时被表述为学生的认知结构。奥苏伯尔分析了认知结构的不同特征，如固着观念的可利用性、清晰稳定性和可辨别性，对知识理解及其保持的影响。

综上所述，学习者的原有知识背景会影响到理解新知识，而这种知识背景有着丰富而广泛的含义，它包括来源不同的、以不同的表征方式存在的知识经验，是一个动态的、整合的认知结构。

（2）学生的能力水平。

①学生的认知发展水平。

学生能否理解一个事实和一种特定的关系和其自身的认知发展水平有直接的关系。两类事物或现象可以构成各种各样的关系，如类属关系、交叉关系、并列关系、因果关系等，学生对这些关系的认知能力是渐进发展的。一般来说，学生对知识的理解水平是和其认知水平同步的，低年级学生的思维对事物的形象和表象有很大的依赖性，不能借助各种抽象的符号来进行心理操作。因此，他们往往只能理解两类事物或现象之间的一些直接的、初步的关系。只有当学生的抽象逻辑思维发展到一定水平后，他们才能真正理解一些较为复杂的、抽象的原理。中职学校的汽车类专业学生大部分停留在往往只能理解两类事物或现象之间的一些直接的、初步的关系，极少数学生能真正理解一些较为复杂的、抽象的原理。

②学生的语言能力。

知识，尤其是抽象知识，通常用语言来表述。有时，学生的语言能力不足可能导致他们对某些知识的理解存在困难。在教育实践中，我们经常观察到一些学生因学习兴趣或其他因素的影响，存在明显的课程发展不平衡现象，尤其是在语文、数学和英语这三门科目上出现严重的偏科现象。对于机械类专业课程的学习效果较好，但对于一些需要较强电子基础的专业核心课程，学生的掌握程度则不够扎实，存在较为普遍的一知半解现象。

（3）主动理解的意识与方法。

①主动理解的意识倾向。

许多教师和学生都认为，学生听了并记下了教师所讲的概念、规则和方法策略，看到了教材中写的内容，自然而然地就能理解这些内容了。这种关于学习的观念会严重阻碍他们对知识的理解。学生常常一遍一遍地阅读，一遍一遍地练习，却无法真正理解所学的内容，或者只是理解了一点字面意思。理解并不是随着这些新信息的进入而轻易地实现的，它需要学生主动去生成知识经验间的联系。如果学生能主动地生成知识间的联系，他将会形成更深、更好的理解。

维特罗克（Wittrock，1991）强调，为了促进理解的生成，必须改变学生对学习活动的认识，改变他们对自己在学习活动中的作用的认识，即从记录、背诵教师所给的知识转变为通过把所学知识与原有知识及真实生活经验联系起来而进行生成性学习。要让学生知道理解不是自动发生的，理解的程度取决于学生在学习中的思考活动，以及他们对自己的学习过程的意识和控制。为了生成自己的理解，学习者需要努力建立两类联系：一种是当前学习内容的各个部分之间的联系；另一种是当前学习内容与原有的知识、信念或经验之间的联系，学习者必须带着"主动联系"的准备去学习，有意识地把自己的注意力集中在知识间的联系上，去思考、推断知识的真正含义。

②主动理解的策略和方法。

维特罗克（Wittrock，1991）提出，为了促使学生把当前内容的不同部分联系起来，教学中可以采用如下策略。第一种是提问题。针对当前的内容，学生提出自己想弄明白的问题，这就需要学生对内容进行综合和分析。提问题可以用于所有专业课程体系。第二种是说明目的。说明教材写这些内容的目的，这需要学生综合这些内容，做出分析和推测。第三种是画关系图或列表。用画图或列表的方法概括、整理这段内容的要点，表现它们之间的关系，分析、比较相关概念的异同。

为了帮助学生把当前的学习内容与原有的知识、经验联系起来，教师可以采用以下策略。第一种是举例。从原有经验中找到适当的例子，来解释说明当前的内容。第二种是类别与比喻。用自己熟悉的事物来比喻、类比新学习的知识。第三种是证明。以原有知识、经验为基础来论证当前的概念、原理，为它们提供理由和证据。第四种是述义。不是重复教材中的原话，而是用自己的话来表达所学知识的意识。第五种是推论。从这一知识出发，可以进一步推知什么。根据中职学生的特点，以上方法都可以综合运用。这对培养学生的理解能力非常有帮助。

（三）概念的学习

外在世界的信息变化繁杂，主要通过概念（concept）对信息进行分类处理。我们对世界的认识，是由概念与概念之间的关系构成的。概念的学习在学生的学习中占有重要的地位。

1. **概念的界定、结构与类型**

（1）概念的界定。

概念就是代表一类享有共同特性的人、物体、事件或观念的符号。例如，"汽车"就是一个概念，表示许多都具有某些共同属性的一类交通工具。概念所反映的不是一类事物的某一具体特征，而是一类事物所共有的本质特征。概念是抽象的，在真实的世界中只存在概念的个别例子。在中职学校，由于多媒体技术的应用，教师在教学过程中授课知识量大，从而导致忽略概念教学的情况大有人在，因为有相当部分教师错误地认为概念不重要，实操教学才重要，这对学生的可持续发展是有很大影响的。

① 概念的内涵和外延各有差异。

有些概念内涵小、外延大，也就是说，概念的成员享有少量的共同属性，但包括大量的成员，如发动机等。有些概念内涵大、外延小，也就是说，概念的成员享有大量的共同属性，但包括少量的成员，如新能源汽车等。

② 有些概念的含义随着年龄的增长也在不断变化。

例如，"公正"（justice）这一概念，人们终生都在试图理解它。例如"生命"的概念，青少年儿童对它的概念的形成有一个渐进的发展过程。从认为任何东西都是有生命的、认为能动的东西才是有生命的，一直到认为自己能动的东西才是有生命的这样一个对生命的理解。

③ 概念是有层次的。

许多概念都是以一种相当复杂的方式联系在一起的。概念有助于人将大量的信息组织成有意义的单位，从而大大简化了人的思维过程。我们可以不必为所遇到的每一样新事物命名和归类。我们通常把它们归入已有的类别。如果不能形成概念，我们就会发现生活将是混沌一片、毫不相关的经验，无法对事物归类，没有用于思考相似事物的符号，人与人之间的交流也将是不可能的。

（2）概念的结构。

概念一般由名称、定义、属性和例证组成。

① 概念的名称。

概念一般是由词汇表示的，但并非所有词汇都是概念，当一个词所指代的是一类事物的属性时才能被称为概念。心理学中所使用的"概念"（concept）一词并不一定要求必须用一个特定的词表示出来。

② 概念的定义。

概念的定义就是用一个或几个句子对概念所代表的某类事物的共同特征所进行的概括。概念的定义往往用于对一类事物共同特征的界定。一般来说，大部分概念都有一个具体的定义，但有些事物、事件或观念是非常复杂的，有时虽然我们知道一个概念的内涵，但真正要给它下一个定义却比较困难，如"和谐"。

③ 概念的属性。

概念的属性又称"关键特征"，是一个概念的所有成员都具有的本质属性。所谓属性是指概念中的各种可以辨别的特征，属性既可以是形状、颜色，也可以是大小、体积、质量等。概念的特征可分为关键特征和无关特征。关键特征是所有概念成员所共享的特征，如长有羽毛是所有鸟类的关键特征。无关特征是部分概念成员所具有的特征，如是否能飞是鸟类的无关特征，有些鸟（如麻雀等）能飞，有些鸟（鸭等）不能飞。

④ 概念的例证。

概念所反映的是某一类事物的共同属性，每一个概念成员都是这一概念的具体例证。概念的例证大致可分为正例和反例两种。正例或肯定例证（positive instances）是完全符合概念关键特征的例证。正例还可以分为原型和变式两种：原型是概念的最佳实例；变式（variation）是概念在无关特征方面有变化的正例。例如，等腰梯形、直角梯形都是梯形的变式。反例或否定例证（negative instances）是完全不符合或不完全符合概念关键特征的例证。

（3）概念的类型。

① 日常概念和科学概念。

维果茨基认为，日常概念又称为"前科学概念"，是没经过专门的教学，而在日常生活中通过辨别学习、积累经验掌握的概念。科学概念则是在教学过程中通过揭示概念的内涵形成的概念。

② 难下定义的概念与易下定义的概念。

赫尔斯（Hulse）根据关键特征的明显程度，把概念分为两种：一种是易下定义的概念，是关键特征明显，易用某种规则揭示出来的概念，如三角形、发动机气缸工作容积；另一种是难下定义的概念，是关键特征不明显，不易用某种规则揭示出来的概念，如书、智力、发动机过量空气系数等。

③ 初级概念和二级概念。

奥苏伯尔认为，关键特征可以从概念的正反例子中，通过分析概括揭示出来的概念是初级概念（primary concept）；而二级概念（secondary concept）则不经过观察概念的正反例子，直接用定义的形式揭示出来，如等腰三角形等。

④ 联言概念、选言概念和关系概念。

联言概念指概念中同时具有某些属性，且属性之间具有相加的性质的概念，如毛笔、活动扳手等。在这种概念中，其所具有的属性缺一不可，必须同时具备。选言概念指概念中属性的组合，二者选一或二者兼备。选言概念指概念的各种属性可以揭示出某种特殊关系，如许多表示方位、相对大小的概念都被称为"关系概念"。

2. 概念的获得

概念的获得实质上就是要理解一类事物共同的关键属性，也就是说，使符号代表一类事物，而不是特殊的事物。学生获得概念的两种基本形式是概念形成（concept formation）和概念同化（concept assimilation）。

（1）概念形成。

概念在我们生活中使用极广，对思维过程尤为重要。赫尔（Hall，1920）首创人工概念的经典研究，并提出了联想理论，试图根据强化反应的原理来解释概念形成，即同类事物的关键特征可以由学习者从大量同类事物的不同例证中独立发现。如果学生能够正确地识别出某个概念的一个例子，就给予强化，告诉他是对的，如果学生对刺激识别错了，则告诉他错了。通过一系列尝试，正确的反应与适当的刺激就联结起来了，因而学生的概念也就形成了。后来，布鲁纳等人提出的假设—检验理论，其基本观点是，在概念形成过程中，学生并不是被动地、消极地等待各种刺激的出现以形成联想，而是积极地、主动地去探究这一概念，通过一系列的假设—检验来发现这一概念。学生在形成概念的过程中，还会采取各种策略，以求加快发现这一概念的过程。

（2）概念同化。

学生在教学条件下学习概念，完全不同于人们在自然条件下形成概念或科学家发明与创造概念，也不同于在人工条件下形成概念。学生获得概念的主要形式是概念同化。所谓概念同化是这样一种概念获得方式：利用学习者认知结构中原有的概念，以定义的方式直接给学习者揭示概念的关键特征，从而使学习者获得概念。在学校教学中，概念的学习都是以已有的知识经验为基础的。在这一过程中，认知结构中的原有概念可以为一个新概念的吸收提供一个固定点，当学习者在已有的概念和新概念之间建立起一种实质性的、非人为的联系以后，学习者就会获得新概念的具体意义。

奥苏伯尔把概念同化分成了上位学习、下位学习和并列结合学习三种基本形式。第一种形式是下位学习。当学生已经获得了一个抽象概括程度较大的概念以后，学生就会很容易地把握一个下位概念，例如，学生在获得了"汽车"这一概念并能准确地把公共汽车、卡车、吉普车等纳入这一概念体系以后，在碰到又一种新的概念——"新能源汽车"时，学习者不需要经过概念学习的辨别、归纳的初级过程，而只需要经教师用下定义的方法告诉学生新能源汽车是汽车的一种，并向学生进一步解释新能源汽车和其他车型的区别后，学生就能较为准确地获得新能源汽车这一概念。第二种形式是上位学习。当学生已经获得了几个同类的、包摄程度较低的概念以后，他们就可以在教师的引导下形成一个抽象概括程度较高的新概念。第三种形式是并列结合学习。当学生已经获得几个包摄程度相同并且相互关联的概念以后，便会在此基础上很容易地获得另一个同样性质的概念。这是因为它们是同样性质的概念，学生很容易在已有概念的基础上获得新概念的意义。事实上，课堂教学中的许多同类性质的概念都是通过这种并列结合学习的形式获得的。一些传统的专业因为课程体系比较完善，所以这种并列结合学习的同类性质的概念并不多，因为避免课程内容重复教学。

3. 概念的学习和促进

（1）概念的学习方式。

概念的获得既然有概念同化和概念形成两种形式，那么概念的教学也可采取相应的两种方法：概念接受学习和概念发现学习。

① 概念接受学习。

概念接受学习方式对应于概念同化，遵循"规则—例子—规则"的程序。其具体做法是：先给学生一个定义，接着呈现几个正例（反例），然后分析这些例子是如何代表这一定义的。学校所教的概念常常采用这种方式。这种方法的效率比较高，比较适合高年级或者有了一定基础概念的学生。但是，如果从建构主义的角度看，这种方法存在一定的局限性，它更多地关注了概念的定义特征，而忽略了学生已知的范例，可能对概念的加工应用不够。

② 概念发现学习。

概念发现学习对应于概念形成，遵循"例子—规则—例子"的程序。其具体做法是：先呈现例子，再引导学生根据概念的特征，不断修正推导出适合的概念，最后再呈现相关的例子，对概念加以巩固。这种方式更能促进学生的高层次思维，不仅能帮助学生建构对特殊概念的理解，还能发展学生的思维技能，如检验假设的能力。教师可以先呈现一个概念的正例和反例，让学生来提出假设，猜猜概念是什么，通过不断提供正例、反例，学生对这个概念的特征把握得越来越精确，直到学生自己建构出新概念。为了加强对高层次思维的教学，教师还可以让学生反思自己的分析过程与思维策略。

（2）概念教学注意事项。

不管采用什么教学方法，为了帮助学生有效掌握概念，教师要注意把握概念的四个方面的因素：概念的名称、定义、特征和例证。

① 清楚交代概念的名称或别称。

概念的名称需要交代清楚。比如，教师要让学生知道有些概念具有同义词或者别称，如厚薄规又称"塞尺"；引导学生分辨一些表面相似的概念，如等边三角形和等腰三角形。

② 明确揭示概念的定义。

一个良好的概念定义具有两个要素：一是指出新概念所隶属的更一般的类别；二是给出新概念的定义特征。好的定义并不能只靠语言。在对某些概念的教学过程中，"一幅画抵得上一千句话"，特殊的例子或者图画对学生形成概念非常重要。一些综合性强的课程，如汽车底盘维修、汽车综合实训等，学生利用图表和图画对概念的掌握效果要好于只利用文字材料。

③ 突出有关特征，控制无关特征。

大量的实验研究和教学经验证明，概念的关键特征越明显，学习越容易，无关特征越多、越明显，学习就越困难。概念教学需要突出有关特征（定义特征），控制无关特征。能飞并不是鸟的有关特征，虽然许多鸟都会飞，但是，有些鸟不能飞（鸭），而有些不是鸟的动物却能飞（蜜蜂）。概念的无关特征是同时呈现还是随着举例而逐个呈现，一次呈现多少无关特征，如何控制无关特征的突出性和隐蔽性，都要根据概念的学习方式和学生的先前经验与思维水平来确定。

④ 适当运用正例和反例，提供变式和比较。

概念教学需要举例说明。在教那些对学生而言比较难的概念时，教师需要运用较多的例子。正例和反例在划分类别的界限中都是必不可少的。正例给出了概念外延，最有利于概括。为了便于学生从例子中概括出共同的特征，教师最好同时呈现若干正例，这些正例应包括许多无关特征（变式），防止学生概括不足（undergeneralization），即把属于这个概念本身的成员排除在外，人为缩小概念的外延。

反例与概念本身非常相关，只是少了一个或者几个关键特征，最有利于辨别。反例的适当运用可帮助学生排除无关特征的干扰，加深对概念本质的认识，可防止学生过度概括（overgeneralization），即把不属于概念本身的成员包含进来，人为扩大概念的外延。

概念教学的举例需要遵循一定的顺序，需要合理运用变式，同时要引导学生进行比较。有人（Tennyson & Park，1980）指出在运用例子说明概念时的三条原理：一是按由易到难的顺序呈现正例，先举原型，然后举其他正例；二是选择彼此不相同的例子，也就是各种变式，比较原型和各种变式之间在概念特征上的异同；三是比较正例和反例，尤其是比较两者在关键特征上的差异。

此外，例子有简单和复杂之分，简单的例子可以用来帮助学生形成某个概念，而那些比较复杂的例子才是经验概念是否真正形成的试金石。教师需要根据概念的学习方式、学生的先前经验和思维水平来确定在教学中一批呈现多少例子、呈现多少批例子；哪些例子用作教师的讲解说明，哪些用作学生的归纳概括，哪些用作学生的判断练习，或者哪些用作验证考核学生对概念的理解。

（3）概念网络的形成。

概念教学不仅仅要让学生准确了解所教的概念是什么，还要让学生把新学的概念和自己长时记忆中已有的概念联系起来，这就涉及概念关系图（concept mapping）——一种用图表的形式表征知识的方法。概念关系图是一种按照概念之间的内在逻辑关系，将一个概念和与其关联的其他概念组织在一起，形成概念网络的教学策略或教学方法，其目的是使概念之间的关系可视化。我们一般以网络的形式组织知识，这个网络由节点和连线组成，节点表示概念，连线代表概念之间的关系。概念关系图在教学中主要有两方面的功能。它可以作为一个教学工具。在建构概念图的过程中，学生能对自己对概念之间关系的理解进行梳理，有利于理解的深入（张爱琴，2005）。同时，它也可以作为评价工具。一名学生如果在做概念关系图时遗漏了某些概念、某些连线，就表明学生对这一概念缺乏足够的理解（Abrams & Wandersee，1992）。教师可以此来发现学生对概念，特别是概念之间关系理解的疏漏。

（4）概念的运用。

促进概念掌握和学习的方法还有很多。比如，教师在呈现例子时多采用可视化的工具，更重要的是要给学生实际应用的机会，这样学生对概念就会更加亲切，掌握概念的积极性就会提高。根据建构主义，概念的意义存在于对概念的应用之中。对概念的实际运用是概念具体化的过程，而概念的每一次具体化，都会视功能进一步丰富和深化，对概念的理解就更完全，更深刻。已经获得的概念可以在知觉水平和思维水平上运用。

① 在知觉水平上运用。

在人的认知结构已经获得同类事物的概念以后，如果再遇到这类事物的特例时，人就能立即把它看作这类事物中的具体例子，把它归入一定的知觉类型。此外，已经获得的概念在新的地方出现时，学习者不必经过一系列的认知过程，就可以从知觉上直接觉察它的意义。

② 在思维水平上运用。

在接受学习中，将新的概念归属于原有的层次较高的概念，或者识别某一类已知事物的一个不太明显的成员（在思维水平上分类），都属于在思维水平上的运用。发现学习中也常常需要运用原有的概念。例如，在解决比较复杂的问题时，我们必须重新组织原有的概念，以满足解决当前问题的需要。这也是概念在思维水平上运用的特征。

三、学习迁移

（一）迁移及其分类

1. 学习迁移的界定

学习是一个连续的过程，任何学习都是在学习者已经具有的知识经验和认知结构、已经获得的动作技能、已经习得的态度等基础上进行的，而新的学习过程及其结果又会对学习者的原有知识经验、技能和态度，甚至学习策略等产生影响，这种新旧学习之间的相互影响就是学习迁移（transfer of learning）。学习迁移是"在一种情境中的技能、知识和理解的获得或态度的形成，对另一种情境中的技能、知识和理解的获得或态度的形成的影响"（索里 & 特尔福德，1982），或者简单地说，学习迁移是一种学习对于另一种学习的影响。

2. 学习迁移分类

（1）知识、技能和态度的迁移。

从迁移发生的学习类型或领域上看，迁移不仅发生在知识和动作技能的学习中，同样也发生在情感和态度的学习与形成中。例如，学习了汽车构造课程的基础知识，有助于理解汽车发动机维修课程和汽车底盘维修课程中的一些原理到故障再到原因的关系。这属于知识的迁移。又如，学会骑摩托车的人更容易掌握汽车技术，这属于动作技能的迁移。对中职学校的学生而言，其动作技能迁移能力很重要。在汽车专业课程中，教师要求作业必须整洁、有条理，这也许能培养学生在以后的就业等许多方面都严格要求自己的态度和习惯，这就属于习惯、态度和情感领域的学习迁移。

（2）顺向迁移和逆向迁移。

从迁移的方向而言，迁移可以是顺向的，即先前的学习对后来学习的影响，称为"顺向迁移"（forward transfer）；也可以是逆向的，即后来的学习对先前学习的影响，称为"逆向迁移"（backward transfer）。当学习者面临新的学习情境和问题情境时，如果利用原有的知识或技能获得了新知识和解决了新问题，这种迁移就是顺向的迁移。例如，学生在汽车机械基础上学习了齿轮传动原理，就会对变速器挡位传递路线、差速器的差速原理的学习产生影响。学习者原有的知识技能不足以使其学习新知识或解决新问题时，学习者需要对原有的知识进行补充、改组或修正，这种后来学习对先前学习的影响就是逆向迁移。学习者后来学习的新概念使学习者对先前概念的理解发生了变化，也是一种逆向迁移。

（3）正迁移和负迁移。

从迁移的影响效果方面看，迁移的发生既可以是积极的，也可以是消极的。

正迁移（positive transfer）是指一种学习对另一种学习的积极影响，包括一种学习使另一种学习具有了良好的心理准备状态，或使另一种学习活动所需的时间或练习的次数减少，或使另一种学习的深度增加或单位时间内的学习量增加，或者已经具有的知识经验使学习者顺利地解决了面临的问题等情况。例如，学习骑摩托车对学习开汽车有正迁移作用。加涅把正迁移又分为横向迁移（lateral transfer）和竖向迁移（vertical transfer）两种。横向迁移是指个体把已学到的经验推广应用到其他内容和难度类似的情境中。而竖向迁移是不同难度的两种学习之间的相互影响：一种是已有的较容易的学习对较难的学习的影响，往往是对已有的学习进行概括和总结并形成更具一般性的方法或原理的结果；另一种是较高层次的学习原则对较低层次的学习的影响，原则的迁移

（transfer of principle）就是由较高层次的学习产生的原则对该原则适合的具体学习情境的迁移。

负迁移（negative transfer）是指一种学习对另一种学习的消极影响，包括一种学习所形成的心理状态，如反应定式，对另一种学习的效率或准确性产生了消极的影响（潘菽，1980），或一种学习使另一学习所需的学习时间或练习次数增加，或阻碍另一种学习的顺利进行、知识的正确掌握等。例如，学习汉语拼音对学习英语国际音标产生负迁移。

（4）特殊迁移和非特殊迁移。

从迁移发生的方式和范围看，迁移可分为特殊迁移和非特殊迁移。特殊迁移是指某一领域或课题的学习直接对学习另一领域或课题所产生的影响。非特殊迁移又称"一般迁移"，是指迁移产生的原因还不明确，既可能是原理原则的迁移，也可能是态度的迁移。这样产生的迁移可能是由动机、注意等因素引起的，也可能是由学习的其他准备活动或学习方法、策略引起的。布鲁纳认为，一般的技巧、策略和方法有广泛迁移的可能性，他十分重视非特殊迁移的重要性。

（5）近迁移和远迁移。

这是根据学习迁移的不同程度而划分的。近迁移（near transfer）指将所学的经验迁移到与原学习情境比较相似的情境中。远迁移（far transfer）指个体将所学的经验迁移到与原学习情境极不相似的其他情境中。在远迁移的情况下，前后两种学习的结构特征相同，如相同的三量关系，而情境特征不同，但在近迁移情况下，两种学习的结构特征相同，并且情境特征相似。

（6）低通路迁移和高通路迁移。

这是根据迁移发生的自动化水平划分的。低通路迁移（low-road transfer）指反复练习的技能自动化的迁移，如发动机拆装；高通路迁移（high-road transfer）指有意识地将在某一情境中习得的抽象知识运用到新的情境中，如利用做笔记策略来阅读文章。

对迁移的不同分类方法体现了人们对迁移的理解深度和研究角度的不同。随着迁移研究的不断深入，研究者逐渐认识到，在不同的任务中，迁移的机制以及迁移所需的基本成分是不同的，并提出了一些新的分类。

（二）为迁移而教

迁移贯穿于人一生各种形式的学习中，在学校教育教学中无所不在，尤其与培养学生的解决问题能力和创造性密切相关。鉴于迁移在学习中的普遍性和重要性，教育界提出了"为迁移而教"的口号。为迁移而教并不是一种显性的单一课程，而是教师在充分理解迁移的发生规律及其影响因素的基础上，在每一项教学活动中，在与学生的每一次正规与非正规的接触中，都注意创设和利用有利于积极迁移的条件与教育契机，促进学生积极主动地迁移。为迁移而教的思想对教材的选择和编写、教学方法的选择以及进行过程的组织都有重要的实践意义。根据迁移理论与影响迁移的个人因素（智力、年龄、学生的认知结构、对学习的态度等）和情境因素（学习材料的特性、教师的指导、学习情境的相似性等），下面提出一些为迁移而教的建议。

1. 整合学科或课程内容

教师要注意把各个独立的教学内容整合起来，即要注意各门学科或课程的横向联系。教师应该鼓励学生把在某一门学科或课程中学到的知识或技能运用到其他学科或课程中去。例如，要学生关注汽车构造与汽车底盘维修、汽车机械基础与发动机机械维修等课程之间的关系。若有必要，教师可做这方面的示范。这就是加涅所说的横向迁移。

2. 加强知识联系

教师要重视简单的知识技能与复杂的知识技能、新旧知识技能之间的联系。教师要促使学生把已学过的内容迁移到新的学习内容中去。教师教学提问或简单的提示，有利于学生利用已有知识，从而比较容易学习新的、比较复杂的内容，即所谓的纵向迁移。

3. 强调概括总结

教师在教学中要注意启发学生对所学内容进行概括总结。一方面，在教学中，教师要引导学生自己对原理进行概括，培养和提高其概括总结的能力，充分利用原理的迁移；另一方面，在讲解原理时，教师要在最大范围内列举各种变式，使学生正确把握其内涵和外延。教师还需要结合原理的具体运用情境进行教学，使学生能脱离学习原理的背景而把握其实质，并能在遇到该原理适用的背景时，准确地运用原理去学习新知识或解决新问题，即达到对原理的去情境化（decontextualized），以防止学生对某一原理的理解和运用仅局限于习得该原理时的情境。在允许的情况下，教师可以尽量让学生在真实情境中去观察、实践原理的应用，如亲自操作的教学实习、实训、见习等；条件不允许或无法亲自观察实践的教师也应利用直观教具或生动的教学语言、仿真教学等手段，让学生尽可能地增加感性认识。在这方面，虚拟现实环境具有较大优势。总之，要将所学与所用的情境联系起来。

4. 重视学习策略

教师应有意识地教学生学会如何学习，帮他们掌握概括化的认知策略和元认知策略。布朗等人（Brown & Palincsar, 1982）在阅读理解的实验中，用矫正性反馈训练法教给学生元认知策略，结果不仅使学生对阅读理解问题正确反应的百分数明显提高，而且使其学到的元认知策略迁移到了常规课堂的其他学习中。教师在教学中有意识地教学生一些认知策略和元认知策略将有助于学生学会如何学习，从而促进学习的迁移。

5. 培养迁移意识

教师可以通过反馈和归因控制等方式使学生形成关于学习和学校的积极态度。教师要注意对学生的反馈，当学生用其他学科或课程的知识来解决某一学科或课程的问题时，应予以鼓励。

此外，教师还要结合学生的年龄特点，创设和改造学校的环境、专业实训室的环境和气氛，增加学校和专业实训室对学生的吸引力。在每次学习前，教师也应注意帮助学生形成良好的心理准备状态，避免不良情绪、反应定式等消极心态产生的消极迁移。

第二节　技能的学习

学生不仅需要掌握知识，同样需要形成技能。技能是什么？知识和技能又是怎样的关系？动作技能和心智技能的获得与培养各有哪些特点？在日常生活中，人们往往在不同语境中使用"技能"（skill）这一术语，如开车技能、劳动技能、社交技能、书写技能等。

一、技能的概述

（一）技能及其特点和作用

技能是通过练习形成的合乎规则或程序的身体或认知活动的方式（皮连生，1996；冯忠良等，2000）。驾驶汽车、发动机拆装等外显动作方式是身体方面的技能，解应用题和完成实习报告填写等非外显的动作方式则是认知方面的技能。

这一界定反映了技能的下列特点。（1）技能是由练习导致的。技能不同于本能行为，如眨眼反射、咳嗽动作等，而是通过不断地练习，由不会到会、由会到熟练而逐步完善的。（2）技能表现身体或认知动作。技能的掌握不是言语表述而是通过实际的动作活动表现出来的。（3）合乎规则是技能形成的前提。在技能形成过程中，各个动作要素及顺序都要遵循活动本身的要求。

技能的学习及掌握对于职业院校的学生来说具有特别重要的作用。第一，技能的掌握是进行学习活动、提高学习效率的必要条件，是职业院校教学的重要目标之一。第二，技能的形成有助于对有关知识的掌握。虽然技能的形成要以对有关知识的掌握为前提，但技能的形成过程却又能促进对这些知识的理解和掌握。第三，技能的形成有利于智力、能力的发展。学生掌握了某种技能，就能够熟练地按照合理的动作方式去完成相应的活动任务，而这种活动效率的提高就是他们的智力、能力发展的具体体现。研究表明，能力的发展是以掌握有关技能为前提的。培养和造就某种人才，除了让他们具备有关的知识之外，还必须让他们掌握有关技能。

（二）技能与知识及习惯的关系

1. 技能与知识的关系

在常识中，人们往往用"知"与"会"来区分知识和技能。对知识的学习旨在理解并记住一些事实、概念和原理，涉及知道不知道、懂不懂的问题；对技能的学习旨在掌握完成某种活动所要求的动作来解决问题，涉及会不会、熟练不熟练的问题。

根据认知心理学，广义的知识可以分为陈述性知识和程序性知识。一个人是否具有知识，不仅要看他说什么，还要看他做什么。陈述性知识相当于常识中的（狭义的）知识，程序性知识则相当于常识中的技能（皮连生，1996）。如果某个人能够成功地组装汽车某个部件或总成，传统常识就认为他掌握了相应技能，而认知心理学则解释为他掌握了一套支配其行为的程序。可见，程序性知识与技能分属于不同的话语体系，但指向同一对象。

程序性知识的学习和技能的学习都是将有关事情、动作序列的规则转化为相应的活动方式。以学习驾驶汽车为例，从认知心理学的视角看，学习者是通过实际的操作汽车活动，将驾驶汽车的动作步骤与要领（陈述性知识）转换成实际的动作系列（程序性知识）。如果学习者只是能够用明确的语言将这些动作步骤要领描述出来，则仍然处于陈述性知识学习阶段。学习者只能通过实际的驾驶汽车动作，来表现他是否掌握了有关驾驶汽车的程序性知识。从技能学习的角度说，学习者必须通过合乎动作要领的实际练习，掌握相应的动作方式，获得活动的经验，才能掌握驾驶汽车技能。学习者一旦能够表现出驾驶汽车技能，反而可能忘记或不能明确说出驾驶汽车的动作步骤和要领。

陈述性知识的学习不同于技能的学习，但却是技能学习的起点。陈述性知识的学习目的在于形成比较宽泛的知识背景，它不一定能立刻被应用到解决问题中来，而是对理解问题、分析问题起到帮助作用。而技能就是为了完成某种任务而学的，学习的结果不要求对整个知识的来龙去脉、相关概念有多么深刻的了解，而是要求熟练掌握技能。在技能学习之初，学习者首先要理解并记忆活动所必需的诸如新概念和规则等陈述性知识，如主减速器主、从动锥齿轮啮合印痕的调整按"大进从、小出从、顶进主、根出主"的调整方法，为应用相关的知识解决问题做准备，所以学生先要能背诵这个调整口诀。如果学生没有相关的先前知识，工作记忆的负荷就可能过大，以至于难以继续。

如果一定要说它们存在什么区别的话，技能是一种合乎规则的动作方式，而程序性知识内隐在活动的动作方式中。此外，从语言的角度看，人们常常用陈述性知识与程序性知识来区分个体的主观知识。人们在实际的教学中常常用知识和技能来区分教学内容，因为在教学内容中许多（狭义的）知识（发动机压缩比的概念等）和技能（拆装手动变速器等）都涉及陈述性知识和程序性知识的学习。

2. 技能与习惯的关系

熟练的技能与习惯之间既有联系又有区别。

一方面，习惯和熟练的技能都是自动化的动作系统。任何习惯离开了自动化的动作系统都无法完成。一个有卫生习惯的人，对于饭前洗手、便后洗手的动作都是自动化的。人们在完成习惯性动作时，意识的调节作用也很低。

另一方面，习惯和熟练的技能存在一些区别。（1）习惯是为了满足某种需要，成为实现某种自动化动作系统的一种心理倾向。当个体适时地将某种习惯实现时就获得了心理满足，反之，则引起不愉快的情绪。而熟练的技能仅仅是一种自动化的动作方式，不一定与人的需要联系在一起。（2）熟练技能是在有目的、有计划地练习中形成的，而习惯却可以在无意中通过简单地重复养成。当然，习惯也可以通过有意识地训练来培养，尤其是学生良好的学习习惯和生活习惯，大都是在教师对他们进行的常规训练中养成的。（3）熟练技能有高级和低级之分，但没有好坏之分；而习惯可以根据其对个人和社会的意义称为好、坏习惯。那些有益于社会、他人或自己身心健康的习惯，如有礼貌、讲卫生、团结同学、遵守纪律等，被称为"好习惯"；而那些损害社会和他人利益以及威胁个人身心健康的习惯，如扰乱课堂纪律等，被称为"坏习惯"。

（三）技能的分类

技能通常按其本身的性质和特点分为动作技能（motor skill）和心智技能（intellectual skill）两种。

1. 动作技能

动作技能，又称为"运动技能"或"操作技能"，是指由一系列的外部动作以合理的程序组成的操作活动方式，如书写、驾驶汽车等技能。

根据是否需要操纵一定的工具，动作技能可以分为两种：操纵器具的动作技能和机体动作技能。尽管动作技能的表现形式多种多样，但它们都是借助于肌肉、骨骼的动作和相应的神经系统的活动来完成的。从这种意义上来说，凡是动作技能，皆是由一系列的骨骼肌肉的随意动作组成的。

2. 心智技能

心智技能，又称为"智慧技能"或"智力技能"，是指一种借助于内部语言在人脑中进行的认知活动方式，如观察、分析、写作等技能。学生在观察、记忆和解决问题时所采用的策略也是心智技能的不同形式。中职学校的学生在心智技能方面略显不足。

正如熟练的动作技能可以使人们出色地完成各种外部活动任务一样，熟练的心智技能也是人们有效完成各种智力任务的重要条件。一个具有创作技能的人，由于能够正确地构思、布局、选择适当的语言材料，所以能充分表达自己的思想和情感，从而使语言富有感染力。

二、动作技能

动作技能对个人具有重要的作用。诸如伸手、抓握等基本动作，个体在生命早期就已经学会了，并且成为个体全部技能中一个极少需要意识控制的部分。随着年龄的增长、生活情境的变化，个体开始不断学习更复杂的动作技能，如旋转、使用简单工具等，后来还需要使用一些新型的工具，如一些智能的家用电器、汽车智能仪表板等。各种各样的专业化的动作技能和智慧领域的学习活动有密切的关系。

（一）动作技能的结构、特点与种类

1. 动作技能的结构

从结构上来说，动作技能包括感受部分、中枢部分和动作部分3种基本成分。人们在完成一项特殊的动作任务时，感觉器官在内外环境特定刺激的作用下，将这些信息迅速地输入人脑信息进行加工，并做出指令调节和支配效应器官的动作，使各种动作协调进行，使自身的肌肉活动适应变化着的环境条件，产生某种动作的节律。

克拉蒂（Cratty，1967）从7个维度分析了动作技能，并把每一种维度看成机能的连续体，如表7-1所示。这样，人的某一种特定的技能就可以用这7种连续体上的特定位置来说明。

表7-1 动作技能的7个维度（Cratty，1967）

维度	内容
①语言—运动连续体	人在进行某种运动技能时，对言语（外部言语和内部言语）的依赖程度是不一样的。不规则而急速的运动对言语的依赖程度较小，而缓慢、不连续的运动对言语的依赖程度较大；技能的熟练程度不同，对言语的依赖程度也不一样。在技能形成初期，言语的作用非常重要；而在技能形成后期，言语的作用就不太明显了
②知觉—运动连续体	在运动技能形成中，知觉的作用是不同的。在技能形成的初期，知觉的作用较大；而在技能形成后期，知觉的作用逐渐减少
③力量—准确性连续体	运动技能是由力量、空间准确性和时间因素（速度和韵律）组成的。可以以力量为一端，以准确性为另一端来确定某种技能的特点
④视觉—运动连续体	在运动技能形成的过程中，视觉控制所起的作用是不同的。通常在技能形成初期，视觉控制的作用较大；而在技能形成后期，视觉控制的作用逐渐让位于动觉控制。另外，在不同性质的运动技能中，视觉的作用也不一样。例如，汽车的修理技能、工作页记录技能等，对视觉控制依赖程度大，即使这些技能熟练了，也仍然离不开视觉控制
⑤精细—粗大连续体	运动技能有精细和粗大之分。精细的运动技能，如手指的动作，往往是身体的局部运动，这种运动幅度小；而粗大的运动技能，如手臂的运动技能、腿脚的运动技能等，往往是全身性的运动技能，运动幅度大，因而比精细的运动技能更复杂，如汽车维修工作主要属于粗大的运动技能，而汽车电路的维修更偏向于精细的运动技能
⑥简单—复杂连续体	运动技能有简单和复杂之分。确定技能的复杂程度，往往是从感觉信息运动类型的复杂程度和技能形成的阶段等方面来考察的
⑦个人差异—最大努力连续体	运动技能具有一般的模式，完成这种技能要求人们付出最大的努力，这是运动技能中的一端，同时，个体在完成这种技能时，又有自己的选择和偏好，存在着个别差异，这是运动技能中的另一端

2. 动作技能的特点

动作技能除了具有一般技能的基本特点，如符合一定的法则、具有顺序性之外，还具有其他一些特点，如表7-2所示。

表7-2 动作技能的特点（冯忠良等，2000）

特征	解释
客观性	动作的对象——操作客观的物体或肌肉；操作的过程——通过外显的肢体动作来表示
精确性	符合规范要求，符合动作原理，无论在动作的力量、速度、幅度，还是结构等方面都有标准可循
协调性	由一系列动作成分构成，各成分以整合的、互不干扰的方式和顺序运行；各个动作成分按照时空顺序，遵循动作规则并达到动觉和视觉的统合
适应性	能适应各种变化的条件，活动是稳定性和灵活性的统一

3. 动作技能的种类

动作技能可以根据操作对象的不同而分为器械型操作技能与徒手型操作技能两种。动作技能可以根据其在3个维度的连续体上的位置加以描述（加涅，1999）。

（1）精细技能和粗大技能。

两者的区别在于动作有关的身体肌肉的数量。粗大技能（gross motor skill）是指运用大肌肉，并且经常要涉及整个身体，如打球、汽车机械总成拆装等。学会这些动作技能的用意不在于发展肌肉的力量，而是掌握其动作并适时使用。与此相对应，处于这个连续体另一端的被称为精细技能（fine motor skill），主要局限在较狭窄的空间内进行要求较精巧的协调动作，主要表现为腕关节和手指运动，如写字、汽车电路检测等。

（2）连贯技能和不连贯技能。

连贯技能（continuous skill）指以连续、不间断的方式完成一系列动作，如说话、打字等。动作之间没有明显的可以直接感觉出来的开端和终点，一般持续的时间较长，当然这种连续性也会对任务进行不断地调整。与此相反，一个不连续的运动任务通常是对特定的外部刺激做出的特定的运动。不连贯技能（discrete skill）具有可以直接感知的开端和终点。完成这种技能，时间相对短暂，一般是由突然爆发的动作组成的。

（3）封闭性技能和开放性技能。

封闭性技能（closed skill）是一种完全依赖内部肌肉反馈作为刺激指导的技能。这种任务闭着眼睛也能完成。比如，在黑板上徒手画一个圆，就接近于封闭技能。而生活中许多操作任务都具有开放的特征，其动作反应或多或少地受到外部刺激的影响。开放性技能（open loop skill）也称"开放环路技能"，主要依赖于周围环境提供的信息，正确地感知周围环境成为运动调节的重要因素。开放性技能要求人们具有处理外界信息变化的能力和对事件发生的预见能力。

（二）动作技能的形成

1. 动作技能形成的阶段

动作技能形成的过程是个体通过练习逐步掌握某种动作方式的过程。对于这一过程的内在机制，存在着不同的理论。行为主义把复杂的动作技能看作一系列刺激与反应的联结的形成。认知心理学则认为，在技能的学习中，学习者经过多次练习就会在大脑中形成关于动作程序的认知结构，即动作程序图式（action procedure scheme）。这种动作程序图式在相似情境的激发下会自动地调节和控制人的行为，使其活动进行下去。

菲茨和波斯纳（Andersn，1995；Fitts & Posner，1967）将动作技能的形成过程分为认知阶段（cognitive stage）、联系阶段（associative stage）和自动化阶段（automatic stage）3个阶段。

（1）认知阶段。

掌握一种技能，首先要学习与它有关的知识，了解完成这种技能动作的基本要求，在头脑中形成这种技能的最一般的、最粗略的表象。练习者要将组成某种动作技能的活动方式反映到头脑中，形成动作映象，并对自己的任务水平进行估计，明确自己能够做得如何，这就是认知阶段。例如，学习安装离合器总成，就需要参照维修手册或教材上的步骤进行尝试，一边做一边按照规定的步骤进行检查。在这个阶段，我们需要时刻想着每一个步骤，头脑中还会形成一个画面。其间，工作记忆的负荷比较大。

该阶段的主要任务是：对示范动作或者参考资料如视频甚至实物进行观察，了解所要学习的动作技能的动作结构和特点，以及各组成动作之间的联系，从而在头脑中形成动作映象。要形成这个映象，我们需要对线索和有关信息进行适当的编码，这个过程类似于尝试—错误。例如，我们选择的螺丝可能不合适，需要重新尝试。当然，每个人可以有不同的编码方式。在这个阶段的关键是认识到"做什么"和"怎样做"。

在这个阶段，动作映象的形成十分重要。正确的动作映象能帮助学习者有效地掌握某种动作技能；反之，错误的动作映象会使技能学习出现偏差。除了动作映象之外，学习者还要依据自己以往成功或者失败的经验和能力，以及目前任务的难易，形成自己对能达到水平的期望。一般来说，有明确目标期望的学习比目标期望模糊的学习更有效。中职学校在实训教学时，学生刚开始处于认知阶段，所以动作慢、不协调，这些都是符合学生的学习规律的，教师要循循善诱，鼓励学生不断尝试。

（2）联系阶段。

如果说认知阶段是形成对技能整体的理解，并熟悉每一个技能的具体动作，那么联系阶段就是对各个独立的步骤进行合并或者"组块"，以形成更大的单元。例如，上例中"选择合适的螺丝""并把它放在合适的位置"两个步骤产生自然的联系，动作之间形成连锁反应。

最初，由于学习者对动作并不熟悉，注意范围比较狭窄，认知负荷较大，其注意力只能集中在个别动作上，并且不能控制动作的细节。同时，他们在生活中已经形成了许多习惯性动作，而这些习惯性动作又仅仅与所要学习的动作方式不相符合，会对新的动作产生干扰。例如，会开汽车的人在学习开飞机时会受到干扰，因为飞机的转弯是用脚控制的，所以他必须排除用手转动控制方向盘的习惯。

这个阶段，学习者的注意力已从认知转向动作，逐渐从个别动作转向动作的协调与组织，开始把个别动作结合起来，以形成比较连贯的动作。但他们常常忘记动作之间的联系，在动作转换和交替之际，往往出现短暂的停顿现象，还要思考下一步怎么做。协同动作是交替进行的，即先集中注意做出一个动作，而后再注意做出另一个动作，反复地进行着交替。随着练习时间和次数的增加，这种动作交替慢慢加快，技能结构的层次也不断增多，最终在大体上构成了整体的动作系统，动作技能已接近形成。这时，他们动作的紧张度降低，但并没有消失，稍一分心，还会出现错误动作。那些平常粗心大意的同学在联系阶段的实训过程中往往容易出现失误，因为专注度到中后期容易分散，加之缺乏耐心，所以把机械零件装错或漏装的现象十分普遍。

（3）自动化阶段。

经过联系，动作技能的学习进入自动化阶段，整个程序的完成不需注意。这是技能形成的最后阶段。在这个阶段，学生所学习的动作技能的各个动作在时间和空间上已联合成为一个有机的整体并巩固下来；各个动作已达到自动化，只要有一个启动信号就能迅速准确地按照动作的程序以连锁反应的方式来实现；意识对动作的控制作用降到最低限度，整个动作系统从始至终几乎一气呵成，动作的连贯性主要是由本体感受器提供的动觉信号来调节的。例如，学生如果对一个汽车总成组装了足够多的次数，那么在组装的同时还可以和周围人聊天，对组装的任务本身只用很少的注意。

但是，达到自动化水平需要经过长期的实践。例如，有人经过长期的研究，发现有些生产工人的动作技能在4~6年的时间内都在进步，工人掌握一定水平的技能需要经过大量的实践。另外，技能的保持也需要大量的练习（邵瑞珍，皮连生，1997）。

2. 冯忠良的四阶段模型

（1）操作的定向。

操作的定向就是了解操作活动的结构与要求，在头脑中建立起操作活动的定向映象的过程。操作活动的定向映象的形成包括两方面：一是有关操作活动本身的各种信息，涉及操作活动的结构要素及其关系或顺序与操作活动方式，如操作的轨迹、方向、幅度、力量、速度、频率和动作衔接等；二是有关操作技能学习的各种有关或无关的内外刺激信息，如可被利用的反馈信息、容易引起分心的刺激等。学习者了解这些信息后，就可以在头脑中建立起相应的心理表征，即起到定向作用的心理映象。这一阶段主要由教师讲解或者微视频播放来让学生知道紧接着要做什么，让学生做好思想上的准备。

（2）操作的模仿。

操作的模仿就是实际再现特定的动作或行为模式。即个体将其在操作定向阶段头脑中形成的定向映象以外显的实际动作表现出来，也就是将头脑中的各种认识与实际的肌肉动作联系起来。模仿一方面可以检验已经形成的动作定向映象，使之完善和充实；另一方面可以加强个体的动觉感受。在这一阶段，学习者动作的稳定性、准确性、灵活性较差，各个动作要素之间的协调性也不尽如人意；各要素相互干扰；个体动作主要靠视觉控制；完成某一操作任务的效能较低。

（3）操作的整合。

操作的整合就是把模仿阶段习得的动作固定下来，并使各动作成分相结合，成为定型的、一体化的动作。学习者通过融合前一阶段习得的动作，使各个动作成分变得协调，动作结构逐步趋于合理，动作的初步概括化得以实现，个体对动作的有效控制也逐步增强。在这一阶段，学习者的动作可以表现出一定的稳定性、精确性和灵活性，动作的各个成分趋于分化，整体动作趋于协调和连贯；动作成分间的干扰减少；视觉控制不再起主导作用，逐渐让位于动觉控制；动作效能有所提高；疲劳感和紧张感降低。

（4）操作的熟练。

操作的熟练指形成的动作方式对各种变化的条件具有高度的适应性，动作的执行达到高度的完善化和自动化。自动化并非无意识，而是指执行过程不需要意识的高度控制，个体可以将注意分配于其他活动。操作的熟练是技能形成的一个重要阶段，也是操作技能转化为能力的关键环节。在这一阶段，学习者的动作对各种变化的条件表现出高度的灵活性、稳定性和准确性；各个动作之间的干扰消失，衔接连贯，高度协调，不再需要专门控制和有意识的活动；视觉注意范围扩大；心理消耗和体力消耗降至最低，紧张感、疲劳感减少，动作具有轻快感。职业院校那些参加技能比赛的同学在项目内容比赛方面已达到这种阶段。

3. 动作技能形成中的特征变化

在动作技能学习的不同阶段，个体的操作表现特征是不同的。动作技能一旦形成并熟练后，必然会在他们的实际操作中发生明显的变化。合乎法则的熟练技能具有以下特征（Holding，1089；Anderson，1995）：①流畅性，即各动作成分以整合的、互不干涉的方式和顺序进行；②迅速性，即快速地做出准确的反应；③经济性，即完成某种活动所需的生理和心理能量较小,工作记忆的负荷较小;④同时性,即熟练的活动的各成分可以同时被执行,或者可以同时进行无关的活动;⑤适应性,即能够灵活地适应各种变化的条件。

与动作技能形成的初期阶段相比较,已形成并达到熟练程度的技能动作发生了质的变化。这种变化具有一些典型的特征,如表7-3所示。

表7-3 动作技能形成的特征

特征	解释
意识控制的变化	在技能形成初期,学习者完成每一个技能动作,都要受到意识的控制。如果稍有减弱,动作就会停顿或出现错误,心情就会随之紧张起来。随着技能逐渐形成,意识对动作的控制也随之减弱而由自动控制所取代。这时,其操作受内部程序控制,表现出具有预见性,反应方式和时刻都很精确,动作流畅,好像完全自动化了。学习者只关心怎样使这种技能服从于当前任务的需要,精神紧张状态随之消失
动作控制方式的变化	①利用线索的变化。初期,需要更多的外部提醒才能利用线索;随着技能的形成,逐渐能运用细微的线索使动作日趋完善;达到熟练时,学习者头脑中已储存了与一系列线索有关的特有信息,甚至微弱的信息,当某种线索一出现,他们就能预测动作的结果,灵活地进行一系列的反应。②动觉反馈作用的加强。在动作技能形成初期,学生依靠视觉反馈(外反馈)来控制动作。随着动作技能的形成,动作的视觉反馈控制逐渐开始让位于内部反馈(动作程序图式和动觉反馈)控制,错误往往能够被排除在发生之前。当动作技能达到熟练时,动觉反馈对动作的控制作用得到进一步加强,达到稳定而牢固的程度
动作品质的变化	动作的稳定性是逐渐加强的,当技能形成之后,整个动作系统已成为一种相对稳定的方式。技能的稳定性并不意味着动作是机械刻板的。恰恰相反,熟练是与情境的种种变化相适应的一种高水平的技能。当情境一旦发生变化时,熟练者就能当机立断,及时调整自己的动作,在不利条件下维持正常操作水平,甚至使出绝招出奇制胜,灵活而巧妙地应对这种变化
动作协调性的变化	动作的协调性逐渐加强,多余动作逐渐减少。当技能达到熟练时,整个动作系统已成为一个协调化的动作模式。协调化动作模式的形成是熟练的重要标志。它有两种主要类型:一是同时性协调化动作模式;二是连续性协调化动作模式

4. 动作技能的保持

动作技能一旦学会,就不易被遗忘。例如,学会了骑自行车的人,过了若干年以后,虽未经练习,其技能还能保持如初。可见动作技能的保持不同于知识,它具有本身的特点。

究其原因，可能是因为动作技能的获得需要大量的练习。过度学习有利于保持。另外，动作技能本身包括许多局部的动作，动作之间的关联也有助于回忆信息的提取。最后，动作技能的掌握可能符合分布式认知的理论。大量的任务通过外部的任务分布出去，而大脑的认知负荷相对较轻。动作技能不同于言语知识，其保持高度依赖于小脑和脑的低级中枢，这些中枢可能比脑的其他部位有更大的保持动作痕迹的能量。这就是为什么职业院校的学生通过学校技能项目的学习毕业之后若干年一直都不会忘记。

（三）动作技能的培养

练习或实训是动作技能形成的基本途径。为了帮助学生提升练习的效果，迅速而准确地掌握动作技能，教师须注意以下几个问题。

1. 指导与示范

学生在动作技能形成的认知阶段，教师需要帮助学生理解动作技能，明确学习任务，形成作业期望，并获得一定的完成任务的学习策略。

（1）掌握相关的知识。

如果学习者在学习技能之前没有掌握相关的知识（图式、技能等），就会对工作记忆产生巨大的压力，导致认知负荷过大，甚至可能难以继续以后的学习。所以，教师需要帮助学习者梳理必要的先前的知识。如果学习者先前的技能习惯与新技能相矛盾，教师更需要提供合适的任务，使学习者认识到技能之间的区别，避免干扰。此外，为了帮助学习者记忆，可以将动作要领或程序编成口诀。

（2）明确练习目的和要求。

每一种动作技能都有其特定的目的和要求。学生只有明确了所学技能的目的和要求，才能自觉地组织自己的行动来掌握这种技能。练习或实训是一种有目的、有计划、有组织的学习过程，不同于单纯的重复。如果缺乏明确的练习目的和具体的要求，机械地重复一种动作方式，就不可能使行动方式有所改善。例如，有的学生虽然天天写字，可效果依然不明显。可见在学习技能的过程中，学生为自己树立的练习目标，对于练习的效果具有重要意义。

（3）形成正确的动作映象。

人们的各种运动动作是在动作映象的定向调节支配下做出来的。因此，在学生对所学的运动技能进行练习之前或过程中，教师应通过自己的动作示范帮助他们在头脑中形成正确的动作映象。为此，教师要进行充分而准确的示范。教师的示范要做到：①动作示范与言语解释相结合；②整体示范与分解示范相结合；③示范动作要重复，动作速度要放慢；④指导学生观察，并纠正学生的错误理解。做好上述4个方面的工作，就可以促进学生在头脑中形成正确的动作映象，大大增强运动技能学习的效果。

在整个示范过程中，教师要防止学生的认知负荷超载。每次示范的信息量和速度要切合学生的实际水平。因为初学者在刚刚接触一个新的动作时，往往顾了手顾不了脚，很容易因为新的信息量过多而超载。

（4）获得一定的学习策略。

动作技能的学习还包括学习策略或者窍门问题。完成动作任务所涉及的策略面也很广。有的是学习者自我生成（selfgenerated）的策略（邵瑞珍、皮连生，1997）。例如，学习者如何从自己的"动作库"中选择并组织基本动作，形成"目标意象"，即在大脑中假想出一套连贯的并自认为有效的动作模式；如何选择动作的参数，如力量、速度、角度、时间和节奏等；如何对动作进行编码等。在学习或完成作业时，学习者会有意无意地表现出自己采用的策略。有的策略是由指导者提供的。这些外加的策略通常是在成功完成任务的基础上总结出来的。指导者可以通过演示、解说或播放有关录像等方法对学习者进行指导。一旦学习者利用外加的策略有效地完成任务后，这些策略就会成为学习者的经验，并有可能自发地在后继学习中加以使用。

2. 练习

动作技能只有经过一定的练习（practice）才能形成。练习是指以形成某种技能为目的的学习活动，是以掌握一定的动作方式为目标而进行的反复操作过程。练习包括重复和反馈，不是单纯的反复操作或机械重复，而是以掌握一定的活动方式为目标的反复。通过练习，我们可以促进所学技能的进步和完善。

（1）练习曲线。

在练习过程中，技能进步情况可以用练习曲线来表示。所谓练习曲线（practice curve）是指在连续多次的练习过程中所发生的动作效率变化的图解。通常，练习曲线有3种表示方法，如图7-1所示。

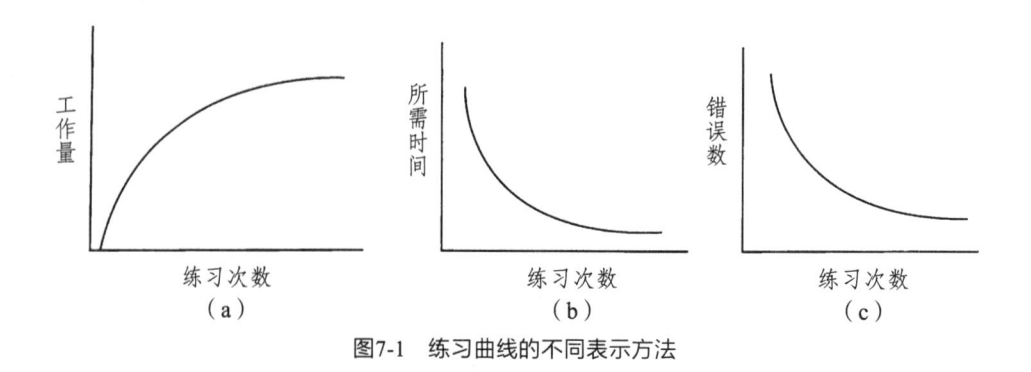

图7-1 练习曲线的不同表示方法

图7-1（a）表示练习次数与单位时间完成的工作量的关系，随着练习次数的增加，每次完成的工作量逐渐上升；图7-1（b）表示练习的次数与完成动作所需时间的关系，

随着练习次数的增加，所需的时间越来越少；图7-1（c）表示练习次数与错误数的关系，练习中的错误将随着练习次数的增加而减少。

练习曲线表明，学生的动作技能形成过程中普遍存在下列几种情况。

① 练习成绩逐步提高。

学生的动作技能的练习成绩逐步提高主要表现在动作速度加快和准确性提高上，其表现形式有3种。第一种，练习进步先快后慢。这是因为：首先，练习初期受旧经验的积极影响，但到了练习后期，可供利用的旧经验逐渐减少，而需要建立的新的神经联系则相应增加，因此要提高成绩就比较困难；其次，练习初期要掌握的只是局部动作，比较简单，又是单独进行练习，所以成绩提高较快，而练习后期却要对各种局部动作加以协调和完善以形成动作系统，比较困难，所以成绩提高缓慢；再次，学生在练习初期可能兴趣比较浓厚，情绪高涨，而到了练习后期，这些方面都有可能降低，再加上疲劳，因而会影响练习成绩的进步。第二种，练习进步先慢后快。这是因为学生在练习初期需要花费一定的时间去掌握有关的基础知识和基本技能，再加之已有的习惯动作的干扰，所以进步缓慢，但是在掌握了这些之后，练习成绩的进步就会明显加快。第三种，练习进步先后比较一致。这种情况是个别的。

② 练习中的高原现象。

在学生动作技能的形成中，练习到一定阶段往往会出现进步暂时停顿的现象，称为"高原现象"（plateau phenomenon）。它表现为练习曲线保持在一定的水平而不再上升，甚至有所下降。但是，在高原期后，练习曲线又会上升，既表示练习成绩又可以有所进步。最早用实验的方法证明高原现象的是布瑞安等人的研究。

高原现象产生的原因主要有两个方面，如图7-2所示。第一，当练习成绩已经达到一定水平时，继续进步需要改变现有的活动结构和完成活动的方式方法，而代之以新的活动结构和完成活动的新的方式方法。旧的技能结构限制了人们按照新的方式组织动作。在没有完成这种改造之前，练习成绩只会处于停顿甚至暂时下降的状态。第二，经过较长时间的练习，学生的练习兴趣有所下降，甚至产生厌倦情绪，或者由于身体疲劳等原因而导致练习成绩出现停顿的现象。

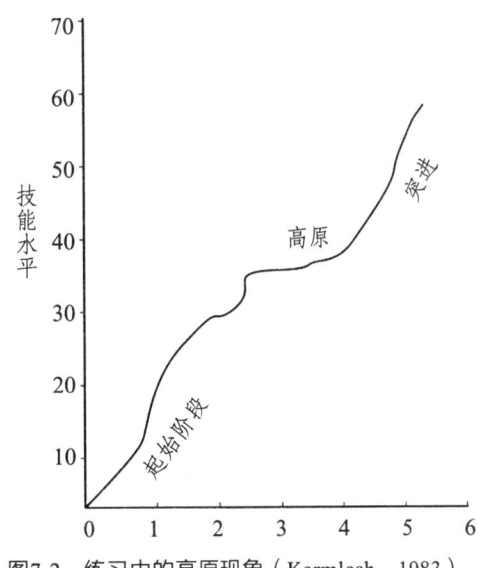

图7-2 练习中的高原现象（Karmlesh，1983）

必须指出，高原现象并不具有普遍性，也不能表明动作技能的掌握已临近学生身心发展的极限，相反它就像是黎明前的黑夜。同时，高原现象并非不能再进步的代名词，只要突破这一关，学习者获得的将是一笔巨大的财富，并且创造性的成果也往往发生在高原期之后。

③ 练习成绩的起伏现象。

在动作技能的练习曲线中，我们可以看到练习成绩时而提高、时而下降、时而停顿的，这就是练习成绩的起伏现象。之所以产生这种学习，其原因主要有二：一是客观条件有了变化，如学习环境、练习工具以及教师指导的变化等；二是学生的主观条件起了变化，如有无强烈的学习动机和浓厚的学习兴趣，注意力是否集中、稳定，有无骄傲自满情绪，意志努力程度如何。练习成绩的起伏是正常现象，但如果练习成绩出现明显的下降现象，教师就应该帮助学生分析原因并加强教育和指导，以便使他们的练习成绩能够尽快地得到提高。

在技能发展的最后阶段，练习成绩相对稳定，不再提高，人们称为"技能发展的极限"。但这不是绝对的，一些研究表明，这种极限也可以被突破。

④ 学生动作技能形成中的个别差异。

不同的学生在学习同一技能，或同一个学生学习不同技能时，其练习进程表现出明显的个别差异。这是由学生个体的练习态度、知识经验、预备训练情况以及练习方式方法等方面的不同造成的。

（2）练习方式。

除了实际的身体练习外，学习者还可以进行心理练习。有研究表明，心理练习对自由投篮技能发展有显著作用。如果将身体练习与心理练习结合起来，效果更佳。当然，心理练习的效果取决于这样3个因素：第一，学习者对练习任务是否熟悉。如果学习者从未进行身体练习，就不可能进行心理练习，即使练习也只能是错误练习。第二，心理练习的时间长短。心理练习的时间不能太长，否则容易产生厌烦情绪，使作业水平下降。第三，任务的性质。如果任务中认知因素起的作用较小，反应主要依靠肌肉的线索，则心理练习作用甚微。

（3）练习时间。

在练习时间安排上，学生应力求集中练习和分散练习相结合。集中练习是指学生在学习一种技能时，在一段较长的时间内对某种技能进行反复的练习。而分布练习是指学生把练习技能的时间分散开来，安排在几个时间段内或几天内来进行，每次练习的时间较短。研究表明，分散练习的效果优于集中练习。究其原因，集中练习容易产生反应性抑制的累积作用，阻碍练习成绩的提高，而分散练习则不容易产生反应性抑制的累积作用。

从整体上来说，虽然分散练习优于集中练习，但在合理安排练习时间上还应从技能的性质、学生的学习能力以及如何消除疲劳、克服遗忘等方面来考虑。研究表明，当学生初学一种技能时，先进行集中练习而后改用分散练习，要比单纯的分散练习效果更佳。

3. 反馈

在技能的练习中，让学生及时地了解自己的练习结果，有利于提高练习效率和练习的积极性。具体来说，如果学生在技能练习时能够及时掌握练习的情况，如知道自己的成绩和错误、优点和不足等，就可以把符合要求的、目的的动作保留下来，把不符合要求的动作抛弃掉，这样才能有助于迅速地提高练习质量。可见，在练习中给学生提供反馈信息是提高练习效果的有效措施。在提供反馈时，要注意下列几个问题。

（1）结果反馈。

在技能的练习中，让学习者及时地了解自己的练习结果，有利于练习效率的提高，可以帮助学习者形成联结，自动识别相关的线索，把一些小的步骤形成大的产生式或者步骤。

（2）情境反馈。

反馈不仅仅针对学习的结果，一针见血地指出问题所在，更重要的是给学习者提供技能使用的具体情境。真实的情境不仅能帮助学生学会技能本身，而且能帮助学生学会为什么要使用这个技能和何时使用（Collins，Brown & Newman，1989）。就算在认知阶段，进行这些练习时，学生也要注意处于真实的情境中对技能的全部过程有一个大概的了解。

（3）分情况反馈。

如果某个特定的步骤、成分或者过程出现了问题，学生就要对其进行分解，单独练习，直到这个单元自动化，再把它整合到整个系列中，以降低工作记忆的负荷（Anderson，Reder & Simon，1996）。所以在技能形成的不同阶段，教师要给学生提供不同类型的反馈。

在练习初期，教师应积极向学生提供关于他们练习时身体动作过程和动作姿势方面的信息，因为这些信息是学生用来改进自己的技能动作的主要线索，而这些信息又是学生本人很难获得的。这时，教师或者其他旁观者可以提供较多的反馈信息，也可以通过录像或其他手段记录动作的过程，让学生自己观察自己，提供真实与客观的信息。特别是在如今科技高度发达的今天，视频技术条件很容易实现。这种反馈不仅能纠正学生的错误动作，而且可以避免初学者常常过高估计自己的倾向。

在练习后期，教师应指导学生细心体会自己的练习行为并力求发现自己的经验。因为这时的练习是以技能动作的连贯、协调和自动化为目的的。要实现这一目标，只能依靠学生自己在练习中细心地去体验。

还要特别注意的是，技能的学习不只是肌肉动作场面的学习，其中每一步都包含了认知的重要成分。例如，就算是经验丰富的司机，在开车的时候也需要注意当时的路况，因为条件在不停地变化，难以完全自动化。一旦你决定改变方向，转弯的技术是自动的，但是转弯的决定是能意识到的，以当时的交通路况为依据，这属于具体领域的策略。为了促进学习这种策略，教师需要给学生提供在多种不同情境中的练习机会。

（4）内在的动觉反馈。

在练习中，实现对动作的动觉控制替代视觉控制是学生运动技能形成的重要标志之一。因此，教师要做到：第一，指导学生将动作的视觉形象与动觉表象结合起来；第二，指导学生认真体会动作的动觉刺激，以加速视、听分析器与运动分析器之间以及运动分析器中的动觉细胞与运动细胞之间的联系的建立；第三，在练习后期，应指导学生运用视觉控制与动觉控制交替练习的方法，促进动觉控制替代视觉控制的转化。如此逐渐增强学习者内在反馈的作用，可以提高学习者对各种肌肉动作的自我调节、控制能力。

值得一提的是，任何学习不仅仅停留在动作和知识层面，情绪情感对学习的结果也有着重要的影响。如果学习者对技能本身没有明确的目标，没有积极的接纳态度，就难以发生主动的学习。另外，旧技能的惯性作用往往会阻碍新技能的接受，就算"被迫"学会了新的技能，如果在情感和态度上没有接受，也会疏于使用而荒废。这就是为什么从新手入学开始就要培养学生对本专业的热爱、敬业等精神，培养学生干一行、爱一行的职业情怀。

三、心智技能

（一）心智技能与动作技能的关系

动作技能与心智技能既有区别又有联系。它们的不同之处在于动作技能具有物质性、外显性和扩展性等特点，而心智技能则具有观念性、内隐性和简缩性等特点。换言之，前者主要表现为外显的肌肉骨骼的操作活动，后者主要为内隐的思维操作活动。同时，它们又密切地联系在一起。心智技能是动作技能的调节者和必要的组成部分，动作技能又是心智技能形成的最初依据和外部体现的标志。两者是相辅相成、互相制约、互相促进的。例如，学生的学习活动不仅需要心智技能的参与，也需要动作技能的参与，常常是这两种技能的有机统一，即手脑并用。因此，确定某种技能是属于心智技能，还是属于动作技能时，关键取决于其活动的主导成分。例如，打字、发动机拆装主要是肌肉骨骼的动作，虽然这种动作也受到人的思维的调节支配，但它属于动作技能，而写作、汽车故障解码器检测故障主要是人脑的思维活动，虽然也借助于手的动作来实现，但它们仍属于心智技能。

心智技能一旦形成，必然会在人们的智力活动中表现出以下几个方面的特征。

（1）从智力活动的方式来看，智力活动的各个环节逐渐联合成为一个有机的整体，内部言语区域概括化和简约化，观念之间的泛化现象逐渐减少以至消失。在解决课题时，开展性推理转化为"减缩性推理"。

（2）从智力活动的调节来看，智力活动已经不需要多少意识参与调节和控制就能自动进行，达到运用自如、得心应手的程度。学生已经觉察不到自己头脑中的内部操作过程和程序，而只能觉察到内部活动的结果，具有内潜性。

（3）从智力活动的对象来看，心智技能"操作"的对象，往往不是外显的物体或者肌肉，更多的是在头脑中形成的，因此操作的对象往往是观念，是一些概念或者原理。例如，使用解析技能时，头脑中的是问题特征、数量关系和算法等概念与规则。

（二）心智技能的形成过程

1. 加里培林的五阶段模式

苏联著名心理学家加里培林等人根据维果茨基的活动论的观点（智力活动是外部的、物质活动的反映，是通过实践活动内化而实现的）提出，学生心智技能的形成"是外部物质活动转化到……知觉、表象和概念水平的结果"。这种转化（内化）过程需要经历5个阶段。

（1）活动定向阶段。

活动定向是让学生在头脑中形成对活动程序和活动结果的映象。教师需要根据学生的基础水平，将活动分解成学生能够理解，并且能够做到的操作程序，建立起学生对活动原型的定向预期。

（2）物质活动或物质化活动阶段。

物质活动是指运用实物的教学活动，物质化活动则是指利用实物的模拟品（标本、模型和示意图）进行的教学活动。物质活动和物质化活动是两种基本的直观形式，后者实际上是前者的一种变形。在课堂教学中，无论对自然科学知识，还是对社会科学知识，学生不可能都能通过直接经验的方式利用物质活动来进行学习，这时物质化活动就成为一种主要的方式。

在这一阶段，教师要将动作展开，让学生实际完成每个动作；要经常变换动作对象，让学生对动作方式进行概括；还要指导学生通过省略或合并操作程序，简化动作方式，甚至使动作方式与言语活动结合起来，为过渡到下一阶段做准备。

（3）有声的言语活动阶段。

有声的言语活动指不直接依赖实物或模拟品，而是借助出声的外部言语活动来完成各个操作步骤。这是活动从外部形式向内部形式转化的开始。通过这种出声的言语活动，学生可抽象并简化各步动作，并促使活动定型化与自动化。教师需要指导学生运用言语确切地表达各步实际动作，也要对言语动作进行展开、概括和简化的不断改造。

（4）无声的外部言语活动阶段。

无声的外部言语活动是指以词的声音表象、动觉表象为中介，进行智力活动。这种不出声的外部言语活动貌似只是言语减去了声音，实则是动作向智力转向的开始。因为智力动作本身最初是以不出声的言语动作方式形成的。加里培林认为，此时是"头脑中言语的有声形象成为词的声音形象的表象"。这种言语不出声的变化要求学生对言语机制进行很大的改造，需要学生重新学习。教师同样需要指导学生对无声的外部言语动作进行展开、概括和简化。

（5）内部言语活动阶段。

内部言语活动是指凭借简化了的内部言语，似乎不需要多少意识的参与就能自动化进行的智力活动。这一阶段是外部动作转化为内在智力的最后阶段。其特点之一是简缩，这是由于它是指向学习者自己的，不必考虑到外部言语作为交际手段的机能（要完整地表达）。其特点之二是自动化，这是由于它的进行基本上是学习者自己觉察不到的。

2. 冯忠良的三阶段模型

冯忠良（1998）提出了心智技能形成的三阶段模型。

（1）原型定向。

这是指了解心智活动的实践模式或原型活动的结构，如动作构成要素、动作执行次序和执行要求等。

（2）原型操作。

这是指依据心智技能的实践模式，以外显的物质与物质化操作方式，执行在头脑中建立的活动程序和计划。

（3）原型内化。

这是指心智活动的实践模式从外部语言开始转向内部言语，最终向头脑内部转化，达到活动方式的定型化、简缩化和自动化。

（三）心智技能的培养

青少年时期是人的心智技能形成和发展的重要时期，因此，教育工作者要重视对学生心智技能的训练，要促进其发展。

1. 心智技能的原型模拟

心智技能的培养相当复杂，仅仅依靠分析的方法难以建立心智活动的实践模式。苏联心理学家兰达（转引自冯忠良等，2000）最早使用了心理模拟法，主要原理是模拟与人的心理功能系统的运行法则，找出能与心理关键特征一一对应的物质系统，如计算机对人脑的模拟。一般来说，用心理模拟法建立智力活动的实践模式要经过两个步骤：确立模型和检验修正模型。

为了确立心智技能的操作模型，需要首先对活动本身进行系统的分析，分析出足够的操作步骤。但是这只是一个假设性的操作步骤，还应通过实验来检验这种原型的有效性。如果取得预期的效果，就可以在教学中实际应用；如果并不符合心智技能的活动原则，就需要对原型重新进行分析。检验的模式可以用教育心理学的实验方法进行，还可以分解详细的步骤让计算机来检验。

2. 心智技能培养中需要注意的问题

（1）遵循智力活动按阶段形成的理论。

心智技能按阶段形成的理论，充分体现了心智技能形成的一般规律。因此，在培养学生形成心智技能时应遵循这一理论，积极创造条件，帮助他们从外部的物质活动向内部的智力活动转化。

（2）根据心智技能的种类选择方法。

心智技能和动作技能一样，有简单和复杂之分，要根据其不同的复杂程度选择不同的途径。对于那些复杂的由多种智力活动方式组成的心智技能，如写作技能、解题技能等，可以采用部分到整体的训练方法，即从单个智力活动训练开始，并使之掌握，然后以统一顺序将它们联结起来，构成一种复杂的心智技能。而对于那些简单的心智技能，宜采用整体方法来训练。

（3）积极创造应用心智技能的机会。

学生的实践活动是心智技能形成和发展的基础。只有经受实践的考验，应用自如，才能形成稳定有效的心智技能。要想促进学生心智技能的形成和发展，使之达到熟练掌握和灵活运用的水平，教师必须积极创设问题情境，让他们的心智技能在解决问题的练习中得到锻炼。此外，教师还应该加强指导，帮助他们正确运用心智技能来解决有关问题。

（4）注重思维训练。

学生心智技能的核心心理成分是思维。因此，培养学生良好的思维方法和思维品质是一项对学生心智技能的形成和发展具有重要意义的措施。为此，教师在教学过程中要重视学生的思维训练，培养他们思维的独立性与批判性、敏捷性与灵活性、流畅性与逻辑性以及敏感性等良好品质，使其养成认真思考的习惯。

四、基于多元智能的人才观

人才观的问题，涉及对人的评价标准或参照系的问题。人的智力类型不同，与其匹配并使其"成才"的目标、方式、途径也不同。

加德纳认为，人类智能是多元的，不是一种能力而是一组能力。根据加德纳的多元智能理论，归纳起来，个体身上独立存在的与特定认知领域或知识范畴相联系的至少有七种智能。

纵观加德纳关于智能分类的这一理论，其中既有中国人传统偏爱的逻辑、数理智能以及言语、语言智能，也有偏重于技艺、技巧和技能的音乐、节奏智能，视觉、空间智能以及身体、动觉智能，甚至还有体现现代研究成果的偏向于心智操作的交流、交往和自知、自省的智能。根据这一理论，个体由此组成的智能结构并因此而呈现的智能类型是不同的，存在着极大的差异。

这意味着，个体的智能倾向是多种智能集成的结果。但从总体上来说，人们仍可将个体所有的智能类型大致分为两大类：一是基于抽象思维的智能。二是基于形象思维的智能。通过学习、教育与培养，主要智能倾向为抽象思维者可以成为研究型，或学术型，或工程技术型的专家；主要智能倾向为形象思维者则可成为职业技术型，或技能型，或技艺型的专家。应该说，不同工作岗位、不同工作阶段、不同工作层面上的专家，其对社会的发展、对人类的贡献，相互不可替代。

教育的根本任务，就在于根据人的智能结构和智能类型，采取适合的培养模式，来发现人的价值、发掘人的潜能、发展人的个性。

五、智能类型和学习指向

现代教育研究表明，具有不同智能类型和不同智能结构的人，对知识的掌握也具有不同的指向性。现代社会对知识，特别是应用性知识内涵的界定有了新的突破：一是涉及事实、概念及理解、原理方面的陈述性知识，要解答的"是什么"和"为什么"的问题。二是涉及经验、策略方面的过程性知识，要回答的是"怎么做"和"怎样做更好"的问题。

教育实践和科学研究都表明，形象思维强的人，能较快地获取经验性和策略性的知识，而对陈述性的理论知识却相对排斥。这并非职业学校学生的弱势，而恰恰是其优势所在。

一般来说，职业教育的培养对象主要具有形象思维的特点。不论是中等职业学校的学生，还是高等职业学校的学生，与相应层次的普通高中以及高等学校的学生相比，这两种群体是同一层次不同类型的人才，没有智力的高低之分，只有智能的结果、类型的不同。所以，职业学校与普通学校的培养对象在智能类型上的差异，意味着只有那些能更好地扬其智力优势的教育，才是最好的教育。因此，适应个体的智力优势去培养社会所需要的不同类型的人才，正是教育存在的最重要意义。而培养不同类型人才的教育，如职业教育与普通教育是两种不同的教育类型，它们各有特色，各有优势，具有同等重要的地位。对此，教育工作者应该有一个清醒的认识。

长期以来，人们对思维有一种误解，认为人思维的发展过程是一个从形象思维向抽象思维转变的过程，简单地把形象思维当作思维发展的低级阶段，认为抽象思维才是思维的高级阶段，只要有了抽象思维能力，一切学习凭借逻辑推理都可以完成，结果对思维认识的片面性导致了对思维培养的偏颇，即重视抽象思维，忽视形象思维培养，致使课堂教学普遍存在着枯燥、乏味和抽象、难懂的现象。而实际上，形象思维也是从简单到复杂不断地发展着的，也是一种在人的整个成长过程中"必不可少的认知形式"。

职业教育的实践表明，多元智能理论倡导的是一种积极的学生观。每个学生都有自己的优势智力领域，都有适合这一优势领域的学习类型和学习方法；学校不存在"差生"，全体学生都是具有自身智力特点，以及适合不同的学习类型和发展方向的可造就人才。学生的问题不再是聪明与否，而是在哪些方面聪明和怎样彰显聪明的问题；学生的学习过程重在如何使自身更聪明，扬长避短，从而实现最好的发展。职业教育要更多地使学生具有智慧开启而不是智慧关闭的经历。

综上所述，对职业学校学生的智能类型准确定位，将有利于深入认识职业教育的特点，有利于增强学生成才的信心，有利于加强教师培养人才的决心。

第三节 问题解决的学习和创造性

人类掌握知识的目的在于解决问题。人类的文明史，从火的发现到宇宙飞船上天，就是一部问题解决史。问题解决是高级形式的学习活动。发展学生的问题解决能力，并让学生在解决问题的过程中学习知识、获得各种思维技能，是教学的一个重要目标。创造性思维作为一种高级的问题解决活动，也越来越受到人们的重视。

一、问题与问题解决

（一）问题的界定

问题解决（problem solving）对学生的学习有着重要的作用。问题（problem）是指这样一种情境：个体想做某件事，但不能马上知道完成这件事所需采取的一系列行动（Ian Robertson，S.2004）。当我们遇到不可能直接完成的事时，问题就产生了，如汽车故障排除等。无论简单或复杂、抽象或具体、持续的时间长或短，每一个问题都必然包含3种成分：① 给定信息，指有关问题初始状态的一系列描述。② 目标，指有关问题结果状态的描述。③ 障碍，指在解决问题的过程中会遇到的种种需解决的因素。如此看来，问题就是给定信息与要实现的目标之间有某些障碍需要加以克服的情境。在问题解决的过程中还有一个重要的方面，那就是方法，方法是指个体可以用来解决问题的程序和步骤。在问题解决的过程中，可以使用的方法常常会受到某些方面的限制，如工具等。

（二）问题解决的界定

问题解决是指个体在面临问题情境而没有现成方法可以利用时，将已知情境转化为目标情境的认知过程。当常规或自动化的反应不适用于当前的情境时，问题解决者需要超越对过去所学规则的简单应用，对所学规则进行一定的组合，产生一个解答，达到问题解决的目的。加涅在对学习的分类中，将问题解决看作学习者组合已有规则生成新的高级规则。

无论领域如何不同，问题情境怎样，问题解决的难易程度如何，问题解决都具有一些共同的特点。① 所解决的是新的问题，即初次遇到的问题。② 在问题解决中，个体要把所掌握的规则重新组合，形成高级规则，以适用于当前问题。③ 问题一旦解决，个体的能力或倾向随之发生变化。在解决问题中产生的高级规则，会储存下来构成个体知识库中的一个组成部分。个体遇到同类情境时，借助回忆就可做出回答而不再视之为问题了；遇到新的更为复杂的问题时，还可以将其作为组合新的更高级规则的基础。

问题解决涉及认知、情感和行为活动成分。例如，完成变速器齿轮传动比的计算，学生需要利用基本计算技能与传动比概念记忆，这是认知成分；学生是否相信自己有能力解决问题，这是情感成分；学生把计算结果写下来，这是行为成分。后两种成分对问题解决至关重要。如果教师让学生解一道趣味题，可是学生不感兴趣，并认为不值得花时间去解决，他就不会从事这一活动，也就不可能解决这一问题。

二、问题解决的过程

（一）问题解决的模式

解决问题的过程是如何展开的？怎样才能培养学生的问题解决能力？

1. 传统观点

对于问题解决的模式，传统的观点主要有桑代克的试误说（trial and error theory）与苛勒的顿悟说（insight theory）。试误说认为，问题解决是由刺激情境与适当反应之间形成的联结构成的，这种联结是通过尝试错误逐渐形成的。问题解决者首先通过一系列盲目的操作，不断地尝试错误，发现一种问题解决的方法，即形成刺激情境与反应的联结，然后再不断巩固这种联结，直到能立即解决问题。顿悟说认为，问题解决者遇到问题时重组问题情境的当前结构，以弥补问题的缺口，达成新的完形，从而联想起一种可行的解决方案。这一过程的突出特点是顿悟，即对问题情境的突然顿悟。

试误说看到了问题解决过程中一系列建立刺激与反应联结的尝试错误的阶段，重视问题解决的过程和系列操作。但是，它认为问题解决的尝试错误过程是盲目的，忽略了认知因素在问题解决中的重要作用。顿悟说注意到了重组情境的认知成分，这启发了后来者所强调的对问题的理解和表征，但是顿悟说把这种认知成分看成先验的，并且片面强调顿悟，取消了对问题解决过程的研究。人面对一个新问题时，总要有已有的经验转换问题，重组问题的当前结构，以期联想起一种可行的解决方案。如果实在不成功，人就会有计划、有目的地尝试一种又一种解决方案。有时，表面上的一个顿悟，实际上是经过了好多次的试误之后才出现的。

2. 信息加工的观点

信息加工论者把问题解决看作信息加工系统（大脑或计算机）对信息的加工，把最初的信息转换成最终状态的信息。随着计算机技术的迅猛发展，许多心理学工作者试图用计算机模拟人类问题解决过程，根据计算机的运行机制来推测人类解决问题的过程机制。

问题解决就是从初始状态趋向目标状态的一系列转换操作（John Anderson，2012）。其首要关键环节是对问题情境建构起一个心理表征或心理模型，也就是问题空间（Newell & Simon, 1972; Jonassen, 2000）。个体在解决问题时所涉及的内在问题空间包括多种知识，例如结构化知识、程序性知识、反思性知识、系统表象与隐喻知识以及策略性知识（Jonassen & Henning, 1999）。

3. 现代认知派模式

关于解决问题的具体过程，杜威最早提出了五阶段论：①开始意识到难题的存在。②识别出问题。③收集材料并对之分类整理，提出假设。④接受和拒绝试探性的假设。⑤形成和评价结论。后来还有许多人提出了这样或那样的阶段论，但都大同小异，基本延续了杜威的阶段论思想，直到皮亚杰的工作以及其他应用各种认知和信息加工策略的模型被引入为止，杜威的模式一直被人们看作一种经典的问题解决的方法。

（二）一般问题的解决过程

1. 理解和表征问题阶段

（1）识别有效信息。

解决问题的第一步是确定问题到底是什么。这意味着首先要找出相关信息而忽略无关的细节。

（2）理解信息含义。

除了能识别问题的相关信息外，学生还必须准确地表征问题。这就要求学生有某一问题领域特定的知识。

（3）整体表征。

表征问题的第二个任务是将问题的所有句子综合在一起，达成对整个问题的准确理解。

（4）问题归类。

在实际的解决问题的过程中，学生有时能够很快决定所问的问题是什么。有些学生只看一下开头的几个句子，就能马上做出决定，并且将问题归入某一类。

2. 寻求解答阶段

在寻求解答时，可能存在算法式（algorithm）和启发式（heuristic）两种一般的途径。

（1）算法式。

算法是指为达到某一个目标或解决某个问题而采取的一步一步的程序。算法式就是严格执行算法程序来获得问题的解答。它通常与某一个特定的课题领域相联系。在解决某一个问题时，如果个体选择的算法合适，并且能正确完成这种算法，那么他一定能获得一个正确的答案。

（2）启发式。

启发式就是指根据目标的指引，试图不断地将问题状态转换成与目标状态相近的状态，只试探那些对成功趋向目标状态有价值的操作，也就是使用一般的策略试图解决问题。这种一般的策略有可能导致一个正确的答案。

3. 执行计划或尝试某种解答阶段

当表征某个问题并选好某种解决方案后，下一步就是执行计划、尝试解答。

4. 评价阶段

当选定并执行某个解决方案之后，学习者还需要对结果进行评价。评价结果的方法之一，就是寻找能够证实或证伪这种解答的证据。许多人总是在达到最终的答案之前就停止了工作，只是接受在某种情况下行得通的答案。

（三）结构不良问题的解决过程

结构不良问题与结构良好问题的解决过程存在明显的差别。结构不良问题的解决过程不只是在一定的逻辑结构中进行系统解法的搜寻，更是一种对解决方案的设计过程。

1. 厘清问题及其情境限制

问题解决者首先需要确定问题是否真的存在，然后厘清问题的实质。结构不良问题常常是在一定的情境或事件中自然而然地出现的，问题的条件和目标常常是不确定的、不明朗的。解决者需要分析问题的背景信息，弄明白问题的目标到底是什么，障碍是什么，权衡各种可能的理解角度，建立有利于问题解决的问题表征。

在厘清问题时，问题解决者需要综合该领域的多个概念、原理，联系原有的各种具体经验。

2. 澄清、明确各种可能的角度、立场和利害关系

问题解决者需要从多个角度、立场综合考虑问题中的多种可能性，权衡各方面的利害关系。

3. 提出可能的解决方法

问题解决者需要从问题的条件和原因出发，设计问题的解决方案。由于不同的理解会导致不同的思路，所以问题解决者需要从不同立场和理解方式出发，看看有哪些相应的解决方法。

4. 评价各种方法的有效性

结构不良问题通常没有唯一的标准答案。问题解决者需要评价各种可选解决方案的有效性，选择自己最能接纳的解决方案。问题解决者需要为自己确定的解法提供证据，用有力的、充分的理由来支持自己的判断，还需要预测某种方案可能导致的后果，事物、现象将会由此发生怎样的变化，并说明做出预测的依据（Voss，1988）。

5. 对问题表征和解法的反思监控

问题解决者需要监控对解决过程的规划，看看自己对问题解决过程的规划是否合理、周全；需要监察自己的理解状况，反思自己的知识意味着什么，并要从自己的思路中跳出来，看看其他人、从其他角度出发会怎样理解问题、怎样解决问题。值得注意的

是，对问题表征和解法的监控并不是一个独立的、在问题解决之后发生的活动环节，它贯穿于整个问题解决过程。

6. 实施、检查解决方案

问题解决者需要实际实施解决方案，在实施过程中需要认真检查问题解决的进度和效果，看它能否达到所期望的目标，能否满足不同方面的要求，能否在给定的条件（时间、经费、人力等）下解决问题，以及是否还有更有效、更便捷的解决方案等。

7. 调整解决方案

问题解决往往不是一次性完成的，针对问题解决结果的反馈信息，问题解决者需要调整解决方案，或者改变理解问题的方式和思路。在有效解决问题之后，问题解决者还需要反思此次解决问题的思路，看这种解决方法对其他问题的解决有什么启示，从这个问题中自己获得了什么新知识、新策略，这对于问题图式的获得以及问题解决水平的提高来说具有关键意义。

三、问题解决的训练

（一）问题解决的影响因素

问题解决的思维过程受多种心理因素的影响，有些因素能促进思维活动对问题的解决，有些因素则妨碍思维活动对问题的解决。这些因素可以分为问题因素和个人因素。

1. 问题的刺激特点

在个体解决一个问题时，问题中的事件和物体将以某种特点呈现在个体面前，如空间位置、距离、时间，以及物体当时表现出的特定功能。这些特定以及它们之间的关系将影响个体对问题的理解和表征。某些呈现方式能直接提供解决问题的线索，便于寻找解答的方向、途径和方法；某些呈现方式则可能掩蔽或干扰解决问题的线索，增加解答的难度，甚至将我们引入"歧途"。

问题的刺激特点影响着问题解决的思维过程。问题本身的具体性是解决问题的一个重要的促进因素。问题的最初信息会影响问题解决者对后面信息的加工，出现锚定效应（anchoring effect），即人会以最初的信息为参照来调整对事件的理解和决策。

2. 功能固着

功能固着（functional fixedness）是由德国心理学家邓克尔（Duncker，1945）提出的，是指一个人看到某个制品有一种惯常的用途后，就很难看出它的其他新用途。初次看到的制品的用途越重要，就越难看出它的其他用途。

3. 反应定式

反应定式（response set）有时也称"定式"，指以最熟悉的方式做出反应的倾向。最初研究定式在解决问题中的作用的是迈尔（Maier，1930）。他在实验中利用指导语对部分被试进行暗示，对另一些被试不进行暗示。结果，在第一种情况中绝大多数被试能解决问题，而在第二种情况中则几乎没有一个被试能解决问题。虽然定式有时有助于问题的解决，但有时定式会使解决问题的思维活动刻板化，会妨碍问题的解决。

4. 酝酿效应

有人在反复探索一个问题的解答而毫无结果时，如果把问题暂时搁置几小时、几天或几周，然后再回过头来解决，这时常常就可以很快找到解决方法。许多科学家在研究工作中都报告过这类经历。这种现象被称为"酝酿效应"（incubation effects）。酝酿效应打破了解决问题时不恰当思路的定式，从而促进了新思路的产生。

（二）问题解决能力的训练

关于问题解决，存在着一个长久的争论。有些心理学家认为，有效的问题解决策略只是在某个具体的问题领域起作用。数学中的问题解决只能对数学有用，艺术领域中的策略只能用于艺术等，要想成为某个领域中的一名问题解决专家，就得掌握这个领域中的策略。一些心理学家认为，存在着一些在许多领域都能发生作用的一般的问题解决策略。这两种观点都能找到支持性证据。

1. 一般问题解决能力的训练

训练问题解决能力最常见的做法就是教学生各种一般原理或原则，这些原理或原则来自对问题解决过程的理论分析和对成功的解题者与不成功的解题者的比较观察，如"在尝试解决某问题前，对问题进行简洁的陈述，并规定界限""抛开那些先入为主的想法，另做其他的考虑和选择""弄明白任何前提所凭借的假设"等。这些原则上的启示有助于问题解决能力的培养。但是，这对特殊问题的解决作用不大。一般来说，在那些旨在提高问题解决的特殊思维能力的训练程序中，短期的创新并未取得相应的效果，但长期而精深的训练程序却可以取得较好的效果。

2. 专家和新手

（1）专家知识。

大多数心理学家一致认为，有效的问题解决是以某一问题领域丰富的知识存储为基础的。

对专家知识的现代研究始于对象棋大师的探讨（Simon & Chase，1973）。国际象棋大师德格鲁特通过棋局复盘的经典实验开启了专家和新手比较研究的先河，其后有关专家与新手的比较研究发现被广泛应用于教育领域。

（2）新手的误区。

对某一领域专家和新手的差异的研究还表明：新手有时持有一些错误的直觉观念。大多数初学者用大量的错误信息解决物理学问题。我们有许多关于物理世界的直观认识都是错误的。为了学习新的信息，学生一定要放弃错误的认识。

3．教学中问题解决能力的培养

在实际教学中，学生解决问题的能力完全可以结合各门学科或课程的内容来进行训练和提高。在教学中，教师要把重点放在课题的知识上，放在特定学科或课程的问题解决的逻辑推理和策略上，放在有效解决问题的一般原理和原则上。教师要注意为学生创造适当的气氛，以利于解决问题。

（1）鼓励质疑。

相对来说，由教师提出问题，学生比较被动。教师要尽量从自己提出问题过渡到学生质疑，从而培养学生主动质疑的内在动机；要鼓励学生在课堂上主动提问，减少这样或那样的限制，形成一种自由探究的气氛。

（2）设置难度适当的问题。

教师给学生的问题要可解，但要有一定的难度。题目过难，不易为学生所理解，就不能期待学生去解答；反之，太容易，也起不到应有的作用。另外，每名学生的起点行为是不同的，在培养问题解决能力上，教师要注意将班级教学与个别辅导相结合。

（3）帮助学生正确表征问题。

学生用所学知识解释问题，或者画电路图、示意图、列表等，这对回忆相关信息都有很好的作用。

（4）帮助学生养成分析问题的习惯。

教师要帮助学生掌握系统考虑问题的方式，养成系统分析的习惯。教师要注意避免两种倾向：一是不能因让学生自己找出答案，就采取不管不顾的态度，让学生进行盲目的尝试错误练习；二是不能过分热心，越俎代庖，先把结论告诉学生。教师要使学生主动投入解题过程，鼓励学生提出多种解法，而不只是教学生如何解答。教师在学生实在有困难时，要给学生提供适当的线索，或者补充必要的知识，以弥补其起点行为的不足。

（5）辅导学生从记忆中提取信息。

解决问题需要对原有知识、原则进行重新组合，教师要帮助学生从记忆中迅速提取与解决问题有关的信息，并能很快找出可供利用的信息，明确问题情境与欲达到的目的，迅速做出判断。这里要注意，教师只是帮助学生回忆、提取信息，而不是代替他们，要鼓励学生进行类比。但是，教师也要预防学生总是从过去的方式方法中找答案，避免形成思维定式。

教师要鼓励学生从不同的角度去看问题。有时学生习惯于按一种逻辑教学思考，教师就应该让他们运用水平思考法，突破原来的事实和原则的限制。由于问题解决需要组合已有的知识和规则，一个人所拥有的知识技能越多，对信息做出更多组合的可能性就越大，从而解决问题的机会也越多。

（6）训练学生陈述自己的假设及其步骤。

教师要培养学生由跟从别人的言语指导转变到自行指导思考，然后再要求他们自己用言语把指导步骤表达出来。

有研究（Cooper & Sweller，1987）表明，试图将解决问题的计划以及选择这个计划的理由说出来或写下来，可帮助个体成功地解决问题。在我们的生活中，有时当我们向别人解释某个问题时，头脑中可能会涌现一个新的计划，而把计划说出来有利于更好地解释问题。

此外，教师要给学生提供充分的时间进行解答。实践证明，在时间紧迫的情况下让学生做难题，学生通常完成不了，只能草率了事。教师也要鼓励学生验证解答，防止以偏概全，可做类比练习，加以巩固。

四、创造性思维

培养学生的创造性思维（creative thinking）能力，是一个全球性的问题。"为创造性而教"已经成为学校的主要目标之一。对于创造性（creativity），人们往往从产品（产物）、个性特质和过程三个方面来考虑，也就是创造性的产物、具有创造力的人、创作者进行创造的活动。对于个体而言，创造力是指在特定环境下，产生新异和适合的思想与产品的能力（Sternberg & Lubart，1999）。

（一）创造性思维的本质和过程

1. 创造性思维的本质

心理学各派对创造性思维的本质提出了不同的看法。联想心理学认为，创造性思维过程是在有关因素之间形成新奇的联结，被联结的因素之间的距离越遥远，那么这种思维过程或解决方法就越具创造性。格式塔心理学则强调"心理场"在问题解决中的作用，认为创造性思维就是重新组织问题，使其形成新的完形。精神分析心理学认为，创造力来源于意识和无意识驱动之间的张力。

智力心理学认为，创造性思维与发散思维（divergent thinking）和聚合思维（convergent thinking）相关。发散思维就是产生尽可能多的观点和答案的能力；聚合思维则是确定一个唯一答案的能力（Woolfolk，2018）。一些心理学家将创造性思维与发散思维联系起来，在吉尔福特看来，在他提出的智力结构的模式中（Guilford，1967），与创造性思维关系最为密切的是发散思维和转换。转换是指对信息重新加以排列。进而他列举了23种发散思维的要素和25种转换能力的要素。诚然，创造性思维与发散思维具有许多相同特点，创造性思维通常更多地或首先表现在发散性上。但是，创造性思维并不完全等同于发散思维，而是发散思维与聚合思维的统一。

2. 创造性思维的过程

创造性思维是思维活动的高级过程，是在个人已有经验的基础上，发现新事物、创造新方法、解决新问题的思维过程。华莱士在1926年提出四阶段论：①准备，即搜集信息的阶段。②沉思，即处于酝酿状态。③灵感或启迪，即突然涌现出问题解决办法。④验证，即检验各种解决办法。华莱士的四阶段论也具有相当的影响力，更多的是被引作创造性问题解决过程的阶段，这四个阶段较好地反映了问题解决的几种不同的认知状态。

3. 创造性思维的特点

一般认为，创造性思维具有流畅性（fluency）、灵活性（flexibility）和独创性（originality）三个特征。对创造性的测量也重在考察这些特征。

（1）思维的流畅性。

思维的流畅性是指在限定时间内产生观念数量的多少。在短时间内产生的观念多，思维流畅性大；反之，思维缺乏流畅性。吉尔福特把思维流畅性分为四种形式：①用词的流畅性，是指一定时间内能产生含有规定的字母或字母组合的词汇量。②联想的流畅性，是指在限定的时间内能够从一个指定的词当中产生同义词或反义词的数量。③表达的流畅性，是指按照句子结构要求能够排列词汇的数量。④观念的流畅性，即能够在限定时间内产生满足一定要求的观念的多少，也就是提出解决问题答案的多少。前三种流畅必须依靠语言，后一种既可借助语言也可借助动作。

（2）思维的灵活性。

思维的灵活性是指摒弃以往的习惯思维方法，开创不同思维方向的能力。富有创造力的人，比一般人的思维涉及的方面多、范围大；而缺乏创造力的人，思维通常只涉及一个方面，缺乏灵活性。

（3）思维的独创性。

思维的独创性是指产生不寻常的和不落常规的反应的能力，此外还有重新定义或按新的方式对我们的所见所闻加以组织的能力。

当然，有创造性思维的人还要对新颖独特的观念具有高度的敏感性，具有及时把握它们的能力。

4. 智力等其他因素与创造性的关系

第一，智力。多项研究表明，智力和创造性之间并非简单的线性关系。首先，低智商的人也有可能展现出高创造性，这表明智力水平并不是决定创造性的唯一因素。其次，智力和创造性之间的关系是相互重叠的，而不是同一或从属关系。这意味着高智商的人并不一定具有高创造性，反之亦然。此外，智商与成就的相关性并不是非常大，这进一步说明了智商和创造性之间的复杂关系。

第二，大脑两半球单侧化的研究发现，右半球与创造性有关。有些学者明确指出，两半球的和谐发展与协同活动是创造性发展的物质基础。因此，要在学生发展过程中使两半球的功能，特别是右半球的功能得到充分的发展。

第三，思维必须以大量的信息为基础。关于知识与创造性思维之间的关系存在两种观点（斯塔科，2003；刘儒德，2010）：一种是张力观（tension view），认为创造性思维以特定数量的知识为基础，但是过多的经验又会导致个体的思维定式，反而阻碍其创新。因此，在知识与创造性思维之间存在某种张力，中等程度的知识与创造性思维同时发生，即知识与创造性思维之间呈倒U型曲线。另一种观点是地基观（foundation view），认为知识与创造性思维之间的关系，就像地基与高楼一样，只有建立了牢固的地基才能修筑高楼大厦。因此，丰富的知识是创造性思维的基础，并且知识量越多，创造性越高，两者之间呈正相关。

第四，创造性也受到动机和个性等因素的影响。有创造性思维的人一般都受好奇心的驱动，即渴望找到问题的答案，对各种问题都很敏感，始终不倦地力图解决问题。但是，动机如果过于强烈，就会变成创造性思维的障碍。当人们不受生活琐事或紧迫任务的束缚时，便是萌发创造性思维的最佳时机。具有高度创造性的人，其焦虑水平一般中等适度。焦虑水平太低或太高时都会抑制创造性。

第五，创造性非常容易受到环境的影响，父母的管教方式、家庭气氛以及学校和整个社会的文化导向都会对创造性产生影响，家庭因素是影响孩子创造性发展的主要因素。如果家庭教育过分严格、家长过分要求孩子服从，孩子的创造性就差；反之，如果家庭气氛比较民主，家长注意发展孩子的创造性，情况就会好得多。

（二）创造性思维的训练

当前所面临的许多经济、社会和环境问题的解决确实需要创造性。在学校中培养学生的创造性是很有必要的。但是教师如何促进学生的创造性思维呢？教师本身也并非总是创造性的最佳裁判。这里有几种培养学生创造性思维的策略。

1. 脑激励法

也许，教师鼓励学生培养创造性思维的最重要的一步，是让学生知道，他们的这种行为会受到赞扬。教师接受还是拒绝新奇和想象，对鼓励或抑制学生创造性思维至关重要。

除了在与学生的日常交往中鼓励学生培养创造性思维外，教师还要帮助学生检查各种可能的解决方案，教师可以试一试脑激励法（brainstorming，又译为"头脑风暴法"），其核心思想就是把产生想法和评价想法区分开来（Osborn，1963）。基本做法是：教师先提出问题，然后鼓励学生寻找尽可能多的答案，不必考虑该答案是否正确，教师也不做评论，一直到所有可能想到的答案都提出来了为止。延迟对答案做评论，一方面可以鼓励学生多给出答案，另一方面也防止他们因怕说错后受批评而不敢说。在这种情况下，一种想法可能会启发另一种想法，同时，有些想法可能初看起来荒谬，但这可使真正体现创造性的想法不致被扼杀。这种做法在我国有时被称为"诸葛亮会"。

课堂教学中常常采用小组讨论的方式来解决问题。但是进行脑激励法的讨论一般在10～12个人的情况下最有效。通过集体讨论，每名学生从不同的角度提出不同的见解，大大拓宽了解决问题方法的范围，最有利于产生社会心理学家称为"社会促进"的现象，即当一个人看到其他人正在完成某个任务时，自己也想要更快、更好地完成任务。在小组讨论中，当学生看到其他学生积极发言时，自己也会积极思考。

鼓励每个人参与，但是呈现出来的每个观点都属于团体，只有所有参与者能够自由地和自信地贡献，才是进行脑激励的体现。当然，每个人的独特视角在相互碰撞中很可能会产生新的火花。如果个人的观点是建立在其他人的观点之上的，只要进行了扩展和发挥，也能受到鼓励，这与生成一系列观点一样有意义。

个人也可以和小组讨论一样得益于脑激励法。假如个体想写一篇文章，不妨先列出所有想到的标题、美妙的句子、例子等，然后综合评价，决定取舍，最后整理出一篇佳作来。个人脑激励法尤其在个体无从着手某个计划时非常有用。

2. 分合法

分合法（synectics）（Gordon，1961；陈龙安，1999）是戈登提出的一套团体问题解决的方法，其含义是"把原本不相同、不相关的元素加以整合"，包括两种心理运行过程："使熟悉的事物变得新奇"和"使新奇的事物变得熟悉"。熟悉的事物陌生化的过程要求学生用新颖而富有创意的观点去重新了解旧问题、旧事物、旧观念，从另一个新奇的角度来解释一些熟悉的概念。而熟悉陌生事物的过程的目的在于增进学生对不同新奇事物的理解，使不同的材料主观化。面对陌生事物或新观念时，学生可以先从熟悉的概念入手,通过分析法和类比法来尽快熟悉陌生事物。

戈登的分合法主要是运用类比(analogies)和隐喻(metaphors)的技术来帮助学生分析问题,形成不同观点。隐喻的功能在于使事物之间形成"概念距离"(conceptual distance),以激发学生的新想法。例如,用人体去比拟交通运输系统,通过这种概念距离的形成,学生能够自由地思考其生活中的活动或经验,发挥想象力,增强领悟力。

3. 联想技术

联想技术包括定向联想和自由联想两种。定向联想对联想的方向给出了规定,是有限制的联想方法。例如,教师给学生一个杯子,让他们思考它的各种用途,一般有一些规则。自由联想,即教师提供一个刺激,让学生以不同的方式自由反应。学生从已学知识、已有经验出发,运用联想技巧,去寻找并建立事物间新奇而富有意义的联系。教师对于学生所提的看法或意见不给予批评和建议,完全让学生依据自己的方式,自由提出各种不同的想法及观念。当学生提出独特的、少有的构想时,教师则进行鼓励。

自由联想技术用在字词方面就是字词联想,用在图片上就是图画联想,当然也可以应用在其他方面。

第四节 技术与技能

技术和技能,既是伴随人类社会发展而共生的复杂现象,又是凸显人类实践活动且内生的特殊智慧。

一、技术和技能的关系

关于技术,汉语里通常的说法,一是指"人类在利用自然和改造自然的过程中积累起来并在生产劳动中体现出来的经验和知识,也泛指其他操作方面的技巧"。二是指"技术装备"。简言之,技术一是指技艺、方术、知识、经验或操作技巧,二是指技术装备。

关于技能,汉语中则常被指称为"掌握和运用专门技术的能力",也被指称为"技艺、才能"。

技术存在的载体至少有两种:一是人——承载经验、知识或技巧、技艺、方术的个体。二是物——狭义的"物",通常指集成人类经验与自然效应并被对象化了的技术装备;广义的"物",则包括了规范化的技术规则。技能存在的载体却只有一种:人——具备能力、技艺或才能的个体。

这就意味着，由于"人"的存在才有"物"（人工物而非自然物）的存在。在这里，无论是"制造"或"应用"狭义的"物"——空间形态的技术装备（如工具、设施），还是"制造"或"应用"广义的"物"——时间形态的技术规则（如规范、程序），这些客体存在的"物"的技术，都是由主体存在的人的技术来完成的。因此，教育作为"育人"的工作，而不是"育物"的工作，其实质在于提高人在利用自然、改造自然的生产活动和社会活动中的能力。

二、技能型人才与技术型人才的关系

具体到职业教育领域，以及在所有强调知识应用的教育领域，尤其要提高作为技术装备和技术规则的创造者和应用者，亦即"造物者"或"用物者"的能力。这种能力更多地体现为个体在生活或工作中与世界打交道所需要的经验、知识和技艺、技巧，属于技能的范畴。世界各国对技能的日益重视意味着，在强调"物化"的技术的同时，必须进一步强调造物者或用物者——"人"的技能的作用。可见，"物"的技术与"造物者"的技能是紧密相关的。

那么，进一步探究，在职业教育领域，以及所有应用知识的教育领域，看似"殊途"的技能与技术，以及由此延伸出来的技能型人才与技术型人才、中等职业教育与高等职业教育有什么区别呢？在这"殊途"的两者之间，到底存在着什么关系，在何种意义上两者又能实现"同归"呢？

认为两者"殊途"的一种阐释是：中等职业教育的培养目标是技能型人才，是技能教育；高等职业教育的培养目标是 技术应用型人才，或称为"技术型人才"，是技术教育。这意味着，中等职业教育与高等职业教育，两者不仅层次不同，而且类型也不同。

但另一个阐释则更强调"同归"。如果说，中等职业教育的培养目标是技能型人才，高等职业教育的培养目标则是高素质技能型人才，是高层次的技能型人才，或高端技能型人才，其依然属于技能教育的范畴。因此，高等职业教育与中等职业教育是同一类型的教育，这意味着，其所培养的是同类型而不同层次的技能型人才。

也有一种提法：职业教育要培养"技术技能人才"。这一提法将技术和技能两个词叠加在一起了。基于此，职业教育培养的目标就成为"技术技能人才"。这一提法的核心理念还是认为技术高于技能，故实际上只是延续了前述的第一种阐释，即中等职业教育与高等职业教育的培养目标、类型与层次皆不同。也就是说，这一提法在本质上并不认同前述的第二种阐释，即中等职业教育与高等职业教育是类型同而层次不同的职业教育，技能仍被视作低层次教育的代名词。

要厘清这些概念和观念，不能回避也无法回避的几个问题是：

技术与技能到底是什么关系？是"技术高于技能"的层次关系吗？若是，那么技能教育是不是也就成为一种低于技术教育的教育层次了呢？或者更进一步，这是否意味着，技术教育与技能教育是两种不同类型的教育呢？

如果再把工程技术和工程（技术）教育里的技术与职业技术和职业（技术）教育里的技术相比较，此技术（工程技术）与彼技术（职业技术）是何关系呢？

眼下，关于技术、技能的含义以及技术与技能关系的论争，真可谓众说纷纭，莫衷一是，结果导致了职业（技术）教育、工程（技术）教育的办学类型与办学层次定位模糊和混淆，导致了课程开发与教学实施的困境和迷失。为此，有必要对技术与技能进行更加深入的辨析，以便能在厘清技术与技能相互关系的基础上，深刻把握职业教育以及工程教育改革与发展的方向。

第五节　品德的形成与课程思政

培养学生形成良好的道德品质和促进学生形成正确的态度和价值观是教育内容的重要组成部分，是学习教育的一项重要的教学目标，也是课程思政的一项重要内容。课程思政是学校思想政治教育的新方法、新途径，对于学生成长的影响具有潜在性和长期性。课程思政是近年来高等教育领域深化综合改革的新生事物，是对新时代高等教育更好发挥"四个服务"功能的理念创新、制度创新和实践创新，其核心是要求把"做人做事的基本道理、社会主义核心价值观的要求、实现中华民族伟大复兴的理想和责任"融入各类课程和教育教学全过程、各方面，在立德树人上实现同向同行。2020年5月28日，教育部印发《高等学校课程思政建设指导纲要》，《纲要》提出，课程思政建设要在全国所有高校、所有学科专业全面推进。中等职业学校课程思政也同样重要。课程思政对于职业教育，尤其是中国特色社会主义现代化职业教育，具有十分深远的意义。

一、品德心理概述

（一）品德的基本界定

品德或道德品质指个人依据一定的道德行为准则行动时所形成和表现出来的某些稳固的特征。品德是一种个体心理现象，是社会道德在个体身上的反映。道德是依靠舆论力量和内心驱使来支持的行为准则的总和。个人遵守行为准则会受到公众的赞赏，个人也会感到问心无愧；违反行为准则就会引起公众的谴责和个人的羞愧或内疚。社会道德舆论和社会道德风气影响着个人品德的形成和发展，它往往以一种无形的社会压力影响个人的行为。反过来，社会道德也无法离开个人的品德而存在。社会上众多个体的品德也构成或影响着社会的道德风气。在社会对学校培养青少年思想道德品质期待要求高的大背景下，作为中职学校的教育工作者又将何去何从呢？课程思政又将如何落到实处呢？课堂革命将从哪些方面进行呢？这一连串的问题需要我们去面对。

品德与个性、性格等概念有所区别。品德是个性中最有道德评价意义的部分。性格是指个人比较稳定并且一贯地对现实的态度和行为方式。性格中既有不具道德评价意义的方面，如内向、外向、乐观好动和沉默寡言等，不能作为道德评价的依据，其只不过是个人不同的性格特征；也具有道德评价意义的一个方面，如在对人、对事的态度中，诚实、正直、勤奋等，都是人们公认的好的品格（性格），而虚伪、偏见、自私和懒惰等则是不好的品格，这种具有道德评价意义的性格特征也就是品德。

（二）品德的心理结构

品德包括道德认知、道德情感和道德行为方式3种基本心理成分，如表7-4所示。

表7-4　品德的心理结构

心理结构	解释
道德认知	是对行动准则的善恶及其意义的认识，既包括对一定道德知识的领会，也包括将这些知识变成自己的行动指南和信念，并以此来评价自己和别人的道德行为
道德情感	伴随道德认知，是对道德需要是否得到实现所产生的一种内心体验，与道德信念紧密联系；道德情感与道德认知往往结合在一起，构成人的道德动机
道德行为	道德动机的具体表现与外部标志是实现道德动机的手段

作为品德的基本组成部分，三者缺一不可。在德育活动中，必须全面兼顾品德的各个方面，既不能简单让学生记忆各种社会规范，也不能只靠纪律、惩罚等约束学生的行为，必须将道德认知、道德情感和道德行为结合起来。

（三）社会规范学习与品德发展的实质

规范（norm）一词来源于拉丁文"norma"，原指木匠使用的规尺，后被用来研究人的社会行为，作为人的行为标准。社会心理学家M.谢里夫（M.Sherif）1935年进行了一项关于社会规范形成的经典实验（章志光、金盛华，2004）。实验者让被试坐在一间漆黑的房间里，在距被试15英尺（1英尺≈0.3m）处呈现一个光点。随着光点的明灭，完全不动的光点似乎在移动（自运动现象），然后让被试估计光点移动的距离。在各个被试单独进行估计时，个体间的差异很大，从几英寸到数十英寸。但是，若将其组成两人或三人的小组，让他们同时在一个房间一起观察，尽管每个人最初还是报告自己的估计，但他们会很快发生相互影响，并最终达成一致，趋向一个平均距离。可见，社会规范是一定社会群体成员间相互作用、协调的产物，是整个群体的行为标准。它对群体成员产生约束力，从而保障整个群体和谐、稳定地发展。

社会规范（social norms）是社会组织为了控制社会秩序，维护社会稳定，根据自身需要制定的，用来调节其成员社会行为的标准、准则或规则（冯忠良，1992，1998）。社会规范是个体社会行为的价值标准，用来衡量并判断个体行为的社会意义，它同时包括社会群体成员可接受或不可接受行为的各项文化价值标准（Knapp，1993）。

社会规范学习（social norm learning）是指个体接受社会规范，内化社会价值，将外在的行为要求内化为自己的行为需要，从而建构主体内部的社会行为调节机制的过程，即社会规范的内化过程（冯忠良，2000）。社会规范的学习是指个体逐步积累社会行为标准、规则，并将其内化为个人意识，从而来约束人的行为。社会规范学习的目的在于使个体适应社会生活。

品德的发展就是个体学习社会规范，逐渐建构自己的行为判断准则的过程。皮亚杰认为，发展的实质是主体对客体的适应（adaptation），在于取得有机体与环境的平衡（equilibrium）。品德发展的实质是个体对社会生活（规范）的适应。品德的发展就是个体在与环境的相互作用中，不断将社会规范、道德准则内化，主动建构相对稳定的行为判断准则的过程，逐渐达到平衡，从而更好地适应社会。

二、品德的形成与培养

（一）品德的内化过程

品德的形成经历了从外到内的转化过程，它是社会规范的接受和内化过程，这种内化大致经历了以下3个阶段（冯忠良，1998）。

1. 社会规范的依从

依从，即表面上接受规范，按照规范的要求来行动，但对规范的必要性或根据缺乏认识，甚至有抵触情绪。依从具有一定的盲目性和被动性，个体对规范所要求的行为缺乏足够的了解，只是迫于权威或情境的压力才遵从了规范。因此，依从水平上的规范是最不稳定的，一旦外部监控和压力消失了，相应的规范行为就可能会动摇和改变。依从是规范内化的初级阶段，也是进一步内化的基础。

2. 社会规范的认同

认同比依从深入了一层，简单地说，它是对自己所认可、仰慕的榜样的遵从、模仿。个体在思想、情感和态度上主动地接受了规范，从而试图与之保持一致，这已不单是因为外部压力。认同具有自觉性和主动性，虽然学习者对规范必要性的认识还有不足，但他已有明确的行为意图，团体的规范对学习者具有一定的吸引力和感染力。相应地，认同水平的规范已经具有一定的稳定性。认同是规范内化的深入阶段。

3. 社会规范的信奉

信奉是内化的最高阶段，学习者对社会规范及其价值原则有了深刻的理解，并持有积极的情感体验，使之成为自己的一种信念，与原有的价值观念一体化。这时，学习者做出的规范行为是由自己的价值信念驱动的，而不是因为外界的压力或控制。当个体按照自己的价值标准做出行动时，他就会感到满意和快乐，而当做了违背自己的价值信念的事情时，他就会感到内疚，受到良心的责问。对规范的信奉具有高度的自觉性和主动性，因而成了稳定的品德。

可见，德育要从道德行为的纪律约束和外部控制开始，但不能仅仅停留在表面依从的水平上。品德是学习者作为活动主体所具有的自觉的、自主的品质。教师必须引导学生对规范及其价值原则进行思考、分析和判断，促进规范的认同和信奉，否则就没有真正完成品德的建构。

根据品德的内化过程，中职学校应按学制从低年级到高年级按部就班地设计、规划德育体系，所有的科任老师（文化基础课和专业课）形成合力，最终实现德育目标。

（二）品德形成的影响因素

影响学生品德形成的因素非常复杂，归纳起来有环境因素和自身因素两个方面，环境因素包括家庭、社会、班集体和同辈团体等，自身因素包括学生自身的智力水平、个性、学业水平等。下面仅就其中一些重要因素进行分析。

1. 家庭因素

家庭环境包括家庭教养方式，父母的价值观，家庭文化、经济、政治背景，家庭成员构成和父母的道德观念等。它对学生品德的形成和发展起着奠基的作用。

首先，家庭教养方式会影响儿童品德的发展。按照家长对子女的不同的控制程度，家庭教养方式可以分为溺爱型、民主型和专横型。有人（Peck，et al.，1960）对学生的品德与家庭教养方式之间的关系做了研究，发现父母信任、民主、宽容的作风与儿童的优良品德之间具有正相关关系，过分严厉、过分溺爱都不利于儿童形成良好的品德。

其次，父母的道德观念会影响儿童品德的发展。父母的道德观念会体现在他们待人接物的方式和态度上。父母是儿童最早认同和模仿的对象，儿童会以观察学习的方式受到父母的影响。

最后，家庭成员构成也可能与儿童品德的发展有一定的关系。孩子和父母两代人一起生活的家庭被称为"核心家庭"，孩子、父母以及爷爷和奶奶（外公和外婆）三代人一起生活的家庭被称为"直系家庭"。有人认为，核心家庭比直系家庭更有利于孩子的品德养成。

2. 社会环境

一方面，社会风气对儿童品德的形成和发展具有重要影响。随着学生年龄的增长，他们与社会的接触也越来越广泛。由于儿童好奇心强，喜欢模仿，对社会信息敏感，所以，社会风气对他们品德的影响也就越来越大。社会风气有着广泛性、复杂性等特点，学生的识别能力较差，他们往往自发地、偶然地、不知不觉地接受社会风气的影响。他们既可能接受社会中积极因素的影响而形成良好的品德，也可能接受消极影响而形成不好的品德。由于受到消极的社会风气的影响，学校德育出现了"5+2=0"的怪现象，即学生在学校受到了5天的正向影响，而在周末受到了2天来自社会的负向影响，结果就抵消、抹杀了学生在学校5天的受教育的成效。

另一方面，互联网的快速发展，深刻地影响着儿童的思想观念、价值取向和生活习惯、生产方式，网络空间是社会空间的延伸，网络风气是社会风气的折射，其对儿童的健康成长产生深远影响。

3. 班集体与同辈团体

良好的班集体对学生的品德发展具有很重要的意义。如果一个班级有良好的师生关系，同学关系融洽，有凝聚力，有明确的纪律规范，那这种班风就构成了一种无形的影响力，对那些品德不良的学生构成了一种压力，同时又提供了良好的榜样。

另外，随着学生的成长，一些小伙伴会因为共同的兴趣爱好、共同的活动而形成相互交往、彼此接纳的同辈团体，这构成了在父母和教师之外对学生极具影响力的又一种因素。小伙伴之间常常会相互模仿、相互感染，既可能使好的习惯和品德得以推广，也可能使不良的思想行为得以蔓延。教师应该对学生中的同辈团体加以积极引导，引导他们更多地开展积极向上的、有意义的活动，自觉抵制不良风气的影响。

4. 自身的智力水平

智力水平与品德之间的关系非常复杂。有研究者（转引自皮连生，1997）对500名有法庭记录的青少年罪犯的智商做了测量，发现他们的智商分布与随机抽样的儿童的智商分布很相似，但他们的平均智商低8~10分。相对而言，在他们当中智商低者比较多，智商高者较少。但是，在智商全距的各个水平上都有青少年罪犯，这就是说，他们中既有智力超常者,也有智力低下者。一个智力较高的人,并不见得就有积极的道德取向,并且一旦他们形成了不良的品德,高智力反而会促进其恶性发作。

(三)品德培养的方法

1. 道德认知的培养方法

道德认知是品德结构中的引导性要素。德育必须使学生对基本的道德观念、道德准则形成正确的理解,并提高学生的道德分析判断能力。

(1)言语说服。

教师经常要通过言语讲解和说服来使学生理解和接受一定的道德观念与道德准则(社会规范)。下面是一些教学有效说服的技巧(皮连生,1997)。

①单面论据与双面论据。

在讲解某种道德观念或准则时,是应该只提供正面的论点和证据,还是应该同时提供不同的规定和反面的论据?社会心理学家霍夫兰(Hovland)等人提出,对于受教育程度高的人来说,提供正反两方面的论据更易于使他们信服,而对于受教育程度低的人来说,只提供正面论据更好一些,这可能是因为他们的理解力比较差,难以对正反论据做出恰当的分辨和判断。由此看来,对低年级的学生来说,教师可以只提供正面论据,而对高年级学生来说,教师可以考虑同时提供正反两方面的论据。但另有研究表明,如果在教师提出自己的观点之后,学生没有产生相反的观点,则只提供正面的观点和材料有助于学生形成肯定的态度。如果在这种情况下再提出反面观点和材料,就会引起学生对反面材料的兴趣。从说服的任务和效果看,正面的观点和材料能在短时间见效,解决当务之急,而同时提供正反两方面的论据和资料则更有利于培养学生长期稳定的态度。

②以理服人与以情动人。

在向学生说明某种道理时,有时教师需要以理服人,即用严密、条理的论证来说明。有时教师则需要以情动人,即在说明中带有强烈的情绪色彩,以情绪、情感的感染来打动学生。一般而言,带情绪色彩的说服的效果立竿见影,但这种影响往往不能持久。另外,对于低年级的学生来说,富有感情色彩、生动感人的说服内容更容易产生影响,而对高年级学生而言,充分说理、逻辑性强的说服内容更为有效。

(2)小组道德讨论。

小组道德讨论就是让学生在小组中就某个有关道德的典型事件进行讨论,以提高他们的道德判断水平。这是基于科尔伯格道德判断理论而设计的德育模式。小组讨论的内容一般是能引起学生争议的道德两难故事,通常是根据在家庭和学校中人与人之间或群体之间各种权利、义务的矛盾冲突关系,编制的道德情境故事,也可能是各种媒体报道的一些社会道德问题。小组构成最好是把道德判断、思想认识不同的同学编在一组中，使他们能面对不同的观点。在小组讨论中，教师具有重要作用，他应该了解学生道德发展的有关理论，能启发学生积极地思考，做出判断，进行交流辩论。教师也要鼓励学生考虑其他人的意见，协调彼此的分歧。教师要像"精神助产士"那样循循善诱，帮助学生通过讨论提高他们的道德判断能力。

（3）道德概念分析。

这种方法集中分析作为道德思维组成部分的一些最一般的概念或观念，一个道德概念可能是一种具体活动的名称，如说谎或遵守诺言，也可以是一种比较一般的概念，如诚信、友谊或者良心。这种方法的提出基于这样一种假设，人们在思考行为时会运用这些一般的言辞或概念作为决策的工具。人们越是理解这些概念的意义，就越能更好地进行思考。运用这种方法时，首先也要给概念提供一个具体的情境。

概念分析的方法中可以采用大量的情境和讨论，分析包含在讨论中的思维技巧的类型。

用于组织这种类型的分析的教学材料包括：①内容分析——各种不同的定义和概念的区别；②假想案例；③角色承担；④讨论集中在各种陈述上；⑤各种可选择策略的图解；⑥各种不同观点和原则的理论陈述。

2. 道德情感的培养方法

（1）移情能力的培养。

在人际交往中，人们会在感情上彼此沟通，相互分享。移情是由真实或臆想的他人情绪、情感状态引起的并与之一致的情绪、情感体验，是一种替代性的情绪情感反应，是一种无意识的、有时十分强烈的对他人情绪状态的体验。移情作用是维系积极的社会关系、促进亲社会行为的重要因素，是人们内心世界相互沟通的桥梁。当看到他人处于困难、痛苦境地时，个体是否会做出帮助他人的行为，有赖于个体是否能知觉并体验到对方的情绪体验。如果对对方的痛苦情境毫无知觉，他就可能冷漠无情，置之不理。

李辽研究了移情训练对亲社会行为（助人、安抚、分享等）的促进作用，发现通过移情训练，青少年可以更为敏感地知觉到在想象的或真实的社会情境下他人的情绪、情感状态，并唤起相应的情绪反应模式。当发现别人处在困难的、不良的情境时，他们更可能设身处地去感受别人的心理反应，更可能做出帮助他人的行为（章志光，1993）。

发展移情能力可以从以下方面着手。①表情识别：通过对方的表情来判断对方的态度、需求和情绪、情感体验，这可以通过照片、图片等来训练。②情境理解：理解当事人的处境，从他的处境去感受他的情绪体验，考虑他需要的帮助。这可以采用故事讨论的形式，让学生分析故事中人物的处境和体验。③情绪追忆：针对一定的情境，通过言语提示唤醒学生与此有关的感受，并对这种情绪体验产生的情境、原因、事件进行追忆，加强情绪体验与特定情境之间的联系。这样可以用自己切身的体验来理解他人的感受（李伯黍，岑国桢，1999）。

（2）羞愧感。

羞愧感（shame）是当认识到未能成功地以自己信以为好的方式行动或思考时，产生的痛苦的情绪。库尔奇茨卡娅通过实验研究了产生羞愧感的条件，结果表明：①儿童只有形成了个人自尊感，理解了自己的各种品质（首先是那些优良品质），才能认识到自己的过失和错误，才能从道德角度对自己做出评价，并为之羞愧。②3岁儿童已出现萌芽状态的羞愧感，但这种羞愧感并不是由于认识到自己的过失才产生的，而是由于成人带有责备和生气的口吻才产生的，儿童还没有摆脱惧怕，其羞愧感全部表露在外。③学前期儿童已不需要成人的刺激，就能自己认识到行为不对而感到羞愧，惧怕感和羞愧感可以分开。④随着年龄增长，青少年羞愧感的范围不断扩大，越来越社会化，但羞愧感外部表现的范围缩小，对羞愧感的体验加深，他们还会记住产生这种情绪的条件，以后遇到类似情境便会努力克制可能导致重犯错误的动机和行为，将成人的要求逐渐变为自己的要求。库尔奇茨卡娅最后总结认为，青少年儿童羞愧感的产生意味着他们个性正在发生变化，当它成为个性中一种稳定的东西时，就会改变个性的结构。

3. 道德行为的培养方法

（1）群体约定。

经过集体成员讨论制定的公约、规则会有助于学生形成积极的态度。由于各个成员参与了规则的讨论和制定，每个人都对规则负有责任，这会增加规则的约束力。同时，群体意见高度一致，行为取向一致，会形成一种无形的规范力。一般认为，教师引导学生集体讨论、集体制定的过程包括以下几个步骤：①清晰而客观地介绍问题的性质。②帮助班集体唤起对问题的意识，认识到改变的必要性。③清楚而客观地介绍需要形成的新态度。④引导全体学生讨论改变态度的具体方法。⑤使全体学生同意把计划付诸行动并落到实处。⑥学生在执行计划的过程中改变态度。⑦引导集体对已经改变的态度做出评价，使态度进一步概括化和稳定化。如果未能达到预期的改变，教师不要责怪学生，只能强调计划有缺点，要鼓励学生重新制订计划。

（2）道德自律。

品德培养应该使学生达到道德自律的水平，即能按照自己内在的价值标准来评判自己的行为，做自己认为应该做的事。自律行为大致包括3个主要的环节（Bandura，1978；张春兴，1998）。①自我观察：个人对自己的所作所为的觉察。这可以是在活动过程中的觉察，也可以是事后的反省。教师可以让学生自己写日记，记录自己何时何地做了何种不当行为。②自我评价：在自我观察的基础上，个体根据自己的行为标准来评判自己的行为，看自己的所作所为是否符合自己的道德标准。③自我强化：在对自己的行为做了自我评价之后，个体在心理上，对自己的行为给予奖励或惩罚。对自己正确行为的自我肯定和奖励可以产生满足感与欣慰感，而对自己不当行为的自责可以引起愧疚感，从而告诫自己以后改进。

曾子说："吾日三省吾身。"自省的确是通向完美人格修养的重要途径。德育应该引导学生主动地进行道德反省，培养他们的道德自律能力，把品德学习与世界观、人生观、价值观的发展联系起来，与健全人格的塑造联系起来，使学生形成独立、进取、开放、接纳、宽容、仁爱的个性。

在培养学生的道德行为时，我们应当看到每个学生都有积极肯定自己、希望得到他人表扬的强烈愿望，这是学生遵守道德规范、道德希望的条件之一。面对学生消极的、不符合社会道德的行为，我们不能采用简单的比较法或上纲上线地批评，而要就事论事、对事不对人，使学生感到自己只是在某个具体行为上不符合社会要求，要调动学生自身的积极性来改变不良行为。

4. 品德的综合培养方法

（1）案例研究法。

案例研究法（case study）是发展道德推理技能和能力的一种有效方法。它从关于具体行为的各种决策开始，而不是从各种原则、价值或理想入手，从中归纳出相关的原则和价值范围。在这种方法中，教师先给学生一个假设的情境（某人面临一个决策），然后让学生根据他们的观点考虑这个问题，并要求他们就这一情形推断"如果他们遇到相类似的决策情境会如何行动"（霍尔·戴维斯，2003）。这种活动的目的是双重的：通过考虑各种可供选择的行为方式，学生就会自然地把他选择的决策与另一种决策相比较，他所做出的各种决策将会带来何种结果；同时，他也会明白各种决策所包含的道德义务。

当然，案例的形式有很多种，采用科尔伯格提出的道德两难情境来展开讨论就是不错的方法。学生可以对两难故事进行思考后，陈述对这个情境的某种看法，接下来检验这些看法的推理过程，最后对推理进行反省。

（2）游戏和模拟。

游戏的使用可能没有案例研究法那么普遍，但是它可以为其他道德教育信息活动提供重要的工具。游戏不仅允许我们处理人们认为应该做出的决策，而且允许我们处理人们的实际选择。教育游戏的根本目的是，为决策行为提供直接的经验。

在一个社会中，不同的人有不同的角色，父母、学生、教师……不同的角色具有相应的地位和身份，人们对不同的角色有相应的期望、要求和评价标准。角色扮演（role-playing）就是一种很好的技术，它使个人暂时置身于他人的社会位置，并按这一位置所要求的方式和态度行事，以增进个人对他人社会角色及自身原有角色的理解，从而更有效地履行自己角色。比如，让不太关心班集体的学生在班级中担当一定的职务。在扮演一定角色的过程中，学生可以充分理解体现在这一角色身上的规范要求，感受到相应的情绪，练习相应的行为方式，这可以进一步改变别人对他的印象，也可以改变他对自己的评价和印象，从而导致整个行为系统的改变。

角色扮演在发展人们的社会理解力和改善人际关系方面有着重要的作用。所以，许多教师非常喜欢运用这种技巧，或者将其作为讨论的起点，或者在讨论中用来引出人们的实际情感，或者引起在某一种情形中对某个人的同情。不仅如此，较长时间的角色扮演还可以改变人们的心理结构。由于扮演中真实、直接的情感体验的支持，所扮演角色的某些特征最终能被"固定"在人们的心理结构当中，从而使人们的个性发生实质性的变化。

值得注意的是，在课堂中运用角色扮演需要一些表演和模拟的技能，实现起来并不容易，可以通过清楚地定义角色、进行预演等方式得以完善。

游戏模拟不止角色扮演一种，婚姻扮演、评价模拟和人际关系游戏等形式都是重要的游戏类型。但是需要明确的是，游戏给我们提供的只是各种未经加工的材料，真正的效果取决于游戏之后的分享和反思，只有花时间反省并思考自己的经验，才能从中受益。不管采用何种形式，进行游戏扮演的讨论都是最重要的，通过团体的形式让学生理解并看清楚自己的情感、分享自己的体验是值得借鉴的道德教育方法。

道德问题往往涉及多种因素的相互作用，这不仅仅是个人的品德问题，还涉及整个社会的氛围。单靠说教来提高个人的修养显然不能从根本上解决问题，但也不能把所有的问题和解决途径推给社会的发展与制度的完善。在品德发展和道德教育中，教师给学生提供更多的真实情境，以情感促认识、促行动，采取多种有效的道德干预手段才是解决之道。

三、课程思政

（一）课程思政的含义

"课程思政"（Ideological and Political Theories teaching in All Course），指以构建全员、全程、全课程育人格局的形式将各类课程与思想政治理论课同向同行，形成协同效应，把"立德树人"作为教育的根本任务的一种综合教育理念。

"课程思政"不是一门或一类特定的课程，而是一种教育教学理念。其基本含义是：大学所有课程都具有传授知识培养能力及思想政治教育双重功能，承载着培养大学生世界观、人生观、价值观的作用。

"课程思政"也是一种思维方式，教师在教学过程中要有意、有机、有效地对学生进行思想政治教育；体现在教学的顶层设计上要把人的思想政治培养作为课程教学的目标放在首位，并与专业发展教育相结合。

"课程思政"不是要改变专业课程的本来属性，更不是要把专业课改造成思政课模式或者将所有课程都当作思政课程，而是充分发挥课程的德育功能，运用德育的学科思维，提炼专业课程中蕴含的文化基因和价值范式，将其转化为社会主义核心价值观具体化、生动化的有效教学载体，在"润物细无声"的知识学习中融入理想信念层面的精神指引。

（二）课程思政的目标

以习近平新时代中国特色社会主义思想为指导，坚持知识传授与价值引领相结合，运用可以培养大学生理想信念、价值取向、政治信仰、社会责任的题材与内容，全面提高大学生缘事析理、明辨是非的能力，让学生成为德才兼备、全面发展的人才。

围绕课程思政目标，通过积极培育和践行社会主义核心价值观，运用马克思主义方法论，引导学生正确做人和做事，各教学科目和教育活动应结合以下内容进行教学设计。

1. **师德风范：学高为师，身正为范**

"教师是人类灵魂的工程师，承担着神圣使命。传道者自己首先要明道、信道。高校教师要坚持教育者先受教育，努力成为先进思想文化的传播者、党执政的坚定支持者，更好担起学生健康成长指导者和引路人的责任。"要以德立身、以德立学、以德施教，为学生点亮理想的灯、照亮前行的路。

2. **政治导向：教师应坚持正确的政治方向**

要"坚持教书和育人相统一，坚持言传和身教相统一，坚持潜心问道和关注社会相统一，坚持学术自由和学术规范相统一"，坚守"学术研究无禁区，课堂讲授有纪律"的规矩，不在课堂上传播违反《中华人民共和国宪法》，违背党的路线、方针、政策的内容或言论，使课堂成为弘扬主旋律、传播正能量的主阵地。

3. **专业伦理**

专业伦理教育是对未来从业人员掌握并遵守的人与人之间的道德准则和职业行为规范的教育活动。教师要针对不同专业的大学生，即未来各行各业的从业人员，在传授专业知识的过程中，明确将专业性职业伦理操守和职业道德教育融为一体，给予其正确的价值取向引导，以此提升其思想道德素质及情商能力。

4. 学习伦理

学习伦理是人们在学习活动中建立起来的人伦关系和处理这些关系应遵守的法则，是基于对类、群的伦理性认识和对学习内涵、价值、内容等方面的伦理反思和构建。课程思政功能的实现需要师生双方共同努力，大学生应有良好的学习伦理，尊师重教、志存高远、脚踏实地、遵守纪律，在学习过程中体悟人性、弘扬人性美、完善修养，培育理性平和的心态，让勤奋学习成为青春飞扬的动力。

5. 核心价值

核心价值观承载着一个民族、一个国家的精神追求，体现着一个社会评判是非曲直的价值标准。教师要在课程教学过程中，结合理工、经济、人文、艺术等各专业门类的特点，将社会主义核心价值观的基本内涵、主要内容等有机、有意、有效地纳入整体教学布局和课程安排，做到专业教育和核心价值观教育相融共进，引导学生做社会主义核心价值观的坚定信仰者、积极传播者、模范践行者。

（三）课程思政的原则

课程思政既不是单一的一门课程，也不是孤立的一项活动，而是要将思想政治教育融入课程教学和改革的各项环节、各个方面，充分挖掘隐性元素，发挥隐性教育的育人功能。不是每门课都要系统性地进行德育活动，而是结合各门课程特点，寻找德育元素，进行有针对性的教育。应坚持实事求是、创新思维、突出重点、注重实效等原则。

（四）课程思政的要求

"课程思政"教学设计不仅应遵循一般社会科学研究的原则，还应符合思想政治教育学科的特殊性原则。根据"课程思政"的内容和原则，提出如下基本要求。（1）灌输与渗透相结合。灌输应注重启发，是能动地认知、认同、内化，而非被动地注入、移植、楔入，更非填鸭式的宣传教育。渗透应注重贴近实际、贴近生活、贴近学生，注重向社会环境、心理环境和网络环境等方向渗透。灌输与渗透相结合，就是坚持春风化雨的方式，通过不同的选择，从被动、自发的学习转向主动、自觉的学习。（2）理论与实际相结合。"课程思政"教育元素，不是从抽象的理论概念中逻辑地推论出来的，而是应从社会实际中寻找，从各学科的知识与社会实践结合度中去寻找；不是从理论逻辑出发来解释实践，而是从社会实践出发来解释理论的形成，依据实际来修正理论逻辑。坚持理论与实际相结合，因事而化、因时而进、因势而新。（3）历史与现实相结合。历史是过去的现实，是现实的前身；现实是历史的延伸，是未来的历史。"课程思政"的教学设计，从纵向历史与横向现实的维度出发，通过正确认识世界和中国发展大势，正确认识中国特色和国际比较，正确认识时代责任和历史使命，正确认识远大抱负和脚踏实地，使思政教育元素既源于历史又基于现实，既传承历史血脉又体现与时俱进。（4）显性教育与隐性教育相结合。"课程思政"教学设计应坚持显性教育与隐性教育的结合。显性教育和隐性教育二者不是一种具体、单个方法的名称，而是一种类型的方法称谓。显性教育是指教师通过有组织的、计划的教育活动，明确地向受教育者传授知识和价值观的教育方式。隐性教育是一种现代德育概念，它与显性教育相对应，主要通过潜移默化的方式对受教育者产生影响。通过隐性渗透和润物细无声的方式，将道德教育融入各门专业课程中，实现显性教育与隐性教育的有机结合。（5）共性与个性相结合。任何事物的发展都体现了统一性与差异性的融合。在思想政治教育领域，教育目的的价值取向体现了一种共同性和一致性，而个体的独特体验则展现了事物的个性和差异性。"课程思政"教学设计，必须遵循共性与个性相结合的原则，既注重教学内容的价值取向，也应遵循学生在学习过程中的独特体验。（6）正面教育与纪律约束相结合。正面说服教育是指通过摆事实、讲道理，使学生明辨是非、善恶，提高认识，形成正确观念和道德评价能力的一种教育方法。"课程思政"教育和教学必须坚持以正面引导、说服教育为主，积极疏导，启发教育，同时辅之以必要的纪律约束，引导学生品德向正确、健康方向发展。

（五）课程思政的方法

专业教师在尝试课程思政教学改革时，首先需要在思想观念上明确"四个是与四个不是"的原则。具体来说：不是为了单纯完成上级的要求，而是旨在提升课堂教学质量和育人效果。不是简单地照搬思政课的概念或替代它，而是要结合专业课程挖掘其中的思政元素，通过讲述相关故事来探讨思想和素养。并非每节课都必须融入思政元素，而是在适当且自然的情况下，当需要从特定视角进行深入探讨时，将思政元素融入专业教学中才会更有效。思政内容的呈现不必过多依赖于理论术语，只要能实际运用马克思主义的立场、观点和方法，并用自己的语言清晰地分析问题即可。在专业课程中融入思政元素，可以通过以下几个方向进行努力。

1. 掌握七大内容（思政元素）

思政元素的挖掘是一个系统而全面的过程，旨在将思想政治教育与各门类课程有机融合，实现对学生的价值引导、知识传授和能力培养的有机统一。以下是一些具体的挖掘途径。第一，从学校办学理念中挖掘。学校的办学理念往往体现了其教育目标和价值取向，这些理念本身就是思政元素的重要来源。通过深入解读和践行办学理念，可以将思政教育融入学校的日常管理和教育教学中。第二，从课程内容中挖掘。

无论是通识课程、专业课程还是实践类课程，都蕴含着丰富的思政元素。教师需要深入挖掘课程内容中的思政素材，将其巧妙地融入教学过程中，实现知识传授与价值引领的有机结合。第三，从教学方法中挖掘。采用多样化的教学方法也是挖掘思政元素的重要途径。例如，案例分析、讨论研究、项目驱动、实践操作等方法，都有助于激发学生的学习兴趣和参与度，同时引导学生深入思考社会问题和人生价值。第四，从教材资源中挖掘。教材是思政教育的重要载体。在开发和使用教材时，应充分考虑思政资源的融入，确保教材内容既符合学生的认知规律和兴趣爱好，又能够体现时代精神和社会主义核心价值观。第五，从社会实践中挖掘。社会实践是思政教育的重要补充。通过组织学生参加志愿服务、社会调查、实习实训等活动，可以让学生亲身体验社会生活，增强社会责任感和公民意识。第六，从教师自身素质中挖掘。教师是思政教育的直接实施者。提高教师的思政素养和教学能力，对于挖掘和运用思政元素至关重要。因此，学校应加强教师培训，鼓励教师自主学习和研究，提高其对课程思政的认知和理解水平。第七，从评价体系中挖掘。建立科学的思政元素评价体系，有助于提高思政教育的针对性和有效性。通过对每个阶段的思政元素进行评价，可以及时发现问题并进行调整和优化。

需要注意的是，思政元素的挖掘和运用是一个长期而复杂的过程，需要学校、教师、学生和社会各方面的共同努力。同时，也要注意避免形式主义和表面化倾向，确保思政教育真正落到实处、取得实效。

2. 抓好三大环节（融入载体）

有了思政元素，从哪里入手将其"融入"专业课程教学呢？首先，我们可以利用固有的教学平台。这包括每个教师平常教学环节中固有的教学设计、签到点名、专业讲授、规章制度讲解、教师提问、小组讨论、小组发言、发言点评、布置作业、收交作业、作业点评、单元总结、学情分析以及教师的榜样作用等。仅在"专业讲授"这一环节中，就有许多与素养相关的思想和故事可以挖掘。其次，我们可以探索潜在的专业通道。这些通道指的是思政元素与教学要求存在联系、与教学环节可以贯通，但以往教学中没有显现的那些"潜在"平台。例如，我们可以通过讲解专业规章来培养学生的法治思维，通过专业项目的推进过程来引入物质运动理论，通过专业要领的讲解来引导学生顺应事物发展规律，通过专业设备的发展历程来探讨事物的发展观，通过解决专业学习难题来理解事物的矛盾观，以及通过提高专业能力来实践出真知。最后，我们可以创新教学环节。这意味着专业教师需要从个人阅历、知识结构、育人思考实际出发，创造性地推出教学规章中没有的新育人载体和方法。例如，安排学生预习教材并准备答问，介绍学长艰难成长的经历，鼓励学生对小组发言提出质疑，制定外出行为规范条例，以及对新生在教室乱丢纸屑现象拍照后进行分析等。通过这些创新的教学环节，我们可以更好地将思政元素融入专业课程教学中。

3. 实现三级联动（最终以教师为本）

（1）学校顶层设计。思政元素融入专业教学，涉及一系列教育教学中的实施环节和资源、工作调度，只有学校管理层高度重视、积极研究和实践推动，才有可能落实。可以通过建立融入指导小组、推动相关理论研究、开展教师融入培训、组织联合小组攻关、引导撰写课改方案、安排全校教改观摩、提炼总结融入方法等实现。（2）各专业部推动专业组提高。如组织学习相关思政理论、讨论和挖掘本专业教学中的思政元素、安排观摩思政元素融入专业课程的教学、组织师生撰写和思想素养相关的各类案例（故事）、修订人才培养方案等。（3）教师身教引导。比如要求学生不迟到，教师要提前进教室；要求学生上课不玩手机，教师上课就不要使用手机做无关教学的事情；要求学生见了老师问好，老师被问好后要回复问好或点头示意；要求学生认真完成作业，教师批改作业也要高度认真并有批语等。

（六）课程思政的价值

课程思政以习近平新时代中国特色社会主义思想为指导，以习近平总书记关于教育工作的重要论述为根本遵循，落实立德树人根本任务的重要举措，是构建德智体美劳全面培养的教育体系和高水平人才培养体系的有效切入，也是完善全员全程全方位"三全育人"的重要抓手。

教育是国之大计，党之大计。中职学校肩负为党和国家培养人才的重任，应高站位认识课程思政的时代价值，提升立德树人的针对性和实效性。

1. 高度上

"培养什么人，是教育的首要问题"。与传统把思政课作为育人主渠道的观念不同，课程思政是将所有课堂作为育人主渠道，旨在将思想政治教育有机融入各门课程的教学和改革，实现知识传授与价值引领的有机结合，实现立德树人的润物细无声，进而实现培养社会主义建设者和接班人，培养一代又一代拥护中国共产党领导和我国社会主义制度，立志为中国特色社会主义事业奋斗终身的有用人才的根本任务。因此，要按照中国特色社会主义伟大事业兴旺发达、后继有人的要求，从解决"首要问题"的根本举措的高度，提升深化课程思政建设的境界和情怀，落实好立德树人根本任务。

2. 深度上

课程思政是构建高水平人才培养体系和德智体美劳全面培养的教育体系的有效切入点。当前，如何把思想政治工作体系有效贯通高水平人才培养体系是职业教育领域亟待攻关的重大课题。课程思政应以课堂教学为切入点，以教师作为思想政治教育工作的最活跃要素，着力优化课程设置，修订专业教材，完善教学设计，把思想政治工作体系贯通课程体系、教学体系、教材体系、管理体系等。课程思政建设的逻辑思路充分体现了把思想政治工作贯通人才培养体系的可能与价值。因此，要按照加快教育现代化、建设教育强国，办好人民满意的教育的总要求，从构建"两个体系"的深度，加大深化课程思政建设力度，探索"专业思政""课程思政"建设，全面提高人才培养能力。

3. 广度上

课程思政是完善"三全育人"的重要方面。课程思政不是哪一门课或哪一个部门的事情，而是一项为党育人为国育才的系统工程。它强调包括思想政治理论课在内的所有课程都有育人功能，所有教职工都有育人职责。推进课程思政建设是全体教职工的共同责任，涉及教育教学全过程各方面，纵向需要层层激发动力、形成共识，横向需要多部门协同配合、互相支持，客观上有利于带动"三全育人"格局的形成。因此，要按照完善中国现代职业教育制度，实现教育治理体系和治理能力现代化的要求，深化课程思政建设，推动完善"三全育人"工作体系和机制。

（七）"三全育人"

《关于加强和改进新形势下高校思想政治工作的意见》明确提出，要坚持全员、全过程、全方位育人（以下简称"三全育人"）。深入学习，进一步提高教育主体思想认识、促进教育环节无缝对接、协调教育资源有效整合，成为提升"三全育人"工作质效的迫切要求。同样，"三全育人"在中职学校也具有重要的现实意义。其目的在于立德树人，融入思想道德教育、文化知识教育、社会实践教育各环节，把思想政治工作贯穿教育教学全过程，形成教书育人、实践育人、管理育人、服务育人、文化育人、组织育人的长效机制。

1. "三全育人"政策出台背景

（1）教育改革的需求。随着中国经济社会的快速发展，传统的教育模式逐渐无法满足社会需求。学生面临着升学和就业的巨大压力，需要提高综合素质。因此，教育改革势在必行，以促进学生全面发展。（2）提高学生综合素质的需求。当今社会需要具备创新精神、实践能力和国际视野的高素质人才。有效的教育政策可以提高学生的综合素质，培养他们的创新精神和实践能力，增强国际竞争力。（3）促进教育公平的需求。教育公平是社会公平的重要基础。当前教育资源分配不均、城乡差距大等问题仍然存在。"三全育人"政策强调全员、全过程、全方位育人，有助于整合教育资源，让每个学生都能享受到优质教育。（4）加强思想政治教育的要求。思想政治教育是培养德智体美劳全面发展的社会主义建设者和接班人的重要保障。新时代背景下，加强职业院校思想政治教育尤为重要。"三全育人"政策通过全员参与、全过程渗透、全方位协同的方式，提高思想政治教育工作的针对性和实效性。（5）国家安全的需要。当前国际安全局势日益复杂。为了保障国家安全，需要加强国家安全教育和法治教育，增强学生的安全意识和法治观念。"三全育人"政策将安全教育纳入其中，通过全员参与、全过程渗透、全方位协同的方式，增强学生的安全意识和法治观念，为国家安全提供有力保障。

2. "三全育人"对职业教育的意义

首先，它强调人的全面发展。"三全育人"将思想政治教育贯穿教育教学全过程，旨在培养学生的综合能力，以适应时代和社会的发展需求。在职业教育领域，这一理念的实施有助于提高教育质量，确保学生不仅具备专业技能，还拥有良好的思想道德素质和职业素养，成为符合社会需求的高素质技术技能人才。职业教育不仅注重专业技能培养，还关注学生的心理健康和职业生涯规划，通过心理教育和咨询服务，帮助学生正确认识自我，规划职业道路，提高职业适应能力，从而促进学生的全面成长。此外，还注重健康的身体、积极的心态、宽广的视野和道德品质等方面的发展。这种育人理念有助于培养出符合21世纪全球教育目标要求的全面发展的人才。

其次，"三全育人"通过创新教育路径和方法，加强了育人的协作效应，提高了育人的耦合性和有机联动性。在职业教育中，这意味着通过构建有效的育人平台和提升育人主体的协同性，可以更好地培养学生的职业技能和职业精神，帮助他们更好地适应职场竞争，实现个人价值和社会价值的统一。职业教育强调教育的适应性，旨在通过全员、全过程、全方位的育人方式，满足现代社会对人才培养的需求。这有助于增强人才培养的针对性和实效性，提高教育质量。

最后，"三全育人"也是学校落实立德树人根本任务的重要途径。通过全员、全过程、全方位的育人方式，学校可以更好地将思想政治教育融入教育教学全过程，实现全程育人、全方位育人，从而开创我国职业教育事业发展的新局面。

第六节　学习理论的模式和学习策略

现代职业教育的教学理论，或者准确地说是学习理论，既涉及学习过程组织的理念，也涉及现代职业教育的学习模式。现代职业教育学习过程组织的依据，即其主流的学习理论，可以归纳为五种模式。

随着信息社会的发展与社会竞争的日益激烈，学会学习和终身教育理念的广泛普及，越来越多的人认识到："未来的文盲，不再是不识字的人，而是不会学习的人。"

一、学习理论模式

（一）工作相关学习模式

与工作相关的学习，指的是在职业教育的学习过程中，学习内容的选取与工作过程及工作对象紧密相联。这是基于学习内容的学习观。既适用于企业，也适用于学校。

近年来，"与工作相关的学习"又有了新的发展并细分为一些极具创新意义的、指向工作岗位的学习过程组织，包括工作整合型学习、工作关联型学习和工作导向型学习。

工作整合型学习，指的是学习地点和工作地点是一体化的，学习与工作岗位或工作过程紧密联系。工作整合型学习也称"集成型学习形式"。企业里设置的学习岛以及学习站就是典型的实例。

工作关联型学习，指的是尽管学习地点与工作地点是分离的，但在这两者之间却存在着一个直接的、空间上与组织上的联系。企业里建设的技术中心和培训基地就是这方面的实际案例。

工作导向型学习，指的是学习地点与工作地点是独立的，两者之间没有直接的联系。但在非工作地点的学习地点里，其学习内容却是指向工作的，试图以尽可能基于真实的工作结构来进行学习。职业学校等教育机构中专设的学习工厂和生产岛即这方面的例子。

（二）非集中式的学习模式

非集中式学习，指的是学习地点在空间、时间和组织上的非集中性。因此，非集中式学习也称为"分散式学习"。分散式学习是一个扩展性的学习概念。这是基于学习组织的学习模式，主要适用于企业。非集中式学习可从组织论角度与教学论阶段两个方面予以定义。

长期以来，传统劳动分工专业化的结果导致工作岗位的细化，以致视工作岗位为整体性学习地点的意义被减弱，使得学习组织无法再以细化的工作岗位为依托，而是要将不同工作岗位的不同重点的内容集成起来，导致学习呈现集中化与系统化的倾向。尤其是近年来劳动组织的扁平化，使得对从业者跨职业能力的要求日益增强，其趋势是学习目标不再以单一的工作岗位的资格而是以整体的工作岗位的资格为依托。这样的学习目标，必然要求对分散的单一工作岗位的学习地点实施"网络化"的教学，这也印证了国家为什么高度重视在线精品课程建设。为消除由此产生的与实践的远离，应运而生地开发了一些专门的教学方法，如项目教学法、引导文教学法等，以实现旨在模拟企业实践的学习。

基于非集中组织原则的学习过程，需要应对不同学习地点的不同进行重点，并通过集成与组合的形式予以实施。分散学习将使学生获得更多的自组织、整体性与行动性的能力。

非集中式组织的学习过程具有以下特点：

一是小组学习。要学会通过团队形式对系统的学习任务进行自组织、自调节并且强调自我承担责任的学习处置。

二是行动学习。要学会通过行动导向和经验导向的学习过程获得经验知识并使其内化形成策略导向的学习处置。

三是主题学习。要学会通过对所涉及的工作规划和劳动组织的问题加以概括形成主题及其相应目标的学习处置。

四是职业学习。要学会通过对所选择的职业学习内容与旨在掌握的职业工作内容之间建立密切联系的学习处置。

职业教育应该把企业看作一个具备完整教育功能的学习机构，或称之为一个学习系统。这样，企业的各个学习地点就将被赋予其专门的学习功能。教育中心（中心教学车间、研讨教室）可提供一个广阔的职业基础教育，目的在于为日后独立的学习行动夯实平台。而在企业生产车间进行的实际工作过程的培养培训，则要通过在产品生产的工作过程中的学习，了解生产所需材料和手段的结构与功能，其目标是逐渐建立学习与实践的联系。

（三）经验导向学习模式

经验学习，指的是通过经验的形成与积累来学习。经验学习是由"经验"与"学习"构成的组合词。这一概念既涉及经验本身又涉及学习者这两方面的内容。近年来，"经验学习"被整合而进入科学的教育理论研究领域的视野，特别是受到认知心理学的关注。这是基于学习哲学的学习模式，既适用于企业，也适用于学校。

"关于经验的学习"本身就是学习的原始形式，或元形式。从被动地接受来说，人类总是通过将经验向下一代的传递才得以发展自身的；从主动的建构来说，个体则总是通过自身经验来进行学习的。因此，"经验学习"观的创新不在于"经验学习"的内容本身，而在于"经验学习"的观念指向。在学习过度"符号化"的今天，要有意识地强化学习的"去符号化"的本原，以实现职业教育学的目标。当然，很难将这一概念与其他学习形式加以严格界定，因而也就不必过分强调这一学习形式与其他形式的不同。实际上，"通过尝试与错误学习"就是一种反思性的经验学习。

职业教育经验学习的学习过程有如下一些特点：一是要求个体对职业世界和生活世界实施整体观察。二是要求个体发现学习与职业世界和生活世界之间的相互关系并形成一种结构关联。三是要求个体通过对这种结构关联的反思产生职业经验。

这些职业经验的形成和积淀，对指导具体的职业行动具有特别重大的意义。这意味着，学习过程不是停留在纯粹的物化条件层面，即不是对职业实践僵化的复制，否则雷同的行动过程或者是仅是重复的行动试验将导致"情感疲劳"。学习过程应该是实践与理论集成的、组合的，也就是说，对基本认知能力的培养同样应作为经验学习的一个前提。但是，由于认知学习总是与对抽象的通过理论掌握的知识反思联系在一起的，所以，一般很难将其归类于经验学习。

（四）行动导向学习模式

行动导向学习，指的是通过实际的行动或整合的行动的学习方式。近年来，学习理论的发展表明，自从行动能力作为职业教育的目标之后，伴随着"为了行动而学习""通过行动来学习""行动就是学习"理念的深入，行动导向作为一种教学原则，已成为职业教育教学论探究的中心。这是基于学习方式的学习模式。既适用于企业，也适用于学校。行动导向学习可以从三个层面来阐述。

一是在教育社会学层面，强调学习者主体。行动导向学习来自改革教育学的理念，特别是来自劳动教育学的思想和项目教学的实践。其所否定的是教师中心的课堂教学交流的非对称性，致力实现学生的主动性，即学生不再作为教学的客体而是学习过程中行动的主体。为此，要实现职业教育教学的人性化构建，即强调学习要指向生活世界和劳动世界。

二是在教学论理论层面，强调行动即学习。行动导向学习的目标是为了获取在行动结构中被具体化了的结构性认识。从形式的角度看，行动导向学习是基于工作过程的认知学习方式；从解释的角度看，行动导向学习是对教学过程的目标、组织、调节、评价，以及对其予以确定和选择的阐述。根据学习理论的观点，每一种学习都被看作一种行动。尝试与挫折也是一种行动学习。行动导向学习强调学习过程的自我意识。其理论假设是"信息获取、概念形成、理解与观念开发都是与学习的行动经验关联相适应的"。这种学习形式，不仅对行动能力外部可视成果的度量是有意义的，而且对行动能力的深层内化更有意义。

三是在教学论方法层面，强调行动完整性。完整的行动模式突破了只是实施由外部给定工作任务的情况，从而能使学生以小组或团队的工作方式，根据工作和学习的步骤，学会独立地制订计划、独立地实施计划和独立地评价计划。这里需要设计相应的学习项目或任务，并通过与之相应的教学方法，如引导文教学法、范例教学法等，来确保项目或任务在实施过程中，学生能对所获得的知识独立地进行加工或处置。

行动学习的任务建构不仅要关注外显的可视行动的结果，而且要关注学生依据相关的原理、原则以及知识在复杂的学习行动中的应对能力。

行动学习的教学意义在于，它不仅有利于克服职业理论与职业实践的分离，而且有利于克服不同学习地点的分离，从而为新的合作学习打开通道。

行动学习不仅适用于专业领域，而且适用于社会领域和人格领域。行动学习总是以团队的形式进行的，有利于在学习过程中促进与开发学生的互动能力，以及自我反思和自我调节的能力。

当职业教育和职业培训的机构以现代的项目教学取代传统的理论教学之后，这种学习方案首先在企业教育学的背景下获得了新的突破。近年来，行动能力开发已成为职业教育工作者的共识，职业学校开始实施行动导向的学习形式。学校教育学传统中的一些鼓励独立学习的形式，如发现式学习、解决问题的学习，也因此得到进一步开发，其反过来促进行动学习的发展。

（五）问题导向学习模式

问题导向学习，指将问题辨识的结构以及问题解决的结构作为基本要素的一种学习。学生需要解决下述教学过程中出现的问题：一是学生面对的是一个全新且无法观察到的情境。二是学生应对这一情境的手段与途径未知，或者无法将已知的相关手段或途径迁移到这一情境中。这是基于学习方法的学习模式。

问题导向的学习，其所包含的问题应蕴含两个方面的功能：一是它是要处理的对象。二是它是解决问题所需要的建构性思维的触发器。因此，问题导向学习的主要目标是培养学生的方法能力。

问题导向的学习，其教学过程包括以下七个步骤：第一，观察问题；第二界定问题；第三，阐述问题；第四，寻求方案；第五，分析缺失；第六，开发方案；第七，评价方案。

一般来说，在教学过程中，并非上述所有步骤都能如愿或如期地实施。因为问题导向的学习需要时间，要尽可能减少风险、时间和成绩造成的压力，若一旦需要省略其中某个或某些步骤，则必须向学生说明未能实施的原因。

在问题导向的学习过程中，教师的作用或扮演的角色是学习的倡议者、激励者、组织者。教师并不向学生给出正确的完成方案，也并不指出解决问题的途径。教师激发学生的思维并适当保留，以促使学生自己去设计方案。在解决问题的过程中，即使学生选择了错误途径，只要符合学生的良好动机，都是允许的。

二、学习策略

（一）学习策略的界定

在有关学习策略的研究中，学习策略的界定始终是一个基本的问题。对于什么是学习策略，人们从不同的研究角度，提出了各自的看法，至今仍然没有达成一个统一的认识。有的被用来指具体的学习技能，诸如复述、想象等；有的被用来指一般性的自我管理活动，诸如计划、领会、监控等；有的被用来指组合几种具体技术的复杂计划。概括起来，大致可以分为3种，即把学习策略视作学习活动或步骤，把学习策略视作学习的规则、能力或技能，把学习策略视作学习计划，是学习者"为了完成学习目标而制订的复杂的计划"。

综合这些看法，学习策略是指学习者为了提高学习的效果和效率，有目的、有意识地制定的有关学习过程的复杂的方案。这一界定明确了学习策略的4个方面的特征，如表7-5所示。

表7-5　学习策略的特征

特征	解释
主动性	学习者采用学习策略一般是有意识的心理过程。学习者先要分析学习任务和自己的特点，然后据此制订适当的学习计划。对于较新的学习任务，学习者总在有意识、有目的地思考着学习过程的计划。只有反复使用的策略才能达到自动化的水平
有效性	所谓策略，实际上是相对效果和效率而言的。一个人在做某件事时，使用最原始的方法，最终也可能达到目的，但效果不会好，效率也不会高。
过程性	学习策略是有关学习过程的。它规定学习时做什么不做什么，先做什么后做什么，用什么方式做，做到什么程度等方面的问题
程序性	学习策略是学习者制订的学习计划，由规则和技能构成，每一次学习都有相应的计划，每一次的学习策略也不同。但是，同一种类型的学习存在着基本相同的计划

（二）认知策略

认知策略是加工信息的一些方法和技术，能使信息有效地从记忆中提取出来。认知策略可以分为复述策略、精细加工策略和组织策略3种。

1. 复述策略

复述策略指在工作记忆中为了保持信息，运用内部语言在大脑中重现学习材料或刺激，以便将注意力维持在学习材料之上的学习策略。

（1）利用记忆规律。

工作记忆的容量有限，要想尽可能多地复述内容，需要了解并合理利用一些基本的记忆规律。

① 干扰。

干扰会阻碍个体复述先前所学的信息。彼得生等人（Peterson, et al., 1959）经过实验发现，在学习了任务后（识记无意义的字符串），进行倒减计算的实验组被试的遗忘率要大大高于未进行倒减计算的控制组，倒减计算剥夺了被试在头脑中复述这些无意义的字符串的机会，从而无法在短时记忆中保存它们。在学习时，我们需要考虑短时记忆的有限容量，在进行进一步学习之前，要在头脑中进行复述，避免干扰。

② 抑制和促进。

前后所学的信息之间的消极影响称为"抑制"（inhibition）。当后面所学的信息干扰了先前所学的信息在记忆中的保存时，这种现象叫作"倒摄抑制"（retroactive inhibition）。当先前所学的信息干扰了后面信息的学习时，就出现前摄抑制（proactive inhibition）。前后所学信息之间的影响有些则是积极的。学习某件事常常有助于以后学习类似的事，这种现象叫作"前摄促进"（proactive facilitation）。后面所学的信息有助于先前信息的学习，这种现象叫作"倒摄促进"（retroactive facilitation）。在所有遗忘的原因中，倒摄抑制可能是最重要的。在安排复述时，学习者要尽量考虑抑制和促进的作用。

③ 首因效应和近因效应。

教育心理学中最为古老的发现之一，即人们倾向于记住开始的事情，其原因可能是我们对首先呈现的项目倾注了更多注意，付出了更多心理努力，造成了首因效应（primacy effect）。在长时记忆中建立新信息时，进行心理复述是很重要的。一般来说，比较多的心理努力会花在首先呈现的项目上。另外，由于在最末了的项目和测验之间几乎不存在其他信息的干扰，造成了近因效应（recency effect）。

根据首因效应和近因效应可知，开始阶段和最后阶段所学的信息比其他信息更易被记住。有人（Sousa, 2005）进一步提出，在20分钟以上的学习时间中，大脑对信息的保持率可以分为3个阶段：开始阶段是高效期，中间是低沉期，结尾是高效期。教师需要根据这一规律安排教学。

根据这一建议，教师上课时要把最重要的新概念放在一节课的开始。教师可以利用低沉期对新学习的材料进行练习和回顾，练习有助于学习者将他们组织好，进行进一步加工。在课程结束之前，教师要对整节课进行小结，有助于学生记得更牢，并且可促进学生进行整体理解。所以，教师要利用首因效应和近因效应来增强记忆效果。

（2）合理复习。

① 及时复习。

对于遗忘的进程，心理学家们很早就表现出了极大的兴趣，并做了大量的研究。艾宾浩斯通过实验，发现遗忘的进程是不均衡的，有先快后慢的特点，提出了遗忘曲线，如图7-3所示。

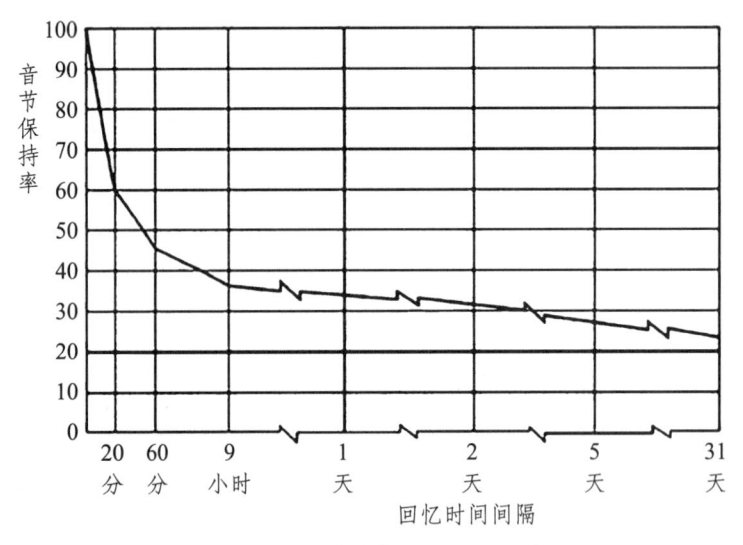

图7-3 遗忘曲线（Weiten，1995）

在最初很短的时间里会发生大量的遗忘。学生如果过了很长时间，直等到考试前才复习，就几乎等于重新学习了。所以根据这一规律，复习最好及时进行。复习的黄金2分钟是指学习后10分钟就进行复习，只用2分钟复习就能取得良好效果。

② 集中复习和分散复习。

集中复习（mass practice）就是集中一段时间一下重复学习许多次；分散复习（distributed practice）就是每隔一段时间重复学习一次或几次。在考试前一夜临时"抱佛脚"，或许能帮助你通过考试，但这些信息并未整合到你的长时记忆中去，而分散复习能极大地增强所有信息和技能的长期保持。这一规律已得到许多实验的证明。

③ 部分学习和整体学习。

对于某种知识技能进行整体学习（whole learning），可以减少其他事情对学习的干扰。对于许多人来说，一下学习较长的内容是极其困难的。将这较长的内容分成一小段一小段的，学习起来则相对容易，这就是所谓部分学习（part learning）。值得注意的是，这种策略有助于减少倒摄抑制，因为在学习后面的部分之前学生已学通了前面的部分。

④ 自问自答。

所谓自问自答的练习，就是在学习一篇材料时一边阅读，一边自问自答。自问自答是记忆研究中的一个热点问题。

学习时需要根据自己的回答的情况，检查自己的错误和薄弱环节，从而重新分配努力。这样学起来印象深刻，记忆牢固。而简单的重复学习则是平均使力，学习效率难以提高。

⑤ 过度学习。

在掌握某篇文章或某个原理的基础上继续学习，记忆的保持就会加强，这一策略被称为"过度学习"（overlearning）。有人通过实验研究发现，过度学习的次数越多，保持的成绩越好，并且保持的时间也长。

（3）自动化。

并非每一件事都要求学生有意识地注意，我们的大脑就没有特意注意我们的心跳和呼吸。刚开始写字时，我们不得不有意识地注意怎样一笔一画写出字来；但是随着经验越来越丰富，我们在写字的动作上所花的注意力就相当少了；随着学得越来越好，我们完成任务所需要的注意力就越来越少。这样一个过程就叫作自动化（automatic）。需要高度思维的任务，如果已被学得非常透彻，同样也不需要很多注意就能进行。自动化是非常重要的。自动化主要是通过操练和练习获得的。如中职学生的操作技能要达到自动化的水平那就证明很熟练了。

（4）亲自参与。

在学习完成各种任务时，让个体亲自参与这些任务，要比让个体只看说明书或者只看教师的演示动作完成这一任务效果好得多。例如，如果让学生亲自参与发动机拆装比只是让学生观看发动机拆装教学视频所学得的东西要多得多。

（5）情境相似性和情绪生理状态相似性。

俗话说"触景生情""睹物思人"。在一定的情境中，人能联想起这一情境中发生过的事。例如，故地重游时，我们往往能回想起许多上次来游玩时的情形。这说明情境的相似有助于回忆。有研究者做了大量的实验，结果发现，当识记和回忆的环境匹配时，成绩提高近50%，可见，如果测验场合与学习场合相同，回忆成绩似乎较好。

情绪生理状态相似性与情境相似性一样，也大大影响着记忆。兴奋时，我们能回忆许多愉快的事；心境不佳时，我们能回忆许多不愉快的事。所以，让学生参加技能比赛前，一定要让学生知道良好的心境有利于真实水平正常甚至超常发挥。

（6）心理倾向、态度和兴趣。

心理倾向、态度和兴趣也是影响记忆的重要因素。一般来说，感兴趣的事或持积极态度的事，我们记得牢固一些；不感兴趣的事或持消极态度的事我们记忆的效果就差一些。这些因素在政治的认识或信仰上所起的作用尤其明显。与人信仰相同的观念或事实容易被吸收，并有助于记忆；否则倾向于被排斥，容易被遗忘。这称为"选择性的保留和遗忘"。

这给我们的启示：在教学时，一方面，教材内容应丰富且生动，能吸引学生的注意力，让学生产生兴趣；另一方面，学生的态度和兴趣并不是先天固定的，教师可以设法引导，使学生形成建设性的态度和兴趣，使他们容易记住和保留所学的知识。我们要设法改变自己的态度和兴趣，以适应对知识的学习和记忆。

在学习中，这些复述策略只能发挥有限的作用，它们能影响信息加工系统对信息的注意和编码，却不能帮助你在这些信息和你已经知道的信息之间建立联系。这就是复述策略在长时记忆中一般无效的原因。复述策略往往要配以其他一些能有助于学习者组织整合长时记忆信息的学习策略。

2. 精细加工策略

精细加工策略是通过把所学的新信息和已有的知识联系起来以增加新信息意义的策略。

（1）记忆术。

记忆术（mnemonics）指一种通过给识记材料安排一定的联系以帮助记忆并提高记忆效果的方法。记忆术是一种有用的精细加工技术，在记忆名词、种类、系列或项目组等信息时非常有用，其基本做法是利用视觉表象或者寻找语义联系来记住新材料。

（2）灵活处理信息。

精细加工，除了采用记忆术之外，还要采用一些方法主动对信息进行加工。例如，寻找信息之间的意义，主动应用。

① 意义识记。

在学习时，我们不要孤立地去记东西，而要找出事物之间的关系，这样即使所学信息部分被遗忘了，学习者也可以利用信息之间的关系将其推导出来。

② 主动应用。

我们学习的好多信息往往只能适用于限定的、人为的环境，如果不在实际中应用，就成了惰性知识，难以发挥功效。因此，学习者不仅要记住某一信息，而且要知道如何以及何时使用所拥有的信息。学生在学习信息时，教师不仅要帮助学生理解这些信息的意义，而且要帮助学生感觉到这些信息有用，能把这些信息和其他信息联系起来，并在课堂以外的环境中应用它们。

（3）利用背景知识。

精细加工强调在新学信息和已有知识之间建立联系。对于某一事物，你到底能学会多少，最重要的一个决定因素就是你对这一方面的事物知道多少。事实上，背景知识比一般学习能力更能帮我们预测学生能学会多少。一个学习者如果非常了解某一课题，那他就有更丰富的图式融合新的知识。但是，学生往往不会使用他们先前的知识来帮助自己学习新的材料，教师一定要把新的学习和学习者已有的背景知识联系起来。

上述都是一些基本的精细加工策略，对于比较复杂的学习任务，精细加工策略有说出大意、总结、建立类比、用自己的话做笔记、解释、提问以及回答问题等。与逐字逐句学习的学生相比，那些能在学习时进行精细加工的学生一般能更好地理解信息。

3. 组织策略

组织策略指整合所学新知识之间、新旧知识之间的内在联系，形成新的知识结构的策略。组织是学习和记忆新信息的重要手段，其方法是将学习材料分成一些小的单元，并把这些小的单元置于适当的类别中，从而使每项信息和其他信息联系在一起。

（1）列提纲。

列提纲是以简要的语词写下主要和次要的观点，也就是以金字塔的形式材料的要点，使每个具体的细节都包含在高一水平的类比中。提纲就是一本书或者一篇文章的主要脉络。它直观、概括，具有条理性，一眼看上去，清晰明了，层次分明，脉络清楚。我们能通过提纲很快抓住课程内容的要点，并明晰各部分之间的关系，记忆起来也简单多了。回忆时，我们只要按照提纲的要点，就可以按图索骥地去充实具体的内容。

（2）做图解。

①系统结构图。

研究表明，存储在长时记忆中的信息就是以金字塔的结构组织的。在金字塔结构里，具体的东西归在较一般的题目下，这种结构能够帮助学生理解，有效地在长时记忆力中找到所需要的信息。

②概念关系图。

关系图是用来解释各种观点是如何相互联系的，也就是先指出中心思想然后解释它们之间的关系。关系图可以用来替代笔记和提纲，其中重要的形式为概念关系图（concept map）。

③运用理论模型。

对于复杂的课题，可以采用图解的方式来说明某个过程的要素之间是如何相互联系的，建立相符的理论模型。学习的信息加工过程就是一个经典的理论模型的例子，运用这种模型可组织和整合信息。

（3）做表格。

对于复杂的信息，采用各种形式的表格，如一览表和矩阵表，都可以对信息起到组织的作用，有利于形成信息的视觉化，能促进对信息的记忆和理解。

（三）学习策略的促进

常常有学生把学习中的困难归因于缺少能力。而他们的实际问题在于，从来没有人教过他们如何学习。

1. 学习策略促进的原则

人们在学习、阅读时常常使用不同的策略。很少有什么学习策略总是有效的，也很少有什么策略总是无效的。学习策略的价值依赖于具体情况和使用。有研究者（Thomas & Rohwer，1986）提出了一套适用于具体学习方法的有效学习原则（Slavin，1994）。

（1）特定性。

学习策略一定要适合学习目标和学生的类型。有研究者发现，同样一个策略，年长者和年幼者，成绩好者和成绩差者，用起来的效果就不一样。例如，写出阅读提要可能是一种有效的学习方法，但对低年级学生来说可能比较困难。同时，策略教学还要考虑层次，必须给学生大量的策略——不仅要有一般的策略，而且要有非常具体的策略。

（2）生成性。

有效学习策略最重要的原则之一就是要利用学习策略对学习的材料进行重新加工，产生某种新的东西。这就要求学生进行高度的心理加工。要想使一种学习策略有效，这种心理加工是必不可少的。生成性程度高的策略有：给别人写内容提要；向别人提问；将笔记列成提纲；图解要点之间的关系；向同伴讲授课程的内容要求。生成性程度低的策略有：不加区分地画线；不抓要点地记录；不抓重要信息地提要等。这些对学习都是无益的。

（3）有效的监控。

教学生何时、何地与为何使用策略似乎非常重要，但教师却常常忽视。这可能是因为他们没有意识到其重要性，也可能是因为他们认为学生自己能行。如果交代清楚何时、何地与为何使用一个策略，学生就更有可能记住和应用它。根据有效监控的原则，学生应该知道何时、如何应用他们的学习策略，以及当这些策略正在运作时能将它说出来。

（4）个人效能感。

学生可能知道何时与如何使用策略，倘若他们不愿意使用这些策略，他们的一般学习能力是不会得到提高的。教师需要给学生提供一些机会使他们感觉到策略的效力。策略训练课程必须包含动机训练。学生应当清楚地意识到一分努力一分收获。教师要树立这样一种意识：在学生学习某材料时，要不断向学生提问和测查，并且给学生制定适当的目标，由此促进学生使用学习策略，并愿意使用学习策略，进而学习就会有所收获。

2. 常见的学习策略

（1）画线。

画线（underlining）是一种最常用的学习策略。画线可以帮助我们快速找到重要的信息，监测学习的进度和程度。但在使用画线策略的时候，我们应该注意只画出确实重要的信息，如果什么都画，就失去使用这个策略的价值了。研究表明，只有每段画一个句子，才会促进学习（Snowman，1984）。因为画出无关信息会干扰我们将注意力真正集中到重要信息上，从而影响回忆的效果。另外，单独使用画线策略并不是学习材料的好方法，因为画线并不能提供思考材料的机会。将画线与其他策略结合起来使用可能会取得更好的效果。

（2）做笔记。

在阅读和听讲中用的比较普遍的学习策略是做笔记（note taking/making）。我们记笔记似乎是为了复习，笔记仅仅成了一种用来复习的信息的外部存储。其实，笔记的意义远不止这些，它能促进新信息的精细加工和整合。

做笔记虽然有助于编码加工，但是学习者只记笔记却不复习也达不到应有的效果。学生自己做笔记并且进行复习，比只做笔记不复习和借别人的笔记复习要学得好。复习笔记的益处在于它能允许对材料的进一步精细加工和整合。学习者不仅需要反复地看笔记，还要积极地思考笔记中的观点，并且和其他所学的信息进行联系。

当然，在听讲的同时做笔记，必定会占用有限的学习资源，所以并不是所有的学生都能从做笔记中受益，对能力较弱的学生和处理听觉信息有困难的学生而言，做笔记效果较差。这样的学生也许先认真听老师讲课，效果更好一些。

（3）写提要。

写提要就是写下能表达所读信息的中心思想的简短陈述。这种策略要求学习者以梗概的形式总结所学的材料，能增强对书面材料的领会和保持。教师可以让学生每读完一段后用一句话概括，或者让学生准备一个提要来帮助别人学习材料，其部分原因是这种活动可使学习者不得不认真考虑什么重要，什么不重要。

3. 学习策略促进的方法

人们越来越认识到，学习策略是可教的，并且是可以迁移的。许多教育心理学家研发了各种学习策略训练教程，并进行了实验性的训练研究。

（1）直接教学。

直接教学模式与传统的讲授法十分类似，是指教师以尽可能直接的方式把学习策略的规则和动作序列传达给学生的过程，由激发、讲演、练习、反馈和迁移等环节构成。在教学中，教师先向学生解释所选定的学习策略的具体步骤和条件，在具体应用中不断给予提示，让其口头叙述和明确解释所操作的每一个步骤，以及报告自己应用学习策略时的思维。通过不断重复，这种内部定向思维可加强学生对学习策略的感知、理解与保持。同时，教师可选择许多恰当的事例来说明策略应用的多种可能性，使学生形成对策略的概括化认识；提供的事例应从学生的认识水平出发，由简到繁，使学生从单一策略的应用发展到多种策略的综合应用，从而形成一种综合应用能力。

（2）交互式教学。

交互式教学（reciprocal teaching）是美国教育心理学家布朗和帕林斯卡提出的，指教师和学生轮流承担教的角色的课堂教学组织形式，旨在教授学生总结、提问、澄清和预测4种策略（Palincsar & Brown, 1984）：①总结，总结段落内容；②提问，提出与要点有关的问题；③澄清，明确材料中的难点；④预测，预测下文会出现什么。一开始，教师示范这4种策略。然后，教师指定一个学生扮演教师，效仿教师的步骤。学生们轮流担当教师。教师先树立一些榜样性行为，这些行为是他想要学生自己能做的。然后改变自己的角色，当学生产生问题时，教师起促进者和组织者的作用。对交互式教学的研究发现，这种策略能提高成绩差的学生的成绩。这种交互式教学在公共基础课和专业基础课是可以采用的，因为中职学校的学生普遍文化基础较差，让他们进行角色扮演有利于增强学生的相互理解。

在实际教学中，教师不管采用什么方法促进学生掌握学习策略，都要结合学科或课程知识。学习策略知识不是孤立的，不能脱离专门知识。专门领域的基础知识是有效利用策略的前提条件，脱离知识内容的单纯训练容易导致形式化，难以保证学生提高学习策略水平。教师要善于不断探索优化自己的教学步骤，便于学生效仿；同时，要根据学生原有的学习方式和学习基础来启发学生，让其有意识地内化有效的学习策略。

第八章 职业学校学生

第一节 职业学校学生特点

中职生在学习基础、生活背景、学习方法、职业理想等方面存在较大的差异。学习是学生的第一要务,中职生的身心发展也主要是通过学习来实现的。但中职学生在以往的学习中文化成绩比较差,因而在学习上表现出不自信。对某些学科有明显的厌学情绪,但对学习专业技能充满憧憬,希望学一技之长立足社会。中职生虽然文化课基础差,但生性活泼,对新事物有较强的好奇心。职业学校学生是一个具有鲜明特点的学习群体,是现代教育活动的重要组成部分,其教育的复杂性和难度更大,只有了解他们,研究他们的活动规律,才能提高人才培养质量。

一、正确的学生观

学生观是教师对学生的基本看法,怎样认识学生就会用怎样的态度和办法对待学生,必然会影响学生的发展方向和程度。例如,有人把学生看成是被教育者加工改造的对象,其在教育工作中就以权威自居,常常训斥、命令学生;有人把学生看成是学习怎样生存、怎样生活的人,是学习如何了解生命、珍惜生命和怎样使生命有意义的人,其在教育工作中就会尊重学生的主体地位,引导、鼓励学生发展,为学生获得成功创造条件。

结合职业教育实际中存在的问题,我们认为职业学校教师应这样认识和看待学生。

(一)技术技能人才是国家建设不可或缺的一类人才

我国经济发展不仅需要大批的高层次人才,同时也需要千百万受到良好职业教育的中初级技术人员、管理人员、技术工人和其他各类型的城乡劳动者。领导分工理论表明,社会人才结构是由不同层次、不同类型的人才组成,缺乏某一层次或类型的人才,就会造成人才结构比例失调,阻碍社会经济文化教育等发展。现代教育观强调人才的多样性。

我国人口众多，人均资源相对贫乏，在一个相当长的时期里，中国经济发展还得靠制造业牵引。我国目前制造技术技能人才严重缺乏，特别是高技能型人才。

（二）职校生有巨大的发展潜能

传统智力观认为，人的智力以言语和数理逻辑能力为核心。20世纪八九十年代出现了多元智能理论，认为人至少有七种智力中心，即言语、语言智力；音乐、节奏智力；逻辑、数理智力；视觉、空间智力；身体、运动智力；自知、自省智力；交往、交流智力。每个人作为个体都同时拥有这七种智力，只是每项智力的发展程度和组合方式有所不同，使得每个人的发展各具特点。一般人只能在一种智力方面取得突出成就，不可能所有方面都取得成功。学生某一方面有超常表现，并不意味着他在其他领域都超常，在某一方面处于劣势，也不表明他在其他方面必然差。职业学校学生和普通学校的学生的差异主要在于发展类型不同，而不是智力的层次高低。职业学校学生在学术领域较弱，但并不表示他们的人生成就比普通学校学生差，职业学校学生不缺乏开拓精神和创新能力，不缺乏成功成才的必要条件，他们完全可以有辉煌的人生。或许他们在学术研究领域不能取得成功，不能成为科学家，但是他们很可能是成功的企业家、能工巧匠、管理者……。

每个人都有独特的天赋，关键在于教育者能否发现这些天赋并操作适合其发展的条件。教师应承认每一个学生都有巨大的内在潜能，要正视学生的个别差异，不要按统一标准和尺度去衡量学生，创造适合每一个学生的教育。一个学生在某一方面差，并不意味他什么都不行，重视学生的特点并从此出发进行教育，恰恰是教育的一项重要任务。教师应该用积极乐观的态度来欣赏和预见学生的天性，每一个学生都是一片有待开发或进一步开垦的土地，教育者应视之为教育的资源和财富，并加以挖掘和利用，把学生存在着的多种潜能变成现实。"头脑不是一个要被填满的容器，而是一支需要被点燃的火炬"。

（三）学生渴望得到教师的关心

受现今的升学选拔制度和人们的思想观念影响，在学术水平和考试成绩方面，职业学校的学生一般不是最优秀的毕业生，他们常有一种挫折感和自卑感，他们认为成"名"成"家"的愿望破灭了，前途渺茫，因此，更需要教师的关心和理解。在学生看来，教师代表了一种权威，教师的关心、理解和帮助能点燃他们心中希望的火焰，唤起他们奋发向上的勇气和力量。

（四）学生有受到尊重和重视的需要

过去，一些教师常常采用一种居高临下的态度对待学生，要求学生尊敬和服从自己。有些教师把学生当成可以任意摆布的工具，甚至训斥、讽刺挖苦、惩罚学生，以为采用高压政策就能制服、管住学生。这种学生观带来的只能是师生关系紧张甚至完全对立，学生自尊、自信、自强的独立人格，开拓进取的意识，主动探索的精神，好奇心和创造性思维能力等，是难以得到健康发展的。

学生是独立的人，具有独立的人格和个性。每一个学生都是一个具有能动性的独立的个体，并不是教师可以随意支配的，他们有自己的头脑，对外界事物加工、改造后才能决定取舍。

（五）职业学校学生具有较大可塑性

职业学校的学生正处于世界观、人生观、价值观形成的重要时期，各项生理指标和心理指标迅速发展，自我控制能力较弱，容易冲动。要树立正确的学生观，必须要用发展的眼光看学生。这意味着要对学生充满期待，坚信每一个学生都是社会有用之才；要认识到人在发展过程中出现一些问题是正常的，对于那些暂时落后的学生，要用符合其个性的方法教育引导他们，给他们创造机会，帮助他们回到正确的发展轨道上；要认识到学生是需要帮助的，教师的责任是引导和帮助学生解决问题，不能简单地以罚代教。

二、职业学校学生特点

（一）年龄因素表现出的特点

人的发展是一个由低级到高级、由量变到质变的发展过程，具有一定的阶段性，不同年龄阶段的学生表现出特定的生理特点、心理特点和行为特点。中等职业学校学生年龄在15~18岁，身体发育处在快速增长的第二个高峰期，各种生理机能逐步成熟。这一年龄阶段的学生充满活力，朝气蓬勃，但同时也暴露出成长过程中的许多不足。这一阶段是他们生理发育和心理发展的急剧变化的时期，也是确立人生发展方向的主要阶段。他们具有强烈的求知欲望、好奇心和探索精神，敢于表现自我，容易被新奇事物吸引。由于认识水平和社会阅历的限制，他们对新事物的识别能力较差，往往凭借一时冲动决定取舍，极易被人利用。他们的义务感、责任感、友谊感、主人翁意识得到稳定发展，成人意识、独立意识、自主性逐渐增强。接受能力强，容易吸取各种知识，模仿成年人的举动。可塑性强，容易按照各种模式进行塑造。随着身体的发育成长，在生理和心理的成熟过程中，这些特点会起到很大的作用，在这一时期创新能力的发展往往为一生的事业打下了基础。许多发挥了创造才能的人，往往在儿童时期已显端倪，到青年时期就锋芒毕露了。由于对事物认识较粗浅，常常出现偏激观点和行为，情绪多变，情感不定，对反感的事情深恶痛绝，取得成绩时兴高采烈，极易出现高度兴奋，缺乏自制。

（二）教育性质表现出的特点

职业教育是一种特殊教育类型，由于培养目标、教学内容、就业前景、社会舆论等因素的影响，职业学校学生与普通学校学生有许多不同点。

1. 存在自卑心理，渴望理解尊重

职业教育的发展，体现国家的经济发展水平和教育现代化水平。近年来，我国职业教育取得了长足的进步，但不可否认，职业教育依然是软肋，一些对职业教育的偏见还普遍存在。职校生就业质量、社会地位和待遇低，个人成长和职业发展通道狭窄，是职业教育吸引力不强的重要原因。对社会缺乏正确的职业教育价值观宣传引导，不少人对职业教育存有偏见，导致社会认可度不高。一些职业学校学生存在自卑心理，渴望得到理解和尊重，不能容忍他人的轻视，可能用外表的傲慢掩盖内心的自卑。

2. 学习的自觉性呈现两极分化

职业学校学生内部动机的激励作用较小，学习行为依靠外因驱使比较明显。学习自觉性两极分化，部分学生善于规划自己的未来，升学、就业和成才的压力促使其反思自己的不足，他们希望通过各种途径提高自己的生存本领。而部分学生消极地认为就读职业学校升学的可能性较小，想通过父母的人际关系解决就业问题，失去了主动学习的动力。虽然学生进入职业学校存在多方面动机，但本质和主流是积极的，多数学生都能认识到前途和未来取决于自身的本领，希望通过学习增强生存本领。

3. 认识模式具有职业化倾向

职业教育是一种定向教育，从学生跨入校门那天起，在升学和就业的大背景下，经济欠发达地区的职业学校的大部分学生各方面的发展就打上未来职业的烙印，职业活动中需要的心理品质得到有针对性地培养。职业教育的目的之一就是要使学生形成职业心理品质。职业学校学生具有一定的从事某种职业活动的知识技能，并形成了与职业活动相关的认识模式，包括观察事物的角度、记忆的类型、思维与解决问题的方式、劳动与操作习惯等。心理学的理论和实践证明，人的知觉具有选择性，人们会优先知觉到自己较为熟悉的信息，优先用自己熟悉的方式知觉信息。职业学校学生具有较强的与专业特点相符的感知能力。例如，一名有经验的维修技师可以捕捉到常人难以觉察的发动机微小的声音变化。与职业活动相符的记忆类型获得发展。职业学校学生的思维模式也具有职业化特点。认识模式的职业化使学生关心与本职业有关的事物，思考解决与本职业相关的问题，并渴望获得职业成就。

4. 学习态度具有实用性

职业学校学生多持有实用主义学习态度，即对学习内容的选择注重实用性，为用而

学。主观认为有用的就肯学、苦学、多学。认为关系不大的就少学或不学，容易出现重实习教学、轻专业理论、放弃文化课等不良现象。重视实用知识和技能的学习符合职业教育的特点，但这里的"用"应包括当今"用"、以后"用"和未来"用"。忽视文化理论学习，不利于学生在职提高和转换职业的需要，也不符合素质教育的思想。

第二节　职业学校学生学习

学习是人类生存发展的基本手段，是贯穿人们一生的活动。在教学活动过程中，引导学生学会学习也成为教学改革最为重要的出发点和落脚点。中职教育阶段的学习与普通高中的学习相比，在学习目的、学习内容、学习方法等方面都发生了较大的变化，具有鲜明的特点。进入中职学校后，学习任务并没有减轻，所以，中职生应及时调整心态、充分认识到学习在生活中的重要地位，进一步确立学习是学生的首要任务的观念，将主要精力投入到学习中去。要抓好预习，明确课程的重点和难点。要认真听课，努力提高学习质量，着眼于加强对原理的理解和实训项目的操作技能培养。中职学校要明确中职教育的培养目标。

一、职业学校学生学习特点

（一）学习目标的职业性

由于职业学校开设的专业贴近社会已有或预测的职业，职业学校学生在入学时就已选择了自己未来的职业，学习的目的就是为将来更好地就业做充分准备。他们希望通过在职业学校的学习能掌握一定的专业知识和专业技能，从而为就业打下基础。职业学校要促进学生职业道德、职业意识、职业基础知识、职业技能、职业纪律及职业习惯等方面的发展。职业学校的教学计划、教学过程、教学方式方法、教学组织形式与实习等都要以就业为导向。

（二）学习过程的实践性

职业学校学生学习的目的是为将来就业做准备，也就是说能够运用所学解决将来工作中的问题。职业学校要根据培养目标，按照不同专业的特点，组织学生参与大量的社会生产实践活动，培养学生的动手操作能力和实践应用能力。职业学校的学生既要学习基础理论知识，还要具有熟练的实践操作技能，以便解决社会生产活动实践中的问题。

（三）学习内容的专业性

中等职业学校与普通高中的明显区别就是专业性，它强调在一定的文化基础上侧重实施专业技术教育，要求中职学校的学生能够熟练地掌握本专业的基本操作技能。职业学校的教学过程主要围绕中职学校的学生专业知识的获得和专业技能的形成进行。在教学活动的整个过程中，专业知识和专业技能表现得非常突出。

（四）学习环境的多元性

职业教育的跨界性要求职业教育教学要打破单纯的学校课堂教学，跨入企事业生产实践。学生学习目的的职业性、学习过程的实践性和学习内容的专业性决定了职业学校学生在学习期间必须"工学结合"，一边学习，一边实践，必须利用专业知识和专业技能参与社会实践。

（五）学习动力不足

中职学校的生源主要是初中毕业没能考取普通高中的学生。这些学生不仅在学科学习方面落后于整体水平，而且相当一部分处于一种自卑、不自信的心理状态（自己认为比普通高中生差），这种心理将持久地影响学生学习的精神状态和目标动力。一些学生因此产生强烈的厌学情绪，自觉或不自觉地离开学习的主流状态。他们的学习目标不明确，学习动机不充分，学习精神不饱满；敏感而自卑，不自信；独立能力不强，有雄心和抱负，却不能付诸实践。

二、促进职业学校学生学习

（一）学习动机的激发

动机是由人的生理需要和社会需要所引起的心理状态，是激励人去行动以达到一定目的的内在原因。

学习活动是人的行为活动，它的出现和维持同样遵循这一模式。动机是引起行为的直接因素，培养、激发学习动机的途径主要有两条：一是利用外部条件。例如，获奖，得到老师的表扬、同伴的赏识，成为"三好学生"等，这些都是"外因性动机"。一般情况下，外因性动机的驱动力较小，维持时间也不长，激发起某种动机的外在条件一旦"消失"，被激发起来的外因性动机就很难维持下去。二是培养某些心理品质，使之转化为学习活动动机，称为"内因性动机"。例如，学习兴趣、好奇心、自我实现、自尊心、好胜心、上进心、责任感、义务感、荣誉感、理想等。内因性动机驱动力较大，维持时间也较长。由内因性动机所引发的活动本身可以使人们获得满足，而且获得本身就是对自己的一种奖励和报酬，无需外力推动。可见，内因性动机比外因性动机更具有积极作用。

如何培养和激发学生的学习动机呢？首先，应在班级工作中对学生进行学习目的教育，使学生把专业培养目标内化为自己的学习需要，并使长远的、宏观的目标与近期的、具体的目标相结合，成为推动学生学习的内在动因，提高学习的自觉性、积极性。其次，应注意学生专业兴趣的培养。著名的物理学家爱因斯坦指出：热爱是最好的老师。学习兴趣不仅能直接促进学生主动学习，而且能使他们在学习活动中获得乐趣，产生好学乐学的积极情绪，从而进一步产生学习愿望。班级工作应围绕学生所学专业开展活动，培养学生的学习兴趣。最后，组织学生深入生产一线，参加实践活动。书到用时方恨少，学生在实践中遇到挫折，才会感到自身知识、技能与实际需要的差距。班主任和科任老师在专业部集中安排下通过组织学生参观访问、生产实习、科技咨询、社会服务等实践活动，发挥学生已有知识技能的作用，让学生体会到为社会做出贡献后的喜悦，同时发现自身的不足，激发起进一步学习的愿望。

（二）学习意志的培养

意志就是人自觉地确定目的，并根据目的的支配，调节行动，克服困难，实现目的的心理过程。学习是由经验或练习引起的个体在能力或倾向方面的相对持久性的变化。这些变化是内部的，不能直接观察，但是可以根据外部行为加以检测。

学习中会遇到遗忘、倦怠、不能理解等问题，学生需要根据学习目的去调节自己的行为，用意志去克服学习中所遇到的困难。学习过程中的意志是人们为了实现某种学习动机支配自己的行动，并克服内外障碍的心理活动。其作用，一方面表现为学习动机经常战胜不愿学习的动机；另一方面表现为排除障碍，坚持学习动机所引起的决定，并积极、努力地行动，实现学习的目的。例如，有的学生有了学习的目的，也有实现这种目的的愿望，但由于意志薄弱，不能做出相应的行动，有的学生虽然有好的开始，但由于缺乏毅力，不能坚持到底。只有当学生确定一种比较稳定的有关学习方面的意志之后，他才能不以外部环境的影响为转移，而以内部的意志来调节和控制学习过程。这时学生的意志力就达到了一个较高的水平。

学习与意志有紧密的联系，能维持高效率学习的意志具有以下特征。

1. 自觉性

自觉性是指对自己的行动目的有清楚而深刻的认识，并能按照目的调节和控制行动，以达到既定的目的。有自觉性的人能积极主动地去学习并完成任务，能够把自己的热情和力量都投入到学习中去，即使遇到困难，也不气馁。有自觉性的人，同时也具有独立自主性。他既能倾听和接受合理建议，又能坚持真理，不怕困难。

2. 果断性

果断性是指善于在遇到困难时辨别事物的真相，并迅速做出正确的决定和采取积极行动的意志品质。缺乏果断性的人，表现为优柔寡断。

3. 自制性

自制性是善于控制和协调自己行动的意志品质。也就是既能控制自己的情绪和冲动，表现出应有的忍耐性，又能使自己排除干扰及时坚决地执行决定。有的学生学习时常常心不在焉，不能专心学习，不能控制自己的激情与冲动，对自己的行为不加约束，这些都是意志薄弱的表现。

4. 坚持性

不屈不挠地把决定贯彻始终的意志品质称为"坚持"。具有这种品质的人，在过程中能够长时间地保持充沛的精力和顽强的毅力，实现既定的学习目标。特别是在挫折面前，能否排除困难和阻力，坚持到底，就看他有没有韧性，即坚持性。不断追求真理，是从事任何创造工作不可缺的品质。

意志品质在一个人身上的表现和类型是不同的，因此，不同的人在学习过程中表现出不同的意志行为。例如，有些人缺乏远大的志向，学习不努力，得过且过，只求能拿到一张文凭；有的人自制力较差，不善于控制和约束自己的行为，主要表现为学习精力不集中、纪律性不强、害怕吃苦等。这些都说明学生的意志品质有待加强。在学习的过程中，学生应分析自己的意志类型及特点，善于看到并发现自己的优点，积极地指导自己的学习。同时，也要发现自己的不足之处，克服自身的缺点，自觉锻炼坚强的意志品质，以提高学习成绩。学习中应具有很强的开拓性和进取精神。意志与学习之间关系密切。有了坚强的意志，我们的学习就有了目的性，我们就有坚强的毅力与勇气去克服学习中遇到的困难。每一个人在学习上都不可能一帆风顺，每一个人都应当自觉与困难做斗争，锻炼自己，使自己战胜"痛苦"的学习，成为生活的强者。

（三）学习方法的掌握

工欲善其事，必先利其器，这里所提到的"器"，除了指工具外，还包括工作的手段、途径、方案、计划、安排等方法性的条件。

学习方法是指学习者为了达到学习目的而采取的手段、方法、途径和策略等。有效的学习方法应该具备六个方面的特征：科学性、目的性、程序性、功效性、实践性和独立性。科学性是指学习方法的选取和制定要有一定的科学依据，确切地讲，任何科学的学习方法都要根据学习活动的内容、形式、环境以及学习者自身的身心特点来制定或选择。学习方法的选取要符合学习的规律和学习者的特点。目的性是指学习方法要有所指向。其实，学习方法的目的就是学习活动的目的。程序性是指学习方法的操作性。科学的学习方法应该是具有可操作性的。功效性就是学习方法的有效性和效率问题。科学的学习方法应该是行之有效的。如果方法没有效果，只能说明方法不科学或至少是不适合的。实践性是指科学的学习方法应该是在具体实践中总结得来，接受过实践的检验。独立性是指对于不同个体的不同学习任务，学习方法应该是多样性的，彼此之间表现出一定的独立性。

学生升入职业学校后，学习内容、要求、进度以及教师的教学方法都发生了很大变化，学生需要调整以前的学习方法，适应新的需要。在教学活动中，教师常常思考自己如何教，而忽视了学生如何学。往往由于缺乏正确有效的方法，而使学生的学习效率低，跟不上教学进度。我国学者在对学生厌学行为的归因研究中，把"不会学习，没有学习习惯"排在导致学生厌学的15种因素之首。指导学生掌握学习方法是和教师教法同等重要的问题，应引起学校领导、班主任和科任教师的高度重视。陶行知指出："我认为好的先生不是教书，不是教学生，乃是教学生学。"开展学习方法指导，是现代教育思想的贯彻，学生掌握了学习方法，能够提高学习效率，把学生引到"会学习→学得好→爱学习→学得更好"的良性循环轨道上来。学校和教师可结合教学内容有意识地传授学生学习方法，例如为学生举办学习方法讲座，向学生系统传授学习的理论和技巧，组织学生相互交流学习经验，取长补短等。

第九章　教学方法

第一节　教学概述

教学是学校实施课程的基本途径，是将课程转换为学生个体素质的有效活动方式。教学，是一种生动而具体的教育活动，旨在通过有组织的教育方法和技术，传授知识，培养学生的能力和素质，使之具备一定的技能和知识，帮助学生更好地适应社会。教学不仅是教师和学生之间知识传递和交流活动的简单堆积，更是一种理应在多个维度上进行深入拓展和考量的教育活动。教学是教育活动的核心。

一、教学的概念

《学记》中有言："建国君民，教学为先。"这里的"教学"的含义较广，与"教育"一词几乎同义。

现在常提到的"教学"一般指教师的"教"和学生的"学"的双边互动活动。这种意义的"教学"一词出现在宋朝欧阳修的文献中。"先生之徒最盛，其在湖州学，弟子来去常数百人，各以其经传相传授，其教学之法最备，行之数年，东南之士，莫不以仁义礼乐为学"。这里"教学之法"中的"教"与今天的含义接近。

教学是在一定教育目的的规范下，在教师有计划的引导下，学生能动地学习，掌握课程预设的科学文化基础知识技能，发展自身的智能与体力，养成良好的思想品德，逐步形成全面发展的个体素质的活动。简言之，教学是在教师引导下学生能动地学习知识技能以获得素质发展的活动。

在教学的双边活动中，教师是教学的组织和引导者，为学生的学习和发展服务。学生既是教师教的对象，又是学习的主体与发展的主体。循循善诱地激发学生的学习兴趣与求知欲，让学生依靠自己已有的经验去观察、思考、学习或探究新的课题，生动活泼、主动地获取知识技能是教学的根本。教学质量归根结底只能由学生的学习与发展的成效来检验与证实。故教学不只是有教、有学，而且要有教的能动性与学的能动性，并将教的能动性与学的能动性两个方面相互沟通与紧密配合，才能使教学具有完整的能动性，获得好的教学效果。

二、教学的意义

教学是传播系统知识、促进学生发展的最有效的形式,是社会经验的再生产、适应并促进社会发展的有力手段;教学是进行全面发展教育,实现培养目标的基本途径,为个人全面发展提供科学的基础和实践,是培养学生个性全面发展的重要环节;教学是学校教育工作的中心,学校教育工作必须坚持以教学为主。

教学在传承文化、促进青少年学生个性全面发展上起着引领的重要作用,它是传播知识、促进学生发展的最有效的形式。在教学中,科学文化的传承和师生、生生的互动,对学生的发展起着引领、培育及奠基的作用。所以,教学被视为实现培养目标的基本途径,是学校的主要工作。

我国教育的实践经验证明:学校坚持以教学为主的原则,教育质量就会提高;反之,教育质量则会下降。但坚持教学为主,并不意味着认定教学唯一,可以轻视其他教育活动,学校的各项工作都重要,具有系统性,缺一不可。所以,学校教育要处理好以教学为主与全面安排的关系。

三、教学的任务

人们对职业学校的教学任务有不同看法。依据教育目的与学生个体素质发展的需求,以及现有的研究成果,我国中职学校的教学任务包括以下几个相互联系的方面。

(一)掌握专业课程体系基础知识、基本技能和技巧

教学的基础性任务是引导学生能动地学习、运用专业课程体系基础知识和基本技能。

所谓基础知识,是指构成各门学科或课程的基本事实及其相应的基本概念、原理、公式等及其系统。它是组成一门学科或课程知识的基本结构,揭示了学科或课程研究对象的规律性,反映了学科或课程文化发展的现代水平。换言之,基础知识应当是最主要、最基本的知识。切不可把基础知识泛化,如果主次不分,把一切有用的知识都当作基础知识,全部要求学生掌握,那么就会加重学生的负担,反而有害。这是教学中极易出现的偏差。当然,基础知识是一个相对概念,对不同学科、不同课程、不同年级,其内涵与外延均会有所变化,不可能做出一成不变的统一界定。教师要根据专业特点等具体情况,对其做出合理的、具体的、切实的界定。

所谓技能,是指学生运用所掌握的知识去完成某种动作操作与智力操作的能力。所

谓基本技能,则是指各门学科或课程中最主要、最常用的技能。如汽车发动机的拆装,自动变速器的检测等。它属于能力范畴,是发展实践能力的基础。

所谓技巧,是指一种技能操作或动作的自动化。有的技能通过一定的练习便可发展为技巧,如读、写、算的技巧。但不是所有的技能都能发展为技巧,包含复杂智力操作的技能,如作文、解决实际问题的计算,无论怎样训练也很难转化为技巧。

知识、技能、技巧三者相互制约、相互促进。但不同学科或课程的内容,对三者关系的处理有不同的特点。文化基础课的教学,一般都从传授知识入手,引导学生在理解基本概念和原理的基础上,逐步形成技能和技巧。然而,技艺性很强的专业核心课程的教学则不同,多从技能的教学入手,并配合技能的教学讲解相关的知识、要领和原理。

(二)发展体力、智力、能力和创造才能

发展体力、智力、能力和创造才能,是培养全面发展新人的要求。

所谓体力,是指人体活动时所付出的力量,包括持久力、适应力和抵抗力。都与身体健康水平有关。发展学生的体力,不只是体育课和课外体育活动的任务,也是各位科任老师的任务,如引导学生在坐、立、阅读、书写和其他实习实训操作活动中保持正确的姿势,使学生具有健康的身体和顽强持久的学习能力。

所谓智力,是指个人在认识过程中表现出来的认知操作能力系统。它包括观察力、记忆力、想象力和思维力,其核心成分是能够对事物进行分析、推理与反思的抽象思维能力。

所谓能力,是指个人的活动能力或实践能力,即个人完成某种有目的的事务,表现在"问题—解决"过程中的个体素质特征。在活动或实践的"目的—手段"结构里,知识、技能、智力、体力主要居于工具、资源地位,是活动或实践的操作系统和阈限。能力因所面对的问题情境表现为解决具体问题或改变境况的特殊能力。教学的任务主要在于培养学生的学习和自我建构的能力、人际交往能力、表达能力、实验研究能力、文艺创作能力、探讨能力、社会服务能力、生产劳动能力等。汽车专业教学任务主要培养学生对汽车故障检测并分析、排除故障的能力。

所谓创造才能,对学生来说,主要是指能够运用自己已有的知识、智能、灵感、态度与意志去探索、发现、建构自己尚未知晓的新的知识或方法的能力,也就是创新。这种创新,对社会来说谈不上是首创,但对于学生知识的丰富、视野的开阔、思维方法的改进来说确有创新。创造才能是智能发展的高级形态,为了迎接新时代的挑战,教学"应该使每一个人都能发现、发挥和加强自己的创造潜力"。

今天,技术革新和社会改革推动教学越来越注重学生实践能力和创造才能的培养。

（三）正确的价值观、情感与态度的形成

所谓价值观，是指评判与引导、推动个人做出决定和采取行动的准则与信念，追寻的人生意义和社会理想。

所谓情感，是指同人的社会性需要相联系的一种较稳定的精神体验，如道德感、正义感、责任感、义务感、友谊感、美感、理智感等。

所谓态度，是指与价值观和情感相连的个人对某一对象所坚持的评价标准和行为倾向。

学生个人的价值观、情感与态度，构成他个人的灵魂、个性的核心，对于上面所说的实践能力和创造才能来说，起着定向、动力、组织、调节和引导的作用。

总之，学生个体素质的发展，既有德、智、体、美、劳等不同维度，又具有整体性；教学各任务的完成过程，既可分解，又相互关联。所以，每门学科或课程的教学既要兼顾所有教学任务，又要承担起本学科或课程应当承担的特有的任务。具体落实到一个课题或一堂课的教学任务上，应根据学生发展的需要和课程特点来选择、确定教学的任务与重点，但长时期教学重点的固定化，也会导致教学活动顾此失彼，使学生片面发展。因此，我们需要不断地探索、改革教学。

第二节　教学方法概述

教学方法在教学中具有重要的意义。要知道，教学的方法与方式是动态的、极其灵活多样的，在使用不同方法、方式的教学活动中，师生所处的地位、构成的互动关系以及双方的积极性、创造性发挥的实际状况都大不一样，其教学效果、学生学习与发展的状况及质量也不同，深刻地影响学生的聪明才智的发挥和良好品行的培养。教学方法对低、中年级学生的学习与发展起着最为关键的作用。故自古以来，怎样才能让学生的学习变得比较轻松容易，使学生能够顺利而有效地掌握知识技能，让学生变得更加聪明、上进、富有创造性，这是教师、教育家、家长和学生苦苦思索、追求，期望解决的教学方法问题。

一、教学方法的概念

教学方法是为完成教学任务而采用的方法，包括教师教的方法和学生学的方法，是教师引导学生探讨与掌握知识技能、获得身心发展而共同活动的方法。其主要特性如下。

1. 双边性

教学方法始终是组织教师与学生为传承知识、技能，促进学生德智体美劳全面发展而共同进行的教与学双边互动的活动。这乃是教学方法独有的重要特点。例如，教师讲授，要求学生聆听、思考；教师演示，要求学生观察、分析；教师示范，要求学生模仿、练习；学生探究、实训，需要教师指点、引导；学生讨论、练习，需要教师辅导、检查。运用一定的教学方法，看似只是以一个方面的显性活动为主，其实，另一方面的活动的配合也是必不可少的。特别是学生配合教师进行的活动本身，既包括显性的可操作的肢体活动，如学生的汽车专业项目任务实习实训，也包括隐性的感知、思维、联想、记忆、情感与意志等心理活动。后者是社会文化知识、专业知识向学生个体内化所必需的，更为重要、更高层次的主体内部的认知、情感、意志活动。过去，人们单纯地把教学方法视作教师向学生单向传授知识技能的方法，其实这是一种片面的认识，导致我们在相当长的时期里，重视教而不重视学、重视教法的研究而忽视学法的探讨、重视教师的主导作用而忽视学生的主体作用。所以，从强调教学方法是教师的教法，发展到注重在教师引导下师生互动的教学方法，这是教学方法上的重大发展。

2. 目的性

教学方法产生于实现教学目的的需要，是为目的、任务服务，并受其制约的。历史上，为了解决不同的教学目的、任务，产生了不同的教学方法。原始社会里，为了传承文化习俗，教学的方法主要是模仿和传说；在文字产生后的古代社会，为了掌握知识，才出现诵读、问答；在科学比较发达的社会，为掌握系统学科知识，需要用演示、实验、练习、创作与设计等方法；在社会、科技飞速发展的今天，教学必然要倡导启发、探究、发现，运用网络与多媒体等现代技术，采用有助于激发学生主动性、创造性的方法。可见，社会、科技发展所引发的教学目的、任务及内容的不断更新，是推动教学方法改革、创新、与时俱进的巨大动力。故提高师生对教学目的、任务的认识，对正确构建、创新教学方法具有根本性的意义。

二、教学方法的选择

要有成效地调动师生双方在教学中的主动性、积极性，优质地完成教学任务，必须正确选择和运用教学方法。常有这种情况，有的教师教学效果不好，不是因为他没有水平，而是由于教学不得法。部分教师还存在重教学内容、轻教学方法的倾向，他们还未认识到科学的教学方法在提高教学质量中的重要性。所以，我们应当注重教学方法的选择与应用。

教学方法是将知识、技能的教育价值转化为学生精神财富的手段。教学方法的选择与设计取决于面临的教学任务、学科课程知识的特点与学生的现有基础。教学的艺术在于选择与设计适当的教学方法引领学生的学习，激发学生的潜能，有效地促进学生个体素质的发展。

现代教学提倡以系统的观点为指导来选用教学方法，优化教学。主要的依据如下：

（1）学科、课程的任务、内容和教学法特点，课时的教学目的和任务。

（2）教学过程、教学原则和班级上课的特点。

（3）学生的兴趣、现有基础、智能的发展与个别差异、独立思考能力、学习态度、学风与习惯。

（4）学生参与教学过程中的答问、讨论、作业、评析的积极性与水平。

（5）教师的思想与业务水平、实际经验与能力、教学的习惯与特长。

（6）师生双边活动的配合、互动的状况与质量。

（7）班、组活动与个人活动结合的状况，课堂教学、课外作业或课外活动结合的状况与质量。

（8）学校与企业可能提供的实习设备、社会条件等。

（9）学科或课程、单元乃至每节课所规定的课时，其他可利用的时间，如早读、晚自习等。

（10）对可能取得的成效的缜密预计与意外状况出现时的应变措施。

常言道："教学有法，但无定法。"又说："运用之妙，存乎一心。"教学方法的选择与运用，既要讲科学规范、切合实际，又要重机智与创新。

此外，教学方法繁多，且变化无穷，但有其基本方法。我们讲授基本的教学方法，是因为这些方法是构建其他教学方法组合或教学模式的要素，是创新教学方法的基础。

第三节　常用的教学方法

教学方法是教师和学生为了实现共同的教学目的，完成共同的教学任务，在教学过程中运用的方式与手段的总称。它包括了教师的教法、学生的学法、教与学的方法。教学方法包括教师教的方法（教授法）和学生学的方法（学习方法）两大方面，是教授方法与学习方法的统一。教授法必须依据学习法，否则便会因缺乏针对性和可行性而不能有效地达到预期的目的。但由于教师在教学过程中处于主导地位，所以在教法与学法中，教法处于主导地位。

一、教学方法种类

（一）讲授法

讲授法是指教师通过语言系统地向学生传授科学文化知识和专业课程理论，并促进他们的品德与智能发展的方法。讲授是教学的一种主要方法，在运用其他方法时都需要配合适当的讲授。

在传统教学中，一般认为，教师讲解的质量决定着学生学习的质量，往往重教师讲授与分析的一面，忽视学生思考与领悟的一面。很多教师认为自己讲得越多、分析得越细越好，热衷于唱"独角戏"，搞"满堂灌"，较少考虑与研究学生的感受。于是，教师的主导作用压抑了学生的主体性，课堂沉闷单调，学生学得很苦、很累，一不留神便可能听不懂，久而久之，就会失去学习的兴趣，严重影响教学质量。这是我们要坚决克服的。

其实，教师讲授的效果，主要取决于学生的理解、领悟与认同。因此，教师要提高讲授的质量。首先，要注意了解学生，使教学的任务和内容、采用的方法与活动适合学生的年龄与个性特点，适合他们已有的知识与能力水平；其次，要注意启发、引导，激活学生的兴趣与思考力，使教师的提问、分析能够紧密引领学生的观察、思考、领悟，让教师与学生有足够的沟通、交流、互动，最终产生共鸣，实现共享，这样才能使教学的质量达到较高的水平。

当然，也要防止因片面强调激发学生的学习兴趣，推崇学生的积极活动，向往课堂的热烈氛围，而贬低、排斥教师在教学中的主导作用，导致许多教师缩手缩脚，当讲之处不敢讲或尽量少讲的偏向。这样，无疑也会严重影响教学的质量。

讲授法的基本要求如下：

（1）精炼讲授内容。注重内容的科学性、思想性、启发性、趣味性，使学生掌握准确的概念、原理。

（2）注重讲授的策略与方式。应针对任务、内容做深入具体的研究与决策。

（3）讲究语言艺术。力求语言清晰、准确、简练、形象、条理清楚、通俗易懂；讲授的音量、速度要适当，注意抑扬顿挫；以姿势助说话，增强语言的感染力。

（二）谈话法

谈话法是通过师生问答、对话的形式来引导学生思考、探究，以获取或巩固知识，促进学生智能发展的方法，又称"问答法"。谈话法有助于激发学生的思维，调动学生的积极性，培养他们独立思考、与人交往及口头表达的能力。

在谈话教学上，容易出现一些偏差。例如教师居高临下，不自觉地把学生当"对手"，对其回答要求苛刻，而不注意肯定其优点，往往压抑、伤害了学生的积极性。在教学改革中，中职学校教师注重用谈话法来活跃课堂，改变"满堂灌"的弊病，是一大进步。但许多教师特别是青年教师的谈话教学，几乎按课前预定方案执行，只有教师的提问，没有学生的质疑，本应是双向或多向的师生互动与对话，变成了单向的问答，尤其是有的教师热衷于指定学习成绩好的学生回答，使教学成了教师与少数尖子生的对话与"表演"，把大多数学生撇在一边，不管他们是否能听懂和参与。这些偏差都是需要防止的。

谈话法的基本要求如下：

（1）准备好谈话内容。善于引导学生从一个问题过渡到另一个问题，以实现教学目的。

（2）善于提问。向学生提出的问题要明确、有趣味、有挑战性，能激活与深化学生的思考。

（3）善于启发诱导。让学生探究问题或矛盾所在，循循善诱，一步一步去获取新知。

（4）做好小结。注意纠正一些不正确的认识，帮助学生掌握正确的知识，力求简明科学。

（三）读书指导法

读书指导法是指教师指导学生通过阅读教材或其他材料以获取或巩固知识的方法。学生掌握教材知识有赖于教师的讲授，但终究还需靠学生自己去理解、领会，才能消化、巩固知识，并加深对知识的理解。有经验的教师都重视指导学生学会读书、学会找出教材中的重点。知识经济时代，只有不断学习、学会学习，才有可能取得成功，而读书无疑是学习的重要途径。过去几年，一些中职学校存在招生混乱的情况，例如无资质招生、有偿招生、虚假宣传、挂靠学籍、生源封锁以及私设教学点等。近几年，地方教育部门加大监督、管理力度，加上中职学校自身管理日趋规范化，采取多方合作，完善中职学校文化建设，课堂教学与课外阅读并重，丰富学生的课余生活，重视引导学生阅读适合中职学生课程特点的、专业性强的图书、政治类图书，提高中职学生的思想意识，以书润心，与智同行，使得中职学校的文化氛围越来越浓厚。

读书指导法包括：指导学生预习、复习、阅读教材，查阅新技术、新工艺、新设备、新材料等。指导预习，要向学生提出要求，进行启发，扫除某些读书障碍，使学生初步了解所学新知识，为学新知识做准备。指导复习，要明确任务、布置一定作业，以加深对知识的理解和巩固。指导阅读与学科或课程相关的参考书，要精选适合的内容，因人而异地给予指导。指导学生自学教材，是在教师指导下，学生以自学的形式学习新课。读书指导法在中职学校应引起高度重视。

读书指导法的基本要求如下：

（1）提出明确的目的、要求和思考题。让学生自主掌握学习的方向、要求，主动去实现。

（2）教给学生读书的方法。让他们学会并利用好晨读、默读；学会浏览与精读；学会做记号、抓重点、提问题和写读书心得等。

（3）善于在读书中发现问题和解决问题。

（4）适当组织学生交流读书心得。在个人阅读基础上，适当组织学生开展讨论、办学习园地、交流心得，以增进读书的收获，培养读书的兴趣爱好。

（四）演示法

演示法是指教师通过展示实务、直观教具、实验或播放有关教学内容的软件、特制的课件，使学生认识事物、获得知识或巩固知识的方法。演示的特点在于加强教学的可观察性。随着教学手段的现代化，演示的作用日益重要。教师可以根据教学的需要，自己制作直观教具、课件，广泛演示事物在动与静、大与小、外与内、快与慢、虚与实、繁与简、显与隐之间互相转化，以突破时间、空间、宏观、微观、动态等种种限制，使教学内容中涉及的、生活中难以出现的事物、现象、过程、结构、功能、关系、机制，均能清楚地在课堂上呈现。

演示法的基本要求如下：

（1）做好演示前的准备。要根据教学需要，选择典型的实物、教具，放大或用色彩显示要认真观察的部分，考虑好演示的方法与过程。若是演示实验，教师应先试做一遍。

（2）让学生明确演示的目的、要求。让学生知道看什么、怎样看，主动投入观察与思考。

（3）讲究演示的方法。要紧密配合教学，过早拿出直观教具，演示完不及时收好教具，都会分散学生注意力；演示过程中，要适当提问、指点，引导学生边看边思考，以获取最佳效果。

（五）练习法

练习法是指学生在教师指导下运用知识去反复完成一定的操作、作业与习题，以加深理解和形成技能技巧的方法。练习的目的是学以致用，加深理解，形成技能、技巧，培养解决实际问题的初步能力。练习是教学的一种基本方法，中职学校专业课教学中，练习是提高学生技能技巧的一种重要途径。

练习必须通过一定数量的活动才有成效，但绝非机械训练，只重数量，不讲质量。即使动作性技能的掌握，也要引导学生严于对自己的动作进行观察与评析，只有让他们看清自己的不足，才能有所改进。练习要逐步增加难度，让学生在多次的、变化了的新情况下也能解决问题，才能达到自如而熟练地掌握技能的水平。所以，专业课程体系的专业核心课的安排也要遵循难度逐渐增加的原则，做到层层递进。

　　练习的种类很多。按培养学生不同的能力分，有口头练习、书面练习、实际操作练习，中职学校的学生在口头练习、书面练习方面做得还不够好，常误认为只要重视实际操作练习就可以了。按学生掌握技能的进程分，有模仿性练习、独立性练习、创造性练习。由于中职教育注重职业技能的培训，其中模仿性练习和独立性练习是常见的训练方法，因此中职学校的学生在模仿性练习、独立性练习方面应用得比较多，而创造性练习侧重于激发学生的创新思维和解决问题的能力，鼓励学生通过实践探索新的方法和途径，这种练习方法需要教师提供更多的引导和支持，以激发学生的创造力和想象力，尽管创造性能力的培养对于学生的未来发展至关重要，但在实际教学中，由于时间、资源和教学方法的限制，创造性练习往往被忽视或应用不足。

　　练习法的基本要求如下：

　　（1）提高练习的自觉性。只有明确目的，掌握原理、要领、步骤、注意事项与方法，才能提高练习的自觉性，保证练习的质量。

　　（2）循序渐进、逐步提高。引导学生由易到难，逐步理解原理，提高技能的熟练度。

　　（3）严格要求。无论是口头、书面还是实际操作练习，都要求学生一丝不苟、精益求精，特别要注意操作安全，强调安全注意事项。

（六）实验法

　　实验法是指在教师指导下，学生应用一定的仪器设备进行独立作业，观察事物的特性，探求其发展和变化规律，以获得知识和技能、培养科学精神的方法。实验法的优点在于它能按教学需要创造和控制一定的条件，引起事物的发生和变化，使学生看到事物的因果联系，不仅有利于学生理论联系实际，掌握实验操作技能，还能培养学生的兴趣和求实精神。例如用诊断仪检测汽车故障就是实验法。

　　实验法的基本要求如下：

　　（1）做好实验准备。制订好实验计划；备好实验仪器或用品，分好实验小组，确定组长；让学生提前查阅相关资料。

　　（2）明确实验的目的、要求与做法。让学生懂得实验的原理、过程、方法和注意事项，提醒学生注意安全和爱护仪器设备，提高学生实验的自觉性、能动性。

　　（3）注意指导实验过程。要不断巡视全班实验情况，发现问题要及时对全班学生进行指导，对困难较大的小组或个人要给予帮助，使每个学生都积极投入实验。

　　（4）做好小结。指出实验优缺点，分析问题产生的原因，提出改进意见，指导学生写好实验报告。

（七）实习作业法

实习作业法是指学生在教师指导下进行一定的学科或课程实践活动，以培养学生专业操作能力的方法。如汽车发动机气缸圆度和圆柱度测量、离合器从动盘厚度测量、汽车制动器制动盘厚度测量等，都是有价值的实习作业。它的实践性、独立性都很强，能培养学生独立工作和实践的能力与品质，对提高学生的就业能力，培养学生精益求精的态度意义重大。

实习作业的基本要求如下：

（1）做好实习作业的准备。教师要制订计划，准备仪器，编好实习作业小组，确定组长。

（2）做好实习作业的动员。使学生明确实习作业的目的、任务、注意事项，提高自觉性。

（3）做好实习作业过程中的指导。要认真巡视，掌握全面情况，发现问题和经验，及时进行辅导与交流，以保证质量。

（4）做好实习作业的总结。由个人写出总结，以巩固收获。

（八）讨论法

讨论法是指学生在教师指导下为解决某个问题而进行探讨、评析，以辨明是非、获取真知、锻炼思维和独立思考能力的方法。在中职学校，对一些重要问题，如思想认识问题、社会问题，结合教学开展讨论，如一个课题完成后设计1~2个发散性思考题让学生讨论，十分必要。真理越辩越明，通过讨论、争辩，学生的思辨能力和教学质量都将有所提高。

讨论法的基本要求如下：

（1）讨论的问题要有吸引力。能激发学生的兴趣，有讨论、辨析的价值。

（2）要善于对学生启发、引导。要鼓励他们独立思考，勇于发表个人见解，把大家的注意力集中到争论的焦点上，向纵深发展，使问题逐步得到深化、解决，切忌暗示问题的结论。

（3）教师的知识面要宽。讨论的问题一般具有一定的价值，问题的答案一般不是唯一答案，所以，教师要具有综合的、丰富的人文、自然科学知识。教师在采用讨论法时，一定要事先确定讨论主题，做好准备工作。

（4）做好讨论小结。讨论结束前，教师要简要概括讨论情况，使学生获得正确的观点和系统的知识。

（九）研究法

研究法是指学生在教师的指导下通过独立地探索，创造性地解决问题，获取知识和发展探索能力的方法。一般来说，学生要解决的问题都是社会科学和自然科学上已解决了的问题，大部分问题所包含的原理都作为基础知识列入教材中。不过，这对学生来说仍是未知的。在教师不做讲解而只提供一定素材、情境的条件下，学生仍需进行创造性的研究才能解决问题，即要通过分析研究所提供的资料、情境，提出问题，做出假设，进行实验和验证等活动，以获取科学知识。例如，汽车专业的部分学生对汽车很好奇，他们总是想动一动汽车、摸一摸汽车，当汽车出现故障时总是想办法排除故障。在此过程中，他们一般会采用反复尝试的方法，不断提出一些假设，最后通过不断研究解决问题。问题得到解决，学生很兴奋，也很有成就感，其学好专业的热情进一步被激发。

研究法突出的优点是，能使学生在研究和解决问题过程中得到较大的锻炼和提高，初步掌握研究的方法与发展分析问题、解决问题的能力和追求真知的科学精神。

研究法的基本要求如下：

（1）选择有价值的研究问题。问题应当具有一定难度和研究价值。

（2）提供必要的条件。包括：时空条件、仪器设备、图书资料查询条件、技术资料、工具、激励机制等。

（3）让学生独立思考与探索。应以学生为主体，教师适当给予指导，让每个学生都得到锻炼。

（4）循序渐进、因材施教。一般要从半独立研究逐步过渡到独立研究；从单一问题的研究过渡到复杂问题的研究；从参与局部的研究过渡到较全面问题的研究。

上述常用的教学方法，主要可做下述分类。

第一类，按活动的主体划分。一种是以教师的教授活动为主的方法，有讲授、谈话、演示；另一种是以学生的学习活动为主的方法，有读书、讨论、实验、实习作业、研究等。掌握这种分类，可以根据需要把教和学、讲和练、传授知识与培养能力科学地结合起来。

第二类，按学生信息获得的来源划分。一是通过语言获得，有讲授、谈话、读书指导、讨论；二是通过直观获得，有演示、观察；三是通过实际操作获得，有练习、实验、实习作业、研究等。掌握这种分类，可以根据教学需要机智灵活地优化各种信息的组合，便于学生活学活用。

掌握这些教学方法的分类，可以帮助教师更好地理解每种教学方法的特点和功能。这样，教师就能更有效地运用这些方法。

二、教学方法的选择、运用

科学、合理地选择和有效地运用教学方法，要求教师能够在现代教学理论的指导下，熟练地把握各类教学方法的特性，能够综合地考虑各种教学方法的各种要素，合理地选择适宜的教学方法并能进行优化组合。

（一）选择教学方法的基本依据

（1）依据教学目标选择教学方法。

不同领域或不同层次的教学目标的有效达成，要借助于相应的教学方法和技术。教师可依据具体的可操作性目标来选择和确定具体的教学方法。

（2）依据教学内容特点选择教学方法。

不同学科的知识内容与学习要求不同；不同阶段、不同单元、不同课时的内容与要求也不一致，这些都要求教学方法的选择具有多样性和灵活性的特点。

（3）根据学生实际特点选择教学方法。

学生的实际特点直接制约着教师对教学方法的选择，这就要求教师能够科学而准确地研究分析学生的上述特点，有针对性地选择和运用相应的教学方法。

（4）依据教师的自身素质选择教学方法。

任何一种教学方法，只有适应了教师的素养条件，并能为教师充分理解和把握，才有可能在实际教学活动中有效地发挥其功能和作用。因此，教师在选择教学方法时，应当根据自己的实际优势，扬长避短，选择适合自己的教学方法。

（5）依据教学环境条件选择教学方法。

教师在选择教学方法时，如果条件允许，应最大限度地运用和发挥教学环境的功能与作用。

（二）教学方法的运用

教师选择教学方法的目的，是要在实际教学活动中有效地运用。

首先，教师应当根据具体教学的实际，对所选择的教学方法进行优化组合和综合运用。

其次，无论选择或采用哪种教学方法，要以启发式教学思想作为运用各种教学方法的指导思想。

最后，教师在运用各种教学方法的过程中，必须充分关注学生的参与程度。

三、以行动为导向的多元化教学方法观

（一）行动导向的基本含义

行动导向中的"行动"，指的是"为某种目的而活动"。其意义在于，是"目标指向、内部结构明确且产生具体结果的活动"。

职业教育的行动导向教学，就是始终围绕职业行动能力的培养，以基于职业工作过程的行动为指向的教学，其基本含义在于：学生是学习过程的中心，教师是学习过程的组织者和协调人，遵循"咨询、计划、决策、实施、检查、评价"这一完整的"行动"过程序列，在教学中实现教师和学生的互动，让学生通过"独立地获取信息、独立地制订计划、独立地实施计划、独立地评估计划"的过程，在自己"动手"的实践中，形成职业技能、习得专业知识，掌握这一完整的行动序列，进而构建属于自己的经验和知识体系。

行动导向不同于以斯金纳为代表的"刺激—反应"理论为基础的行为理论和行为主义。行为理论强调"行为"是刺激的结果，不是"做"的过程，目标是外在的，先于教学过程而确定，并且一旦确定就贯穿全过程。职业教育的教学是一种"有目标的活动"，亦即行动，强调"行动即学习"。"行为"作为一种状态，只是"行动"的结果。因此，强调"通过行动来学习"，这是职业教育教学必须关注的一个方面。

行动导向也不完全等同于杜威主张的活动教学及活动课程理论。活动课程强调目标来自而非先于活动过程，教学目的只能以一种模糊的、非确定的词汇来描述：学生只有通过没有事先确定目标的学习活动才能获得知识。而职业教育教学内容的经济需求性、资格标准的针对性和教学过程的典型性，都要服务于"就业导向"的主目标，这比普通教育明确得多、清晰得多，也具体得多。职业教育教学目标的定向性、应用性与整体性表明，职业教育的教学是一种"有目标的活动"，亦即"行动"。因此，强调"为了行动而学习"，这是职业教育教学必须关注的第二个方面。

这里所说的行动，既包括个体的主观意识行动，也包括个体的客观具体行动。也就是说，要实现动作行动与心智行动的整合。特别是，职业教育的职业属性要求职业教育的教学过程应尽可能与职业的工作过程具有一致性，因而这一整合将"强迫"学习过程依照职业的工作过程展开，以便习得完整的职业行动能力。

行动导向以追求学生的行为改变为教学目标，通过师生的交流和活动，在真实的工作环境中，使学生形成符合生产需要的行为规范。

职业教育教学方法观是对如何开展职业教育教学活动的一种认识。在当前的职业学校教学改革中，确立起一种以行动为导向的多元化教学方法观，以"行动导向驱动"为主要形式，旨在改变过去的"静"，全方位激发学生学习的动力。

转变教、学、做相分离的观念，确立教、学、做合一概念。

转变封闭办学和以课堂为中心的人才培养观念，进一步确立开放办学、校企合作、工学结合的人才培养观念。

转变单一的"教师讲、学生听"的方法，形成角色扮演法、案例教学法、项目教学法、任务驱动法等多元化的方法格局。下面介绍职业教育的教学方法，如表9-1所示。

表9-1 职业教育的教学方法

名称	基本含义
角色扮演法	让学生在假设环境中按某一角色身份进行活动，以达到教学目标。分为提出问题、挑选角色扮演者、观察与角色扮演、记录与讨论四个阶段。多适用于汽车营销类专业
案例教学法	通过一个具体教育情境的描述，引导学生对这些特殊情境教学讨论的一种教学方法。主要教学过程为：阅读分析案例、小组讨论、全班讨论、总结评述。多适用于汽车营销类专业
项目教学法	师生通过共同实施一个具体的、具有实际应用价值的完整"项目"工作而进行的教学行动。基本教学过程为：确定项目任务、制订计划、实施计划、检查评估、归档或结果应用。主要用于综合能力的培养，多与其他教学方法，如引导文教学法等配合使用。多适用于汽车运用与维修专业、汽车车身修复专业
任务驱动法	这是一种以任务为驱动的教学方法。在整个教学过程中，教师首先设计好任务，然后将预期的教学内容融入这些任务之中。学生通过承担各种任务来进行学习。这种方式的目的是激发学生的学习兴趣和积极性，同时培养他们的创新意识、创新能力以及自主学习的习惯，从而提高学习效果
四阶段教学法	将教学过程分为讲解、示范、模仿和练习四个阶段进行的程序化的技能培训教学方法。主要用于专业技能的实践教学。多适用于汽车运用与维修专业、汽车车身修复专业、新能源汽车运用与维修专业
模块教学法	把学生掌握的知识或技能，根据具体工种、任务和技能的要求，严格按照工作规范，划分成若干独立单元（即模块）进行教学的方法。教学过程为：划分教学模块、实施模块教学、改进教学方案。多适用于汽车运用与维修专业、汽车车身修复专业、新能源汽车运用与维修专业
模拟教学法	模拟教学法分为模拟设备教学和模拟情境教学两种。模拟设备教学涉及使用专用的教学器具进行模拟操作，如模拟汽车驾驶、模拟拆装、模拟客户和销售等；模拟情境教学则是在导师指导下，学生模拟扮演某一角色进行技能训练。多适用于汽车营销与服务类专业

（二）行动导向的教学原则

行动导向的教学强调：学生作为学习的行动主体，要以职业情境中的行动能力为目标，以基于职业情境且经教学化处理而构建的学习情境中的行动过程为途径，以独立地计划、独立地实施与独立地评估即自我调节的行动为方法，以师生及生生之间互动的合作行动为方式，以强调学习中学生自我构建的行动过程为学习过程，以专业能力、方法能力、社会能力整合后形成的行动能力为评价标准。

无疑，"行动"在这里构建了一个学习的框架，在这样一个框架内，在具体的学习情境里，知识系统不是从外部"输入"的，而是在学生个体的大脑中有机生成的，进而在具体的职业行动情境中，其内化于个体大脑中的有机成分，将能很快地从内部"输出"，迅速转换为实用而有效的行动。教师在整个教学行动过程中，扮演着组织者、协调人的角色，勤于提供咨询、帮助，而不是运动场上的裁判。一个好的教师，还应该是一个学习情境的设计者、塑造者，一个学习舞台的导演。强调"行动就是学习"，是职业教育教学必须关注的第三个方面。

由此，从教学实施的角度看，行动导向的教学原则可以归纳为三句话：在目标层面，"为了行动而学习"；在过程层面，"通过行动来学习"；在哲学层面，"行动即学习"。

除了上述关键性的教学原则、教学观念等因素以外，为明晰教学目标、优化教学过程和付诸教学行动，行动导向的职业教育的教学所涉及的教学方法以及有利于采用这些教学方法的主客观条件，都要有所创新。例如，关于职业教育的教学方法，应更多地从归纳、演绎、分析、综合等传统方法，向项目教学法、案例教学法、仿真教学法、角色扮演教学法等转换。教学内容的传授方式，应更多地从数量或形式层面的简约，向质量或内化层面的反思转变；从针对平行排序的学科结构体系，向针对串行排序的工作过程体系转变；从对学科专业知识实施垂直维度的难度降低与水平维度的表述简化，向对职业行动知识采取理论与实践整合的能力开发转换。教学场所，应更多地从传统的单功能的专业教室，向多功能的一体化专业教室转变；从描述性、报告性的理论课堂，向兼有理论教学、小组讨论、实验验证和实际操作的实践性、亲历性的教学场所转换。

四、项目教学法

（一）项目教学法概念

项目教学法是指在教师的指导下，学生独立处理一个相对独立的项目，包括信息的收集、方案的设计、项目的实施及最终评价等环节。通过这一过程，学生不仅能够了解并把握整个项目的运作流程及其各环节的基本要求，还能锻炼解决问题的能力。该方法强调以项目为核心，教师担任引导角色，而学生则是主体参与者。

（二）项目教学法的理论基础

项目教学法起源于欧洲的劳动教育思想，最初形式出现在18世纪的工读教育和19世纪美国的合作教育中。到了20世纪中后期逐渐完善，并成为一种重要的理论思潮。它是一种旨在适应现代社会需求，培养实用型人才的现代教育模式。自20世纪90年代以来，全球范围内许多国家都将改变学习方式视为课程改革的关键部分。例如，欧美国家提倡"主题探究"与"设计学习"；日本在其新课程体系中设立了"综合学习时间"。我国当前也在推进类似改革，鼓励研究性学习，旨在打破传统上单向的知识传授模式，构建更加开放灵活的学习环境，例如我国台湾地区则推出了包含激发主动探究精神在内的多项能力培养目标。

2003年7月，德国联邦职业教育研究所正式提出了项目教学法的概念，即将整个学习过程划分为若干具体任务或事件，针对每个任务制订详细的教学计划。这种方法不仅注重理论知识和技术技能的教学，更重要的是培养学生的职业素养，如解决问题的能力、持续学习能力以及团队协作能力等。

（三）项目教学法的核心

项目教学法改变了以往单纯依靠教师讲授的方式，转而让学生在教师指导下自主探索达成目标。这意味着学习的重点从结果转向了过程本身，在这个过程中学生们能够发展出多种能力。同时，这也意味着教师的角色发生了转变——他们不再是唯一的知识来源，而是成为支持学生成长的帮助者和服务者。

（四）项目教学法的作用

采用项目教学法时，课堂变成了师生共同参与创造的空间。在这里，大家更关注的是如何完成任务而非仅仅追求正确答案。学生在项目实践过程中，理解和把握课程要求的知识和技能，体验创新的艰辛与乐趣，培养分析问题和解决问题的思想和方法。以汽车运用与维修专业课程教学为例，可以通过一定的项目让学生完成汽车维修计划设计、维修实施、维修质量检验等工作流程，从而学习和掌握发动机、底盘、电气设备工作原理、方法处理、维修工艺以及各种维修检测设备的使用与操作。还可以进一步组织不同专业与工种，甚至不同职业领域的学生参加项目教学小组，通过实际操作，训练其在实际工作中与不同专业、不同部门的同事协调、合作的能力。

（五）项目教学法的特点

（1）目标多元。既促进了学生批判性思维的发展，也促使教师改进教学方法；同时有助于学校整体教学质量的提升。（2）见效迅速。由于周期较短且范围有限，因此容易观察到明显的进步。（3）易于控制。所有活动都在老师密切监督下进行，确保每位参与者都能专注于技能提升。（4）理论联系实际。实际操作过程中遇到的问题会促使学生回顾相关理论，加深理解。

（六）项目教学法的应用条件

项目教学法是师生共同实施一个完整的"项目"工作的教学活动。在职业教育中，这意味着生产一件具有实际应用价值的产品或服务，它应满足以下条件：第一，该过程可用于学习一定的教学内容，具有一定的应用价值。第二，能将理论知识与实际技能结合。第三，与企业实际生产过程或商业经营活动直接相关。第四，学生有机会独立计划工作，并在规定时间内自行组织学习行为。第五，有明确而具体的成果展示。第六，学生需要自己解决项目中的困难和问题。第七，项目具有一定难度，不仅要求应用已有的知识和技能，还需要运用新学到的知识来解决未曾遇到的问题。第八，结束时，师生共同评价项目成果和学习方法。

（七）项目教学法的应用范围

最初，主要采用的是独立作业的方式。随着科技的发展和生产需求的提高，越来越多的情况开始采用小组合作的方式。特别是在汽车维修这样的团队协作任务中，小组合作方式展现出了其重要的价值。

（八）项目教学法的实施

项目教学法的实施一般分为五个阶段：第一，确定项目任务。教师提出设想，学生分组讨论后确定目标。第二，制订计划。学生拟订工作计划，经教师认可。第三，实施计划。按分工和小组成员合作形式执行。第四，检查评估。先自我评估再由教师评分，讨论解决问题的方法及学习特征，找出评价差异原因。第五，归档或结果应用。确保项目成果具有实际应用价值，如记入维修记录等。

五、任务驱动教学法

（一）概念

任务驱动教学法是一种以学生为中心的教学模式，通过实际任务的完成来检验学习成果。这种方法能够提供实践体验的机会，并鼓励学生主动构建知识体系，适用于汽车营销与服务等专业课程。

（二）心理学基础

建构主义理论认为，学习应与实际任务相结合，以激发兴趣和动机。学生应在真实环境中学习，拥有学习的主动权。知识不仅是传递的，更是学生主动构建的过程。

（三）基本环节

第一，创设情境。创建与学习主题相关的逼真情境，引导学生进入学习状态。第二，确定问题。选择与学习主题紧密相关的真实问题作为中心内容。第三，自主与协作学习。教师提供解决问题的线索，鼓励学生讨论交流，共同寻找解决方案。第四，效果评价。评估学生的问题解决过程及自主学习能力。

（四）特点

任务驱动教学法强调以任务为中心，教师引导，学生主导，改变传统被动接受知识的模式，促进学生积极参与和创新。

（五）作用

对学生而言，任务驱动法不仅提高了学习效率，还激发了他们对学习的兴趣，并培养了独立探索的能力。对教师来说，这种方法促进了教学理念的转变——由单纯地传授知识转变为更加注重解决问题的能力培养；同时，这也使得课堂教学变得更加生动有趣。对教师而言，它转变了教学理念，从传授知识到解决问题，使课堂氛围活跃。

第四节　职业教育的教学方法

伴随着职业教育教学方法论研究的日益深入，职业教育教学实践的重心也出现了两大变化：一是教学目标重心的转移，即从理论知识的存储向理论知识应用的职业能力的培养转移，由此导致教学方法逐渐从"教"法向"学"法转移，实现基于"学"的"教"。二是教学活动重心的转移，即从师生间的单向行为转向师生、生生间的双向行动，促使教学方法逐渐从"传授"法向"互动"法转移，实现基于"互动"的"传授"。与此相应，职业教育教学方法的范畴也扩展至教学方法和协调方法两大领域。

教学方法，是建立在连续的规则系统基础之上的教师传授学习内容以及学生实现学习目标的组织措施。关于教学方法的这一普适性定义表明，教学方法涉及一系列的教与学的行动模式、组织形式和实施方式。因此，尽管很难对教学方法进行一个普适性的分类，但一般来说，教学方法包括教师的"教"法和学生的"学"法。

一、"教"法是基于教师"传授"视野的学习组织结构

其目标是建立一种学习安排，使得学生的被动接受式学习更有规律并更加容易。

"教"法的上位概念是教学处置,包括尝试导向的教学处置、问题导向的教学处置和项目导向的教学处置;其下位概念为教学形式,包括授课教学形式、社会教学形式和课堂教学形式。

(一)上位概念

在职业教育领域,作为上位概念的教学处置,指的是职业教育教学过程中对典型运行阶段实施的实践性的教学策略。这些策略是对单一教学方法在时空上的综合运用,具有特定的学习效果和教学范畴。行动导向的教学处置,特别是对技术类职业的教学处置,主要有以下三种。

1. 尝试导向的教学处置

主要指关于技术问题的处置策略,包括三个阶段:

(1)"尝试"的准备,即针对教学内容提出问题及其相关假设。

(2)"尝试"的实施,即在独立制定和设计的实验秩序中对假设予以证真或证伪。

(3)"尝试"的检查,即对定量和定性的结果予以阐述和探讨。

2. 问题导向的教学处置

主要是关于技术思维的处置策略,包括四个阶段:

(1)提出问题,即通过思考直面问题情境并确定问题。

(2)解释问题,即辨识问题并对解决问题原则予以阐述。

(3)解决问题,即独立解决问题并对解决问题的方案予以评价。

(4)应用转换,即应用解决问题的方案并在类似情境中予以转换。

3. 项目导向的教学处置

主要是关于技术设计的处置策略,从技术、生态、经济、政治—社会和精神—规范五个不同视角,采取项目教学方式让学生能在社会技术学的层面,主动参与技术的设计,从而整体地把握技术发展的趋势和结果。

(二)下位概念

作为下位概念的教学形式,同样强调基于行动导向的教学组织,主要包括三种。

1. 传授教学形式

传授教学形式指学习过程中对学生实施逻辑的思维引导方式,主要有两种:

(1)认识论(gnoseology)的处理,它由一个从属于外部认知过程的规则系统构成,主要指向算法逻辑思维的操作,如分析—综合处理、归纳—演绎处理和历史化处理。(2)心理学(psychology)的处理,它由一个从属于内部认知过程的规则系统构成，主要指向心理决策要素的转换，如抽象性处理、遗传性处理和研究性处理。

2. 社会教学形式

社会教学形式指学习过程中师生或生生合作的显性组织方式，主要有四种：

（1）正面教学，即传统的教师讲、学生听，教师通过介绍、解释或加工知识元素，让学生接受这些知识。

（2）个体工作，即学生个人独立制订、实施和检查工作计划。

（3）派对工作，即两个学生合作制订、实施和检查工作计划。

（4）小组工作，即由3～6名学生组成小组，小组成员共同制订、实施和检查工作计划，各组可完成相同任务（可比性），也可完成不同任务（差异性）。

3. 课堂教学形式

课堂教学形式指学习过程中师生或生生互动的主体定位方式，主要有三种：

（1）基于报告、示范或指示等描述性教学（教师中心）。

（2）基于引出问题、激发动机或委托任务等行动性教学（教师主导—学生主体）。

（3）基于派对式生生合作、探究式的学生中心或对话式的经验交流等发现性教学（学生中心）。

教学形式的确定在教师备课中发挥着非常重要的作用。在"教"的过程中，上述这些形式之间的转换并没有严格的界限，应根据专业能力、方法能力和社会能力培养的需要，采用与之相应的高效率的方式。

二、"学"法是基于学生"习得"视野的学习组织结构

其目标是建立一种学习秩序，使得学生的主动生成性学习更有规律并更有效果。"学"法既要高质量地掌握学习内容，又要高效率地掌握学习方法。它涉及三种重要的学习技术。

1. 自学性技术

自学性技术指能主动占有、使用信息的方法，包括：

（1）自主性地获取信息的技术。例如阅读、倾听以及熟悉目录、关键词、文稿、索引、图书、多媒体和互联网等。

（2）生成性地加工信息的技术。例如记录、摘抄、标示、绘制（墙报、表格、简图、广告等）、音像制作、方案制订等。

（3）指向性地阐释信息的技术。例如撰写报告、阐述理由、演讲总结、评论展示、公众辩论、评审发言以及进行电话联系、发送电子邮件等。

2. 交流性技术

交流性技术指能建构性地多边互动学习的方法，包括：

（1）沟通的技术。例如即时反思、核心讨论、正反方辩论、全员会议、分组讨论、小组专家游戏等；

（2）合作的技术，例如小组活动、角色扮演、计划演练、项目方法、多重辩论、情景剧、教学微信群等。

3. 创新性技术

创新性技术指能构思性地寻求解决方案的方法，包括：

（1）创意设计导向的创新性学法。例如图像处理、抽象拼贴、创意绘画、哑剧编导、创意写作等。

（2）媒介催化导向的创新性学法。例如创意旅行、隐性策划、暗示启迪等。

（3）问题解决导向的创造性学法。例如德尔菲法，趋势分析法，功能分析法（将总任务按功能层次分解获得子任务），抽象法（从现象中概括本质），黑箱法（忽略内部结构，只关注输入和输出），结构树法（功能分析法的树形图分解，或称"思维导图法"），画廊法（第一阶段为联想阶段，草拟解决方案并以画廊形式展示；第二阶段为形成阶段，相互介绍各种解决方案并予以归纳；第三阶段为评价阶段，采取全员会议评价不同方案并予以优化），刺激法（通过看似无关的话语借助直觉反应获得解决问题的方案——陌生效应），"635"法（针对一个问题，由6名小组成员提出3个方案，时间限制为5分钟），解构法（借助矩阵将总问题分解为子问题）、逆向思维法（批判性或反思性的设疑或否定）等。

三、"教与学"法，是基于教师"传授"与学生"习得"集成视野的学习组织结构

其目标是建立一种教与学的互动情境，在学生主体与教师主导的总原则下，使得学生从被动接受式的学与主动生成性的学相得益彰，形成更符合职业教育认知学习规律与职业成长规律融合的教与学的方法或处置，取得职业能力培养的教与学的成果。

这意味着，"教"法与"学"法不是割裂和对立的，而是要根据具体的教学需要和教育对象，进行综合运用，才能事半功倍。一般来说，这种集成的"教与学"法，主要有三种：

一是行动能力目标指向的"教与学"法，主要适用于职业教育的课堂教学。如表9-2所示。

表9-2 行动能力目标指向的"教与学"法（Arnold，1995）

教学论—方法		专业能力	方法能力	社会能力
传授学习	报告、演说	☆	×	
	课堂谈话	☆	×	
	封闭媒体	☆	×	
	暗示学习	☆		
行动学习	可控项目	☆	☆	×
	计划演练	☆	☆	×
	自组织项目	☆	☆	☆
	引导文教学	☆	☆	☆
	引导问题团队工作	☆	☆	☆
	引导问题独立工作	☆	☆	
经验学习	可视学习	☆	☆	
	模拟练习（艺术练习）		☆	☆
	经历学习		×	☆
☆表示非常适用，×表示不太适用				

二是问题解决方案指向的"教与学"法，主要适用于职业教育的课堂教学。如表9-3所示。

表9-3 问题解决方案指向的"教与学"法（Beelich/Schweden，1983）

方法选择	学习目标与等级						
	识别、分析及描述问题	识别与分析结构和功能	拓展思维，发现解决方案	寻求解决方案，进行模拟	开发与整合各种解决方案	细化、选择与评价解决方案	反思与改善解决方案
	1	2	3	4	5	6	7
目标性问题法	☆	☆	☆	○	○	○	☆
德尔菲法	☆			○			
趋势分析法	☆						☆
质疑/否定法	☆	○	○	☆			

续表

方法选择	学习目标与等级						
	识别、分析与描述问题	识别与分析结构和功能	拓展思维，发现解决方案	寻求解决方案，进行模拟	开发与整合各种解决方案	细化、选择与评价解决方案	反思与改善解决方案
	1	2	3	4	5	6	7
抽象法	☆	☆	○				
黑箱法		☆	○				
功能分析法		☆	○		○		
结构树法		☆	○				
头脑风暴法	○		☆	☆	○		
激励法			☆	☆			
"635"法			☆	☆			
画廊法	○	○	☆	☆	○		
隐喻法				☆	☆		
☆表示非常适用，○表示辅助使用							

三是思维行动训练指向的"教与学"法，主要适用于职业教育的实训教学。如表9-4所示。

表9-4 思维行动训练指向的"教与学"法（Brassard/Helling）

方法	获取信息	创新性思维与行动	分析性思维与行动	归纳性思维与行动	利于计划的思维与行动	利于评价的思维与行动	利于决策的思维与行动	按照指示与计划的行动	独立工作	报告与演讲
四阶段法	☆		○			○		☆		
课堂讲授法	○				○	○		☆	○	○
引导文法	☆		○		○	☆	○	☆	☆	○
实验法	○	○			☆	☆	○	○	☆	○
调查法	☆		☆		☆	☆			○	○

续表

方法	获取信息	创新性思维与行动	分析性思维与行动	归纳性思维与行动	利于计划的思维与行动	利于评价的思维与行动	利于决策的思维与行动	按照指示与计划的行动	独立工作	报告与演讲
头脑风暴法		☆				○	☆			
项目法		☆	○	○	○	☆	☆		☆	○
计划演练法		☆	○	○	○	○	☆		○	○
教学谈话法	☆	○	☆	○	○	○	○	○	○	☆
演说法	☆		○	○	○	○	○	○	○	☆
角色扮演法	☆			☆		○	○		○	

☆表示非常适用，○表示辅助使用

四、数字化转型赋能高质量课堂

（一）教育数字化转型之时代背景

党的二十大报告强调要"加快建设数字中国"和"深入实施科教兴国战略"，并首次将"推进教育数字化"写入"办好人民满意的教育"部分，提出"推进教育数字化，建设全民终身学习的学习型社会、学习型大国"。可见，数字中国战略已成为建设中国特色社会主义现代化强国的重要行动指南，而教育数字化也是信息时代的必然要求，更是数字中国战略在教育领域特别是职业教育领域中的具体实践。在此背景下，开展数字中国战略下的中国式职业教育数字化研究和实践，对促进职业教育高质量发展，特别是数字化转型赋能高质量课堂，具有重要的现实意义。个体层面，发展教育数字化可以为人们带来更高质量、更加公平、更多选择、更加便捷、更加开放、更加灵活的教育供给与服务，满足人民群众的高品质、个性化学习需要；社会层面，实施教育数字化可以构筑满足全民终身学习的新格局，为教育的高质量发展提供了现实可能性；国家层面，它是实施科教兴国战略和促进教育现代化的重要基础。

（二）数字化教学概念

数字化教学是指教师和学习者在数字化的教学环境中遵循现代教育理论和规律，运用数字化的教学资源，以数字化教学模式进行培养适应新世纪需要的具有创新意识和创新能力的复合型人才的教学活动。简而言之，数字化教学就是利用多媒体教室、电脑等现代化多媒体载体进行的教学。数字化教学环境基于数字化信息和网络，通过计算机和网络技术建立起来的教学、科研、管理、技术服务等信息的收集、处理、整合、存储、传输和应用系统，旨在充分优化利用数字资源的一种虚拟教育环境。通过实现从环境（包括设备，教室等）、资源（如图书、讲义、课件等）到应用（包括教学、管理、服务、办公等）的全部数字化，在传统校园基础上构建一个数字空间，以拓展现实校园的时间和空间维度，提升传统校园的教学效率，扩展传统教学的业务功能，最终实现教育过程的全面信息化，从而提高课堂教学、科研、管理水平和效率。

（三）教育数字化发展

教育数字化是教育信息化的一个特殊阶段，是适应数字时代来临的教育准备。教育数字化转型就是持续利用数字化、网络化、智能化的技术手段来变革教育、教学系统的过程。作为一种全新的经济社会形态，它将对工业革命以来形成的班级课堂教学模式产生变革性影响，在教学上解决规模化授课下的因材施教问题，在学习上实现人人能学，时时处处可学，这是人们对未来教育的共同想象与期待。自21世纪以来，国家颁布了多个专项政策文件规划推进教育信息化，如《教育信息化2.0行动计划》等。我国教育信息化从电化教育、广播电视教育起步，历经教育信息化1.0和教育信息化2.0阶段。到2023年，国家教育数字化战略行动开启了教育数字化的新发展阶段，即教育系统变革阶段，此阶段注重数字生态的建设与教育形态的重塑，着力探索学习环境的智联融通、教育数字孪生系统的有序演进等。2023年1月12日，2023年全国教育工作会议在北京召开，会议提出"纵深推进教育数字化战略行动"；2月，世界数字教育大会在北京开幕，大会以"数字变革与教育未来"为主题，超过130个国家和地区的代表参会；6月19日至20日，2023年全国教育数字化现场推进会议在湖北武汉召开，会上宣布成立教育数字化专家咨询委员会；9月，2022年度联合国教科文组织教育信息化奖颁奖仪式在法国巴黎教科文组织总部举行，中国"国家智慧教育平台"项目获奖；10月12日至13日，教育部与宁夏部区会商会议、教育数字化助力中西部地区教育高质量发展推进会在银川举行，推进会上，国家智慧教育公共服务平台新版、"智慧教育"APP同时发布。

（四）数字化赋能职业教育战略定位

教育数字化是我国开辟教育发展新赛道和塑造教育发展新优势的重要突破口。一方面，要从国家战略高度深刻认识和理解中国职业教育数字化。目前，中国已建成世界上最大规模的职业教育体系，以数字化赋能职业教育高质量发展，是面向新时代职业教育的战略选择和必由之路。我国高度重视职业教育数字化，注重发挥数字技术对职业教育的引领、推动作用，将数字化与职业教育改革发展同谋划、同部署、同推进。另一方面，要在教育高质量发展实践中不断深化中国职业教育数字化。在数字化基本建设实现全面覆盖的基础上，进一步丰富优质数字教育资源、提升师生数字素养技能，促进实效明显的大规模应用，为职业教育高质量发展注入强大动力。

（五）教师数字化转型破解密码

1. 数字化转型存在的问题

全面加速推进我国职业教育数字化转型，是我国从职业教育大国走向职业教育强国的必由之路。教师作为数字化应用的主体，能否率先实现数字化转型，直接影响职业教育数字化战略行动的结果。教师数字化既是职业教育数字化转型的重要内容，也是教师队伍现代化的关键特征，更是教育强国建设的根基所在。从实践来看，职教师资队伍数字化转型是一个持续、复杂、艰难的过程，教师群体特别是老教师面对数字化浪潮显得力不从心、无所适从。那么，教育数字化转型存在哪些问题？又该如何解决呢？

（1）观念滞后问题。教育数字化转型已经成为国家重大战略行动计划，但是目前仍有部分教师对于推进数字技术与教育教学相融合存在不愿接受情绪，担心应用新技术耗费太多精力和时间，觉得费力不讨好，不能较好地被学生接纳和理解。老教师对于数字技术引领教育变革的价值认识不足，不熟悉数字技术在教育教学中的应用场景与模式。老教师不愿转变教学理念与角色定位，沿用传统灌输式的教学模式，这种观念滞后无法适应数字化时代职业教育技术技能人才培养的客观要求。

（2）执行力不强问题。虽然有些教师对数字教育持正向态度，但在实践中却执行力不强，主动性不强。一方面，这部分教师无法有效应用新技术赋能课堂教学。虽然有各种数字化教学公开课、示范课的观摩学习机会，但由于限制条件多、门槛高，平常信息技术用得就少，教师很难将相关技术、资源、活动、策略等迁移到自己的课堂。另一方面，这部分教师面对形形色色的数字工具、资源与平台，容易产生"技术眩晕感"，进而衍生出信息技术使用担忧、认知困惑等负面情绪，从而阻止了数字技术在课堂的常态化运用。此外，教师数字素养提升的实践性培训还不到位，单靠有限的网上研修、集中培训或者专家进校指导，很难有效驱动教师信息技术运用行为的持久转变与习惯养成。

（3）机制实践效果不足问题。我国已建立较为完备的教师信息技术应用能力、培训体系等机制，但从实践来看，这些机制未能发挥应有的作用。例如，多部门协同机制尚不健全，电教、师培、教研等教师专业发展相关部门之间缺乏整体统筹与调度，难以为教师数字化专业提升提供全方位、一体化服务；教师数字素养评价考核机制有待转变,现有考核方式过分强调教师数字化技能评价,忽视了数字化应用成效的考核,导致不少数字化应用实践浮于表面,难以为教育教学实践带来实际价值。

2. 数字化转型举措

教师队伍的数字化转型是全球教育发展的趋势之一。联合国教科文组织等国际组织均高度重视提升教师的数字能力,并通过顶层设计与基层实践相结合的方式系统推进这一进程,如发布相关标准、提供数字教学资源及开展培训项目等。基于我国实际情况,针对当前面临的挑战,提出以下几项促进职业教育领域教师队伍向数字化方向转型的具体建议。

(1)顶层设计至关重要。从国家战略层面出发,制定全面的教师数字化发展规划极为关键。地方教育部门应根据《教师数字素养》等相关指导文件加快出台本地化实施方案,明确发展愿景和阶段性目标,同时加强对整个过程的监督评估,及时发布引导性政策文件支持学校和个人有效开展各类数字化教育活动。此外,还需警惕新技术可能带来的潜在风险,积极推广绿色信息技术的应用,营造安全健康的学习环境。

(2)构建协同机制保障顺利推进。形成政府主导、多方参与的合作格局对于实现目标非常重要。首先,行政机构需优化内部流程,简化审批手续减轻教师非教学任务负担;其次,家长也应积极参与到孩子在线学习过程中来,共同营造良好的家庭氛围;而IT企业则可以通过技术创新提供更多便捷高效的工具和服务;最后,职业学校本身也要发挥主体作用,建立健全考核激励机制激发教职工的积极性。

(3)建立完整的数字素养培养体系。为了培养出能够适应新时代要求的专业师资队伍,需要构建一套涵盖入职前后全过程的教育培训体系。高等院校特别是师范院校应当开设专门课程教授相关知识技能,并将其纳入必修科目;对于在职人员而言,则应采取灵活多样的方式进行持续进修,比如线上直播课、案例分析会等形式,重点解决实际工作中遇到的问题。

(4)搭建高效便捷的数字教研平台。利用现有网络设施资源创建开放共享式的交流空间,鼓励广大师生积极参与。各学科组别还应该定期组织专题研讨会等活动促进经验分享。另外,加强区域间沟通协作也十分重要,通过建立跨校际甚至跨省市的合作网络来扩大影响力。

(5)提升创新能力和科研水平。面对快速变化的技术环境,仅仅依靠传统模式已难以满足需求。因此,有必要加大对新理念新技术的研究投入力度,比如探索如何更好地将AI、VR等前沿科技融入课堂教学。同时,要注重培养学生正确的价值观和社会责任感,在遵守法律法规的前提下开展实验探索。

第十章　职业教育教学实践

第一节　职业教育教学与普通教育教学的异同

普通教育主要是指以升学为目标，以基础科学知识为主要教学内容的学校教育。普通教育的任务通常由实施普通教育的学校（称为"普教性学校"）承担，普通教育学校分为普通基础教育学校和普通高等学校，均实行全日制教学。普通基础教育分为幼儿教育、小学教育、初中教育和高中教育。普通高等教育指主要招收高中毕业生进行全日制学习的学历教育，是与招收在职职工边工作、边学习的函授、夜大、职工大学等成人高等教育形式相对而言的。

职业教育是指让受教育者获得某种职业或生产劳动所需要的职业知识、技能和职业道德的教育。如对职工的就业前培训、对下岗职工的再就业培训等各种职业培训以及中等职业技术学校等职业学校教育都属于职业教育。职业教育的目的是培养应用人才和具有一定文化水平和专业知识技能的劳动者，与普通教育相比较，职业教育侧重于实践技能和实际工作能力的培养。

一般来说，职业教育的教学是在学校中通过师生间共同活动完成的，但是它的学习特点又使它和普通教育的教学有所不同。职业教育也是教育的一种类型，国家经济建设和社会发展对于技术技能人才的需求是很大的，所以发展职业教育是国家大力支持的。

一、职业教育与普通教育的区别

职业教育与普通教育是两种不同教育类型，具有同等重要的地位。与普通教育相比，职业教育在培养目标、育人方式等方面有着自己的特点。（1）跨界。职业教育作为一种教育类型，其协同育人的办学格局在于由一元主体转向双元主体：从传统的普通教育，即往往只有学校这样一个单一学习地点的办学及运行格局的定界教育，向现代的职业教育，亦即在学校与企业或其他社会机构的两个或两个以上学习地点的双元或多元办学及运行格局的教育转变。普通教育所涉及的教育活动，都是在只有学校这样一个学习地点的参照系下运行的，是一种在教育系统内部结构的框架下实施的教育行为；而职业教育所涉及的教育活动，不仅要注重普通教育所关注的学校、学习和教育这三要素构成的领域，而且还要关注普通教育较少顾及的企业、工作和职业这三要素构成的领域。（2）整合。职业教育作为一种教育类型，其生存发展的社会价值在于由单一需求转向双重需求：从传统的普通教育，即往往只在游离于经济和社会发展之外、与职业实践脱节、仅关注个性需求的纯学校形式的育人教育，向现代的职业教育，亦即将创造物质财富的产业需求与培育人文精神的教育需求整合为一体的教育转变。普通教育所涉及的教育活动，主要是在学校里通过形成概念、知觉、判断或想象等心理活动及基于图式、同化、顺应和平衡的适应与建构的教学来获取知识的，与学校外部的经济和社会无直接关联，基本上是以升学为导向的教育。而职业教育所涉及的教育活动，则与学校外部的经济社会紧密相联，是以促进就业和适应产业发展需求为导向的教育。（3）重构。职业教育作为一种教育类型，其制度创新的逻辑工具在于由单维思维转向多维思维：从传统的普通教育只关注认知的单维度即学科知识积累、以升学为目标的教育，向现代的职业教育关注认知与行动兼容的多维度，即知识、技能或资格等行动知识的积累与职业能力的提升并重、升级涵盖升学的"文化素质+职业技能"的教育转变。普通教育所涉及的教育活动，主要在个体就业前或谋职前进行，是基于传道授业解惑的学习，以受教育程度的层次提升为目标。职业教育所涉及的教育活动，则需要在综合考虑诸多教育要素的情况下，要针对普通教育蕴含的共性规律与职业教育独特的个性规律之间的博弈予以辨析创新。

二、职业教育与普通教育的共同点

虽然职业教育与普通教育是不同的教育类型，但是其教育的本质是一样的，需要遵循的教育原则、贯彻的教育方针是一样的，学校功能、根本任务是一样的，两者都是为了培育优质人才，为国家发展、建设做贡献。

三、职业教育教学特点

职业教育教学有广义和狭义之分。广义的职业教育教学是指在学校和企业中，教师与师傅通过有计划、有目的的指导，让学生获得知识与专业技能的一种多边活动，它包含校内学习和校外实践。狭义的职业教育教学是指在学校中教师的教和学生的学所组成的一种特有的职业技能人才培养活动。

从普通教育教学实施的过程看，教学活动具有明确的培养目标、完备的实施计划、规范的组织管理。职业教育除了与普通教育有这些共性要求外，还具有以下特点。

（一）教学目标不同

普通教育教学是以全面提升学生综合素质为教学目标，而职业教育教学的目的除了要提高学生综合素质外，还要培养学生的专业技能，使其能直接进入企业服务。

（二）课程体系不同

在普通教育教学中，学生的学习课程是由不同的自然科学学科和社会科学学科构成的学科体系，它系统、翔实、全面，能较好地提高学生的综合素质，但对学生职业能力的形成缺乏针对性。职业学校要培养出具有较高职业素养的人才，就必须打破学科体系，建立以工作任务为引领的新型课程体系。这个课程体系按照学生所学专业相对应岗位的实际工作任务、工作过程和工作情境来设置课程，围绕如何完成实际工作任务这一主题，将所需的各种学科知识穿插其中，构建新的知识体系，指导学生完成实际工作任务，获取现实劳动产品，得到满足感，激发学习动机。它围绕学生职业能力的形成来组织课程内容，以现实的工作任务为中心来整合相应的知识、技能和态度，能使学生获得完成某工作任务所需要的综合职业能力。

（三）培养模式不同

职业教育教学实行的是工学结合的人才培养模式，是一种以职业人才培养为主要目的的独特教育模式。在人才培养的全过程中，它以培养学生的全面职业素质、技术应用能力和就业竞争力为主线，充分利用学校和企业两种不同的教育环境和教育资源，通过学校和合作企业双向介入，将理论学习、基本专业技能训练与在企业进行实际工作实践有机结合起来，为生产、服务第一线提供合格的技能人才。

（四）学生考核的形式和标准不同

中等职业学校的学生考核形式与标准不同于普通高中，目前我国的普通高中的学生考核形式基本是闭卷笔试，由教育行政管理部门统一组织命题，有固定的题型模式，有统一的评分标准，主要考核学生的学科知识掌握情况。而中等职业学校的考核范围不仅要包含知识，更重要的还要包含专业技能的考核，它的形式不再是单一的卷面考试，还包括技能考核；它不仅有信息统一组织命题的考试，更重要的是要参加相应行业的职业技能考核和鉴定，使用行业的职业技能评价标准来评价学生的职业能力，一个合格的中职毕业生必须要持有两证，即毕业证和相关职业技能等级证。

(五)学校教学水平的评价标准不同

单一来看,普通高中教学水平的评价标准主要是分数和升学率,而中等职业学校的教学水平评价标准主要来自:(1)学生的就业率。(2)学生参加相关行业组织的职业技能鉴定考证通过率。(3)学生参加相关职业技能竞赛的获奖成绩。(4)用人单位和社会对毕业生的满意度等。

社会上存在这样一种错误的看法,即职业学校学生的学习质量低于普通学校。如果以普通学校的考核标准去评价职业学校学生的成绩,确实不理想,但这是不公平也是不科学的。职业学校的培养对象,与普通高中的培养对象在智能结构与智能类型方面存在着很大的区别。以同一个标准去考核、衡量所有的学生,而从根本上忽略个体差异,无疑是不公平,也是不科学的。只有用不同的标准去考核、衡量不同智能结构与类型的学生,结果才真实、客观。

第二节　职业教育教学标准

新修订的《中华人民共和国职业教育法》第二十条提出:"国务院教育行政部门会同有关部门根据经济社会发展需要和职业教育特点,组织制定、修订职业教育专业目录,完善职业教育教学等标准,宏观管理指导职业学校教材建设。"国家以法律形式进一步强化了教学标准在职业教育质量提升中的基础性作用,对于深化职业教育教学改革,规范职业教育教学实施,保障职业教育人才培养质量,促进职业教育专业内涵发展,起到了至关重要的法治保障作用。

一、领会教学标准意义,重视职业教育标准建设

职业教育教学标准是指导、规范和管理职业院校教学工作的基本教学文件,是保证职业教育教学质量和人才培养规格的主要依据,也是促进职业教育专业建设内涵发展和人才培养质量提升的重要保障。2019年国务院印发的《国家职业教育改革实施方案》指出,"发挥标准在职业教育质量提升中的基础性作用。持续更新并推进专业目录、专业教学标准、课程标准、顶岗实习标准、实训条件建设标准(仪器设备配备规范)建设和在职业院校落地实施"。"以标准化建设为基础引领质量提升,主动对接产业发展、技术进步和流程再造。职业教育教学标准框架主要由专业目录、专业教学标准、课程标准、顶岗实习标准、实训条件建设标准等组成。同时可以看出,无论从国家层面还是省级层面,对于职业教育教学标准建设都非常重视,并且提出了明确的建设要求,这为职

业教育高质量发展提供了重要的标准支撑。

二、坚持教学标准引领，深化职业教育教学改革

当前，我国经济社会发展进入了新的历史时期，产业升级和经济结构转型不断加快，各行各业对高素质技术技能人才的需求日益迫切，对人才培养质量的要求也越来越高，这无疑对职业教育提出了更高的要求。因此，深化职业教育教学改革、提升职业教育人才培养质量势在必行。纵观近十年我国职业教育教学改革的历程，大都由教学标准建设作为教学改革的引领。《教育部关于推进中等和高等职业教育协调发展的指导意见》提出，要"逐步编制中等和高等职业教育相衔接的专业教学标准，为技能型人才培养提供教学基本规范"，这就是中高职衔接要遵循的教学标准文件性规定，从此拉开了职业教育教学改革的帷幕，先后制定、发布了包括专业目录、专业教学标准、公共基础课程标准、顶岗实习标准、实训教学条件建设标准等一系列职业教育国家教学标准。此后，广东省职业教育形成了"文化素质+职业技能"的职教高考制度以及中职、高职、本科贯通培养体系等一系列国内领先的职业教育升学改革成果，推动广东省职业教育教学改革取得了显著成效。

三、完善教学标准体系，推进职业教育提质培优

《国家职业教育改革实施方案》提出，我国要"建成覆盖大部分行业领域、具有国际先进水平的中国职业教育标准体系"。建设并完善以专业目录、专业教学标准、课程标准、顶岗实习标准、实训条件建设标准为主的教学标准体系，其是国家职业教育标准体系的重要组成部分，是推进职业教育提质培优的重要基础。自2011年起，教育部先后制定并发布了包括专业目录、专业教学标准、公共基础课程标准、顶岗实习标准、实训教学条件建设标准、教学仪器设备装备规范等在内的职业教育国家教学标准，基本形成了较为完善的国家职业教育教学标准体系，为职业院校人才培养、专业建设和规范教学提供了坚实的标准保障。2020年，教育部等九部门印发的《职业教育提质培优行动计划（2020—2023年）》中提出"构建国家、省、校三级专业教学标准体系，国家面向产业急需领域和量大面广的专业，修（制）订国家标准；各地根据经济社会发展需要和有关技术规范，补充制定区域性标准；职业学校全面落实国标和省标，开发具有校本特色的更高标准"。新修订的《中华人民共和国职业教育法》又将"完善职业教育教学等标准"写入法律条文，更进一步说明只有建设完善的职业教育教学标准体系，才能有效保障职业教育发展质量，促进职业教育提质培优。

四、融会贯通培养理念，一体化设计开发教学标准

新修订的《中华人民共和国职业教育法》第十四条提出："不同层次职业教育有效贯通。"当前，我们国家已经构建了中职、高职及职业教育本科贯通培养机制，打通了职业教育发展的"断头路"，为职业院校的学生搭建了在不同成长阶段能够多样化选择、多路径成才的路径。国家颁布的《职业教育专业目录（2021年）》，按照"十四五"国家经济社会发展和2035年远景目标对职业教育的要求，在科学分析产业、职业、岗位、专业关系基础上，对接现代产业体系，服务产业基础高级化、产业链现代化，一体化设计中等职业教育、高等职业教育专科、高等职业教育本科不同层次专业。教育部已经启动了各层次职业教育专业教学标准的制定工作，新的专业教学标准不久将会陆续发布，如大家翘首以待的新能源汽车运用与维修专业教学标准。期待新的专业教学标准更加科学、规范地指导职业院校的专业建设和教学实施。

五、推动教学标准实施，促进职业教育内涵发展

《国家职业教育改革实施方案》指出"持续更新并推进专业目录、专业教学标准、课程标准、顶岗实习标准、实训条件建设标准（仪器设备配备规范）建设和在职业院校落地实施"；《职业教育提质培优行动计划（2020—2023年）》提出"职业学校全面落实国标和省标"。从这几个文件可以看出，国家对于教学标准的落地实施提出了明确意见。但是从以往教学标准的推广应用来看，无论是国家教学标准还是省级教学标准，发布后落地实施环节工作不到位，致使教学标准在职业院校的推广使用效果并不好。很多职业院校没有使用国家教学标准，特别是经济欠发达地区的中职学校。有些学校教师甚至不清楚有国家教学标准，少数中职学校没有使用省级专业教学指导方案。国家和省投入大量资金和人力开发的教学标准不能得到有效地落地实施，可以说这是一项重大损失和浪费，是值得今后好好总结和反思的。国家新职业教育法的颁布施行以及上述有关文件的推动将保障未来新制（修）订的教学标准在全国职业院校的落地实施，从而有效推动"三教"改革全面深化，促进职业教育内涵发展和质量提升。

第三节　职业教育教学基本原则

教育是一个复杂的、社会化的运动，是知识和技能的传承。通过对国内一般教育教

学原则以及对职业教育教学原则特点的研究可知，职业教育教学原则既要体现一般的教育教学原则，也要体现职业教育本身的特点。

一、职业性原则

职业性是指应使受教育者在全面发展的基础上，获得与经济建设具有极为密切关系的相关职业所需要的职业知识、职业能力和职业道德，亦即成为具有全面素质和综合职业能力的应用型和实用型的职业人才。职业性原则由职业教育的性质、任务决定。教学的指导思想应是以职业为导向安排全程的教育和教学，有目的、有计划地培养学生具有远大的职业理想、深厚的职业情感、高尚的职业道德、扎实的职业知识、熟练的职业技能、较强的职业能力、高度的职业责任和自觉的职业纪律。职业性原则对职业学校的教学具有特别重要的意义，是职业学校教学的首要原则。

二、实践性原则

职业教育的教学要以职业实践为出发点，作为教学工作的导向和最终目标，在中高职贯通的大背景下，职业教育一定要突出以就业为导向，以能力为本位。实践性原则要求教师在教学中要贯穿"学中用，用中学，学用一体"的思想；实践性原则要求教师在教学方法上必须停止说教和唱独角戏，做到理论与实践相结合，将学生的一切学习活动外化为可感知、可操作的现实事物之中，让学生在实践中体验，在体验中升华认识，并且通过外化的实践活动，降低知识的抽象性；实践性原则要求我们的教学标准和内容要能适应学生和企业岗位的实际需要，与职业标准相结合，使生产和教学零距离，培养出符合企业要求的合格人才。

三、发展性原则

职业教育教学的发展性原则应表现在两个方面：一方面是教学内容和要求要随企业的发展而发展变化。当前，我国经济快速发展，新材料、新技术不断出现，企业的生产与要求不断变化，作为直接为企业输送人才的职业教育，它的教学内容和要求必须随企业发展而发展，在教学内容和要求上要不断更新，要不断将动态的具有较高价值的新成果引入教学过程，为企业输送可直接上岗的人才。这就直接要求职业学校教师要亲自到企业实践，掌握最新的技术发展，这样也能提升教师的专业素质，满足教学要求。

另一方面要求我们在教学中要培养学生的可持续学习的能力。在教学中，我们不仅要满足学生现在的需求，还要关注他们的未来，教给他们知识与技能的同时，也传授他们解决问题的方法，使他们今后有广阔的发展空间。

四、过程性原则

所谓教学的过程性原则，就是指教师在教学中更多地关注教学的过程，使教学的过程呈现出多样性。职业学校的教学目的，不仅要学生掌握一些结论性的知识，还要学生掌握相关的职业技能，而任何一个职业行为都是由不同的操作环节构成的，操作过程每一个环节都对其结果产生重要影响，这就要求职业学校的教师在教学中不仅要看学生能否完成任务，还要关注他们完成学习任务的操作过程，关注学生思考的过程、关注学生的工作思路和行为习惯、关注学生心理承受力。只有关注学生的学习过程，我们才能了解学习过程是否符合操作规程，是否符合行业职业道德要求，这对培养学生良好的职业习惯是非常重要的。

五、直观性原则

直观性原则是指在教学过程中，教师通过实物、模型、多媒体演示、仿真教学、肢体语言等，将学生要学习的知识形象地呈现出来，使学生通过直观的感性认识去领会抽象的专业知识。直观性原则强调在教学中要由感性认识到理性认识，这是符合人的认知规律和中职生特点的。中职学生文化基础较薄弱，对于抽象知识的接受能力有限，如果采用直观性教学，就能将抽象的知识具体形象化，降低其掌握知识的难度，缓解他们学习的畏难情绪，提高其学习主动性。中职学生一般都没有职业经验，对于一些职业岗位要求和操作流程较陌生，在教学中，教师通过实物、模型、多媒体演示、仿真教学等将职业岗位流程及一些技术要求直观地呈现出来，不但可以使抽象的专业知识具体化、形象化，还能够促使感性的职业实践、生活实践经验与理性的知识相结合，使学生更好地掌握专业知识与技能。

六、差异性原则

由于先天素质、教育背景、教育环境影响和个人主观努力程度的不同，同一专业、同一年级的学生在学习能力、实践能力和个性品质诸方面都存在着明显的差异。这就要求中等职业学校教师在教学中要做到：一是教学要有针对性。教师在教学过程中要针对学生的特点进行教学，做到因材施教。这可能是每一位教师都能意识到的。一方面，教师在教学中要满足不同层次学生的需求，让每一个学生都能学有所获，另一方面，教师在教学中要利用差异，打造学生特长。中等职业学校的专业技能项目不是单一的，而是多元化的。如汽车专业的专业技能中就包括了汽车机械维修、汽车电气维修、汽车车身修复，就算是同一个班级的学生，他们在学习这些专业技能时也肯定存在差异，不可能要求他们达到统一的标准。教师要了解学生的差异，指导学生发挥长处，形成自己的专业特长。

第四节　职业教育教学工作基本环节

教学工作的基本环节是教师的一般工作程序，各环节相互联系、相互依存，构成教师开展教学工作的全过程。但是，教学工作不是简单的重复劳动，而是阶梯式地螺旋上升，不断前进、不断提高。这是因为每一次循环都会有许多新情况出现，教学对象变了，教学手段进一步丰富，教学内容也会不断更新，教师对教学内容也有了进一步的认识和理解。所以，教学工作是一项创造性劳动，每一次循环都要上一个新水平。

一、教学准备

教学准备是教学工作的起始环节，也是教学工作赖以进行的前提条件。职业教育的教学内容与社会岗位联系密切，影响教学活动的各因素都会发生变化，因此，为保证教学活动顺利而有效地进行，不论青年教师还是资深教师都要认真准备。一般来说，要求教师做好以下工作。

（一）了解学生情况

学生是教育的对象，也是教学活动的参与者，教学的任务是要促进学生发展，只有对学生情况了如指掌，教学才能符合学生实际，有的放矢，因材施教。

教学准备过程中，了解和研究学生的内容包括个体和集体两方面。了解和研究学生个体的情况，主要涉及每个学生的以下情况：（1）学习情况。包括该课程的学习态度、学习目的、学习动力、学习方法、文化基础、存在的不足等。（2）心理情况。包括兴趣爱好、个性特点、智力及非智力因素状况等。了解学生集体情况主要包括：（1）学习风气、精神面貌。（2）年龄、班级荣誉感。（3）班级特点。（4）班级"待进生"。（5）集体兴趣爱好。（6）存在的主要问题等。

了解学生是一个逐步的、长期的过程，可以通过多种途径实现。如观察、谈话、阅读学生学过的教材、作业等方法。

（二）明确教学目标

教学目标是教学活动的出发点和归宿，是教学要达到的标准，即通过教学使学生产生什么样的效果。明确教学目标包括三层含义：一是教学目标有明确的表述；二是教师准确理解教学任务的范围、程度；三是教师应以教学任务指导自己的行为，明确自己要"干什么"。

要求教师认真钻研课程标准，领会课程标准的基本精神。既需要从总体上明确本课程的教学目的、特点、要求，以及各单元或各模块的地位、作用，又需要明确每一节课的重点和难点。

可以用以下标准判定自己教学任务是否明确：（1）能否流畅复述教学任务。（2）教学任务能否测量（3）设计的教学步骤、采用的教学方法等是否为实现目的服务。

（三）钻研教学内容

钻研教学内容不是简单了解教学内容，它要求教师抓住教材中的关键词，真正明晰其精神实质。钻研教学内容要达到懂、透、化、深的程度。

懂，是教师对课程的教学内容要完全理解。透，是在懂的基础上的更进一步，它要求不仅懂得知识原理，还要知道在实训教学、生产实践中的应用情况，并能熟练运用原理解决实际问题。化，是在懂和透的基础上，灵活运用书本知识和别人的经验，在教学内容中融入教师的思想感情，通俗易懂地表达专业知识。深，是对知识"纵向"和"横向"的拓宽，要求教师做到一专多能，懂理论，会实践。只有这样，才能说对教材的钻研达到了精通程度。

（四）设计教学方案

教学方案是实施教学的计划安排，在中职学校，主要做好学期教学进度计划和课时教学计划。

1. 学期教学进度计划

要求在开学前完成，并经教研组研究通过，报学校教务部门批准后执行。它是学期备课各项活动的文字概括，内容一般包括说明和文本两部分。说明部分需要写明本学期教学目的、教学要求、教学的重难点、学生的一般情况和特点，以及提高教学质量的主要措施和教学改革的主要设想。文本部分一般用表格形式，按时间顺序排列出教学内容、学时分配、实训、复习、考试等，是对全学期教学活动具体工作内容、日程的安排。

2. 课时教学计划

课时教学计划又称"教案"，是对课堂活动做出的具体安排，如同盖楼没有设计图纸就不能施工一样，教案是教师上课的直接依据，没有教案教师就不能上课。

编写教案没有固定不变的模式，但是有几项内容是比较重要的，一般不能缺少。包括：教学课题、教学目的要求，教学重点、难点，授课时数，课的类型，教学活动过程，教学反思等。教学活动过程是教案的主体，是教师对一节课活动过程、方式、内容的具体设想，应根据课型结构，以文字形式写清楚。理论部分包括各步骤的安排，怎样提出问题、导入新课、展开说明、合理安排时间等。实训部分包括怎样示范操作、讲明动作要领、安排学生操作，实训中的注意事项及安全保证等。编写教案是对前期备课的具体落实，教师要对课堂进行活动的各项内容认真考虑，周密安排。教案内容的详略可根据教师对教学内容和教学活动过程的熟悉程度而定。

制订课时计划是教学设计的重点，包括对教材内容的组织加工，确定哪些内容先讲、哪些后讲、哪些详讲、哪些略讲或自学，选择、运用合适的教学方法，可以使学生更有效地掌握教学内容，安排好课堂结构，如何提出问题、引出概念，师生怎样配合，板书怎样安排，时间如何分配等。

总之，教学准备是教学工作的重要一环，教师通过准备必须实现三方面转化，才能形成教学能力。第一，把教材中的知识转化为教师自己的知识。对所教内容了如指掌，知其然，且知其所以然。第二，通过钻研课程标准和教材，掌握教学目的要求和重点，并将其转化为教师进行教学活动的指导思想。教学是有目的的活动，这一目的是由课程标准确定的，教什么，怎样教，都应根据教学目的来确定。那种口若悬河，却离题万里的教学，看上去热热闹闹，但达不到教学目的，这是教师没能把课程标准规定的教学目的转化为自己指导思想的结果。第三，通过研究教学目的、教学内容和学生情况的内在联系，找到使教学内容适应学生接受能力，促进学生发展的途径，并将其转化为教师所掌握的教学方法。教师运用的教学方法，必须适应当前教学条件的需要，不搞形式主义，不盲目照搬他人的教学方法。这一方法应该充分考虑目的、内容和学生各方面的需要，符合学生的接受能力，是最有效的。

二、教学实施

教学实施是把教学设计付诸实践的活动，是师生双方相互作用实现教学目标的过程，是教学工作的中心环节。以教室（含一体化实训室）为场所的上课是教学实施的主要表现形式，职业学校的教学实施还应包括实习实训、跟岗实践等形式。教师上好课，才能提高教学质量，高效率实现教学目标；学生上好课，才能收获知识技能，提高自身素质。

教师上好课，应明确"好课"或"金课"的标准，符合"好课"的基本要求。我们从实质要件和形式要件两方面来评价职业学校教师教学实施的优劣：实质要件体现了职业教育教学实质，通过教学思想、内容、方法等要素表现出来，是实现教学目标的关键要素。形式要件体现职业教育教学的"亲和力"，影响学生的学习积极性。职业学校的"好课"或"金课"，应该是实质要件与形式要件的统一。

（一）上好一堂课的实质要件

1. 理念正确，职教特色

"理念"有四方面的含义：一是理性认识，二是理想追求，三是思想观念，四是哲学观点。它反映了对事物的基本认识、思想、价值观、信念、意识、理论，以及反映上述内容的目的、目标、宗旨、原则、规范等。教学理念是教学活动的指导思想和灵魂，指导教学行为和活动，是对教学的价值追求。

教师的教学行为都是在思想理念指导下进行的，不同的教学思想会有相应的教学行为。职业教育是教育的一种类型，职业学校教师开展教学活动，应遵循教育的一般指导思想，还应该体现出职业教育特色，具有职业教育教学特征。当前，具有职教特色的教学理念有许多，例如能力本位、学生主体、任务取得、一体化教学、做中学和做中教、课程内容与职业标准对接、教学过程与生产过程对接、仿真实训教学、项目教学、案例教学、技能打包教学等，体现了职业教育教学的特殊性。

2. 围绕目标，组织安排

教学目标是教学活动的出发点和归宿，教学活动中要求教师首先牢记教学目标，能流畅准确表达课堂教学目标。布卢姆指出："有效的教学始于知道希望达到的目标是什么。"教师如果说不清楚教学目标是什么，自然也就不可能实现教学目标。其次，围绕目标组织材料。教学内容是为实现教学目标服务的，教什么，不教什么均要依据教学目标决定教学内容的取舍。职业学校教学常以解决生产、生活中的问题为目标，常常围绕生产项目开展。最后，设计相应的教学过程和方法。每一种教学方法均有其不同的教学功能，如教师讲授，能够高效率传授知识，但无法使学生形成动作技能；组织学生讨论，能开阔学生的视野，发展学生思辨能力，但教学效率较低，常常无法保证教学进度；项目教学能让学生形成生产能力，但组织管理难度大，个别学生没有真实参与教学。只有教学过程和方法设计得当，才能实现教学目标。

3. 教书育人，内容先进

职业学校教学内容应具有先进性，反映时代特征和科学技术的进步。同时，应把教学内容与职业道德、职业纪律、职业规范、职业精神等教育相结合。

4. 理论实践，一体教学

《国务院关于加快发展现代职业教育的决定》要求"坚持校企合作、工学结合，强化教学、学习、实训相融合的教育教学活动"。以项目为载体的"一体化"教学，体现理论教学和实践教学融通合一，专业学习和工作实践学做合一，能力培养和工作岗位对接合一的特征。

5. 启发引导，因材施教

提倡启发教学，反对灌输教学，这是教育界的共识。如何避免启而不发等问题一直困扰一线教师，致使教学实践中出现了提倡启发教学但无法落实的现象。从现代教学理论来看，教学活动是师生相互作用的双边活动，这一条件应包括教师和学生的两方面。从学生角度讲，包括探索的积极性、已有认知结构和思维方式、能力；从教师角度讲，包括对学生的了解、对问题的把握和利用现有因素提出问题诱导启发的能力。通过教师启发，学生应该能够在教师讲述的基础上有所发展，即"举一反三"。运用启发教学时，教学内容中的规律性认识只能由学生得出。

启发教学实质上是在具备条件时，通过一定方法，促使学习者自己领悟，得出结论。从教师角度讲，启发教学就是教师提示能和学生已有认知结构相关联的事物属性，帮助学生从对教学对象认识上的困惑状态，向认识本质、发现规律，从而能举一反三的境界转化，是使学生由模糊的不确定性认识到精确的确定性认识的过程；从学生角度讲，是学生通过联想或想象，在与认识对象的相互作用中把新知识与已有的知识关联协调起来，实现新知识与旧知识的组合或旧知识间的重新组合，不断完善自己的认知结构，提高观察问题、分析问题、解决问题的能力。

因材施教也是被广泛认可的教学活动的基本要求。"因"是根据，"材"是学生的实际情况，因材施教要求教师根据学生的学习基础、认知能力、个性差异等实际情况，有针对性地采取相应措施，有的放矢地开展教学。关注学生不同特点和个性差异，发展每一个学生的优势潜能，，创造适合学生的教育，是现代教育思想的体现。教学活动中要求教师研究每一个学生，了解他们会什么、想什么、怎么学习、难点在哪儿；同时基于职校生实际，从学生现有基础和水平出发，去掉一些过多、过难的教学内容，对于英语、数学等课程，采用学生容易接受的方法开展教学，例如直观演示、案例教学、讨论发言、做中学等。

6. 行动导向，从做中学

行动导向教学强调学生是学习过程的中心，教师是学习过程的组织者和协调人，教师遵循"咨询、计划、决策、实施、检查、评估"的行动过程，在教学中与学生互动，让学生在自己"动手"的实践中，掌握职业技能、习得专业知识，从而构建属于自己的经验和知识体系。

行动导向教学的特点：

（1）以学生为主体。

学生是具有主观能动性的个体，在教学过程中他们是认识的主体，外界的影响和教学内容都要经过他们自身的判断、选择、吸纳，才能发挥作用。学生只有充分发挥自身的主观能动性，才能真正自觉地、积极地、主动地获取知识技能，从而实现自身的发展。调动学生的主体作用，既是教师顺利进行教学的必要条件，也是学生发展的必要条件。学生的发展需要教师的指导，但最根本的还要靠自己的努力，积极的主体作用是学生发展的内因和动力。传统教学中教师的作用表现在课堂上滔滔不绝地讲解，行动导向教学中则表现在准备教学情境、营造学习气氛、组织和引导学生解决问题方面。教学过程针对典型的职业目标，学生在教师的引导下，通过与该职业工作过程相应的学习过程，通过自我调节的学习行动去构建知识及经验体系。

（2）以改变学生行为为目标。

行为是人的思想、能力的外在表现，职业教育教学要使学生形成现实生产能力，教学效果要依靠学生外显的行为来检验。不仅要看学生能说什么，还要看学生能做什么。

（3）以实践任务为内容。

传统的教学内容以学习间接经验为主，偶尔也学习一些直接经验，目的是为验证间接经验服务。行动导向教学以学习直接经验为主，将生产实践中的工作任务作为教学内容，围绕学生的生产实践过程传授知识、训练技能、培养能力，突出实用性和职业针对性。脱离生产实践的工作任务就不可能使学生形成适合生产需要的行为。

（4）以活动为方法。

传统教学以教师讲解学生听讲为主要方法，它对传授知识理解原理等教学是有效的，但以改变学生行为为目标的教学，依靠这种方法不能完成任务，需要学生主动参与，在活动中训练和改变行为。教学过程中大部分时间是学生的自主活动，教师走到学生中间，为学生提供指导和帮助。学生对教学的参与程度明显加强。

7. 突出重点，分散难点

教学重点是相对教学目标来说的，是重要的、核心的、关键的教学内容，学生掌握了这部分内容，就基本达到教学目标。突出重点就是教师要关注重点内容，把大部分教学时间和精力用在重点内容上。教学难点是相对学生来说的，例如困难的、抽象的、不容易掌握的教学内容，这部分内容学生容易出现错误。分散难点要求教师把难度大的教学内容分解为若干难度相对较小的内容，分几次完成难点内容的学习。

8. 教学改革，新颖有效

教学改革是一个永恒的话题，每个时代都有符合这个时代特征的教学改革活动。要求职业学校教师认真学习教学理论，与时俱进，创新教学方法，探索高效培养技能型人才的途径。

（二）上好一堂课的形式要件

1. 准备充分，熟练流畅

台上一分钟，台下十年功。教师课堂教学效果取决于课下准备情况，包括课前的教学环节设计和日常生活中的积累，教师要养成学习、思考的习惯和认真负责的工作态度。

2. 组织良好，最佳状态

组织教学是对课堂教学活动的管理，目的是维持正常教学秩序，让学生做好上课的物质准备和心理准备，集中注意力，提高课堂学习效率。组织教学有以下几项工作任务：检查出勤、检查劳动保护设施、管理学习秩序、激发学习动机等。加强组织教学，首先，要建立符合实际的课堂学习管理制度。管理制度的内容应认真听取学生意见，在师生讨论基础上确定，不要提过难过高的要求，应该是学生学习活动的最低标准，任何人不得违反。其次，认真执行学习管理制度，促使学生养成习惯。制度必须通过严格的执行才有意义。最后，注意组织好开始。良好的开端是成功的一半。教师要认真对待第一次上课、上课开始阶段、第一个出现的违反纪律的现象。

3. 情绪饱满，充满活力

课堂是教师展示学识、个性、能力的对方，激情是教学的生命力，是吸引学生的因素，是表现教师情感的手段。反映了教师对教学内容、对工作、对学生的态度，是教师文化修养、工作经验、自信心、事业心的外在流露，它能感染和影响学生，为开展教学工作创造有利条件。

4. 语言生动，有感染力

教学语言是教学信息的载体，是完成教学任务的主要手段，包括口语和书面语。苏霍姆林斯基指出："教师的语言修养在极大程度上决定着学生在课堂上的脑力劳动的效率。我们深信，高度的语言修养是合理地利用时间的重要条件。"教学语言是一门专门艺术，生动、有感染力的教学语言可以把抽象的东西具体化、深奥的道理形象化、枯燥的知识趣味化。

5. 幽默风趣，和蔼亲切

幽默风趣、和蔼亲切几乎是所有学生喜欢的教师形象。幽默是教学活动的润滑剂，反映了教师的综合素质，从容才能幽默、智慧才能幽默、宽容才能幽默、超脱才能幽默、平等待人才能幽默、游刃有余才能幽默。教师根据教学内容，用幽默的语言进行教学，能活跃课堂气氛，创造有利于师生情感沟通的情境，提高学生学习效率。

6. 方法合理，形象直观

随着职业学校办学条件的改善，多媒体教室逐渐普及，合理使用多媒体设备，为学生提供丰富多彩，特别是结构复杂的物体结构的感性认识机会，便于学生理解教学内容。教师采用直观教学，主要有实物直观、模象直观和语言直观三种形式：实物直观是让学生直接感知实物来获得感性认识；模象直观是借助模型、图表、照片，为学生提供事物的模拟形象；语言直观是借助形象化的语言来使学生形成相应的知识表象。当学习抽象知识时，教师应尽一切可能，让学生看一看、闻一闻、听一听、摸一摸。但要注意，直观是针对特定教学内容，为教学目的服务的，不能为了直观而直观。

7. 师生互动，风格鲜明

课堂教学质量的评价要以学生的学习质量为依据。有研究表明，单纯讲授式教学效率低于参与互动式教学。学生参与教学，既可以充分发挥学生的主体作用，调动学生的积极性，也便于教师了解情况，有针对性地促进学生发展。教学风格是教师教学活动中的个性特点，学生接触多种风格的教师，有利于适应社会生活、促进个人成长。

上好一堂课，完成预定的教学任务，是一项非常复杂的创造性活动，它反映了教师对教育方针、教学过程、教学原则、教学方法、教学目的的理解水平，教师要把教学理论和教学内容、学生实际有机结合起来，综合考虑影响教学效果的一切因素。教师上课并不难，然而要想出色地完成教学任务却并非易事，它需要教师为此投入全部的精力，经过长期艰苦的努力，不断学习、创新才能实现。

第五节　职业教育教学技巧

教学技巧，指在教学实践中形成的能够熟练自如运用的教学技能。教学技巧是教学技能熟练到一定程度后产生的。掌握教学技巧的教师不但会教，而且会自动化地达到多种技能的巧妙配合。教学技巧是具体的、可操作性强的，是教师为解决具体的教学任务而采用的一些手段，是教师在教学实践中积累的一种经验和智慧，通常是针对某个具体问题、任务或者教学环节进行的操作性规范。

一、导入新课技巧

导入新课是教学活动的重要环节，"良好的开始是成功的一半"。

如何导入新课？教学中常用的方法有以下几种：

（一）检查复习

检查复习是教师引导学生复习总结上一节课的内容，特别是对那些与新知识有联系的问题，从新旧知识的紧密联系中，合乎逻辑地提出这节课将要讲解的问题。检查复习具有以下优点：一是督促学生及时复习，完成作业，巩固已学知识；二是了解上节课的教学效果，发现问题，及时补救；三是加强新旧知识的联系，为学习新知识打下基础。例如，这节课要学习"发动机的常见故障及维修"，教师先引导学生复习上节课讲的发动机的工作原理，接下来提问"发动机哪些部位容易磨损""可能导致哪些故障"等问题，再教授新课。该方法多在知识逻辑关系紧密的教学内容中使用。

（二）创设情境

教师利用多媒体等现代化教学手段，或者通过语言的形象描述，制造出生产现场的气氛，然后提出要解决的问题。如同文学作品利用故事情节抓住读者一样，本方法通过场景的变化吸引学生。一方面，增强了问题的真实感和解决问题的紧迫性，加深学生的印象；另一方面，把理论和实际生产联系起来，使学生的学习目的更加明确。当教学内容与生产实际联系紧密，并且能引起学生注意时常常使用该方法。

（三）直观演示

教师先不急于讲解内容，而是演示直观教具，把抽象的东西具体化，学生会被教师的演示内容吸引，然后教师再进行讲解分析。例如，教师在讲"如何鉴别离合器从动盘摩擦片的磨损情况"时，先把新旧从动盘放在一起，要求学生观察辨别。学生不懂辨别的要领，自然意见不统一，开始争论，此时，教师再讲解内容，学生参照实物去理解，学得既快又牢。如果教师用抽象的语言阐释一个概念，哪怕用上千言万语也可能不得要领，但一个小小的故事或直观教具却可能令学生豁然开朗。该方法在学生感性认识少、内容抽象时经常使用。

（四）故事引入

实际生活中，有很多具有感染力和说服力的事例。教师讲解新知识前，结合教学内容，讲述相关的故事。例如，介绍新能源汽车某个重要总成的发明过程、有关汽车领域科学家的故事等。不仅能拓宽学生的知识面，而且可以通过故事对学生进行思想品德教育，融科学性、思想性、趣味性于一体，使学生在轻松愉快中开始一节课的学习。只要教师注意平时的学习和积累，许多教学内容都能与生动的故事相关联，可使用故事引入法导入新课。

（五）明确目的

教师在宣布课题后，讲明学习的目的、要求，以及该内容在生产实践中的具体意义。学生认识到学习该内容的重要性，就会产生学习的动力，不断地、积极主动地学习。该方法经常在一节课或一个教学模块开始时使用。

教师导入新课时应注意：一是用时要短。导入新课占用时间过长，势必挤占讲授新内容的时间，造成头重脚轻。二是方法要新。导入新课的方法很多，需要教师根据检查内容、教学目的、学生情况灵活选用。再好的方法，如果每节课都用，学生也会感到厌烦，只有注意变换，追求新颖，才能吸引学生注意。三是选材要准。导入新课是一节课的组成部分，要为讲授新知识服务，切忌片面追求趣味性，出口千言，离题万里。

二、提问技巧

教师提出问题，要求学生回答是教学活动中的常见场景。提高教师的提问水平应从设计问题和提出问题两方面着手训练。

（一）"问题"的设计

1. "问题"的类型及功能

分类角度不同，可以把教师提出的问题分为不同类型。如从"问题"的困难程度，可分为困难的问题和容易的问题；从课堂结构角度，可分为导入式问题、讲授式问题和总结式问题；从涉及的教学内容角度，可分为理论问题、实践问题和综合性问题。教师提问是为实现不同教学目标服务的，不同类型的"问题"有不同的功能，教学实践中应根据教学目标，设计相应"问题"。我们从教学目标角度，把教师设计的"问题"分为回忆判断型问题、分析理解型问题、应用原理型问题、探索启发型问题和观点评价型问题五种，其含义和功能如表10-1所示。

表10-1　"问题"的含义及功能

类型	含义	功能
回忆判断型问题	要求回答已经学过并有准确答案的知识	检验学生记忆知识的情况，发展记忆力，形成记忆习惯
分析理解型问题	需要对学过内容加工改造后才能回答	检验学生对知识的理解情况，发展分析和思维能力
应用原理型问题	要求解决实际问题	检验学生对复杂事物的理解判断能力，发展综合素质
探索启发型问题	对未知事物的假设和思索	检验整体素质，发展研究能力
观点评价型问题	要求阐述态度或判断事物优劣	检验学生价值观和对问题的总体认识，培养其对事物的情感

2．评价教师课堂提出问题优劣的标准

什么样的"问题"才是好"问题"？

第一，设计的问题要有明确的出发点和针对性，即围绕教学目的，针对教学重点和学生容易混淆的内容，提出一些关键性的问题。

第二，从学生实际出发，要考虑这样几个方面：一是学生是否感兴趣；二是"问题"有无新颖性；三是难易程度适当吗？问题应是建立在学生已知基础上的未知问题，过难过易都不是好问题，遵循"跳一跳，够得着"的原则。

第三，能引起学生思考的问题，教育价值更大。有人把教师的提问划分为低级认知提问和高级认知提问，认为记忆水平的、不需要思维就能回答的提问属低级认知提问；需要复杂思维、对过去知识重组或创新后才能回答的提问属高级认知提问。

第四，一堂课的问题要有逻辑性，或环环相扣，或层层深入。

（二）"问题"的提出

1. 善于选择发问时机

提问是引导学生思维和吸引学生注意的有效手段。问则疑，疑则思，课堂提问要与教学内容和学生思维活动保持同步，引导学生按正确途径积极思考。个别学生注意力分散，此时提问，是对其课堂活动的提醒和暗示，达到组织教学的目的。

2. 先提问题后启发学生回答

课堂提问的步骤应考虑学生的心理状态，一般步骤是：提出问题—等待回答—找人回答。教师提出问题后，稍等片刻，给学生思考和组织语言的时间，此时并未指定由

谁回答，因此全班同学都在认真思考，然后根据学生情况确定由谁回答问题。切不可先找人后提问题，那样，这个问题就成了这个同学的专属，其他人可能就不再思考这个问题，而被要求答题的同学由于没有准备时间，紧张拘谨，影响答题质量。

3. 问题要适宜、准确

问题的措辞是否恰当，表述是否准确，会影响学生的回答。教师在课堂上提出的问题，应在课前认真设计，仔细推敲。

4. 用赞赏或分析的态度鼓励或肯定学生

有些教师只重视学生回答的准确性，经常否定、批评回答不准确的学生。学生积极参加课堂活动，认真探索和思考问题，这对学生的发展具有重要教育价值。学生有自己看问题的角度，错误回答中常闪烁着智慧和创造的火花，肯定正确部分，希望学生重新思考错误部分，才能培养出不墨守成规的创新人才。

三、教学动作技巧

教学动作是教师通过骨骼肌肉运动变化，加强对学生视觉的刺激，达到表达教学内容，沟通师生情感，引起学生注意，渲染情感气氛等目的。它是教师口头语言的必要补充，有人称之为"体态语言"。教学活动中，教师配合教学内容呈现的一个眼神、一个微笑、一抬手、一点头，常常起到口头语言无法替代的作用。

从动作的功用角度，可以把教学动作分成操作动作、助说动作、巡视动作、情感动作四种。

（一）操作动作

操作动作是教师示范动作的活动过程。如学生实训前教师的示范操作；演示直观教具时的操作动作等。这类动作的目的是让学生模仿练习，具有很强的示范性，因此，要求教师动作规范、姿势准确，操作过程中快慢结合，让学生看清动作的活动过程，掌握动作要领。

（二）助说动作

顾名思义，助说动作是加强口头语言的效果表达，不需要口头语言表达或口头语言难以表达含义的动作。如点头、摇头、微笑、挥手等。教学活动中助说动作次数不能过多。如有的教师在讲台上不停地走动，两手频频挥舞，摇头晃脑，分散学生注意力。教学活动受场地、内容和听众的限制，动作幅度不宜过大，一般手势上不高过头、下不低于胸，否则可能让人感觉不适。

（三）巡视动作

巡视动作是检查教学效果、获取反馈信息时使用的，它分为走动巡视和目光巡视。走动巡视是教师走到学生身旁指导、交流、察看情况，实习教学要求教师经常走动巡视，照顾到每一个学生。课堂教学时，要依据教学内容有计划、有重点地巡视，如需要和学生交换看法，需要观察学生课堂练习情况，可以走到学生中间，需要做出结论时则应回到讲台上。

目光巡视是教师在讲台上 或远离学生时，通过目光察看学生面部表情、神态动作，获取反馈信息，控制学生活动的巡视方法。教师应注意观察全班每个学生的学习情况，发现异常，及时纠正。特别是在实训课堂时，教师应"眼观六路，耳听八方"，及时制止学生的危险动作。

（四）情感动作

情感动作是教师的内心情感在外部的表现，是对教学内容的情感反映。教师应满腔热情地对待本职工作，恰当地表现教学内容中的情感，如快乐、喜欢、愤怒、沉重等。但讲台不同于舞台，讲课不是演戏，教师的表现要有节制和分寸。生活中，教师也有喜怒哀乐，但不能带着情绪进教室。

四、教学幽默技巧

教学需要幽默，国外特别重视教学幽默的作用，因为"它使得课堂不致单调。苏联著名教育家斯维特洛夫说："教育家最主要的，也是第一位的助手是幽默。"

（一）教学幽默的形式

教学幽默最主要的形式是口头语言幽默，指教师运用比喻、夸张、委婉、双关、反语等修辞手段及伸缩、断词等特殊手段，或者运用笑话、故事、歇后语、打油诗、快板等口头语言表达方式进行教学。例如双关，在教学中可能出现一种特殊的语言环境，教师有可能利用词的多义、同音或同形的条件，用一个词同时去关联两种不同的事物，使语句具有双重意义而产生幽默感。除此之外，教学幽默还有多种形式。如教师的动作幽默，即利用手势、头势、体势的超常规变化，达到幽默的目的；教师的表情幽默，即利用面部表情、眼神变化来实施的教学幽默；教师的书面语言幽默，即在作业批语、板书等书写文字时运用的幽默。

（二）教学幽默的功能

1. 活跃课堂气氛

一堂课的教学效果受课堂气氛的直接影响。心理学研究表明，学生在愉快的情境中，容易产生快乐感和自信心，提高学习效率。在紧张沉闷的情境中，则容易感到压抑、痛苦，降低学习效率。教学幽默能打破沉闷的局面，缓解紧张情绪，活跃课堂气氛，学生在这种气氛中能激发起更大的学习热情。教师表情冷漠呆板，语言寡淡无味，这种令人窒息的教学，容易使学生疲劳、厌倦，其教学效果可想而知。

2. 激发学习兴趣

一般来说，兴趣的培养要经历有趣、乐趣、志趣的过程，"有趣"虽然是兴趣发展的初级阶段，却是重要的一步。教学幽默本身是一种巧妙的、出人预料的新异刺激，能使教学获得较好的感染力、吸引力和控制力。

3. 启迪学生智慧

从思维的特点来说，幽默不外乎是横向、逆向或多向的联系。教学幽默能开启学生思维，多角度地把握事物的特征，洞悉各种事物掩藏着的深刻本质。

4. 陶冶学生情操

教学幽默本身就是一种艺术，是美感的外在表现，也是道德感的自然流露，理智感的具体反映，是教师人格的示范。学生长期生活在幽默的环境中，可以调整自身心理状态，养成乐观、积极、同情、包容、合作、理解的人生观，有利于身心健康发展。

5. 融洽师生关系

幽默能营造轻松活泼的教学气氛，缩小师生距离。同时，幽默将"生硬""僵直"的问题委婉化，师生心领神会，既可以达到目的，又不伤学生自尊心，避免直接冲突。

（三）教学幽默的运用

教学幽默是教师素质的综合体现，运用教学幽默需要教师有扎实的专业理论知识，良好的文化修养，敏锐、深刻地观察生活和超脱现实的创造性思维能力。成功运用教学幽默，必须注意以下问题。

1. 幽默要为教学服务

幽默是提升教学效果的手段，幽默一定要与教学内容相关联，紧扣讲课主题，切不可海阔天空乱扯一气，也不能为了幽默而幽默。笑是幽默的表现，不适合课堂内容，不适合学生身心健康的所谓的"幽默"，应该禁止。

2. 恰当把握时机

只要教学需要，都可以运用教学幽默化解疑难。例如，当课堂纪律涣散，学生注意力不集中时；当学生疲倦、情绪紧张时；当学生难以理解教学内容时；当师生处于窘迫状态时；当课堂出现偶发事件时。

3. 选对应用的条件

运用幽默要具备一定的条件，否则，容易让对方误解，事与愿违。如师生关系是否密切，时间、场合是否恰当，当时的语言环境是否合适等。要求教师以真诚善意为出发点，注意从学生和当时的实际情况出发，提高教学幽默的艺术性。

4. 注意掌握分寸

任何事情都要适度，适度有益，过度有害，运用教学幽默也不例外。课堂不是娱乐场，教师也不是逗人乐的演员，适度的幽默，会使学生把注意力集中在教师幽默的语言、动作、表情上，忽视了他们应该学习的内容，同时也会使学生怀疑教师所讲内容的真实性和可靠性。

五、教学语言技巧

教学语言是教学信息的载体，是完成教学任务的主要手段，包括口语和书面语。苏霍姆林斯基说："教师的语言修养在极大程度上决定着学生在课堂上的脑力劳动的效率。我们深信，高度的语言修养是合理地利用时间的重要条件。"教学语言是一门专门艺术，是构成教师职业技能的重要组成部分。无论科技水平怎样提高，教育手段如何现代化，教学语言这门艺术也不会淡化到无足轻重的地步。职业教育中无论是文化课教学，还是实习实训教学，都要求教师具备良好的语言修养。

教学语言不同于哲学、政治用语，也不同于文学艺术用语。既不是纯粹的书面语言，也不是普通的日常口语。它具有行业性或职业性，是在民族语言基础上，根据教学的特殊要求和需要形成的。教学语言具有以下特征。

（一）教育性

教师的职业决定了他的一言一行都会对学生身心施加影响和作用。教学语言既可以是直接的，即采用正面的思想品德教育的语言，也可以是间接的，即采用能够转化为科学的、辩证的世界观和坚定、正确信念的语言。具体来说，教学语言必须具有积极的思想内容，它应该是句句有教育价值，句句体现着教书育人的准则。同时，教学语言还必须符合教育教学规律、原则和方法的要求，使用健康、文明、进步的语言。其中包含了对学生的肯定、表扬、鼓励、督促和指导。即使是对学生的批评，也必须是以对学生满腔热情的关心与爱护为唯一出发点，循循善诱而以情动人、以理服人。教学语言不仅应当富有深邃哲理性，更应该是语言美的典范。它崇尚文雅、谦逊、礼貌，而不允许使用伤害学生自尊心、自信心的语言。

（二）学科性

教学语言所传递的是某个学科或课程的教育信息，要求教师必须准确运用本学科或课程的专门用语进行教学。这是因为术语或专门用语是一定范围内的共同语，运用它们进行教学，一说就懂有利于交流，便于学生就业后开展工作。另外，学科术语是该学科特有的概念，它具有特定的内涵和外延，用其他词替代都会破坏其科学性和严密性。当然，教学活动中为了使讲解生动有趣，也需要采用比较通俗易懂的语言，但这种语言也应是优美而不失学科性的。

（三）科学性

教学语言的科学性具有三层意思，其一，教学语言必须合乎语法规则和逻辑要求。教学语言要完整流畅，教师要精通语法、修辞和逻辑，不说别人难以理解或听不懂的话。其二，用语准确，语气肯定。教师上课的每一句话、每一个例子，都要恰当，不能含糊。诸如"可能""大概""也许""差不多"等模棱两可的语言，或者是言过其实、词不达意的话，都会使学生难辨真伪，造成学生理解上的困难。其三，前后连贯，层次分明。教学语言应反映教学内容的发展过程，运用分析与综合、演绎和归纳、类推及比较，把握实质，揭示事物的因果关系及内在联系。

（四）简明性

教学活动要求教师在一定时间内完成任务，一节课时间有限，要求教学语言必须简明扼要。夸夸其谈，拖泥带水，常使学生抓不住重点，如坠雾里云烟，记下了枝叶，忽略了主干。教学语言要抓住要领，干脆利落，该长则长，该短则短，这样可以有更多的时间让学生参与到教学活动中来，发挥学生的主体作用，引导学生积极思考。有些教师总担心学生没听见、没记牢，一些话重复多次。其实，教学效果与教学语言的重复次数关系不大，而在于语言是否切中要害，恰到好处。

（五）启发性

教学语言的启发性，是指教师的语言能起到激发学生学习动机、兴趣、热情的作用，能引发学生的积极思考、联想。启发性语言有多种运用形式，其关键是设置问题和留下思考的余地。教学语言要引导学生探索知识。留有余地就是要创造无声胜有声的艺术效果。创设情境，提出问题，也是启发学生思维的重要方法之一。

（六）生动性

教学语言的生动性就是要通过语言把抽象的东西具体化，深奥的道理形象化，枯燥的知识趣味化。语言直观是重要的直观手段，生动形象的教学语言可以唤起学生的想象，架构起感性认识和理性认识的桥梁。科学原理常常抽象深奥，生动的教学语言是"抓住听众"讲明道理的关键。

（七）节奏感

语言的节奏性是指语调高低、语速快慢的变化。教学语言应有诗一般的韵味和音乐般的旋律。古人云："言之无文，行而不远。"郭沫若说："语言除掉意义之外，应该追求它的色彩、声调、感触。同样的语言或字面有明暗、硬软、响亮与沉抑的区别。"可见，语言还应该追求文采节奏。有研究表明，语言由快变慢或由慢变快，语调由轻变重或由重变轻，都会引起学生的注意。所以，教学语言应依据教学内容和学生情绪的变化调整节奏。

第六节　职业教育课程评价

课程评价是课程开发和课程实施中不可或缺的一项重要活动。课程评价是教育教学改革的核心关切与焦点问题，是促进课程教学立德树人的内在动力与实践尺度，也是深化教育评价改革的重要内容与关键环节。课程评价是一个价值判断的过程。价值判断要求在事实描述的基础上，体现评价者的价值观念和主观愿望。不同的评价主体因其自身的需要和观念的不同对同一事物或活动会产生不同的判断。课程评价的方式是多样的。它既可以是定量的方法也可以是定性的方法，教育测试或测量只是其中的一种方法，并不代表课程评价的全部。课程评价的对象包括课程的计划、实施、结果等诸种课程要素。也就是说，课程评价对象的范围很广，它既包括课程计划本身，也包括参与课程实施的教师、学生、学校，还包括课程活动的结果，即学生和教师的发展。

一、职业教育课程评价概述

（一）课程评价的作用

评价是人类有意识活动的一个表征，目的在于促使人类活动日趋完善，是人类行为自觉性与反思性的体现。课程评价是人们对课程实施价值和效果的评定与估价。现代课程之父泰勒认为，课程评价是一个过程，基本上在于确定课程和教学方案实际达成教育目标的程度。廖哲勋教授认为，课程评价就是根据一定的标准和系统的信息，对一定的课程产生的效果做出的价值判断。施良方教授认为，课程评价是指研究课程价值的过程，是由判断课程在改进学生学习方面的价值活动构成的。

课程评价在课程开发中起着导向、诊断、修正等作用。在当前职业课程改革蓬勃发展的大背景下，如何通过适切的课程评价随时诊断课程设计与实施中的问题，并及时修正课程，从而保证课程改革能够减少失误、少走弯路，是当前职业教育理论与实践中的重要问题。

（二）职业教育课程评价的内涵

何谓课程评价？这是一个很受关注，但对其边界的理解又存在很大分歧的概念。有人对课程评价只作狭义理解，即把它理解为对课程设计的评价；有人则对它作非常广义的理解，即把课程评价的范围延伸到实施环节。

历史上许多教育家对课程评价做出过界定。泰勒认为课程评价是确定已形成的和已组织的学习经验实际上达到多少预期目标的过程。小威廉姆·E.多尔（W.E.Doll，Jr.）则认为课程评价是一种判断按照明确的目标所使用的教学内容和教学过程的效果的过程。斯泰克（R.E.Stake）于1967年提出课程评价包括先前因素（教与学的条件）、过程（如师生互动）和结果（广义地包括认知、动机、个性及对社区的影响）三个方面。这些定义有相似之处。它们是课程评价比较流行的观点，但严格地讲它们只能算一种教学评价，或者说只是完整的课程评价的一部分。在这种评价活动中，课程目标和内容被视为是确定的、合理的，并被作为评价的依据；而所要评价的只是通过教学实际取得的效果距离所确定的目标的程度。这种评价着眼的是教学后课程目标的达成程度，而极少怀疑课程目标、课程内容本身的科学性。然而，当前职业教育课程改革最需要关注的恰恰是评价目标和课程内容本身的合理性问题。可见重新认识职业教育课程评价的含义，不仅具有理论意义，更具现实意义。

美国学者克农巴赫（L.J.Crombach）大大扩充了评价的内涵，认为扩充评价是搜集、应用信息来做出有关的扩充决策的过程。美国学者斯塔弗尔比姆（D.C.Stufflebeam）

也提出，扩充评价就是描述、获得、提供、运用信息以便形成不同决策的过程。怀特（M.White）则认为对扩充评价要做广泛的理解，扩充评价就是对扩充价值的判断，不能把扩充评价的意义仅仅局限于按照扩充目标对扩充做出判断，而必须对扩充目标本身进行评价。这些定义更符合扩充评价的应有之义。

如此丰富的扩充评价定义，说明课程评价的含义是广泛的，课程评价至少要包含两个功能：（1）课程价值的判断，包括课程的目标价值和结果价值。（2）为课程决策提供信息资料。

（三）职业教育课程评价的特点

1. 职业教育课程评价强调及时性和一贯性

职业教育课程系统是一个开放系统，相对于普通教育，它与社会各方面的联系更为密切。特别是社会经济建设的需要，作为职业教育课程开发之源在不断变化着。只有及时调整职业教育课程系统，才能适应社会需要，而调整的依据就是评价。因此，职业教育课程评价绝非课程系统某个阶段或某个环节进行的行为，而应是课程系统运行过程中持续不断进行的工作。

2. 职业教育课程评价要立足于课程系统的整体优化

课程系统中任何一门课程的优劣，必须放在整个课程系统中考虑，撇开课程系统整体，去判定某门课程的优与劣无多大价值，例如，职业教育课程计划中，既有基础课程又有专业课程，它们各自均可能由几门构成，评价时不能孤立地进行，而应将每门课程放在整个课程计划中综合考虑。

3. 职业教育课程评价以社会需要为最高价值

当今职业教育课程改革的一个显著趋势，就是课程开发的指导思想发生了根本性转变，由原来的立足于教育理论、学术要求而转向立足于产业、行业对人才的基本要求。如颇有影响的"CBE"课程理论就明确提出课程开发的出发点和归宿是职业岗位所需的能力。这表明对当今职业教育而言，社会需要既是培养目标，也是课程评价的价值标准。当然，我们并不是要排斥个人需要和课程自身具有的发展规律在课程评价中作用。其实，任何教育如果忽视了个体需要和教育规律是很难办好的，提出社会需要为最高价值是因为我们相信，当个体从自身需要出发选择了某项职业教育时，其最大的需要就是获得在该职业谋求发展的本领，所以，职业教育课程只有符合社会需要，才能更好地满足个体需要。

4. 职业教育课程评价注重用人单位的参与

职业教育是定向的专门教育，学生一毕业就进入社会生产、服务的第一线。职业教育课程质量如何,可以直接从毕业生身上反映出来,因此,对于课程质量用人单位最有发言权。同时,用人单位往往有来自不同职业院校的毕业生,他们能够经过横向比较,为课程评价提供具体、实用的信息。总之,用人单位参与课程评价能使学校获得最及时、最可靠的课程改革信息,能使职业教育课程与社会需要结合得更加紧密。

(四)职业教育课程评价的类型

不同的区分标准可以将职业教育课程评价分成不同的类型。依照职业教育课程系统的特点,下面介绍两种分类形式。

1. 按职业教育课程系统的结构功能划分的职业教育课程评价

(1)课程设计评价。

指对课程设计方案(预期的课程)的评价。通常是就课程方案符合目标的情况及采用此方案可能取得的结果进行评价。由于课程尚未实施,缺乏可观察的外在行为标准,这给评价带来了困难。所以,这类评价一般采用专家反思、经验评定的方法,较少采用精细的量化方法。但这并不意味着这类评价无足轻重。相反,它是课程设计的总结,更是课程实施的基础。

(2)课程实施评价。

指对课程实施过程及结果的评价。课程实施评价不同于教学评价。教学评价是评价教师执行教学过程的情况,而课程实施评价是评价课程实施所取得的实际效果,借以反映课程系统的整体有效性。教师的教学情况只是进行课程实施评价所需要的数据之一。

(3)课程系统评价。

指对课程系统的综合评价。通常需要就课程系统的结构、功能及运行效益等多方位进行评价。例如,课程系统各组成部分的合理性,课程系统内外条件、成本效益、推广价值等。这类评价一般要吸收各方面专家参加,着眼面宽,对近期的和长远的、预期的和非预期的、正面的和负面的效益均要考虑。

2. 按照职业教育课程评价性质划分的职业教育课程评价

(1)形成性评价。

指在课程系统运行中所进行的评价。旨在及时发现问题,及时调整,使课程系统趋于合理。无论是课程设计评价还是实施评价都涉及形成性评价,如设计阶段的形成性评价就是课程设计者获取资料以改进和修订课程使之更有成效的过程,它要求在课程设计的开始阶段和在设计过程中对某些项目进行评价,这对于完善课程设计过程,使之进一步科学化非常有益。由于形成性评价以改进课程为根本目的,所以只有被评对象主动参与,才能取得效果。

（2）总结性评价。

指课程系统运行结束（或阶段性结束）时所进行的评价。旨在对课程系统运行的结果（或阶段性结果）进行评价，为有关人员进一步决策提供依据。这类评价经常要求评价者与课程系统内人员分开，以保证评价的客观性。

二、职业教育课程评价指标的设计

（一）职业教育课程评价的范围

要进行课程评价，就必须建立评价指标。职业教育课程评价指标体系构建的复杂性显而易见，因为该指标体系：（1）必须满足评价的效度要求，即的确能客观地反映一所职业院校某专业的课程质量水平。（2）必须易于操作，即易于搜集到对这些指标做出判断的客观证据。（3）必须使指标之间具有相对独立性，即各指标之间不能存在相互交叉的评价内容，以避免评价中的重复计分现象。

在目前的职业教育课程建设中，有必要把课程评价作为一个独立领域，其重要意义在于：

第一，客观判断职业教育课程建设成果水平的需要。课程建设是近年来职业教育发展的三大支柱之一（另两个支柱是产学合作与师资队伍建设），许多重大建设项目都是围绕这一支柱展开的，如示范校建设、课程资源平台建设等。课程建设已成为职业教育发展中的一种复杂行为。这些建设行为还在继续，而且将长期持续下去。面对如此复杂而丰富多样的课程建设行为，必须对其结果做出一个科学、合理的判断，这既是项目验收本身的需要，也是科学地引导职业教育课程建设行为的需要。

第二，客观判断一所职业院校为办学所付出的努力，科学促进其发展的需要。从内容关联的角度看，一所职业院校课程的质量，是离不开教师教与学生学的，只有教师高水平地实施了课程，"课程"才能真正成为课程；而课程建设的终极目标是学生的学，只有深入到学的层面，才是活动课程的终极意义。然而这两大因素又都是职业教育所不能控制的，尤其是学生的学。学习结果除了要受职业教育课程建设水平影响外，很大程度上还要受学生的学习能力与动机水平的影响，而这恰恰是职业教育教学中面临的最大困境。如果过多地从学习结果的角度来反映课程建设水平，不利于引导职业教育明确其教育定位，努力扭转学生的学习行为问题。

既然职业教育应当确立独立的课程评价概念，那么其评价的指标范围就应当确定在课程本身，而不能扩大到教学评价与学习评价。现在的问题是，在设计课程评价的指标时，如何才能排除教与学的要素？如何才能明确划定课程评价与教学评价、学习评价的界限？这是确定课程评价范围的关键问题，其形成原因在于课程概念中必须包含课程实施这一环节，而课程实施事实上是课程、教学与学习三者交叉区域。如果我们仅仅把课程定位于一些静态的要素，如课程目标、课程设置、课程内容、课程资源等，便很容易把课程评价与教学评价、学习评价相区分，但这显然无法涵盖现代课程理论研究对课程概念理解的全部内容，而且这种评价也不利于职业教育产生真正的课程。因为我们如果仅仅关注对静态课程要素的评价，很容易导致职业教育中重课程文本建设而忽视课程实施的现象。事实上，这种现象在职业教育中已普遍存在。

在课程实施层面区分课程建设行为与教学行为、学习行为的重要依据是行为的稳定性。无论从静态还是动态角度看，课程都是一种稳定的行为。只有那些具有稳定性的，不依据情境变化而变化的行为才是课程行为，这是由课程的性质和课程建设的目的所决定的，即为教与学提供稳定的平台。比如课程设置、课程标准、教材都具有这一特征，而课程实施中的制度与激励措施显然也是为了这一目的。教与学则是发生在这个平台上的变化的行为，它们都是在特定情境中产生的，而且不能完全复制。按照这一观点，我们可以这样区分课程评价、教学评价和学习评价：（1）课程评价只关注教学工作的秩序和教师对教学工作的投入状态，而不评价其具体的教学行为。（2）课程评价只评价学习行为的秩序和学生对学习活动的投入状态，而不评价其具体的学习行为和学习结果。也就是说，课程评价只关注教师是否在按照某种秩序规范、积极地实施教学工作，至于其实施教学活动的过程则应看作教学评价的范畴；课程评价也只关注学生是否按照某种秩序规范积极地学习，至于其学习行为和学习结果则应看作学习评价的范畴。

（二）职业教育课程评价指标的构建思路

虽然职业教育课程评价的学术研究成果不多，但相关评价活动却非常频繁。有评价就必然有评价指标体系。然而对这些评价指标体系稍加分析就能发现其效度、区分度存在严重缺陷，甚至存在指标之间相互交叉、重复与混乱的问题，不能真正反映评价对象的水平。问题的根源在于缺乏指标构建的基本思路，由此可见基础研究在评价指标构建中的关键意义。

1. 需避免的几个问题

要构建科学的职业教育课程评价指标，需要避免几个常见问题。

（1）避免简单罗列课程的所有要素。

以往在制订职业教育课程评价指标时，所采取的思路往往是简单地罗列出课程的所有要素，如人才培养目标、职业范围、人才规格、课程设置、课程组织、课程内容、课程资源等，然后逐项设置标准教学评价。这种构建思路看似合理，实则不然。首先，按照这种思路构建的指标体系往往条目很多，评价者难以操作；其次，也是更重要的，这些条目之间是存在相互联系的，比如职业范围是根据人才培养目标确定的，人才规格是根据职业范围确定的,而课程设置是根据人才规格确定的,以此类推。这样,按课程要素所确定的评价指标必然会产生重复计分的现象。事实上,我们没有必要评价课程的所有要素,也不应该评价课程的所有要素,科学的职业教育课程评价指标制订,应当以深入研究课程要素之间的关系为基础,并从中提取关键要素。

(2)避免课程要素与课程实体的混合。

我们可以从两种角度分析课程,一种是课程要素,如课程目标、课程内容、课程组织、课程条件等,另一种是课程实体,如专业发展规划、专业教学标准、课程标准、教材等。课程的这两种分析模式都是正确的,但它们之间是不相容的。也就是说,我们只能采用一种模式进行课程分析,而不能把它们混合在一起使用。比如,几乎在所有的课程实体中都包含了课程内容,因此显然是无法把课程内容与课程实体并列起来的。然而,在现有的职业教育课程评价指标中,常常会出现两种模式混合使用的现象,以致评价指标之间交叉重复,边界极不清晰,难以对课程质量做出准确判断。一般来说,课程评价指标的制订应当依据课程要素,评价证据的提供则依据课程实体。

(3)避免指标描述过于普遍而缺乏针对性。

评价指标包括三个要素:指标名称、指标描述和积分规则。以往的课程评价指标研究往往比较重视指标名称的确立而忽视了对指标内涵的深入描述。而事实上,建构一个清晰的评价指标框架是比较困难的,但更困难的还是对指标内涵的深入描述。如果缺了这一环节,或者说描述得比较普遍、缺乏针对性,那么既无法建立起指标之间的区分度,也无法为评价证据收集提供明确要求。结果只能是评价者泛泛地对评价对象做出判断,评价结果的可信度极低。遗憾的是,职业教育课程评价中这种现象较普遍。要构建科学、有区分度的职业教育课程评价指标,必须深入研究当前职业教育课程中存在的关键问题,然后依据这些关键问题有针对性地进行指标内涵描述。

2. 职业教育课程评价的五要素模型

综合以上分析,结合对职业教育课程建设实践的观察,可以确立职业教育课程评价的五要素模型,即把需求、结构、内容、条件、实施这五大要素作为职业教育课程评价的基本内容,然后在此基础上进一步设计职业教育课程评价指标。

这五个要素的内涵分别是:(1)需求,指所设置的课程在劳动力市场的需求水平(从学校经营角度看,或许更应关注学生对课程的需求,但从职业教育的社会功能角度看,还是更应关注劳动力市场对课程的需求),即学习这些课程后个体是否可能找到对应的工作,或者说找到对应工作的可能性程度。(2)结构,包括体系结构与内容结构两个方面,前者指课程之间的组合关系,即设置了哪些课程,以及按照什么思路设置这些课程的?后者指一门课程内部的内容组织模式,即按照什么逻辑展开一门课程的内容体系？（3）内容，指课程所要教授的、要求学生掌握的知识、技能和态度。（4）条件，指为了实施课程所需要的所有支持要素，主要包括师资、实训设备、课程资源、产学合作等条件。（5）实施，指如上所阐述的教与学的秩序与师生对各自角色的投入状态。

这五个要素应当是职业教育课程最为重要、相互独立而又构成连续关系的方面，可作为职业教育课程评价指标构建的基础。首先，对职业教育课程的评价应当从需求开始，因为无论课程构建得如何完美，没有需求的课程是毫无价值的，当然如何界定"需求"是需要深入研究的问题；其次，条件与实施是使课程从文本走向现实、直接影响课程建设水平的关键因素，也应当作为职业教育课程评价的重要因素。可能存在争议的是"条件"是否应该作为一个独立要素。这取决于我们从什么角度审视"条件"，当我们完全围绕课程实施的需要进行条件建设时，就应当把它看作课程的要素之一；再次，结构与内容本身是泰勒课程原理中的两个基本构成要素，只是在职业课程评价中应特别突出这两个要素，并具体界定其内涵，因为任务引领、项目驱动职业教育课程改革的重心便是课程组织模式与内容体系的改革。

对五要素模型可能的质疑是为什么没有包含"目标"等传统的课程评价要素。目标当然非常重要，在泰勒课程原理中，目标是首要的要素，因为"对教育目标或人才特征的界定最终必然持这样一种价值观，即相信某些事物优于其他事物，因而更令人向往"，因而所有课程要素的确定都要以目标选择为前提。但重要并不意味着一定要纳入评价指标，因为目标等相关要素可通过结构与内容得到体现。如果一个专业的课程结构非常合理，内容体现丰富且定位准确，那么其对目标的理解一定是非常透彻的。如果把目标作为评价的一个独立要素，反而难以避免评价要素之间的交叉与重复。我们要关注的是哪些内容实际上得到了评价，而不是实际上评价了哪些内容。

（三）职业教育课程评价指标的框架

课程评价指标的框架分析如下。

1. 需求

需求的重要性不言而喻，需求调查通常是职业教育课程开发的第一步。如果某个地区根本就无汽车，那么所设置的汽车维修课程自然就几乎没有价值；即使某个地区汽车使用率非常高，但如果汽车维修行业已经人满为患，那么所设置的汽车维修课程的价值也会不高。现在的问题是，在需求这一要素中我们要评价的具体指标是什么，以及用什么样的证据来评价这些指标，因为在现实中除了某些极端的情形外，多数情况下我们是很难明确判断某类人才的社会需求是否要高于其他类人才的。在课程开发的需求调查中,几乎每个专业都会列出大量数据和实例,以证明其存在价值。

我们无法对课程的绝对需求做出判断,因为我们永远无法获得某个行业、某个时段人才需求的所有信息,即使我们获得了这一信息,它也不等于就是某所职业院校办学中实际正在面向的特定范围、特定类型企业的特定岗位对技能型人才数量的实际需求。需要评价的指标包括:(1)职业院校能否清楚地阐明其课程所面向的现实需求,而不是仅仅提供一些产业或行业的总体发展态势及其人才需求数据。(2)这些需求的实际情况,例如需要综合这些岗位的员工的技能等级、学历结构、年龄结构、招聘计划等数据,对需求数量做出较为准确的估算。只有在这一层面评价需求,才可能真正反映职业教育课程的质量。

2. 结构

课程结构评价的重要性在于:(1)职业教育是面向职业岗位的教育,因而要求其依据工作结构来设计课程结构。具体地说,就是要将以知识传授为主要特征的传统学科课程模式转变为以任务为中心、以项目为载体的组织课程。这是职业教育课程职业性的重要体现,是最为有效地培养学生职业能力的需要,因而有其合理性。但由于学科课程体现的影响根深蒂固,使得这一转变成了职业教育课程改革的难点,因此有必要独立对其进行评价。(2)学生的知识、能力结构来源于课程结构,合理、完整的课程结构是确保人才培养质量的关键环节。我们判断一个专业培养的学生的质量,很大程度上可依据其所学习的课程体系是否完整、合理来进行。然而对职业院校的课程计划进行分析会发现这恰恰是其突出问题。有的课程体系缺少明显的重要课程;有的课程体系内容交叉重复,缺乏清晰逻辑;有的课程体系根本没有体现出职业教育的层次要求;有的课程体系甚至是盲目设置的,根本没有明确的理念支持等。职业教育课程体系的现状充分说明了把其确定为评价基本要素的必要性。(3)课程结构反映了课程设计者对人才培养目标定位的整体思考,以及对职业教育课程理论的应用水平,突出对课程结构的评价,不仅能够有效地反映课程质量,而且能够减少评价指标,达到精减评价指标的效果。

课程结构评价的具体指标包括:(1)课程结构与工作结构(指工作任务的组织模式)的吻合程度,即课程结构在多大程度上是按照工作结构设计的,其合理性如何。虽然职业教育的课程结构应当尽可能地对接工作结构,但工作结构往往可以按多种模式进行划分,选择哪种模式要充分考虑教育规律,其中涉及结构合理性问题。(2)课程结构达成人才培养目标的完整性程度,即从人才培养目标实现的角度看,课程结构是否包含了数量充足、与办学层次相吻合的课程,且这些课程能充分保证教育目标的实现。(3)课程结构有利于教学实施的程度,即各门课程的编排顺序是否充分考虑了学生的能力发展规律与学习能力水平,并且有利于对师资与实训资源的有效利用。

3. 内容

在课程评价中，如果只评价结构而忽视了对内容的评价，就很难真正评价课程的质量，甚至还可能对课程建设产生错误导向，使得有些职业院校的课程建设出现重形式轻内容的现象。因为"在课程的所有要素中，内容是最具有实质意义的要素。无论采取什么样的结构，课程对学生来说最终的意义就是学到什么样的内容"。对职业教育来说，课程内容的评价尤其重要，内容指标应当在所有指标中占有更高权重，因为我国职业教育发展的历史非常短，课程内容体系还很薄弱，还没有建立起职业教育所特有的课程内容体系。

关于这一指标，人们可能会有疑问：按照任务引领、项目驱动的课程思想，课程内容不都是根据工作任务选择的吗？既然工作任务已经确定了，课程内容还有什么不明确的呢？还有什么必要专门评价课程内容呢？其实不然。即使工作任务确定了，还存在知识、技能选择的恰当性、精确性、逻辑性问题；即使知识、技能已经有了，也还存在知识、技能表述的准确性、严谨性问题。更何况，从课程开发的角度看，工作任务所需要的知识（尤其是工作知识）、技能并非都是能在现有课程标准、教材中查阅到的，而是需要进行开发的。这样，是否把这部分知识高质量地开发出来了，就成了体现课程质量差异的重要标志。此外，职业教育课程内容的恰当性，还存在一个人们当前普遍关心的问题，即是否很好地体现出了职业教育的办学层次。

对课程内容质量水平的评价可以通过检查所使用的课程标准、教材、授课计划及其他课程资料来获得证据。可考虑的评价指标包括：（1）课程内容与该门课程目标定位的吻合程度。（2）课程内容与工作任务关联的恰当性、精确性程度以及内容本身的逻辑水平。（3）课程内容体现现代职业教育课程理念的程度，如是否包含了安全与健康、团队合作能力、问题解决能力、资源利用与计算能力等关键能力，以及是如何包含这些能力的，对这些能力的描述是否具体到了课程所特有的情境。（4）课程内容表达的准确性、严谨性水平。（5）课程内容体现办学层次的程度。（6）课程内容的特色化水平，即是否形成了对职业教育来说非常重要且具有自身特色的课程内容。

4. 条件

条件可能是目前各类评价中涉及最多，且对其评价内容和评价方法研究最为成熟的一项指标，但从课程评价的角度看，仍然有许多需要特别考虑的问题。

（1）师资。

师资状况可评价的内容很多，如学历结构、年龄结构等，但对课程质量可能产生重大影响的师资因素是：（1）教师数量。可用师生比进行测算。如果一个专业学生数量过多、教师数量过少，是很难想象其会有好的课程质量的。（2）教师的专业对口率，即其所教课程与其所学专业之间的关联程度。不必要求教师本人所学专业与其所教专业完全一致，但其所学专业与其所教课程应存在合理的关联性。（3）教师的实践操作能力。不仅要评价教师的技能操作娴熟程度、准确程度和规范程度，而且要评价他们对操作过程的整体理解能力以及对操作中可能出现问题的熟悉程度。（4）教师的教学能力。重点评价教师对其所教课程的教学设计能力与教学实施能力。

（2）实训设备。

职业教育的课程质量要以设备为保障，即使是服务类专业，好的设备条件仍然可以大大提高其课程质量。虽然可以通过产学合作部分地解决实训教学设备的需求问题，但职业院校自己拥有固定、完善的实训设备还是非常重要的。问题是对这一指标的评价不应过于关注设备的先进性，因为并非越先进的设备教学功能越强，应当重点关注的指标是：①生均同一设备的数量。许多职业院校正是由于设备数量不够而导致实训教学无法常态化。②设备类型、配置与教学要求的匹配程度。符合教学需要的设备才是最有价值的。③与教学相关的实训室资料的完善、丰富程度。这是以往评价中常常忽视，但其实非常重要的指标，因为他们会直接影响对设备的使用程度及教学效果。

（3）课程资源。

职业教育课程要得到有效实施，不仅需要硬件支持，而且需要软件支持，后者就是我们常说的课程资源。课程资源建设是目前职业教育课程发展中的一个热点，然而人们往往把课程资源的使用对象仅仅局限于教师，以致把课程资源等同于课件、教案、视频资料等的汇聚。其实课程资源的使用对象还应该包含学生，其目的应该是整体提高课程质量。基于这一理念，课程资源的评价内容应当重点突出帮助学生理解工作内容、训练工作能力的图片、视频、企业工单表格、技能操作表单、工作程序表单和工作计划表单等，评价的具体指标有课程资源的丰富性、创新性及教学功能的有效性。

（4）产学合作。

产学合作是确保职业教育课程质量的另一个重要条件，这是毫无疑问的。但在职业教育课程评价中，要使得这一内容的评价真正有区分度，不要把注意力过多放在是否有产学合作，产学合作的企业有多少等表面问题上，而是要重点评价产学合作在课程质量提升中所产生的实际成效，它可以依据课程开发与实践中产学合作的深度进行教学评价。产学合作的深度可划分为三个水平，即学生就业、课程资源共享与课程开发。可见，产学合作的最高水平并不是职业院校能利用企业的生产设备对学生进行实训，而是能利用企业的智力资源进行课程开发。每个水平都可以有大量实际材料作为证据，因而是可评价的。比如在课程开发这一层面上，我们可以依据教材中包含了多少通过企业调研获得的工作知识来评价其水平。

5. 实施

如上所述，课程评价必须包含实施环节，对其重要性已无须赘述。课程实施是课程、教学与学习三大领域的汇合点，课程实施具体评价指标构建的难点在于如何使其评价范围区别于教学与学习这两大领域。按照本节所确定的评价思路，课程实施评价的具体指标应该包括：（1）教学秩序。良好的教学基本秩序是一所职业院校取得高质量课程的非常重要的前提条件。对这一指标的评价可通过分析职业院校教学管理文件的编制情况及对规则的执行情况来进行，如教师是否有完整、详细的授课计划，是否按照教学计划授课等。（2）教师的教学投入状态，即教师是否努力地实施教学工作。这里不用评价教师教学的具体过程与实际效果。通过简略地检查教师的教学材料、课堂观察和听取学生反馈信息，就可以得到评价这一指标所需要的事实证据。（3）学生的学习投入状态，即学生是否努力地进行学习。这里也不用评价学生学习的具体过程与学习效果。通过对课堂的简单观察和分析学生的作业记录，就可以得到评价这一指标所需要的事实证据。

总之，随着职业教育课程建设行为的日益复杂，职业教育课程评价作为一个独立评价领域的重要性也日益凸显。在简略叙述职业教育课程评价概念的基础上，对职业教育课程评价指标构建的思路进行了研究，这些思路为构建操作性的职业教育课程评价指标体系提供了指南。值得一提的是，具体评价的信度和效度的取得，还与评价者所拥有的关于职业教育课程的专业知识密切相关。职业教育课程评价不仅要努力提高评价指标设计的专业性，还要努力提高评价者的专业性。

附录1

国务院关于印发国家职业教育改革实施方案的通知

国发〔2019〕4号

各省、自治区、直辖市人民政府，国务院各部委、各直属机构：

现将《国家职业教育改革实施方案》印发给你们，请认真贯彻执行。

国务院

2019年1月24日

国家职业教育改革实施方案

职业教育与普通教育是两种不同教育类型，具有同等重要地位。改革开放以来，职业教育为我国经济社会发展提供了有力的人才和智力支撑，现代职业教育体系框架全面建成，服务经济社会发展能力和社会吸引力不断增强，具备了基本实现现代化的诸多有利条件和良好工作基础。随着我国进入新的发展阶段，产业升级和经济结构调整不断加快，各行各业对技术技能人才的需求越来越紧迫，职业教育重要地位和作用越来越凸显。但是，与发达国家相比，与建设现代化经济体系、建设教育强国的要求相比，我国职业教育还存在着体系建设不够完善、职业技能实训基地建设有待加强、制度标准不够健全、企业参与办学的动力不足、有利于技术技能人才成长的配套政策尚待完善、办学和人才培养质量水平参差不齐等问题，到了必须下大力气抓好的时候。没有职业教育现代化就没有教育现代化。为贯彻全国教育大会精神，进一步办好新时代职业教育，落实《中华人民共和国职业教育法》，制定本实施方案。

总体要求与目标：坚持以习近平新时代中国特色社会主义思想为指导，把职业教育摆在教育改革创新和经济社会发展中更加突出的位置。牢固树立新发展理念，服务建设现代化经济体系和实现更高质量更充分就业需要，对接科技发展趋势和市场需求，完善职业教育和培训体系，优化学校、专业布局，深化办学体制改革和育人机制改革，以促进就业和适应产业发展需求为导向，鼓励和支持社会各界特别是企业积极支持职业教育，着力培养高素质劳动者和技术技能人才。经过5—10年左右时间，职业教育基本完成由政府举办为主向政府统筹管理、社会多元办学的格局转变，由追求规模扩张向提高质量转变，由参照普通教育办学模式向企业社会参与、专业特色鲜明的类型教育转变，大幅提升新时代职业教育现代化水平，为促进经济社会发展和提高国家竞争力提供优质人才资源支撑。

具体指标：到2022年，职业院校教学条件基本达标，一大批普通本科高等学校向应用型转变，建设50所高水平高等职业学校和150个骨干专业（群）。建成覆盖大部分行业领域、具有国际先进水平的中国职业教育标准体系。企业参与职业教育的积极性有较大提升，培育数以万计的产教融合型企业，打造一批优秀职业教育培训评价组织，推动建设300个具有辐射引领作用的高水平专业化产教融合实训基地。职业院校实践性教学课时原则上占总课时一半以上，顶岗实习时间一般为6个月。"双师型"教师（同时具备理论教学和实践教学能力的教师）占专业课教师总数超过一半，分专业建设一批国家级职业教育教师教学创新团队。从2019年开始，在职业院校、应用型本科高校启动"学历证书+若干职业技能等级证书"制度试点（以下称1+X证书制度试点）工作。

一、完善国家职业教育制度体系

（一）健全国家职业教育制度框架。

把握好正确的改革方向，按照"管好两端、规范中间、书证融通、办学多元"的原则，严把教学标准和毕业学生质量标准两个关口。将标准化建设作为统领职业教育发展的突破口，完善职业教育体系，为服务现代制造业、现代服务业、现代农业发展和职业教育现代化提供制度保障与人才支持。建立健全学校设置、师资队伍、教学教材、信息化建设、安全设施等办学标准，引领职业教育服务发展、促进就业创业。落实好立德树人根本任务，健全德技并修、工学结合的育人机制，完善评价机制，规范人才培养全过程。深化产教融合、校企合作，育训结合，健全多元化办学格局，推动企业深度参与协同育人，扶持鼓励企业和社会力量参与举办各类职业教育。推进资历框架建设，探索实现学历证书和职业技能等级证书互通衔接。

（二）提高中等职业教育发展水平。

优化教育结构，把发展中等职业教育作为普及高中阶段教育和建设中国特色职业教育体系的重要基础，保持高中阶段教育职普比大体相当，使绝大多数城乡新增劳动力接受高中阶段教育。改善中等职业学校基本办学条件。加强省级统筹，建好办好一批县域职教中心，重点支持集中连片特困地区每个地（市、州、盟）原则上至少建设一所符合当地经济社会发展和技术技能人才培养需要的中等职业学校。指导各地优化中等职业学校布局结构，科学配置并做大做强职业教育资源。加大对民族地区、贫困地区和残疾人职业教育的政策、金融支持力度，落实职业教育东西协作行动计划，办好内地少数民族中职班。完善招生机制，建立中等职业学校和普通高中统一招生平台，精准服务区域发展需求。积极招收初高中毕业未升学学生、退役军人、退役运动员、下岗职工、返乡农民工等接受中等职业教育；服务乡村振兴战略，为广大农村培养以新型职业农民为主体的农村实用人才。发挥中等职业学校作用，帮助部分学业困难学生按规定在职业学校完成义务教育，并接受部分职业技能学习。

鼓励中等职业学校联合中小学开展劳动和职业启蒙教育，将动手实践内容纳入中小学相关课程和学生综合素质评价。

（三）推进高等职业教育高质量发展。

把发展高等职业教育作为优化高等教育结构和培养大国工匠、能工巧匠的重要方式，使城乡新增劳动力更多接受高等教育。高等职业学校要培养服务区域发展的高素质技术技能人才，重点服务企业特别是中小微企业的技术研发和产品升级，加强社区教育和终身学习服务。建立"职教高考"制度，完善"文化素质+职业技能"的考试招生办法，提高生源质量，为学生接受高等职业教育提供多种入学方式和学习方式。在学前教育、护理、养老服务、健康服务、现代服务业等领域，扩大对初中毕业生实行中高职贯通培养的招生规模。启动实施中国特色高水平高等职业学校和专业建设计划，建设一批引领改革、支撑发展、中国特色、世界水平的高等职业学校和骨干专业（群）。根据高等学校设置制度规定，将符合条件的技师学院纳入高等学校序列。

（四）完善高层次应用型人才培养体系。

完善学历教育与培训并重的现代职业教育体系，畅通技术技能人才成长渠道。发展以职业需求为导向、以实践能力培养为重点、以产学研用结合为途径的专业学位研究生培养模式，加强专业学位硕士研究生培养。推动具备条件的普通本科高校向应用型转变，鼓励有条件的普通高校开办应用技术类型专业或课程。开展本科层次职业教育试点。制定中国技能大赛、全国职业院校技能大赛、世界技能大赛获奖选手等免试入学政策，探索长学制培养高端技术技能人才。服务军民融合发展，把军队相关的职业教育纳入国家职业教育大体系，共同做好面向现役军人的教育培训，支持其在服役期间取得多类职业技能等级证书，提升技术技能水平。落实好定向培养直招士官政策，推动地方院校与军队院校有效对接，推动优质职业教育资源向军事人才培养开放，建立军地网络教育资源共享机制。制订具体政策办法，支持适合的退役军人进入职业院校和普通本科高校接受教育和培训，鼓励支持设立退役军人教育培训集团（联盟），推动退役、培训、就业有机衔接，为促进退役军人特别是退役士兵就业创业作出贡献。

二、构建职业教育国家标准

（五）完善教育教学相关标准。

发挥标准在职业教育质量提升中的基础性作用。按照专业设置与产业需求对接、课程内容与职业标准对接、教学过程与生产过程对接的要求，完善中等、高等职业学校设置标准，规范职业院校设置；实施教师和校长专业标准，提升职业院校教学管理和教学实践能力。持续更新并推进专业目录、专业教学标准、课程标准、顶岗实习标准、实训条件建设标准（仪器设备配备规范）建设和在职业院校落地实施。巩固和发展国务院教育行政部门联合行业制定国家教学标准、职业院校依据标准自主制订人才培养方案的工作格局。

（六）启动1+X证书制度试点工作。

深化复合型技术技能人才培养培训模式改革，借鉴国际职业教育培训普遍做法，制订工作方案和具体管理办法，启动1+X证书制度试点工作。试点工作要进一步发挥好学历证书作用，夯实学生可持续发展基础，鼓励职业院校学生在获得学历证书的同时，积极取得多类职业技能等级证书，拓展就业创业本领，缓解结构性就业矛盾。国务院人力资源社会保障行政部门、教育行政部门在职责范围内，分别负责管理监督考核院校外、院校内职业技能等级证书的实施（技工院校内由人力资源社会保障行政部门负责），国务院人力资源社会保障行政部门组织制定职业标准，国务院教育行政部门依照职业标准牵头组织开发教学等相关标准。院校内培训可面向社会人群，院校外培训也可面向在校学生。各类职业技能等级证书具有同等效力，持有证书人员享受同等待遇。院校内实施的职业技能等级证书分为初级、中级、高级，是职业技能水平的凭证，反映职业活动和个人职业生涯发展所需要的综合能力。

（七）开展高质量职业培训。

落实职业院校实施学历教育与培训并举的法定职责，按照育训结合、长短结合、内外结合的要求，面向在校学生和全体社会成员开展职业培训。自2019年开始，围绕现代农业、先进制造业、现代服务业、战略性新兴产业，推动职业院校在10个左右技术技能人才紧缺领域大力开展职业培训。引导行业企业深度参与技术技能人才培养培训，促进职业院校加强专业建设、深化课程改革、增强实训内容、提高师资水平，全面提升教育教学质量。各级政府要积极支持职业培训，行政部门要简政放权并履行好监管职责，相关下属机构要优化服务，对于违规收取费用的要严肃处理。畅通技术技能人才职业发展通道，鼓励其持续获得适应经济社会发展需要的职业培训证书，引导和支持企业等用人单位落实相关待遇。对取得职业技能等级证书的离校未就业高校毕业生，按规定落实职业培训补贴政策。

（八）实现学习成果的认定、积累和转换。

加快推进职业教育国家"学分银行"建设，从2019年开始，探索建立职业教育个人学习账号，实现学习成果可追溯、可查询、可转换。有序开展学历证书和职业技能等级证书所体现的学习成果的认定、积累和转换，为技术技能人才持续成长拓宽通道。职业院校对取得若干职业技能等级证书的社会成员，支持其根据证书等级和类别免修部分课程，在完成规定内容学习后依法依规取得学历证书。对接受职业院校学历教育并取得毕业证书的学生，在参加相应的职业技能等级证书考试时，可免试部分内容。从2019年起,在有条件的地区和高校探索实施试点工作,制定符合国情的国家资历框架。

三、促进产教融合校企"双元"育人

(九)坚持知行合一、工学结合。

借鉴"双元制"等模式,总结现代学徒制和企业新型学徒制试点经验,校企共同研究制定人才培养方案,及时将新技术、新工艺、新规范纳入教学标准和教学内容,强化学生实习实训。健全专业设置定期评估机制,强化地方引导本区域职业院校优化专业设置的职责,原则上每5年修订1次职业院校专业目录,学校依据目录灵活自主设置专业,每年调整1次专业。健全专业教学资源库,建立共建共享平台的资源认证标准和交易机制,进一步扩大优质资源覆盖面。遴选认定一大批职业教育在线精品课程,建设一大批校企"双元"合作开发的国家规划教材,倡导使用新型活页式、工作手册式教材并配套开发信息化资源。每3年修订1次教材,其中专业教材随信息技术发展和产业升级情况及时动态更新。适应"互联网+职业教育"发展需求,运用现代信息技术改进教学方式方法,推进虚拟工厂等网络学习空间建设和普遍应用。

(十)推动校企全面加强深度合作。

职业院校应当根据自身特点和人才培养需要,主动与具备条件的企业在人才培养、技术创新、就业创业、社会服务、文化传承等方面开展合作。学校积极为企业提供所需的课程、师资等资源,企业应当依法履行实施职业教育的义务,利用资本、技术、知识、设施、设备和管理等要素参与校企合作,促进人力资源开发。校企合作中,学校可从中获得智力、专利、教育、劳务等报酬,具体分配由学校按规定自行处理。在开展国家产教融合建设试点基础上,建立产教融合型企业认证制度,对进入目录的产教融合型企业给予"金融+财政+土地+信用"的组合式激励,并按规定落实相关税收政策。试点企业兴办职业教育的投资符合条件的,可按投资额一定比例抵免该企业当年应缴教育费附加和地方教育附加。厚植企业承担职业教育责任的社会环境,推动职业院校和行业企业形成命运共同体。

(十一)打造一批高水平实训基地。

加大政策引导力度,充分调动各方面深化职业教育改革创新的积极性,带动各级政府、企业和职业院校建设一批资源共享,集实践教学、社会培训、企业真实生产和社会技术服务于一体的高水平职业教育实训基地。面向先进制造业等技术技能人才紧缺领域,统筹多种资源,建设若干具有辐射引领作用的高水平专业化产教融合实训基地,推动开放共享,辐射区域内学校和企业;鼓励职业院校建设或校企共建一批校内实训基地,提升重点专业建设和校企合作育人水平。积极吸引企业和社会力量参与,指导各地各校借鉴德国、日本、瑞士等国家经验,探索创新实训基地运营模式。提高实训基地规

划、管理水平，为社会公众、职业院校在校生取得职业技能等级证书和企业提升人力资源水平提供有力支撑。

（十二）多措并举打造"双师型"教师队伍。

从2019年起，职业院校、应用型本科高校相关专业教师原则上从具有3年以上企业工作经历并具有高职以上学历的人员中公开招聘，特殊高技能人才（含具有高级工以上职业资格人员）可适当放宽学历要求，2020年起基本不再从应届毕业生中招聘。加强职业技术师范院校建设，优化结构布局，引导一批高水平工科学校举办职业技术师范教育。实施职业院校教师素质提高计划，建立100个"双师型"教师培养培训基地，职业院校、应用型本科高校教师每年至少1个月在企业或实训基地实训，落实教师5年一周期的全员轮训制度。探索组建高水平、结构化教师教学创新团队，教师分工协作进行模块化教学。定期组织选派职业院校专业骨干教师赴国外研修访学。在职业院校实行高层次、高技能人才以直接考察的方式公开招聘。建立健全职业院校自主聘任兼职教师的办法，推动企业工程技术人员、高技能人才和职业院校教师双向流动。职业院校通过校企合作、技术服务、社会培训、自办企业等所得收入，可按一定比例作为绩效工资来源。

四、建设多元办学格局

（十三）推动企业和社会力量举办高质量职业教育。

各级政府部门要深化"放管服"改革，加快推进职能转变，由注重"办"职业教育向"管理与服务"过渡。政府主要负责规划战略、制定政策、依法依规监管。发挥企业重要办学主体作用，鼓励有条件的企业特别是大企业举办高质量职业教育，各级人民政府可按规定给予适当支持。完善企业经营管理和技术人员与学校领导、骨干教师相互兼职兼薪制度。2020年初步建成300个示范性职业教育集团（联盟），带动中小企业参与。支持和规范社会力量兴办职业教育培训，鼓励发展股份制、混合所有制等职业院校和各类职业培训机构。建立公开透明规范的民办职业教育准入、审批制度，探索民办职业教育负面清单制度，建立健全退出机制。

（十四）做优职业教育培训评价组织。

职业教育包括职业学校教育和职业培训，职业院校和应用型本科高校按照国家教学标准和规定职责完成教学任务和职业技能人才培养。同时，也必须调动社会力量，补充校园不足，助力校园办学。能够依据国家有关法规和职业标准、教学标准完成的职业技能培训，要更多通过职业教育培训评价组织（以下简称培训评价组织）等参与实施。政府通过放宽准入，严格末端监督执法，严格控制数量，扶优、扶大、扶强，保证培训质量和学生能力水平。要按照在已成熟的品牌中遴选一批、在成长中的品牌中培育一批、在有需要但还没有建立项目的领域中规划一批的原则，以社会化机制公开招募并择优遴选培训评价组织,优先从制订过国家职业标准并完成标准教材编写,具有专家、师资团队、资金实力和5年以上优秀培训业绩的机构中选择。培训评价组织应对接职业标准,与国际先进标准接轨,按有关规定开发职业技能等级标准,负责实施职业技能考核、评价和证书发放。政府部门要加强监管,防止出现乱培训、滥发证现象。行业协会要积极配合政府,为培训评价组织提供好服务环境支持,不得以任何方式收取费用或干预企业办学行为。

五、完善技术技能人才保障政策

(十五)提高技术技能人才待遇水平。

支持技术技能人才凭技能提升待遇,鼓励企业职务职级晋升和工资分配向关键岗位、生产一线岗位和紧缺急需的高层次、高技能人才倾斜。建立国家技术技能大师库,鼓励技术技能大师建立大师工作室,并按规定给予政策和资金支持,支持技术技能大师到职业院校担任兼职教师,参与国家重大工程项目联合攻关。积极推动职业院校毕业生在落户、就业、参加机关事业单位招聘、职称评审、职级晋升等方面与普通高校毕业生享受同等待遇。逐步提高技术技能人才特别是技术工人收入水平和地位。机关和企事业单位招用人员不得歧视职业院校毕业生。国务院人力资源社会保障行政部门会同有关部门,适时组织清理调整对技术技能人才的歧视政策,推动形成人人皆可成才、人人尽展其才的良好环境。按照国家有关规定加大对职业院校参加有关技能大赛成绩突出毕业生的表彰奖励力度。办好职业教育活动周和世界青年技能日宣传活动,深入开展"大国工匠进校园"、"劳模进校园"、"优秀职校生校园分享"等活动,宣传展示大国工匠、能工巧匠和高素质劳动者的事迹和形象,培育和传承好工匠精神。

(十六)健全经费投入机制。

各级政府要建立与办学规模、培养成本、办学质量等相适应的财政投入制度,地方政府要按规定制定并落实职业院校生均经费标准或公用经费标准。在保障教育合理投入的同时,优化教育支出结构,新增教育经费要向职业教育倾斜。鼓励社会力量捐资、出资兴办职业教育,拓宽办学筹资渠道。进一步完善中等职业学校生均拨款制度,各地中等职业学校生均财政拨款水平可适当高于当地普通高中。各地在继续巩固落实好高等职业教育生均财政拨款水平达到12000元的基础上,根据发展需要和财力可能逐步提高拨款水平。组织实施好现代职业教育质量提升计划、产教融合工程等。经费投入要进一步突出改革导向,支持校企合作,注重向中西部、贫困地区和民族地区倾斜。进一步扩大职业院校助学金覆盖面,完善补助标准动态调整机制,落实对建档立卡等家庭经济困难学生的倾斜政策,健全职业教育奖学金制度。

六、加强职业教育办学质量督导评价

（十七）建立健全职业教育质量评价和督导评估制度。

以学习者的职业道德、技术技能水平和就业质量，以及产教融合、校企合作水平为核心，建立职业教育质量评价体系。定期对职业技能等级证书有关工作进行"双随机、一公开"的抽查和监督，从2019年起，对培训评价组织行为和职业院校培训质量进行监测和评估。实施职业教育质量年度报告制度，报告向社会公开。完善政府、行业、企业、职业院校等共同参与的质量评价机制，积极支持第三方机构开展评估，将考核结果作为政策支持、绩效考核、表彰奖励的重要依据。完善职业教育督导评估办法，建立职业教育定期督导评估和专项督导评估制度，落实督导报告、公报、约谈、限期整改、奖惩等制度。国务院教育督导委员会定期听取职业教育督导评估情况汇报。

（十八）支持组建国家职业教育指导咨询委员会。

为把握正确的国家职业教育改革发展方向，创新我国职业教育改革发展模式，提出重大政策研究建议，参与起草、制订国家职业教育法律法规，开展重大改革调研，提供各种咨询意见，进一步提高政府决策科学化水平，规划并审议职业教育标准等，在政府指导下组建国家职业教育指导咨询委员会。成员包括政府人员、职业教育专家、行业企业专家、管理专家、职业教育研究人员、中华职业教育社等团体和社会各方面热心职业教育的人士。通过政府购买服务等方式，听取咨询机构提出的意见建议并鼓励社会和民间智库参与。政府可以委托国家职业教育指导咨询委员会作为第三方，对全国职业院校、普通高校、校企合作企业、培训评价组织的教育管理、教学质量、办学方式模式、师资培养、学生职业技能提升等情况，进行指导、考核、评估等。

七、做好改革组织实施工作

（十九）加强党对职业教育工作的全面领导。

以习近平新时代中国特色社会主义思想特别是习近平总书记关于职业教育的重要论述武装头脑、指导实践、推动工作。加强党对教育事业的全面领导，全面贯彻党的教育方针，落实中央教育工作领导小组各项要求，保证职业教育改革发展正确方向。要充分发挥党组织在职业院校的领导核心和政治核心作用，牢牢把握学校意识形态工作领导权，将党建工作与学校事业发展同部署、同落实、同考评。指导职业院校上好思想政治理论课，实施好中等职业学校"文明风采"活动，推进职业教育领域"三全育人"综合改革试点工作，使各类课程与思想政治理论课同向同行，努力实现职业技能和职业精神培养高度融合。加强基层党组织建设，有效发挥基层党组织的战斗堡垒作用和共产党员的先锋模范作用，带动学校工会、共青团等群团组织和学生会组织建设，汇聚每一位师

生员工的积极性和主动性。

（二十）完善国务院职业教育工作部际联席会议制度。

国务院职业教育工作部际联席会议由教育、人力资源社会保障、发展改革、工业和信息化、财政、农业农村、国资、税务、扶贫等单位组成，国务院分管教育工作的副总理担任召集人。联席会议统筹协调全国职业教育工作，研究协调解决工作中重大问题，听取国家职业教育指导咨询委员会等方面的意见建议，部署实施职业教育改革创新重大事项，每年召开两次会议，各成员单位就有关工作情况向联席会议报告。国务院教育行政部门负责职业教育工作的统筹规划、综合协调、宏观管理，国务院教育行政部门、人力资源社会保障行政部门和其他有关部门在职责范围内，分别负责有关的职业教育工作。各成员单位要加强沟通协调，做好相关政策配套衔接，在国家和区域战略规划、重大项目安排、经费投入、企业办学、人力资源开发等方面形成政策合力。推动落实《中华人民共和国职业教育法》，为职业教育改革创新提供重要的制度保障。

附录2

中华人民共和国职业教育法

（1996年5月15日第八届全国人民代表大会常务委员会第十九次会议通过 2022年4月20日第十三届全国人民代表大会常务委员会第三十四次会议修订）

目 录

第一章 总 则
第二章 职业教育体系
第三章 职业教育的实施
第四章 职业学校和职业培训机构
第五章 职业教育的教师与受教育者
第六章 职业教育的保障
第七章 法律责任
第八章 附 则

第一章 总 则

第一条 为了推动职业教育高质量发展，提高劳动者素质和技术技能水平，促进就业创业，建设教育强国、人力资源强国和技能型社会，推进社会主义现代化建设，根据宪法，制定本法。

第二条 本法所称职业教育，是指为了培养高素质技术技能人才，使受教育者具备从事某种职业或者实现职业发展所需要的职业道德、科学文化与专业知识、技术技能等职业综合素质和行动能力而实施的教育，包括职业学校教育和职业培训。

机关、事业单位对其工作人员实施的专门培训由法律、行政法规另行规定。

第三条 职业教育是与普通教育具有同等重要地位的教育类型，是国民教育体系和人力资源开发的重要组成部分，是培养多样化人才、传承技术技能、促进就业创业的重要途径。

国家大力发展职业教育，推进职业教育改革，提高职业教育质量，增强职业教育适应性，建立健全适应社会主义市场经济和社会发展需要、符合技术技能人才成长规律的职业教育制度体系，为全面建设社会主义现代化国家提供有力人才和技能支撑。

第四条 职业教育必须坚持中国共产党的领导，坚持社会主义办学方向，贯彻国家的教育方针,坚持立德树人、德技并修,坚持产教融合、校企合作,坚持面向市场、促进就业,坚持面向实践、强化能力,坚持面向人人、因材施教。

实施职业教育应当弘扬社会主义核心价值观,对受教育者进行思想政治教育和职业道德教育,培育劳模精神、劳动精神、工匠精神,传授科学文化与专业知识,培养技术技能,进行职业指导,全面提高受教育者的素质。

第五条 公民有依法接受职业教育的权利。

第六条 职业教育实行政府统筹、分级管理、地方为主、行业指导、校企合作、社会参与。

第七条 各级人民政府应当将发展职业教育纳入国民经济和社会发展规划,与促进就业创业和推动发展方式转变、产业结构调整、技术优化升级等整体部署、统筹实施。

第八条 国务院建立职业教育工作协调机制,统筹协调全国职业教育工作。

国务院教育行政部门负责职业教育工作的统筹规划、综合协调、宏观管理。国务院教育行政部门、人力资源社会保障行政部门和其他有关部门在国务院规定的职责范围内,分别负责有关的职业教育工作。

省、自治区、直辖市人民政府应当加强对本行政区域内职业教育工作的领导,明确设区的市、县级人民政府职业教育具体工作职责,统筹协调职业教育发展,组织开展督导评估。

县级以上地方人民政府有关部门应当加强沟通配合,共同推进职业教育工作。

第九条 国家鼓励发展多种层次和形式的职业教育,推进多元办学,支持社会力量广泛、平等参与职业教育。

国家发挥企业的重要办学主体作用,推动企业深度参与职业教育,鼓励企业举办高质量职业教育。

有关行业主管部门、工会和中华职业教育社等群团组织、行业组织、企业、事业单位等应当依法履行实施职业教育的义务,参与、支持或者开展职业教育。

第十条 国家采取措施,大力发展技工教育,全面提高产业工人素质。

国家采取措施,支持举办面向农村的职业教育,组织开展农业技能培训、返乡创业就业培训和职业技能培训,培养高素质乡村振兴人才。

国家采取措施,扶持革命老区、民族地区、边远地区、欠发达地区职业教育的发展。

国家采取措施,组织各类转岗、再就业、失业人员以及特殊人群等接受各种形式的职业教育,扶持残疾人职业教育的发展。

国家保障妇女平等接受职业教育的权利。

第十一条 实施职业教育应当根据经济社会发展需要,结合职业分类、职业标准、职业发展需求，制定教育标准或者培训方案，实行学历证书及其他学业证书、培训证书、职业资格证书和职业技能等级证书制度。

国家实行劳动者在就业前或者上岗前接受必要的职业教育的制度。

第十二条 国家采取措施，提高技术技能人才的社会地位和待遇，弘扬劳动光荣、技能宝贵、创造伟大的时代风尚。

国家对在职业教育工作中做出显著成绩的单位和个人按照有关规定给予表彰、奖励。

每年5月的第二周为职业教育活动周。

第十三条 国家鼓励职业教育领域的对外交流与合作，支持引进境外优质资源发展职业教育，鼓励有条件的职业教育机构赴境外办学，支持开展多种形式的职业教育学习成果互认。

第二章 职业教育体系

第十四条 国家建立健全适应经济社会发展需要，产教深度融合，职业学校教育和职业培训并重，职业教育与普通教育相互融通，不同层次职业教育有效贯通，服务全民终身学习的现代职业教育体系。

国家优化教育结构，科学配置教育资源，在义务教育后的不同阶段因地制宜、统筹推进职业教育与普通教育协调发展。

第十五条 职业学校教育分为中等职业学校教育、高等职业学校教育。

中等职业学校教育由高级中等教育层次的中等职业学校（含技工学校）实施。

高等职业学校教育由专科、本科及以上教育层次的高等职业学校和普通高等学校实施。根据高等职业学校设置制度规定，将符合条件的技师学院纳入高等职业学校序列。

其他学校、教育机构或者符合条件的企业、行业组织按照教育行政部门的统筹规划，可以实施相应层次的职业学校教育或者提供纳入人才培养方案的学分课程。

第十六条 职业培训包括就业前培训、在职培训、再就业培训及其他职业性培训，可以根据实际情况分级分类实施。

职业培训可以由相应的职业培训机构、职业学校实施。

其他学校或者教育机构以及企业、社会组织可以根据办学能力、社会需求，依法开展面向社会的、多种形式的职业培训。

第十七条 国家建立健全各级各类学校教育与职业培训学分、资历以及其他学习成果的认证、积累和转换机制，推进职业教育国家学分银行建设，促进职业教育与普通教育的学习成果融通、互认。

军队职业技能等级纳入国家职业资格认证和职业技能等级评价体系。

第十八条　残疾人职业教育除由残疾人教育机构实施外，各级各类职业学校和职业培训机构及其他教育机构应当按照国家有关规定接纳残疾学生，并加强无障碍环境建设，为残疾学生学习、生活提供必要的帮助和便利。

国家采取措施，支持残疾人教育机构、职业学校、职业培训机构及其他教育机构开展或者联合开展残疾人职业教育。

从事残疾人职业教育的特殊教育教师按照规定享受特殊教育津贴。

第十九条　县级以上人民政府教育行政部门应当鼓励和支持普通中小学、普通高等学校，根据实际需要增加职业教育相关教学内容，进行职业启蒙、职业认知、职业体验，开展职业规划指导、劳动教育，并组织、引导职业学校、职业培训机构、企业和行业组织等提供条件和支持。

第三章　职业教育的实施

第二十条　国务院教育行政部门会同有关部门根据经济社会发展需要和职业教育特点，组织制定、修订职业教育专业目录，完善职业教育教学等标准，宏观管理指导职业学校教材建设。

第二十一条　县级以上地方人民政府应当举办或者参与举办发挥骨干和示范作用的职业学校、职业培训机构，对社会力量依法举办的职业学校和职业培训机构给予指导和扶持。

国家根据产业布局和行业发展需要，采取措施，大力发展先进制造等产业需要的新兴专业，支持高水平职业学校、专业建设。

国家采取措施，加快培养托育、护理、康养、家政等方面技术技能人才。

第二十二条　县级人民政府可以根据县域经济社会发展的需要，设立职业教育中心学校，开展多种形式的职业教育，实施实用技术培训。

教育行政部门可以委托职业教育中心学校承担教育教学指导、教育质量评价、教师培训等职业教育公共管理和服务工作。

第二十三条　行业主管部门按照行业、产业人才需求加强对职业教育的指导，定期发布人才需求信息。

行业主管部门、工会和中华职业教育社等群团组织、行业组织可以根据需要，参与制定职业教育专业目录和相关职业教育标准，开展人才需求预测、职业生涯发展研究及信息咨询，培育供需匹配的产教融合服务组织，举办或者联合举办职业学校、职业培训机构，组织、协调、指导相关企业、事业单位、社会组织举办职业学校、职业培训机构。

第二十四条　企业应当根据本单位实际，有计划地对本单位的职工和准备招用的人员实施职业教育，并可以设置专职或者兼职实施职业教育的岗位。

企业应当按照国家有关规定实行培训上岗制度。企业招用的从事技术工种的劳动者，上岗前必须进行安全生产教育和技术培训；招用的从事涉及公共安全、人身健康、生命财产安全等特定职业（工种）的劳动者，必须经过培训并依法取得职业资格或者特种作业资格。

企业开展职业教育的情况应当纳入企业社会责任报告。

第二十五条　企业可以利用资本、技术、知识、设施、设备、场地和管理等要素，举办或者联合举办职业学校、职业培训机构。

第二十六条　国家鼓励、指导、支持企业和其他社会力量依法举办职业学校、职业培训机构。

地方各级人民政府采取购买服务，向学生提供助学贷款、奖助学金等措施，对企业和其他社会力量依法举办的职业学校和职业培训机构予以扶持；对其中的非营利性职业学校和职业培训机构还可以采取政府补贴、基金奖励、捐资激励等扶持措施，参照同级同类公办学校生均经费等相关经费标准和支持政策给予适当补助。

第二十七条　对深度参与产教融合、校企合作，在提升技术技能人才培养质量、促进就业中发挥重要主体作用的企业，按照规定给予奖励；对符合条件认定为产教融合型企业的，按照规定给予金融、财政、土地等支持，落实教育费附加、地方教育附加减免及其他税费优惠。

第二十八条　联合举办职业学校、职业培训机构的，举办者应当签订联合办学协议，约定各方权利义务。

地方各级人民政府及行业主管部门支持社会力量依法参与联合办学，举办多种形式的职业学校、职业培训机构。

行业主管部门、工会等群团组织、行业组织、企业、事业单位等委托学校、职业培训机构实施职业教育的，应当签订委托合同。

第二十九条　县级以上人民政府应当加强职业教育实习实训基地建设，组织行业主管部门、工会等群团组织、行业组织、企业等根据区域或者行业职业教育的需要建设高水平、专业化、开放共享的产教融合实习实训基地，为职业学校、职业培训机构开展实习实训和企业开展培训提供条件和支持。

第三十条　国家推行中国特色学徒制，引导企业按照岗位总量的一定比例设立学徒岗位，鼓励和支持有技术技能人才培养能力的企业特别是产教融合型企业与职业学校、职业培训机构开展合作，对新招用职工、在岗职工和转岗职工进行学徒培训，或者与职业学校联合招收学生，以工学结合的方式进行学徒培养。有关企业可以按照规定享受补贴。

企业与职业学校联合招收学生，以工学结合的方式进行学徒培养的，应当签订学徒培养协议。

第三十一条　国家鼓励行业组织、企业等参与职业教育专业教材开发，将新技术、新工艺、新理念纳入职业学校教材，并可以通过活页式教材等多种方式进行动态更新；支持运用信息技术和其他现代化教学方式，开发职业教育网络课程等学习资源，创新教学方式和学校管理方式，推动职业教育信息化建设与融合应用。

第三十二条　国家通过组织开展职业技能竞赛等活动，为技术技能人才提供展示技能、切磋技艺的平台，持续培养更多高素质技术技能人才、能工巧匠和大国工匠。

第四章　职业学校和职业培训机构

第三十三条　职业学校的设立，应当符合下列基本条件：

（一）有组织机构和章程；

（二）有合格的教师和管理人员；

（三）有与所实施职业教育相适应、符合规定标准和安全要求的教学及实习实训场所、设施、设备以及课程体系、教育教学资源等；

（四）有必备的办学资金和与办学规模相适应的稳定经费来源。

设立中等职业学校，由县级以上地方人民政府或者有关部门按照规定的权限审批；设立实施专科层次教育的高等职业学校，由省、自治区、直辖市人民政府审批，报国务院教育行政部门备案；设立实施本科及以上层次教育的高等职业学校，由国务院教育行政部门审批。

专科层次高等职业学校设置的培养高端技术技能人才的部分专业，符合产教深度融合、办学特色鲜明、培养质量较高等条件的，经国务院教育行政部门审批，可以实施本科层次的职业教育。

第三十四条　职业培训机构的设立，应当符合下列基本条件：

（一）有组织机构和管理制度；

（二）有与培训任务相适应的课程体系、教师或者其他授课人员、管理人员；

（三）有与培训任务相适应、符合安全要求的场所、设施、设备；

（四）有相应的经费。

职业培训机构的设立、变更和终止，按照国家有关规定执行。

第三十五条　公办职业学校实行中国共产党职业学校基层组织领导的校长负责制，中国共产党职业学校基层组织按照中国共产党章程和有关规定，全面领导学校工作，支持校长独立负责地行使职权。民办职业学校依法健全决策机制，强化学校的中国共产党基层组织政治功能，保证其在学校重大事项决策、监督、执行各环节有效发挥作用。

校长全面负责本学校教学、科学研究和其他行政管理工作。校长通过校长办公会或者校务会议行使职权，依法接受监督。

职业学校可以通过咨询、协商等多种形式，听取行业组织、企业、学校毕业生等方面代表的意见，发挥其参与学校建设、支持学校发展的作用。

第三十六条　职业学校应当依法办学，依据章程自主管理。

职业学校在办学中可以开展下列活动：

（一）根据产业需求，依法自主设置专业；

（二）基于职业教育标准制定人才培养方案，依法自主选用或者编写专业课程教材；

（三）根据培养技术技能人才的需要，自主设置学习制度，安排教学过程；

（四）在基本学制基础上，适当调整修业年限，实行弹性学习制度；

（五）依法自主选聘专业课教师。

第三十七条　国家建立符合职业教育特点的考试招生制度。

中等职业学校可以按照国家有关规定，在有关专业实行与高等职业学校教育的贯通招生和培养。

高等职业学校可以按照国家有关规定，采取文化素质与职业技能相结合的考核方式招收学生；对有突出贡献的技术技能人才，经考核合格，可以破格录取。

省级以上人民政府教育行政部门会同同级人民政府有关部门建立职业教育统一招生平台，汇总发布实施职业教育的学校及其专业设置、招生情况等信息，提供查询、报考等服务。

第三十八条　职业学校应当加强校风学风、师德师风建设，营造良好学习环境，保证教育教学质量。

第三十九条　职业学校应当建立健全就业创业促进机制，采取多种形式为学生提供职业规划、职业体验、求职指导等就业创业服务，增强学生就业创业能力。

第四十条　职业学校、职业培训机构实施职业教育应当注重产教融合，实行校企合作。

职业学校、职业培训机构可以通过与行业组织、企业、事业单位等共同举办职业教育机构、组建职业教育集团、开展订单培养等多种形式进行合作。

国家鼓励职业学校在招生就业、人才培养方案制定、师资队伍建设、专业规划、课程设置、教材开发、教学设计、教学实施、质量评价、科学研究、技术服务、科技成果转化以及技术技能创新平台、专业化技术转移机构、实习实训基地建设等方面，与相关行业组织、企业、事业单位等建立合作机制。开展合作的，应当签订协议，明确双方权利义务。

第四十一条　职业学校、职业培训机构开展校企合作、提供社会服务或者以实习实训为目的举办企业、开展经营活动取得的收入用于改善办学条件；收入的一定比例可以用于支付教师、企业专家、外聘人员和受教育者的劳动报酬，也可以作为绩效工资来源，符合国家规定的可以不受绩效工资总量限制。

职业学校、职业培训机构实施前款规定的活动，符合国家有关规定的，享受相关税费优惠政策。

第四十二条　职业学校按照规定的收费标准和办法，收取学费和其他必要费用；符合国家规定条件的，应当予以减免；不得以介绍工作、安排实习实训等名义违法收取费用。

职业培训机构、职业学校面向社会开展培训的，按照国家有关规定收取费用。

第四十三条　职业学校、职业培训机构应当建立健全教育质量评价制度，吸纳行业组织、企业等参与评价，并及时公开相关信息，接受教育督导和社会监督。

县级以上人民政府教育行政部门应当会同有关部门、行业组织建立符合职业教育特点的质量评价体系，组织或者委托行业组织、企业和第三方专业机构，对职业学校的办学质量进行评估，并将评估结果及时公开。

职业教育质量评价应当突出就业导向，把受教育者的职业道德、技术技能水平、就业质量作为重要指标，引导职业学校培养高素质技术技能人才。

有关部门应当按照各自职责，加强对职业学校、职业培训机构的监督管理。

第五章　职业教育的教师与受教育者

第四十四条　国家保障职业教育教师的权利，提高其专业素质与社会地位。

县级以上人民政府及其有关部门应当将职业教育教师的培养培训工作纳入教师队伍建设规划，保证职业教育教师队伍适应职业教育发展的需要。

第四十五条　国家建立健全职业教育教师培养培训体系。

各级人民政府应当采取措施，加强职业教育教师专业化培养培训，鼓励设立专门的职业教育师范院校，支持高等学校设立相关专业，培养职业教育教师；鼓励行业组织、企业共同参与职业教育教师培养培训。

产教融合型企业、规模以上企业应当安排一定比例的岗位，接纳职业学校、职业培训机构教师实践。

第四十六条　国家建立健全符合职业教育特点和发展要求的职业学校教师岗位设置和职务（职称）评聘制度。

职业学校的专业课教师（含实习指导教师）应当具有一定年限的相应工作经历或者实践经验，达到相应的技术技能水平。

具备条件的企业、事业单位经营管理和专业技术人员，以及其他有专业知识或者特殊技能的人员，经教育教学能力培训合格的，可以担任职业学校的专职或者兼职专业课教师；取得教师资格的，可以根据其技术职称聘任为相应的教师职务。取得职业学校专业课教师资格可以视情况降低学历要求。

第四十七条　国家鼓励职业学校聘请技能大师、劳动模范、能工巧匠、非物质文化遗产代表性传承人等高技能人才，通过担任专职或者兼职专业课教师、设立工作室等方式，参与人才培养、技术开发、技能传承等工作。

第四十八条　国家制定职业学校教职工配备基本标准。省、自治区、直辖市应当根据基本标准，制定本地区职业学校教职工配备标准。

县级以上地方人民政府应当根据教职工配备标准、办学规模等，确定公办职业学校教职工人员规模，其中一定比例可以用于支持职业学校面向社会公开招聘专业技术人员、技能人才担任专职或者兼职教师。

第四十九条　职业学校学生应当遵守法律、法规和学生行为规范，养成良好的职业道德、职业精神和行为习惯，努力学习，完成规定的学习任务，按照要求参加实习实训，掌握技术技能。

职业学校学生的合法权益，受法律保护。

第五十条　国家鼓励企业、事业单位安排实习岗位，接纳职业学校和职业培训机构的学生实习。接纳实习的单位应当保障学生在实习期间按照规定享受休息休假、获得劳动安全卫生保护、参加相关保险、接受职业技能指导等权利；对上岗实习的，应当签订实习协议，给予适当的劳动报酬。

职业学校和职业培训机构应当加强对实习实训学生的指导，加强安全生产教育，协商实习单位安排与学生所学专业相匹配的岗位，明确实习实训内容和标准，不得安排学生从事与所学专业无关的实习实训，不得违反相关规定通过人力资源服务机构、劳务派遣单位，或者通过非法从事人力资源服务、劳务派遣业务的单位或个人组织、安排、管理学生实习实训。

第五十一条　接受职业学校教育，达到相应学业要求，经学校考核合格的，取得相应的学业证书；接受职业培训，经职业培训机构或者职业学校考核合格的，取得相应的培训证书；经符合国家规定的专门机构考核合格的，取得相应的职业资格证书或者职业技能等级证书。

学业证书、培训证书、职业资格证书和职业技能等级证书，按照国家有关规定，作为受教育者从业的凭证。

接受职业培训取得的职业技能等级证书、培训证书等学习成果，经职业学校认定，可以转化为相应的学历教育学分；达到相应职业学校学业要求的，可以取得相应的学业证书。

接受高等职业学校教育，学业水平达到国家规定的学位标准的，可以依法申请相应学位。

第五十二条　国家建立对职业学校学生的奖励和资助制度，对特别优秀的学生进行奖励，对经济困难的学生提供资助，并向艰苦、特殊行业等专业学生适当倾斜。国家根据经济社会发展情况适时调整奖励和资助标准。

国家支持企业、事业单位、社会组织及公民个人按照国家有关规定设立职业教育奖学金、助学金，奖励优秀学生，资助经济困难的学生。

职业学校应当按照国家有关规定从事业收入或者学费收入中提取一定比例资金，用于奖励和资助学生。

省、自治区、直辖市人民政府有关部门应当完善职业学校资助资金管理制度，规范资助资金管理使用。

第五十三条　职业学校学生在升学、就业、职业发展等方面与同层次普通学校学生享有平等机会。

高等职业学校和实施职业教育的普通高等学校应当在招生计划中确定相应比例或者采取单独考试办法，专门招收职业学校毕业生。

各级人民政府应当创造公平就业环境。用人单位不得设置妨碍职业学校毕业生平等就业、公平竞争的报考、录用、聘用条件。机关、事业单位、国有企业在招录、招聘技术技能岗位人员时，应当明确技术技能要求，将技术技能水平作为录用、聘用的重要条件。事业单位公开招聘中有职业技能等级要求的岗位，可以适当降低学历要求。

第六章　职业教育的保障

第五十四条　国家优化教育经费支出结构，使职业教育经费投入与职业教育发展需求相适应，鼓励通过多种渠道依法筹集发展职业教育的资金。

第五十五条　各级人民政府应当按照事权和支出责任相适应的原则，根据职业教育办学规模、培养成本和办学质量等落实职业教育经费，并加强预算绩效管理，提高资金使用效益。

省、自治区、直辖市人民政府应当制定本地区职业学校生均经费标准或者公用经费标准。职业学校举办者应当按照生均经费标准或者公用经费标准按时、足额拨付经费，不断改善办学条件。不得以学费、社会服务收入冲抵生均拨款。

民办职业学校举办者应当参照同层次职业学校生均经费标准，通过多种渠道筹措经费。

财政专项安排、社会捐赠指定用于职业教育的经费，任何组织和个人不得挪用、克扣。

第五十六条　地方各级人民政府安排地方教育附加等方面的经费，应当将其中可用于职业教育的资金统筹使用；发挥失业保险基金作用，支持职工提升职业技能。

第五十七条 各级人民政府加大面向农村的职业教育投入，可以将农村科学技术开发、技术推广的经费适当用于农村职业培训。

第五十八条 企业应当根据国务院规定的标准，按照职工工资总额一定比例提取和使用职工教育经费。职工教育经费可以用于举办职业教育机构、对本单位的职工和准备招用人员进行职业教育等合理用途，其中用于企业一线职工职业教育的经费应当达到国家规定的比例。用人单位安排职工到职业学校或者职业培训机构接受职业教育的，应当在其接受职业教育期间依法支付工资，保障相关待遇。

企业设立具备生产与教学功能的产教融合实习实训基地所发生的费用，可以参照职业学校享受相应的用地、公用事业费等优惠。

第五十九条 国家鼓励金融机构通过提供金融服务支持发展职业教育。

第六十条 国家鼓励企业、事业单位、社会组织及公民个人对职业教育捐资助学，鼓励境外的组织和个人对职业教育提供资助和捐赠。提供的资助和捐赠，必须用于职业教育。

第六十一条 国家鼓励和支持开展职业教育的科学技术研究、教材和教学资源开发，推进职业教育资源跨区域、跨行业、跨部门共建共享。

国家逐步建立反映职业教育特点和功能的信息统计和管理体系。

县级以上人民政府及其有关部门应当建立健全职业教育服务和保障体系，组织、引导工会等群团组织、行业组织、企业、学校等开展职业教育研究、宣传推广、人才供需对接等活动。

第六十二条 新闻媒体和职业教育有关方面应当积极开展职业教育公益宣传，弘扬技术技能人才成长成才典型事迹，营造人人努力成才、人人皆可成才、人人尽展其才的良好社会氛围。

第七章 法律责任

第六十三条 在职业教育活动中违反《中华人民共和国教育法》、《中华人民共和国劳动法》等有关法律规定的，依照有关法律的规定给予处罚。

第六十四条 企业未依照本法规定对本单位的职工和准备招用的人员实施职业教育、提取和使用职工教育经费的，由有关部门责令改正；拒不改正的，由县级以上人民政府收取其应当承担的职工教育经费，用于职业教育。

第六十五条 职业学校、职业培训机构在职业教育活动中违反本法规定的，由教育行政部门或者其他有关部门责令改正；教育教学质量低下或者管理混乱，造成严重后果的，责令暂停招生、限期整顿；逾期不整顿或者经整顿仍达不到要求的，吊销办学许可证或者责令停止办学。

第六十六条 接纳职业学校和职业培训机构学生实习的单位违反本法规定，侵害学生休息休假、获得劳动安全卫生保护、参加相关保险、接受职业技能指导等权利的，依法承担相应的法律责任。

职业学校、职业培训机构违反本法规定，通过人力资源服务机构、劳务派遣单位或者非法从事人力资源服务、劳务派遣业务的单位或个人组织、安排、管理学生实习实训的，由教育行政部门、人力资源社会保障行政部门或者其他有关部门责令改正，没收违法所得，并处违法所得一倍以上五倍以下的罚款；违法所得不足一万元的，按一万元计算。

对前款规定的人力资源服务机构、劳务派遣单位或者非法从事人力资源服务、劳务派遣业务的单位或个人，由人力资源社会保障行政部门或者其他有关部门责令改正，没收违法所得，并处违法所得一倍以上五倍以下的罚款；违法所得不足一万元的，按一万元计算。

第六十七条 教育行政部门、人力资源社会保障行政部门或者其他有关部门的工作人员违反本法规定，滥用职权、玩忽职守、徇私舞弊的，依法给予处分；构成犯罪的，依法追究刑事责任。

第八章 附 则

第六十八条 境外的组织和个人在境内举办职业学校、职业培训机构，适用本法；法律、行政法规另有规定的，从其规定。

第六十九条 本法自2022年5月1日起施行。

附录3

教育部关于印发《中等职业学校教师专业标准（试行）》的通知

教师〔2013〕12号

各省、自治区、直辖市教育厅（教委），各计划单列市教育局，新疆生产建设兵团教育局：

为贯彻党的十八大关于加快发展现代职业教育的重大部署，落实教育规划纲要和《国务院关于加强教师队伍建设的意见》（国发〔2012〕41号）精神，构建教师队伍建设标准体系，建设高素质"双师型"中等职业学校教师队伍，教育部制定了《中等职业学校教师专业标准（试行）》（以下简称《专业标准》）。现印发给你们，请结合实际认真贯彻执行。并就有关事项通知如下：

《专业标准》是国家对合格中等职业学校教师专业素质的基本要求，是中等职业学校教师开展教育教学活动的基本规范，是引领中等职业学校教师专业发展的基本准则，是中等职业学校教师培养、准入、培训、考核等工作的基本依据。各地教育行政部门、中等职业学校师资培养培训院校（机构）、中等职业学校要把贯彻落实《专业标准》作为加强教师队伍建设的重要任务和举措，认真制订工作方案，精心组织实施，务求取得实效。

各地、各校要采取多种形式组织开展《专业标准》学习宣传活动，帮助广大中等职业学校教师和师范生准确理解《专业标准》的基本理念，全面把握《专业标准》的内容要求，把《专业标准》作为开展教育教学实践、提升专业发展水平的行为准则。要紧密结合实际，抓紧制订贯彻落实《专业标准》的具体措施。依据《专业标准》调整中等职业学校教师培养方案，科学设置教师教育课程，改革教育教学方式。将《专业标准》作为教师培训的重要内容，依据《专业标准》制定教师培训课程指南。将《专业标准》作为中等职业学校教师考核的重要依据，进一步完善考核的内容和指标。

教育部

2013年9月20日

中等职业学校教师专业标准（试行）

为促进中等职业学校教师专业发展，建设高素质"双师型"教师队伍，根据《中华人民共和国教师法》、《中华人民共和国职业教育法》、《中华人民共和国劳动法》，特制定《中等职业学校教师专业标准（试行）》（以下简称《专业标准》）。

中等职业学校教师是履行中等职业学校教育教学工作职责的专业人员，要经过系统的培养与培训，具有良好的职业道德，掌握系统的专业知识和专业技能，专业课教师和实习指导教师要具有企事业单位工作经历或实践经验并达到一定的职业技能水平。《专业标准》是国家对合格中等职业学校教师专业素质的基本要求，是中等职业学校教师开展教育教学活动的基本规范，是引领中等职业学校教师专业发展的基本准则，是中等职业学校教师培养、准入、培训、考核等工作的基本依据。

一、基本理念

（一）师德为先

热爱职业教育事业，具有职业理想、敬业精神和奉献精神，践行社会主义核心价值体系，履行教师职业道德规范，依法执教。立德树人，为人师表，教书育人，自尊自律，关爱学生，团结协作。以人格魅力、学识魅力、职业魅力教育和感染学生，做学生职业生涯发展的指导者和健康成长的引路人。

（二）学生为本

树立人人皆可成才的职业教育观。遵循学生身心发展规律，以学生发展为本，培养学生的职业兴趣、学习兴趣和自信心，激发学生的主动性和创造性，发挥学生特长，挖掘学生潜质，为每一个学生提供适合的教育，提高学生的就业能力、创业能力和终身学习能力，促进学生健康快乐成长，学有所长，全面发展。

（三）能力为重

在教学和育人过程中，把专业理论与职业实践相结合、职业教育理论与教育实践相结合；遵循职业教育规律和技术技能人才成长规律，提升教育教学专业化水平；坚持实践、反思、再实践、再反思，不断提高专业能力。

（四）终身学习

学习专业知识、职业教育理论与职业技能，学习和吸收国内外先进职业教育理念与经验；参与职业实践活动，了解产业发展、行业需求和职业岗位变化，不断跟进技术进步和工艺更新；优化知识结构和能力结构，提高文化素养和职业素养；具有终身学习与持续发展的意识和能力，做终身学习的典范。

二、基本内容

维度	领域	基本要求
专业理念与师德	（一）职业理解与认识	1. 贯彻党和国家教育方针政策，遵守教育法律法规。 2. 理解职业教育工作的意义，把立德树人作为职业教育的根本任务。 3. 认同中等职业学校教师的专业性和独特性，注重自身专业发展。 4. 注重团队合作，积极开展协作与交流。
	（二）对学生的态度与行为	5. 关爱学生，重视学生身心健康发展，保护学生人身与生命安全。 6. 尊重学生，维护学生合法权益，平等对待每一个学生，采用正确的方式方法引导和教育学生。 7. 信任学生，积极创造条件，促进学生的自主发展。
	（三）教育教学态度与行为	8. 树立育人为本、德育为先、能力为重的理念，将学生的知识学习、技能训练与品德养成相结合，重视学生的全面发展。 9. 遵循职业教育规律、技术技能人才成长规律和学生身心发展规律，促进学生职业能力的形成。 10. 营造勇于探索、积极实践、敢于创新的氛围，培养学生的动手能力、人文素养、规范意识和创新意识。 11. 引导学生自主学习、自强自立，养成良好的学习习惯和职业习惯。
	（四）个人修养与行为	12. 富有爱心、责任心，具有让每一个学生都能成为有用之才的坚定信念。 13. 坚持实践导向，身体力行，做中教，做中学。 14. 善于自我调节，保持平和心态。 15. 乐观向上、细心耐心，有亲和力。 16. 衣着整洁得体，语言规范健康，举止文明礼貌。
专业知识	（五）教育知识	17. 熟悉技术技能人才成长规律，掌握学生身心发展规律与特点。 18. 了解学生思想品德和职业道德形成的过程及其教育方法。 19. 了解学生不同教育阶段以及从学校到工作岗位过渡阶段的心理特点和学习特点，并掌握相关教育方法。 20. 了解学生集体活动特点和组织管理方式。
	（六）职业背景知识	21. 了解所在区域经济发展情况、相关行业现状趋势与人才需求、世界技术技能前沿水平等基本情况。 22. 了解所教专业与相关职业的关系。 23. 掌握所教专业涉及的职业资格及其标准。 24. 了解学校毕业生对口单位的用人标准、岗位职责等情况。 25. 掌握所教专业的知识体系和基本规律。
	（七）课程教学知识	26. 熟悉所教课程在专业人才培养中的地位和作用。 27. 掌握所教课程的理论体系、实践体系及课程标准。 28. 掌握学生专业学习认知特点和技术技能形成的过程及特点。 29. 掌握所教课程的教学方法与策略。
	（八）通识性知识	30. 具有相应的自然科学和人文社会科学知识。 31. 了解中国经济、社会及教育发展的基本情况。 32. 具有一定的艺术欣赏与表现知识。 33. 具有适应教育现代化的信息技术知识。

续表

维度	领域	基本要求
专业能力	（九）教学设计	34. 根据培养目标设计教学目标和教学计划。 35. 基于职业岗位工作过程设计教学过程和教学情境。 36. 引导和帮助学生设计个性化的学习计划。 37. 参与校本课程开发。
	（十）教学实施	38. 营造良好的学习环境与氛围，培养学生的职业兴趣、学习兴趣和自信心。 39. 运用讲练结合、工学结合等多种理论与实践相结合的方式方法，有效实施教学。 40. 指导学生主动学习和技术技能训练，有效调控教学过程。 41. 应用现代教育技术手段实施教学。
	（十一）实训实习组织	42. 掌握组织学生进行校内外实训实习的方法，安排好实训实习计划，保证实训实习效果。 43. 具有与实训实习单位沟通合作的能力，全程参与实训实习。 44. 熟悉有关法律和规章制度，保护学生的人身安全，维护学生的合法权益。
	（十二）班级管理与教育活动	45. 结合课程教学并根据学生思想品德和职业道德形成的特点开展育人和德育活动。 46. 发挥共青团和各类学生组织自我教育、管理与服务作用，开展有益于学生身心健康的教育活动。 47. 为学生提供必要的职业生涯规划、就业创业指导。 48. 为学生提供学习和生活方面的心理疏导。 49. 妥善应对突发事件。
	（十三）教育教学评价	50. 运用多元评价方法，结合技术技能人才培养规律，多视角、全过程评价学生发展。 51. 引导学生进行自我评价和相互评价。 52. 开展自我评价、相互评价与学生对教师评价，及时调整和改进教育教学工作。
	（十四）沟通与合作	53. 了解学生，平等地与学生进行沟通交流，建立良好的师生关系。 54. 与同事合作交流，分享经验和资源，共同发展。 55. 与家长进行沟通合作，共同促进学生发展。 56. 配合和推动学校与企业、社区建立合作互助的关系，促进校企合作，提供社会服务。
	（十五）教学研究与专业发展	57. 主动收集分析毕业生就业信息和行业企业用人需求等相关信息，不断反思和改进教育教学工作。 58. 针对教育教学工作中的现实需要与问题，进行探索和研究。 59. 参加校本教学研究和教学改革。 60. 结合行业企业需求和专业发展需要，制定个人专业发展规划，通过参加专业培训和企业实践等多种途径，不断提高自身专业素质。

三、实施要求

（一）各级教育行政部门要将《专业标准》作为中等职业学校教师队伍建设的基本依据。根据中等职业学校教育改革发展的需要，充分发挥《专业标准》的引领和导向作用，深化教师教育改革，建立教师教育质量保障体系，不断提高教师培养培训质量。制定中等职业学校教师准入标准，严把教师入口关；制定中等职业学校教师聘任（聘用）、考核、退出等管理制度，保障教师合法权益，形成科学有效的中等职业学校教师队伍管理和督导机制。

（二）开展中等职业学校教师教育的院校要将《专业标准》作为教师培养培训的主要依据。重视中等职业学校教师职业特点，加强专业建设，深化校企合作；完善教师培养培训方案，科学设置教师教育课程，改革教育教学方式；重视教师职业道德教育，重视职业实践、社会实践和教育实习；加强从事中等职业学校教师教育的师资队伍建设，建立科学的质量评价制度。

（三）中等职业学校要将《专业标准》作为教师管理的重要依据。制定中等职业学校教师专业发展规划，注重教师职业理想与职业道德教育，增强教师育人的责任感与使命感；开展校本研修，促进教师专业发展；完善教师岗位职责和考核评价制度，健全中等职业学校教师绩效管理机制。

（四）中等职业学校教师要将《专业标准》作为自身专业发展的基本依据。制定个人专业发展规划，爱岗敬业，增强专业发展自觉性；大胆开展教育教学改革，不断创新；积极进行自我评价，主动参加教师培训和自主研修，逐步提升专业发展水平。

附录4

教育部办公厅关于做好职业教育"双师型"教师认定工作的通知

教师厅〔2022〕2号

各省、自治区、直辖市教育厅（教委），新疆生产建设兵团教育局：

为贯彻党的二十大精神，落实新修订的《中华人民共和国职业教育法》《中共中央 国务院关于全面深化新时代教师队伍建设改革的意见》和中共中央办公厅、国务院办公厅印发《关于推动现代职业教育高质量发展的意见》要求，加快推进职业教育"双师型"教师队伍高质量建设，健全教师标准体系，现就职业教育"双师型"教师认定工作通知如下。

一、明确认定范围。职业教育"双师型"教师认定主要适用于职业学校的专业课教师（含实习指导教师）。公共课教师、校内其他具有教师资格并实际承担教学任务的人员，正式聘任的校外兼职教师，以及其他依法开展职业学校教育的机构中具有教师资格的人员，在符合一定条件的前提下可参照实施。

二、严格标准要求。坚持把师德师风作为衡量"双师型"教师能力素质的第一标准，强化对思想政治素质和师德素养的考察，师德考核不合格者在影响期内不得参加"双师型"教师认定，已认定的应予以撤销。要落实立德树人根本任务，遵循教育规律和技术技能人才成长规律，做到工学结合、知行合一、德技并修。要突出对理论教学和实践教学能力的考察，注重教学改革和专业建设实绩。要熟悉行业企业情况，具有相应的专业技能，以及行业企业工作经历或实践经验。

三、加强组织实施。省级教育行政部门负责区域内"双师型"教师认定工作的组织领导、统筹协调。认定工作应按照个人申报、组织认定、结果复查的程序具体实施。组织认定可由省级教育行政部门按程序指定具备认定条件的学校、第三方机构或专家组织等具体实施。实施主体要明确负责部门，组建由教育部门、行业企业、院校专家等共同组成的认定专家评议委员会，严格按照标准条件，规范程序，保证质量。认定结果经检查复核通过后，报省级教育行政部门备案。学校应及时更新教师管理信息系统"双师型"教师信息，确保数据准确统一。

四、强化监督评价。省级教育行政部门要加强对认定工作的规范指导和监督管理，要建立健全公示公开、第三方评估、抽查复查、责任追究、过程追溯等制度，发挥广大教师的监督作用，畅通投诉反馈渠道，确保过程透明规范、结果公平公正。教育部将对各地"双师型"教师认定工作进行抽查。

五、促进持续发展。要制定激励政策，建立能进能出、能上能下的动态调整机制，根据教师不同能力条件分级认定，引导和鼓励广大教师走"双师型"发展道路。在职务（职称）晋升、教育培训、评先评优等方面应向"双师型"教师倾斜，课时费标准原则上应高于同级别教师岗位。要根据"双师型"教师不同阶段发展需求，精准提供教育教学、岗位实训、企业实践等机会。要鼓励"双师型"教师取得行业领域职业资格证书、职业技能等级证书，获聘行业领域专业技术职务（职称）。要结合学制和专业特点，对"双师型"教师能力素质进行不超过5年一周期的复核，突出聘期内岗位业绩考察，促进教师知识技能持续更新。

六、注重作用发挥。要充分发挥"双师型"教师在综合育人、企业实践、教学改革、社会服务和教师专业发展等方面带头引领作用，充分挖掘典型案例，示范教师培训、顶岗实践、研修访学等成长路径方法。在"双高"建设计划、优质中职学校和专业建设计划、职业院校办学能力达标、专业设置审批和布局结构优化、现场工程师培养计划，以及教师创新团队、名师（名匠）工作室、技艺技能传承创新平台建设中，应将"双师型"教师作用发挥情况作为重要指标。

国家制定职业教育"双师型"教师基本标准（见附件）。各省级教育行政部门应结合本地具体情况，以及不同教育层次、专业大类等，参照制定修订本级"双师型"教师认定标准、实施办法，明确支持举措，实行分类评价，并适时调整完善。认定工作实施主体应根据认定对象具体情况，制定"双师型"教师认定实施细则，报所属教育行政部门备案后实施。各地各校制定的"双师型"教师认定标准不低于国家规定的基本标准，可结合实际明确破格条件。

各地应于2022年底前展开本年度"双师型"教师认定相关工作，及时总结经验做法，研究解决出现的新情况和新问题。12月20日前将认定工作进展报教育部（教师工作司），遇有重要问题及时报告。联系人及电话：王少愚、孙晓虎，010-66097080、66097715，邮箱：fzc@moe.edu.cn，传真：010-66020522。

附件：职业教育"双师型"教师基本标准（试行）

教育部办公厅
2022年10月25日

附件

职业教育"双师型"教师基本标准
（试行）

第一条 贯彻党的教育方针，热爱职业教育事业，具有良好的思想政治素质和师德素养，自觉践行社会主义核心价值观，弘扬劳模精神、劳动精神、工匠精神，为人师表，关爱学生。

第二条 落实立德树人根本任务，遵循职业教育规律和技术技能人才成长规律，践行产教融合、校企合作，做到工学结合、知行合一、德技并修。在教育教学和技术技能培养过程中落实课程思政要求，形成相应的经验模式。

第三条 具备相应的理论教学和实践教学能力，掌握先进的教学理念和教学方法，积极参与教学改革与研究。能够采取多种教学模式方式，有效运用现代信息技术开展教学。

第四条 紧跟产业发展趋势和行业人才需求，具有企业相关工作经历，或积极深入企业和生产服务一线进行岗位实践，时长、形式、内容、标准等应符合职业学校教师企业实践相关规定。理解所教专业（群）与产业的关系，了解产业发展、行业需求和职业岗位变化，及时将新技术、新工艺、新规范融入教学。

第五条 中等职业学校教师申报各层级"双师型"教师，在满足第一至四条标准的基础上，还应具备以下条件。

（一）初级"双师型"教师

1. 具有较扎实的专业知识和技能，掌握所教课程的课程标准、教学原理，以及教学、生产实习实训方法等，教学经验比较丰富，教学效果好。

2. 具有一定的指导和开展教育教学研究的能力，积极参与并承担教学研究任务，在教学改革和专业建设实践中积累了一定经验。

3. 具有一定的企业相关工作经历或者实践经验，了解本专业工作过程或技术流程，积极承担实习实训教学和产教融合、校企合作等工作。获得相关的国家职业技能等级证书或职业资格证书，或具有本专业或相近专业非教师系列初级及以上职务（职称），或具有相应的能力水平。

（二）中级"双师型"教师

1. 具有扎实的理论基础、专业知识和精湛的操作技能，了解本专业发展现状和趋势，掌握先进的教育理念、教学方法，教学业绩显著，形成一定的教学特色和可供借鉴的教学经验。

2. 具有较强的指导和开展教育教学研究、实习实训教学研究、专业建设、技术革新的能力，在教学改革和专业建设实践中取得较突出的成果，起到带头人的作用。

3．具有较为丰富的企业相关工作经历或者实践经验，掌握本专业工作过程或技术流程，在实习实训教学、设备改造、技术革新等校企合作方面取得较突出成果。获得相关的国家职业资格中级及以上证书或职业技能等级中级及以上证书，或具有本专业或相近专业非教师系列中级及以上职务（职称），或具有相应的能力水平。

（三）高级"双师型"教师

1．深入系统地掌握本专业基础理论，具有丰富的专业知识和精湛的操作技能，掌握国内外本专业发展现状和趋势，掌握先进的教育理念、教学方法，教学业绩突出，教学特色鲜明，形成可供推广和借鉴的教学经验或模式。

2．在教育教学团队中发挥关键作用，担任地市级以上专业带头人、教学名师、教学创新团队带头人、技艺技能传承创新平台负责人等，具有主持和指导教育教学研究的能力，在教育思想、专业建设、课程改革、实践教学改革、教学方法等方面取得显著成果，发挥示范引领作用，在指导和培养其他教师方面作出突出贡献。

3．具有丰富的企业相关工作经历或者实践经验，熟练掌握本专业工作过程或技术流程，在实习实训教学、设备改造、技术革新等校企合作方面取得突出成果。获得相关的国家职业资格高级证书或职业技能等级高级证书，或具有本专业或相近专业非教师系列高级职务（职称），或具有相应的能力水平。

第六条　高等职业学校教师申报各层级"双师型"教师，在满足第一至四条标准的基础上，还应具备以下条件。

（一）初级"双师型"教师

1．具有较扎实的专业知识和技能，掌握所教课程的课程标准、教学原理，以及教学、生产实习实训方法等，教学经验比较丰富，教学效果好。

2．具有一定的组织和开展教育教学研究的能力，积极参与并承担教学研究任务，在教育思想、专业建设、课程改革、实践教学改革、教学方法等方面积累了一定经验。有发表、出版的学术论文、教学研究成果、著作或教科书等代表性成果。

3．具有一定的企业相关工作经历或者实践经验，了解本专业工作过程或技术流程，在实习实训教学、设备改造、技术革新、成果转化等校企合作方面取得一定的成果，取得一定的经济效益和社会效益。获得相关的国家职业技能等级证书或职业资格证书，或具有本专业或相近专业非教师系列初级及以上职务（职称），或具有相应的能力水平。

（二）中级"双师型"教师

1．具有扎实的理论基础、专业知识和精湛的操作技能，了解本专业发展现状和趋势，掌握先进的教育理念、教学方法，教学业绩显著，形成一定的教学特色和可供借鉴的教学经验。

2. 具有较强的指导与开展教育教学研究、实习实训教学研究、专业建设、技术革新的能力。参与过重要教学研究或科研项目，在教育思想、专业建设、课程改革、实践教学改革、教学方法等方面取得较突出的成果，起到带头人的作用。有发表、出版的有较大影响的学术论文、教学研究成果、著作或教科书等代表性成果，受到学术界的好评。

3. 具有较为丰富的企业相关工作经历或者实践经验，掌握本专业工作过程或技术流程，在实习实训教学、设备改造、技术革新、成果转化等校企合作方面取得较突出成果，取得较为显著的经济效益和社会效益。获得相关的国家职业技能等级中级及以上证书或职业资格中级及以上证书，或具有本专业或相近专业非教师系列中级及以上职务（职称），或具有相应的能力水平。

4. 作为主要参与者获得技能竞赛类、教学成果类、科技发明类等代表本领域较高水平的奖项；或指导学生获得地市级及以上技能竞赛类、教学成果类、科技发明类等奖励。

（三）高级"双师型"教师

1. 深入系统地掌握本专业基础理论，具有丰富的专业知识和精湛的操作技能，掌握国内外本专业发展现状和趋势，掌握先进的教育理念、教学方法，教学业绩突出，教学特色鲜明，形成可供推广和借鉴的教学经验或模式。

2. 在教育教学团队中发挥关键作用，担任地市级以上专业带头人、教学名师、教学创新团队带头人、技艺技能传承创新平台负责人等，主持过重要教育教学改革项目、教学研究项目或科研项目，在教育思想、专业建设、课程改革、实践教学改革、教学方法等方面取得显著成果，发挥示范引领作用，在指导和培养其他教师方面作出突出贡献。有发表、出版的有重要影响的学术论文、教学研究成果、著作或教科书等代表性成果。

3. 具有丰富的企业相关工作经历或者实践经验，熟练掌握本专业工作过程或技术流程，在实习实训教学、设备改造、技术革新、成果转化等校企合作方面取得突出成果，取得重大的经济效益和社会效益。获得相关的国家职业资格高级证书或职业技能等级高级证书，或具有本专业或相近专业非教师系列高级职务（职称），或具有相应的能力水平。

4. 作为主要参与者获得技能竞赛类、教学成果类、科技发明类等代表本领域先进水平的奖项；或指导学生获得省级及以上技能竞赛类、教学成果类、科技发明类等奖励。

第七条 技工院校"一体化"教师可参照实施。

附录5

教育部等四部门关于印发《职业学校兼职教师管理办法》的通知

教师〔2023〕9号

各省、自治区、直辖市教育厅（教委）、财政厅（局）、人力资源社会保障厅（局）、国资委，新疆生产建设兵团教育局、财政局、人力资源社会保障局、国资委：

现将修订后的《职业学校兼职教师管理办法》印发给你们，请认真贯彻执行。

教育部　财政部

人力资源社会保障部　国务院国资委

2023年8月29日

职业学校兼职教师管理办法

第一章　总　则

第一条　为进一步完善职业学校兼职教师管理制度，推动职业学校与企事业单位建立协作共同体，支持、鼓励和规范职业学校聘请具有实践经验的企事业单位等人员担任兼职教师，按照《中共中央 国务院关于全面深化新时代教师队伍建设改革的意见》《国务院关于印发国家职业教育改革实施方案的通知》以及中共中央办公厅、国务院办公厅印发的《关于推动现代职业教育高质量发展的意见》《关于深化现代职业教育体系建设改革的意见》等文件精神，根据《中华人民共和国职业教育法》，制定本办法。

第二条　本办法所指职业学校包括中等职业学校（含技工学校）、高等职业学校（含专科、本科层次的职业学校）。

第三条　本办法所称兼职教师是指受职业学校聘请，兼职担任特定专业课程、实习实训课等教育教学任务及相关工作的人员。

第四条　职业学校要坚持以专任教师为主，兼职教师为补充的原则，聘请兼职教师应紧密对接产业升级和技术变革趋势，满足学校专业发展和技术技能人才培养需要，重点面向战略性新兴产业相关专业、民生紧缺专业和特色专业。兼职教师占职业学校专兼职教师总数的比例一般不超过30%。

第二章　选聘条件

第五条　聘请的兼职教师应以企事业单位在职人员为主，也可聘请身体健康、能胜任工作的企事业单位退休人员。根据需要也可聘请相关领域的能工巧匠作为兼职教师。重视发挥退休工程师、医师、教师的作用。

第六条　兼职教师的基本条件：

（一）拥护党的教育方针，具备良好的思想政治素质和职业道德，热爱教育事业，遵纪守法，有良好的身心素质和工作责任心；

（二）具有较高的专业素养或技术技能水平，能够胜任教学科研、专业建设或技术技能传承等教育教学工作；

（三）长期在经营管理岗位工作，具有丰富的经营管理经验；或长期在本专业（行业）技术领域、生产一线工作，一般应具有中级及以上专业技术职务（职称）或高级工及以上职业技能等级；鼓励聘请在相关行业中具有一定声誉和造诣的能工巧匠、劳动模范、非物质文化遗产国家和省市级传承人等。

第三章　选聘方式

第七条　职业学校可通过特聘教授、客座教授、产业导师、专业带头人（领军人）、技能大师工作室负责人、实践教学指导教师、技艺技能传承创新平台负责人等多种方式聘请兼职教师。

第八条　可以采取个体聘请、团体聘请或个体与团体相结合的方式。其中，团体聘请人数一般不少于3人。

第九条　鼓励职业学校与企事业单位互聘兼职，推动职业学校和企事业单位在人才培养、带徒传技、技术创新、科研攻关、课题研究、项目推进、成果转化等方面加强合作。

第四章　选聘程序

第十条　职业学校根据教育教学需要确定需聘请兼职教师的岗位数量、岗位名称、岗位职责和任职条件。企事业单位在职人员在应聘兼职教师前应征得所在单位的同意。

第十一条　职业学校聘请兼职教师可通过对口合作的企事业单位选派的方式产生，也可以面向社会聘请。职业学校聘请兼职教师应优先考虑对口合作的企事业单位人员，建立合作企事业单位人员到职业学校兼职任教的常态机制，并纳入合作基本内容。

第十二条　通过对口合作方式聘请兼职教师的，对口合作企事业单位根据职业学校兼职教师岗位需求提供遴选人员名单，双方协商确定聘请人选，签订工作协议。

第十三条　面向社会聘请兼职教师应按照公开、公平、择优的原则，严格考察、遴选和聘请程序。基本程序是：

（一）职业学校根据教育教学需要，确定兼职教师岗位和任职条件。

（二）职业学校对应聘人员进行资格审查、能力考核和教职工准入查询。

（三）职业学校确定拟聘岗位人选，并予以公示。

（四）公示期满无异议的，职业学校与兼职教师签订工作协议。

第十四条　职业学校与对口合作企事业单位的选派人员及与面向社会聘请人员依法签订的工作协议均应明确双方的权利和义务，包括但不限于：工作时间、工作方式、工作任务及要求、工作报酬、劳动保护、工作考核、协议解除、协议终止条件等内容。协议期限根据教学安排、课程需要和工作任务，由双方协商确定。

第五章　组织管理

第十五条　职业学校要将兼职教师纳入教师培训体系，通过多样化的培训方式，持续提高兼职教师教育教学能力水平。兼职教师首次上岗任教前须经过教育教学能力培训，培训可以由聘请学校自主开展，也可以由教育、人力资源社会保障行政部门集中进行，并由组织单位对兼职教师培训合格情况进行认定，合格后方可上岗。培训内容主要包括法律法规、师德师风、教学规范及要求、职业教育理念、教育教学方法、信息技术、学生心理、学生管理等方面。

第十六条　兼职教师为企事业单位在职人员的，原所在单位应当缴纳工伤保险费。兼职教师在兼职期间受到工伤事故伤害的，由原所在单位依法承担工伤保险责任，原所在单位与职业学校可以约定补偿办法。职业学校应当为兼职教师购买意外伤害保险。

第十七条　职业学校应明确兼职教师的管理机构，负责兼职教师的聘请和管理工作。职业学校要制定兼职教师管理和评价办法，加强日常管理和考核评价，完善考评机制，考核结果作为工作报酬发放和继续聘请的重要依据。加强对兼职教师的帮带和指导，建立专兼职教师互研、互学、互助机制。

第十八条　职业学校要建立兼职教师个人业绩档案，将师德师风、培训、考核评价等兼职任教情况记录在档，并及时反馈给其原所在单位。企事业单位应将在职业学校兼职人员的任教情况作为其考核评价、评优评先、职称职务晋升的重要参考。

第十九条　职业学校应当为兼职教师创造良好的工作环境和条件，坚持公平公正原则，保障兼职教师在教学管理、评优评先等方面与专任教师同等条件、同等待遇，通过多种方式提升兼职教师在职业学校的归属感、荣誉感，促进兼职教师更好适应岗位工作。职业学校要支持兼职教师专业发展，可以根据其技术职称和能力水平聘为相应的兼职教师职务。鼓励兼职教师考取教师资格证书。

第二十条　建立兼职教师退出机制。兼职教师存在师德师风、教育教学等方面问题，或者工作协议约定的其他需要解除协议情况，职业学校应解除工作协议。兼职教师因自身原因无法履行工作职责，职业学校可与其解除工作协议，并反馈其原所在单位。

第六章　工作职责

第二十一条　兼职教师要遵守职业道德规范，严格执行职业学校教学管理制度，认真履行职责，完成协议规定的工作量和课程课时要求，确保教育教学质量。兼职教师要落实立德树人根本任务，将德育与思想政治教育有机融入教育教学，高质量完成课程讲授、实习实训指导、技能训练指导等教育教学任务及相关工作。

第二十二条　兼职教师要将新技术、新工艺、新规范、典型生产案例等纳入教学内容，积极参与教学标准修（制）订，增强教学标准和内容的先进性和时代性；积极参与教学研究、专业和课程建设、教材及教学资源开发、技能传承、技术攻关、产品研发等工作，共同推进职业学校教育教学改革，提升人才培养质量。

第二十三条　兼职教师要主动参与职业学校教师队伍建设，协助加强职业学校专任教师"双师"素质培养，协助安排学校专任教师到企业顶岗实践、跟岗研修，协助聘请企业技术技能人才到学校参与教学科研任务。

第二十四条　鼓励兼职教师参与职业学校教育教学等相关制度的制定，参与开展实训基地建设，协助引入生产性实训项目，协助指导学生创新创业及到企业实习实践。

第七章　经费保障

第二十五条　地方可结合实际，优化教育支出结构，支持专业师资紧缺、特殊行业急需的职业学校聘请兼职教师。

第二十六条　鼓励职业学校通过多渠道依法筹集资金，并用于支付兼职教师工作报酬。

第二十七条　兼职教师的工作报酬可按课时、岗位或者项目支付。职业学校可采取灵活多样的分配方式，可综合考虑职业学校财务状况、兼职教师教学任务及相关工作完成情况，合理确定工作报酬水平，充分体现兼职教师的价值贡献。

第八章　支持体系

第二十八条　企事业单位应当支持具有丰富实践经验的经营管理者、专业技术人员和高技能人才到职业学校兼职任教。国有企业、产教融合型企业、教师企业实践基地应充分发挥示范引领作用，并建立完善兼职教师资源库。鼓励行业组织、企业共同参与职业学校兼职教师培养培训。

第二十九条　有关部门应鼓励支持事业单位和国有企业选派人员到职业学校兼职任教，将选派兼职教师的数量和水平作为认定、评价产教融合型企业等的重要指标依据，激发企业选派经营管理者、专业技术人员和高技能人才到职业学校兼职任教的积极性，推动企业切实承担起人才培养的社会责任。

第三十条　各地教育和人力资源社会保障行政部门将兼职教师纳入教师队伍建设总体规划，加强对职业学校兼职教师管理工作的指导，将职业学校聘请兼职教师工作纳入人事管理情况监督检查范围，将兼职教师的聘请与任教情况纳入学校教师队伍建设和办学质量考核的重要内容，在计算职业学校生师比时，可参照相关标准将兼职教师数折算成专任教师数。

第三十一条　职业学校对于教学效果突出、工作表现优秀的兼职教师给予一定的物质或精神奖励，将兼职教师纳入教师在职培训和荣誉表彰体系；地方教育部门将兼职教师纳入年度教育领域评优评先范畴，定期推选一批优秀兼职教师典型，加强宣传推广。

第九章　附　则

第三十二条　企业和其他社会力量依法举办的职业学校可参照本办法执行。鼓励有条件的地方对当地企业和其他社会力量依法举办的职业学校聘请兼职教师给予一定的支持。

第三十三条　各地可根据本办法意见，结合当地实际制定具体的实施办法。

第三十四条　本办法自公布之日起实施，原《职业学校兼职教师管理办法》（教师〔2012〕14号）同时废止。

附录6

教育部关于印发《中小学教材管理办法》《职业院校教材管理办法》和《普通高等学校教材管理办法》的通知

教材〔2019〕3号

各省、自治区、直辖市教育厅（教委），新疆生产建设兵团教育局，有关部门（单位）教育司（局），部属各高等学校、部省合建各高等学校：

为贯彻党中央、国务院关于加强和改进新形势下大中小学教材建设的意见，建立健全大中小学教材管理制度，切实提高教材建设水平，我部牵头制定了《中小学教材管理办法》《职业院校教材管理办法》和《普通高等学校教材管理办法》，经国家教材委员会全体会议审议通过，报中央教育工作领导小组同意，现将三个教材管理办法印发给你们，请认真贯彻执行。

教育部
2019年12月16日

职业院校教材管理办法

第一章 总 则

第一条 为贯彻党中央、国务院关于加强和改进新形势下大中小学教材建设的意见，全面加强党的领导，落实国家事权，规范和加强职业院校教材管理，打造精品教材，切实提高教材建设水平，根据《中华人民共和国教育法》《中华人民共和国职业教育法》《中华人民共和国高等教育法》等法律法规，制定本办法。

第二条 本办法所称职业院校教材是指供中等职业学校和高等职业学校课堂和实习实训使用的教学用书，以及作为教材内容组成部分的教学材料（如教材的配套音视频资源、图册等）。

第三条 职业院校教材必须体现党和国家意志。坚持马克思主义指导地位，体现马克思主义中国化要求，体现中国和中华民族风格，体现党和国家对教育的基本要求，体现国家和民族基本价值观，体现人类文化知识积累和创新成果。

全面贯彻党的教育方针，落实立德树人根本任务，扎根中国大地，站稳中国立场，充分体现社会主义核心价值观，加强爱国主义、集体主义、社会主义教育，引导学生坚定道路自信、理论自信、制度自信、文化自信，成为担当中华民族复兴大任的时代新人。

第四条　中等职业学校思想政治、语文、历史课程教材和高等职业学校思想政治理论课教材，以及其他意识形态属性较强的教材和涉及国家主权、安全、民族、宗教等内容的教材，实行国家统一编写、统一审核、统一使用。专业课程教材在政府规划和引导下，注重发挥行业企业、教科研机构和学校的作用，更好地对接产业发展。

第二章　管理职责

第五条　在国家教材委员会指导和统筹下，职业院校教材实行分级管理，教育行政部门牵头负责，有关部门、行业、学校和企业等多方参与。

第六条　国务院教育行政部门负责全国职业院校教材建设的统筹规划、宏观管理、综合协调、检查督导，制定基本制度规范，组织制定中等职业学校公共基础课程方案和课程标准、职业院校专业教学标准等国家教学标准，组织编写国家统编教材，宏观指导教材编写、选用，组织国家规划教材建设，督促检查政策落实。出版管理、市场监督管理等有关部门依据各自职责分工，做好教材管理有关工作，加强对教材出版资质的管理，依法严厉打击教材盗版盗印，规范职业院校教材定价和发行工作。

有关部门、行业组织和行业职业教育教学指导机构，在国务院教育行政部门统筹下，参与教材规划、编写指导和审核、评价等方面工作，协调本行业领域的资源和专业人才支持教材建设。

第七条　省级教育行政部门负责落实国家关于职业院校教材建设的相关政策，负责本地区职业院校教材的规划、管理和协调，牵头制定本地区教材管理制度，指导监督市、县和职业院校课程教材工作。

第八条　职业院校要严格执行国家和地方关于教材管理的政策规定，健全内部管理制度，选好用好教材。在国家和省级规划教材不能满足需要的情况下，职业院校可根据本校人才培养和教学实际需要，补充编写反映自身专业特色的教材。学校党委（党组织）对本校教材工作负总责。

第三章　教材规划

第九条　职业院校教材实行国家、省（区、市）两级规划制度。国务院教育行政部门重点组织规划职业院校公共基础必修课程和专业核心课程教材，根据需要组织规划服务国家战略的教材和紧缺、薄弱领域的教材。省级教育行政部门重点组织规划体现区域特色的公共选修课程和国家规划教材以外的专业课程教材。

第十条　教材规划要坚持正确导向，面向需求、各有侧重、有机衔接，处理好落实共性要求与促进特色发展的关系,适应新时代技术技能人才培养的新要求,服务经济社会发展、产业转型升级、技术技能积累和文化传承创新。

第十一条　国家教材建设规划由国务院教育行政部门统一组织。在联合有关部门、行业组织、行业职业教育教学指导机构进行深入论证,听取职业院校等方面意见的基础上,国务院教育行政部门明确国家规划教材的种类、编写要求等,并根据人才培养实际需要及时补充调整。

省级教材建设规划程序由省级教育行政部门确定,规划完成后报国务院教育行政部门批准。

第四章　教材编写

第十二条　教材编写依据职业院校教材规划以及国家教学标准和职业标准(规范)等,服务学生成长成才和就业创业。教材编写应符合以下要求:

(一)以马克思列宁主义、毛泽东思想、邓小平理论、"三个代表"重要思想、科学发展观、习近平新时代中国特色社会主义思想为指导,有机融入中华优秀传统文化、革命传统、法治意识和国家安全、民族团结以及生态文明教育,弘扬劳动光荣、技能宝贵、创造伟大的时代风尚,弘扬精益求精的专业精神、职业精神、工匠精神和劳模精神,努力构建中国特色、融通中外的概念范畴、理论范式和话语体系,防范错误政治观点和思潮的影响,引导学生树立正确的世界观、人生观和价值观,努力成为德智体美劳全面发展的社会主义建设者和接班人。

(二)内容科学先进、针对性强,选文篇目内容积极向上、导向正确,选文作者历史评价正面,有良好的社会形象。公共基础课程教材要体现学科特点,突出职业教育特色。专业课程教材要充分反映产业发展最新进展,对接科技发展趋势和市场需求,及时吸收比较成熟的新技术、新工艺、新规范等。

(三)符合技术技能人才成长规律和学生认知特点,对接国际先进职业教育理念,适应人才培养模式创新和优化课程体系的需要,专业课程教材突出理论和实践相统一,强调实践性。适应项目学习、案例学习、模块化学习等不同学习方式要求,注重以真实生产项目、典型工作任务、案例等为载体组织教学单元。

(四)编排科学合理、梯度明晰,图、文、表并茂,生动活泼,形式新颖。名称、名词、术语等符合国家有关技术质量标准和规范。倡导开发活页式、工作手册式新形态教材。

(五)符合知识产权保护等国家法律、行政法规,不得有民族、地域、性别、职业、年龄歧视等内容,不得有商业广告或变相商业广告。

第十三条　职业院校教材实行单位编写制。编写单位负责组织编写团队,审核编写人员条件，对教材编写修订工作给予协调和保障。

中等职业学校思想政治、语文、历史课程教材，高等职业学校思想政治理论课教材，由国务院教育行政部门统一组织编写。其他教材由具备以下条件的单位组织编写：

（一）在中华人民共和国境内登记注册、具有独立法人资格、在相关领域有代表性的学校、教科研机构、企业、出版机构等，单位法定代表人须具有中华人民共和国国籍。

（二）有熟悉相关学科专业教材编写工作的专业团队，能组织行业、企业和教育领域高水平专业人才参与教材编写。

（三）有对教材持续进行培训、指导、回访等跟踪服务和研究的专业团队，有常态化质量监控机制，能够为修订完善教材提供稳定支持。

（四）有相应的经费保障条件与其他硬件支持条件，能保证正常的编写工作。

（五）牵头承担国家规划教材编写任务的单位，原则上应为省级以上示范性（骨干、高水平）职业院校或重点职业院校、在国家级技能竞赛中成绩突出的职业院校、承担国家重点建设项目的职业院校和普通高校、行业领先企业、教科研机构、出版机构等。编写单位为出版机构的，原则上应为教育、科技类或行业出版机构，具备专业编辑力量和较强的选题组稿能力。

第十四条　教材编写人员应经所在单位党组织审核同意，并由编写单位集中向社会公示。编写人员应符合以下条件：

（一）政治立场坚定，拥护中国共产党的领导，认同中国特色社会主义，坚定"四个自信"，自觉践行社会主义核心价值观，具有正确的世界观、人生观、价值观，坚持正确的国家观、民族观、历史观、文化观、宗教观，没有违背党的理论和路线方针政策的言行。

（二）熟悉职业教育教学规律和学生身心发展特点，对本学科专业有比较深入的研究，熟悉行业企业发展与用人要求。有丰富的教学、教科研或企业工作经验，一般应具有中级及以上专业技术职务（技术资格），新兴行业、行业紧缺技术人才、能工巧匠可适当放宽要求。

（三）遵纪守法，有良好的思想品德、社会形象和师德师风。

（四）有足够时间和精力从事教材编写修订工作。

编写人员不能同时作为同一课程不同版本教材主编。

第十五条　教材编写实行主编负责制。主编主要负责教材整体设计，把握教材编写进度，对教材编写质量负总责。主编须符合本办法第十四条规定外，还需符合以下条件：

（一）坚持正确的学术导向，政治敏锐性强，能够辨别并自觉抵制各种错误政治观点和思潮。

（二）在本学科专业有深入研究、较高的造诣，或是全国知名专家、学术领军人物，有在相关教材或教学方面取得有影响的研究成果，熟悉相关行业发展前沿知识与技术，有丰富的教材编写经验。一般应具有高级专业技术职务，新兴专业、行业紧缺技术人才、能工巧匠可适当放宽要求。

（三）有较高的文字水平，熟悉教材语言风格，能够熟练运用中国特色的话语体系。

审核通过后的教材原则上不更换主编，如有特殊情况，编写单位应报相应的主管部门批准。

第十六条　教材编写团队应具有合理的人员结构，包含相关学科专业领域专家、教科研人员、一线教师、行业企业技术人员和能工巧匠等。

第十七条　教材编写过程中应通过多种方式征求各方面特别是一线师生和企业意见。教材编写完成后，应送一线任课教师和行业企业专业人员进行审读、试用，根据审读意见和试用情况修改完善教材。

第十八条　职业院校教材投入使用后，应根据经济社会和产业升级新动态及时进行修订，一般按学制周期修订。国家统编教材修订由国务院教育行政部门统一组织实施，其他教材修订由编写单位按照有关要求进行。

第五章　教材审核

第十九条　职业院校教材实行分级分类审核，坚持凡编必审。

国家统编教材由国家教材委员会审核。

国家规划教材由国务院教育行政部门组建的国家职业院校教材审核机构负责审核；省级规划教材由省级教育行政部门组建的职业院校教材审核机构负责审核，其中意识形态属性较强的教材还应送省级党委宣传部门牵头进行政治把关。

其他教材由教材编写单位相关主管部门委托熟悉职业教育和产业人才培养需求的专业机构或专家团队进行审核认定。

教材出版部门成立专门政治把关机构，建强工作队伍和专家队伍，在所编修教材正式送审前，以外聘专家为主，进行专题自查，把好政治关。

第二十条　教材审核人员应包括相关学科专业领域专家、教科研专家、一线教师、行业企业专家等。审核专家应符合本办法第十四条（一）（二）（三），第十五条（一）（三）规定的条件，具有较高的政策理论水平，客观公正，作风严谨，并经所在单位党组织审核同意。

实行教材编审分离制度，遵循回避原则。

第二十一条　国家规划教材送审工作由国务院教育行政部门统一部署。省级规划教材审核安排由省级教育行政部门根据实际情况具体规定。

第二十二条　教材审核应依据职业院校教材规划以及课程标准、专业教学标准、顶岗实习标准等国家教学标准要求，对照本办法第三条、十二条的具体要求，对教材的思想性、科学性、适宜性进行全面把关。

政治立场、政治方向、政治标准要有机融入教材内容，不能简单化、"两张皮"；政治上有错误的教材不能通过；选文篇目内容消极、导向不正确的，选文作者历史评价或社会形象负面的、有重大争议的，必须更换；教材编写人员政治立场、价值观和品德作风有问题的必须更换。

严格执行重大选题备案制度。

除统编教材外，教材审核实行盲审制度。

第二十三条　公共基础必修课程教材审核一般按照专家个人审读、集体审核环节开展，重点审核全套教材的编写思路、框架结构及章节内容。应由集体充分讨论形成审核结论。审核结论分"通过""重新送审"和"不予通过"三种。具体审核程序由负责组织审核的机构制定。

其他规划教材审核程序由相应审核机构制定。

实用技能类教材可适当简化审核流程。

第二十四条　新编或修订幅度较大的公共基础必修课程教材应选聘一线任课教师进行审读和试用。审读意见和试用情况作为教材审核的重要依据。

第二十五条　国家和省级规划教材通过审核，经教育行政部门批准后，纳入相应规划教材目录，由国务院教育行政部门和省级教育行政部门定期公开发布。经审核通过的教材，未经相关教育行政部门同意，不得更改。

国家建立职业院校教材信息库。规划教材自动进入信息库。非规划教材按程序审核通过后，纳入信息库。

第六章　出版与发行

第二十六条　根据出版管理相关规定，教材出版实行资质准入制度，合理定价。国家出版管理部门对职业院校教材出版单位进行资质清单管理。

职业院校教材出版单位应符合以下条件：

（一）对应所出版的教材，有不少于3名具有相关学科专业背景和中级以上职业资格的在编专职编辑人员。

（二）具备教材使用培训、回访服务等可持续的专业服务能力。

（三）具有与教材出版相适应的资金和经营规模。

（四）最近5年内未受到出版主管部门的处罚，无其他违法违纪违规行为。

第二十七条　承担教材发行的机构应取得相应的资质，根据出版发行相关管理规定，最近5年内未受到出版主管部门处罚，无其他违法违纪违规行为。

各级出版管理部门、市场监督管理部门会同教育行政部门指导、监督教材发行机构，健全发行机制，确保课前到书。

第七章　选用与使用

第二十八条　国务院教育行政部门负责宏观指导职业院校教材选用使用工作。省级教育行政部门负责管理本地区职业院校教材选用使用工作，制定各类教材的具体选用办法。

第二十九条　教材选用须遵照以下原则：

（一）教材选用单位须组建教材选用委员会，具体负责教材的选用工作。教材选用委员会成员应包括专业教师、行业企业专家、教科研人员、教学管理人员等，成员应在本人所在单位进行公示。

（二）教材选用过程须公开、公平、公正，严格按照程序选用，并对选用结果进行公示。

第三十条　教材选用应结合区域和学校实际，切实服务人才培养。遵循以下要求：

（一）中等职业学校思想政治、语文、历史三科，必须使用国家统编教材。高等职业学校必须使用国家统编的思想政治理论课教材、马克思主义理论研究和建设工程重点教材。

（二）中等职业学校公共基础必修课程教材须在国务院教育行政部门发布的国家规划教材目录中选用。职业院校专业核心课程和高等职业学校公共基础课程教材原则上从国家和省级教育行政部门发布的规划教材目录中选用。

（三）国家和省级规划目录中没有的教材，可在职业院校教材信息库选用。

（四）不得以岗位培训教材取代专业课程教材。

（五）选用的教材必须是通过审核的版本，擅自更改内容的教材不得选用，未按照规定程序取得审核认定意见的教材不得选用。

（六）不得选用盗版、盗印教材。

职业院校应严格遵照选用结果使用教材。选用境外教材，按照国家有关政策执行。

第三十一条　教材选用实行备案制度。教材选用单位在确定教材选用结果后，应报主管教育行政部门备案。省级教育行政部门每学年将本地区职业院校教材选用情况报国务院教育行政部门备案。

第八章 服务与保障

第三十二条 统筹利用现有政策和资金渠道支持职业院校教材建设。国家重点支持统编教材、国家规划教材建设以及服务国家战略教材和紧缺、薄弱领域需求的教材建设。教材编写、出版单位应加大投入，提升教材质量，打造精品教材。鼓励社会资金支持教材建设。

第三十三条 承担国家统编教材编写修订任务，主编和核心编者视同承担国家级科研课题；承担国家规划公共基础必修课和专业核心课教材编写修订任务，主编和核心编者视同承担省部级科研课题，享受相应政策待遇。审核专家根据工作实际贡献和发挥的作用参照以上标准执行。对承担国家和省级规划教材编审任务的人员，所在单位应充分保证其工作时间，将编审任务纳入工作量计算，并在评优评先、职称评定、职务（岗位）晋升方面予以倾斜。落实国家和省级教材奖励制度，加大对优秀教材的支持。

第三十四条 国务院教育行政部门应牵头建立职业院校教材信息发布和服务平台，及时发布教材编写、出版、选用及评价信息。完善教材服务网络，定期开展教材展示，加强教材统计分析、社会调查、基础文献、案例集成等专题数据库的建设和应用。加强职业院校教材研究工作。

第九章 评价与监督

第三十五条 国务院和省级教育行政部门分别建立教材选用跟踪调查制度，组织专家对教材选用工作进行评价、对教材质量进行抽查。职业院校定期进行教材使用情况调查和分析，并形成教材使用情况报告报主管教育行政部门备案。

第三十六条 国务院和省级教育行政部门对职业院校教材管理工作进行监督检查，将教材工作纳入地方教育督导评估重要内容，纳入职业院校评估、项目遴选、重点专业建设和教学质量评估等考核指标体系。

第三十七条 国家教育、出版管理、市场监督管理等部门依据职责对教材编写、审核、出版、发行、选用等环节中存在违规行为的单位和人员实行负面清单制度，通报有关机构和学校。对存在违规情况的有关责任人，视情节严重程度和所造成的影响，依照有关规定给予相应处分。涉嫌犯罪的，依法追究刑事责任。编写者出现违法违纪情形的，必须及时更换。

第三十八条 存在下列情形之一的，相应教材停止使用，视情节轻重和所造成的影响，由上级或同级主管部门给予通报批评、责令停止违规行为，并由主管部门按规定对相关责任人给予相应处分。对情节严重的单位和个人列入负面清单；涉嫌犯罪的，依法追究刑事责任。

（一）教材内容政治方向、价值导向存在问题。

（二）教材内容出现严重的科学性错误。

（三）教材所含链接内容存在问题，产生严重后果。

（四）盗版盗印教材。

（五）违规编写出版国家统编教材及其他公共基础必修课程教材。

（六）用不正当手段严重影响教材审核、选用工作。

（七）未按规定程序选用，选用未经审核或审核未通过的教材。

（八）在教材中擅自使用国家规划教材标识，或使用可能误导职业院校教材选用的相似标识及表述，如标注主体或范围不明确的"规划教材""示范教材"等字样，或擅自标注"全国""国家"等字样。

（九）其他造成严重后果的违法违纪违规行为。

第十章　附　则

第三十九条　省级教育行政部门应根据本办法制定实施细则。有关部门可依据本办法制定所属职业院校教材管理的实施细则。作为教材使用的讲义、教案和教参以及数字教材参照本办法管理。

第四十条　本办法自印发之日起施行。其他职业院校教材管理制度，凡与本办法有关规定不一致的，以本办法为准。与本办法规定不一致且难以立刻终止的，应在本办法印发之日起6个月内纠正。

本办法由国务院教育行政部门负责解释。

附录7

教育部办公厅关于印发《"十四五"职业教育规划教材建设实施方案》的通知

教职成厅〔2021〕3号

各省、自治区、直辖市教育厅（教委），新疆生产建设兵团教育局，部属各高等学校，有关直属单位：

为深入贯彻全国职业教育大会和全国教材工作会议精神，加强"十四五"职业教育规划教材建设，在国家教材委员会统筹领导下，我部制定了《"十四五"职业教育规划教材建设实施方案》。现印发给你们，请结合实际，认真贯彻执行。

教育部办公厅
2021年12月3日

"十四五"职业教育规划教材建设实施方案

为深入贯彻全国职业教育大会和全国教材工作会议精神，落实《关于推动现代职业教育高质量发展的意见》《全国大中小学教材建设规划（2019—2022年）》和《职业院校教材管理办法》有关部署，做好"十四五"职业教育规划教材建设工作，以规划教材为引领，建设中国特色高质量职业教育教材体系，制定本方案。

一、总体要求

"十四五"职业教育规划教材建设要深入贯彻落实习近平总书记关于职业教育工作和教材工作的重要指示批示精神，全面贯彻党的教育方针，落实立德树人根本任务，强化教材建设国家事权，突显职业教育类型特色，坚持"统分结合、质量为先、分级规划、动态更新"原则，完善国家和省级职业教育教材规划建设机制。

"十四五"期间，分批建设1万种左右职业教育国家规划教材，指导建设一大批省级规划教材，加大对基础、核心课程教材的统筹力度，突出权威性、前沿性、原创性教材建设，打造培根铸魂、启智增慧，适应时代要求的精品教材，以规划教材为引领，高起点、高标准建设中国特色高质量职业教育教材体系。

二、重点建设领域

规划教材建设要突出重点，加强公共基础课程和重点专业领域教材建设，补足紧缺领域教材，增强教材适用性、科学性、先进性。

（一）统筹建设意识形态属性强的课程教材。推进习近平新时代中国特色社会主义思想进教材进课堂进头脑，巩固马克思主义在意识形态领域的指导地位，加强社会主义核心价值观教育，加强中华优秀传统文化、革命文化和社会主义先进文化教育，落实党的领导、劳动教育、总体国家安全观教育等要求，促进学生德技并修。统一编写使用中等职业学校思想政治、语文、历史教材，用好《习近平新时代中国特色社会主义思想学生读本》。继续做好高等职业学校（含高职本科，下同）统一使用统编教材工作。重点在部分公共基础课程和财经商贸、文化艺术、教育体育、新闻出版、广播影视、公安司法、公共管理与服务等专业大类相关专业领域，推进职业教育领域新时代马克思主义理论研究和建设工程教育部重点教材建设。

（二）规范建设公共基础课程教材。完善基于课程标准的职业院校公共基础课程教材编写机制。依据中等职业学校公共基础课程方案和课程标准，统一规划中等职业学校数学、英语、信息技术、艺术、体育与健康、物理、化学教材的编写和选用工作，每门课程教材不超过5种。健全高等职业学校公共基础课程标准，统一规划高等职业学校公共基础课程教材编写和选用工作。通过组织编写、遴选等方式，加强职业院校中华优秀传统文化、劳动教育、职业素养、国家安全教育等方面教材（读本）供给，加强价值引导、提升核心素养，为学生终身发展奠基。

（三）开发服务国家战略和民生需求紧缺领域专业教材。围绕国家重大战略，紧密对接产业升级和技术变革趋势，服务职业教育专业升级和数字化改造，优先规划建设先进制造、新能源、新材料、现代农业、新一代信息技术、生物技术、人工智能等产业领域需要的专业课程教材。服务民生领域急需紧缺行业发展，加快建设学前、托育、护理、康养、家政等领域专业课程教材。改造更新钢铁冶金、化工医药、建筑工程、轻纺、机械制造、会计等领域专业课程教材。推动编写一批适应国家对外开放需要的专业课程教材。

（四）支持建设新兴专业和薄弱专业教材。重点支持《职业教育专业目录（2021年）》中新增和内涵升级明显的专业课程教材。加强长学制专业相应课程教材建设，促进中高职衔接教材、高职专科和高职本科衔接教材建设。遴选建设一批高职本科教材。支持布点较少专业课程教材建设。支持非通用语种外语教材，艺术类、体育类职业教育教材，特殊职业教育教材等的建设。

（五）加快建设新形态教材。适应结构化、模块化专业课程教学和教材出版要求，重点推动相关专业核心课程以真实生产项目、典型工作任务、案例等为载体组织教学单元。结合专业教学改革实际，分批次组织院校和行业企业、教科研机构、出版单位等联合开发不少于1000种深入浅出、图文并茂、形式多样的活页式、工作手册式等新形态教材。开展"岗课赛证"融通教材建设，结合订单培养、学徒制、1+X证书制度等，将岗位技能要求、职业技能竞赛、职业技能等级证书标准有关内容有机融入教材。推动教材配套资源和数字教材建设，探索纸质教材的数字化改造，形成更多可听、可视、可练、可互动的数字化教材。建设一批编排方式科学、配套资源丰富、呈现形式灵活、信息技术应用适当的融媒体教材。

三、规划教材编写要求

规划教材编写应遵循教材建设规律和职业教育教学规律、技术技能人才成长规律，紧扣产业升级和数字化改造，满足技术技能人才需求变化，依据职业教育国家教学标准体系，对接职业标准和岗位（群）能力要求。

（一）坚持正确的政治方向和价值导向。坚持马克思主义指导地位，将马克思主义立场、观点、方法贯穿教材始终，体现党的理论创新最新成果特别是习近平新时代中国特色社会主义思想，体现中国和中华民族风格，体现人类文化知识积累和创新成果，全面落实课程思政要求，弘扬劳动光荣、技能宝贵、创造伟大的时代风尚。

（二）遵循职业教育教学规律和人才成长规律。符合学生认知特点，体现先进职业教育理念，鼓励专业课程教材以真实生产项目、典型工作任务等为载体，体现产业发展的新技术、新工艺、新规范、新标准，反映人才培养模式改革方向，将知识、能力和正确价值观的培养有机结合，适应专业建设、课程建设、教学模式与方法改革创新等方面的需要，满足项目学习、案例学习、模块化学习等不同学习方式要求，有效激发学生学习兴趣和创新潜能。

（三）配强编写人员队伍。鼓励职业院校与高水平大学、科研机构、龙头企业联合开发教材。鼓励具有高级职称的专业带头人或资深专家领衔编写教材，支持中青年骨干教师参与教材建设。教材编写和审核专家应具有较高专业水平，无违法违纪记录或师德师风问题。职业教育国家规划教材建设实行主编负责制，主编对教材编写质量负总责。

（四）科学合理编排教材内容。教材内容设计逻辑严谨、梯度明晰，文字表述规范准确流畅，图文并茂、生动活泼、形式新颖；名称、术语、图表规范，编校、装帧、印装质量等符合国家有关技术质量标准和规范；符合国家有关著作权等方面的规定，未发生明显的编校质量问题。

四、编写选用和退出机制

按照《职业院校教材管理办法》等规定，严格规划教材编写、选用、退出机制。

（一）规范资质管理。坚持"凡编必审"，支持建设一批职业教育国家规划教材高水平出版机构。出版机构须持续提升教材使用培训、配套资源更新等专业服务水平，定期开展著作权等自查,加强教材盗版盗印专项治理。

（二）严格试教试用制度。新编教材和根据课程标准修订的教材,须进行试教试用,在真实教学情境下对教材进行全面检验。试教试用的范围原则上应覆盖不同类型的地区和学校。试教试用单位要组织专题研讨,提交试教试用报告,提出修改建议。编写单位要根据试教试用情况对教材进行修改完善。

（三）严格教材选用管理。坚持"凡选必审",职业院校须建立校级教材选用委员会,规范教材选用程序与要求,指导校内选择易教利学的优质教材。落实教材选用备案制度,职业院校选用教材情况每学年报学校主管部门备案,并汇总至省级教育行政部门。

（四）健全教材更新和调整机制。规划教材严格落实每三年修订一次、每年动态更新内容的要求,并定期报送修订更新情况。对于连续三年不更新、编者被发现存在师德师风问题、出现重大负面影响事件、教材推广发行行为不规范等情形的,退出规划教材目录,并按有关规定严肃追责问责。符合三年一修订要求和"十四五"职业教育国家规划教材遴选标准的"十三五"职业教育国家规划教材按程序复核通过后纳入"十四五"职业教育国家规划教材。获得首届全国教材建设奖全国优秀教材（职业教育类）的,原则上直接纳入"十四五"职业教育国家规划教材。充分发挥国家教材目录导向作用,加大国家统编教材、全国教材建设奖优秀教材的推广力度,加大规划教材选用比例,形成高质量教材有效普及、劣质教材加速淘汰的调整机制。

（五）健全教材评价督查机制。将教材工作作为教育督导和学校评估的重要内容,加强对各类教材特别是境外教材、教辅、课外读物、校本教材的监管,优化教材跟踪调查、抽查制度。国家、省两级抽查教材的比例合计不低于50%并公布抽检结果,淘汰不合格的教材并建立责任倒查机制,推进教材更新使用。完善教材评价制度,支持专业机构对教材进行第三方评议。在教材选用、管理等方面存在严重问题的,按照相关规定严肃处理。

五、工作机制

（一）加强统筹领导。在国家教材委员会统筹领导下,教育部统一组织国家规划教材建设。教育部职业教育与成人教育司具体组织实施职业教育非统编国家规划教材建设,发布职业教育国家规划教材目录。有关行业部门、行业组织、行指委、教指委要发挥行业指导作用,在教育部统一领导下,积极参与职业教育教材建设。

（二）落实地方责任。省级教育行政部门围绕本区域经济社会发展对技术技能人才需求,结合区域职业教育特色,组织省级规划教材建设并发布省级规划教材目录。各地要充分论证、科学规划、严格把关,避免低水平重复建设,健全职业教育省级规划教材目录制度，做好省级规划教材与国家规划教材的衔接。

（三）做好教材出版。出版单位应牢固树立精品意识，着力建设研编一体的高水平编辑队伍，健全教材策划、编写、编辑、印制、发行各环节质量保障体系，发挥试教试用和意见反馈机制作用，严格执行多审多校、印前审读制度，坚持微利定价原则，及时组织修订再版，发行确保课前到书。

六、条件保障

（一）加强党对教材建设的全面领导。把党的全面领导落实到教材建设各个环节，把好为党育人、为国育才的重要关口，使规划教材领域成为坚持党的领导的坚强阵地。学校党组织要严格落实教材建设意识形态工作责任制，切实履行主体责任，高度重视教材建设的组织实施、重点任务研究部署和督促落实。所申报教材的编写人员、责任编辑人员、审核人员应符合《职业院校教材管理办法》有关规定，并提供所在单位党组织政审意见。主编须提供所在单位一级党组织政审意见。

（二）加强政策和经费支持。各地教育行政部门要加大对职业教育教材工作的支持，在课题研究、评优评先、职称评定、职务（岗位）晋升等方面予以倾斜。按规定将教材建设相关经费纳入预算。鼓励多渠道筹措教材建设经费。建立完善职业院校教师参与规划教材编审工作纳入学校绩效考核的制度。

（三）加强教材研究和平台建设。国家统筹建立职业院校教材建设研究基地，推动建立一批国家级和省级职业教材研究基地。国家和省级职业教育教研机构应发挥专业优势，深入开展教材建设重大理论和实践问题研究。定期组织开展教材研究成果交流，推动研究成果及时转化。完善职业教育教材信息服务平台，及时发布教材编写、出版、选用及评价信息。建设教材研究资源库和专题数据库，收集国内外教材和教材研究成果。

（四）加大教材培训和交流。完善国家、省两级规划教材编写和使用培训体系，对参与国家规划教材编审的相关人员进行培训；结合各级教师培训项目和其他教研活动，组织开展规划教材使用培训，不断提高教师用好教材的能力。组织开展全国教材建设奖全国优秀教材（职业教育类）宣传推广工作。加强教材国际交流合作，根据实际需要适当引进急需短缺的境外高水平教材并加强审核把关。拓展深化与"一带一路"国家的教材合作，为培养国际化高素质技术技能人才提供有力支撑。

附录8

教育部办公厅关于建立职业院校教学工作诊断与改进制度的通知

教职成厅〔2015〕2号

各省、自治区、直辖市教育厅（教委），新疆生产建设兵团教育局：

为贯彻《国务院关于加快发展现代职业教育的决定》，建立常态化的职业院校自主保证人才培养质量的机制，根据《教育部2015年工作要点》，决定从今年秋季学期开始，逐步在全国职业院校推进建立教学工作诊断与改进制度，全面开展教学诊断与改进工作。

一、目的与意义

提高技术技能人才培养质量是发展现代职业教育的基本任务，是构建现代职业教育体系的关键所在，是主动适应经济发展新常态、服务中国制造2025、创造更大人才红利的重要抓手。建立职业院校教学工作诊断与改进制度，引导和支持学校全面开展教学诊断与改进工作，切实发挥学校的教育质量保证主体作用，不断完善内部质量保证制度体系和运行机制，是持续提高技术技能人才培养质量的重要举措和制度安排，也是教育行政部门加强事中事后监管、履行管理职责的重要形式，对加快发展现代职业教育具有重要意义。

二、内涵与任务

职业院校教学工作诊断与改进，指学校根据自身办学理念、办学定位、人才培养目标，聚焦专业设置与条件、教师队伍与建设、课程体系与改革、课堂教学与实践、学校管理与制度、校企合作与创新、质量监控与成效等人才培养工作要素，查找不足与完善提高的工作过程。建立职业院校教学工作诊断和改进制度的主要任务是：

1. 理顺工作机制。坚持"需求导向、自我保证，多元诊断、重在改进"的工作方针，形成基于职业院校人才培养工作状态数据、学校自主诊断与改进、教育行政部门根据需要抽样复核的工作机制，保证职业院校人才培养质量持续提高。

2. 落实主体责任。各职业院校要切实履行人才培养工作质量保证主体的责任，建立常态化周期性的教学工作诊断与改进制度，开展多层面多维度的诊断与改进工作，构建校内全员全过程全方位的质量保证制度体系，并将自我诊断与改进工作情况纳入年度质量报告。

3．分类指导推进。各地须根据职业院校不同发展阶段的特点和需要，推动学校分别开展以"保证学校的基本办学方向、基本办学条件、基本管理规范""保证院校履行办学主体责任，建立和完善学校内部质量保证制度体系""集聚优势、凝练方向，提高发展能力"等为重点的诊断与改进工作，切实提高工作的针对性和实施效果。

4．数据系统支撑。职业院校要充分利用信息技术，建立校本人才培养工作状态数据管理系统，及时掌握和分析人才培养工作状况，依法依规发布社会关注的人才培养核心数据。加快推进相关信息化建设项目，为公共信息服务、培养工作动态分析、教育行政决策和社会舆论监督提供支撑。

5．试行专业诊改。支持对企业有较大影响力的部分行业牵头，以行业企业用人标准为依据，设计诊断项目，以院校自愿为原则，通过反馈诊断报告和改进建议等方式，反映专业机构和社会组织对职业院校专业教学质量的认可程度，倒逼专业改革与建设。

三、实施工作要求

1．完善组织保证。教育部组建职业院校教学工作诊断与改进专家委员会，负责指导方案研制、政策咨询、业务指导，以及我部委托的相关工作。省级教育行政部门可遴选熟悉职业教育、具有管理经验、具有公信力的行业企业专家和中高职教育专家、教育教学研究专家等组成省级诊断与改进专家委员会，指导本省相关业务工作。

2．加强省级统筹。省级教育行政部门负责制定工作规划，根据教育部总体指导方案制定本省（区、市）工作方案、细则和实施规划，以落实改进为重点，组织实施行政区域内职业院校的诊断与改进工作。中等职业学校的诊断与改进工作也可在省级方案基础上，由省级教育行政部门委托地（市）级教育行政部门组织实施。

3．确保公开透明。各地要加强诊断与改进工作管理。有关组织机构、职业院校和专家要增强责任感、使命感，自觉遵守工作规则规程，规范工作行为；建立诊断与改进工作信息公告制度，政策、文件、方案、标准、程序以及结论等均在适当范围公开，接受教师、学生和社会各界的监督。

教育部关于职业院校教学工作诊断与改进指导方案和专家委员会组建工作另行通知。

教育部办公厅
2015年6月23日

附录9

教育部关于印发《高等学校课程思政建设指导纲要》的通知

教高〔2020〕3号

各省、自治区、直辖市教育厅（教委），新疆生产建设兵团教育局，有关部门（单位）教育司（局），部属各高等学校、部省合建各高等学校：

《高等学校课程思政建设指导纲要》已经教育部党组会议审议通过，现印发给你们，请结合实际认真贯彻执行。

教育部
2020年5月28日

高等学校课程思政建设指导纲要

为深入贯彻落实习近平总书记关于教育的重要论述和全国教育大会精神，贯彻落实中共中央办公厅、国务院办公厅《关于深化新时代学校思想政治理论课改革创新的若干意见》，把思想政治教育贯穿人才培养体系，全面推进高校课程思政建设，发挥好每门课程的育人作用，提高高校人才培养质量，特制定本纲要。

一、全面推进课程思政建设是落实立德树人根本任务的战略举措

培养什么人、怎样培养人、为谁培养人是教育的根本问题，立德树人成效是检验高校一切工作的根本标准。落实立德树人根本任务，必须将价值塑造、知识传授和能力培养三者融为一体、不可割裂。全面推进课程思政建设，就是要寓价值观引导于知识传授和能力培养之中，帮助学生塑造正确的世界观、人生观、价值观，这是人才培养的应有之义，更是必备内容。这一战略举措，影响甚至决定着接班人问题，影响甚至决定着国家长治久安，影响甚至决定着民族复兴和国家崛起。要紧紧抓住教师队伍"主力军"、课程建设"主战场"、课堂教学"主渠道"，让所有高校、所有教师、所有课程都承担好育人责任，守好一段渠、种好责任田，使各类课程与思政课程同向同行，将显性教育和隐性教育相统一，形成协同效应，构建全员全程全方位育人大格局。

二、课程思政建设是全面提高人才培养质量的重要任务

高等学校人才培养是育人和育才相统一的过程。建设高水平人才培养体系，必须

将思想政治工作体系贯通其中，必须抓好课程思政建设，解决好专业教育和思政教育"两张皮"问题。要牢固确立人才培养的中心地位，围绕构建高水平人才培养体系，不断完善课程思政工作体系、教学体系和内容体系。高校主要负责同志要直接抓人才培养工作，统筹做好各学科专业、各类课程的课程思政建设。要紧紧围绕国家和区域发展需求，结合学校发展定位和人才培养目标，构建全面覆盖、类型丰富、层次递进、相互支撑的课程思政体系。要切实把教育教学作为最基础最根本的工作，深入挖掘各类课程和教学方式中蕴含的思想政治教育资源，让学生通过学习，掌握事物发展规律，通晓天下道理，丰富学识，增长见识，塑造品格，努力成为德智体美劳全面发展的社会主义建设者和接班人。

三、明确课程思政建设目标要求和内容重点

课程思政建设工作要围绕全面提高人才培养能力这个核心点，在全国所有高校、所有学科专业全面推进，促使课程思政的理念形成广泛共识，广大教师开展课程思政建设的意识和能力全面提升，协同推进课程思政建设的体制机制基本健全，高校立德树人成效进一步提高。

课程思政建设内容要紧紧围绕坚定学生理想信念，以爱党、爱国、爱社会主义、爱人民、爱集体为主线，围绕政治认同、家国情怀、文化素养、宪法法治意识、道德修养等重点优化课程思政内容供给，系统进行中国特色社会主义和中国梦教育、社会主义核心价值观教育、法治教育、劳动教育、心理健康教育、中华优秀传统文化教育。

——推进习近平新时代中国特色社会主义思想进教材进课堂进头脑。坚持不懈用习近平新时代中国特色社会主义思想铸魂育人，引导学生了解世情国情党情民情，增强对党的创新理论的政治认同、思想认同、情感认同，坚定中国特色社会主义道路自信、理论自信、制度自信、文化自信。

——培育和践行社会主义核心价值观。教育引导学生把国家、社会、公民的价值要求融为一体，提高个人的爱国、敬业、诚信、友善修养，自觉把小我融入大我，不断追求国家的富强、民主、文明、和谐和社会的自由、平等、公正、法治，将社会主义核心价值观内化为精神追求、外化为自觉行动。

——加强中华优秀传统文化教育。大力弘扬以爱国主义为核心的民族精神和以改革创新为核心的时代精神，教育引导学生深刻理解中华优秀传统文化中讲仁爱、重民本、守诚信、崇正义、尚和合、求大同的思想精华和时代价值，教育引导学生传承中华文脉，富有中国心、饱含中国情、充满中国味。

——深入开展宪法法治教育。教育引导学生学思践悟习近平全面依法治国新理念新思想新战略，牢固树立法治观念，坚定走中国特色社会主义法治道路的理想和信念，深

化对法治理念、法治原则、重要法律概念的认知,提高运用法治思维和法治方式维护自身权利、参与社会公共事务、化解矛盾纠纷的意识和能力。

——深化职业理想和职业道德教育。教育引导学生深刻理解并自觉实践各行业的职业精神和职业规范,增强职业责任感,培养遵纪守法、爱岗敬业、无私奉献、诚实守信、公道办事、开拓创新的职业品格和行为习惯。

四、科学设计课程思政教学体系

高校要有针对性地修订人才培养方案,切实落实高等职业学校专业教学标准、本科专业类教学质量国家标准和一级学科、专业学位类别(领域)博士硕士学位基本要求,构建科学合理的课程思政教学体系。要坚持学生中心、产出导向、持续改进,不断提升学生的课程学习体验、学习效果,坚决防止"贴标签""两张皮"。

公共基础课程。要重点建设一批提高大学生思想道德修养、人文素质、科学精神、宪法法治意识、国家安全意识和认知能力的课程,注重在潜移默化中坚定学生理想信念、厚植爱国主义情怀、加强品德修养、增长知识见识、培养奋斗精神,提升学生综合素质。打造一批有特色的体育、美育类课程,帮助学生在体育锻炼中享受乐趣、增强体质、健全人格、锤炼意志,在美育教学中提升审美素养、陶冶情操、温润心灵、激发创造创新活力。

专业教育课程。要根据不同学科专业的特色和优势,深入研究不同专业的育人目标,深度挖掘提炼专业知识体系中所蕴含的思想价值和精神内涵,科学合理拓展专业课程的广度、深度和温度,从课程所涉专业、行业、国家、国际、文化、历史等角度,增加课程的知识性、人文性,提升引领性、时代性和开放性。

实践类课程。专业实验实践课程,要注重学思结合、知行统一,增强学生勇于探索的创新精神、善于解决问题的实践能力。创新创业教育课程,要注重让学生"敢闯会创",在亲身参与中增强创新精神、创造意识和创业能力。社会实践类课程,要注重教育和引导学生弘扬劳动精神,将"读万卷书"与"行万里路"相结合,扎根中国大地了解国情民情,在实践中增长智慧才干,在艰苦奋斗中锤炼意志品质。

五、结合专业特点分类推进课程思政建设

专业课程是课程思政建设的基本载体。要深入梳理专业课教学内容,结合不同课程特点、思维方法和价值理念,深入挖掘课程思政元素,有机融入课程教学,达到润物无声的育人效果。

——文学、历史学、哲学类专业课程。要在课程教学中帮助学生掌握马克思主义世界观和方法论,从历史与现实、理论与实践等维度深刻理解习近平新时代中国特色社会

主义思想。要结合专业知识教育引导学生深刻理解社会主义核心价值观，自觉弘扬中华优秀传统文化、革命文化、社会主义先进文化。

——经济学、管理学、法学类专业课程。要在课程教学中坚持以马克思主义为指导，加快构建中国特色哲学社会科学学科体系、学术体系、话语体系。要帮助学生了解相关专业和行业领域的国家战略、法律法规和相关政策，引导学生深入社会实践、关注现实问题，培育学生经世济民、诚信服务、德法兼修的职业素养。

——教育学类专业课程。要在课程教学中注重加强师德师风教育，突出课堂育德、典型树德、规则立德，引导学生树立学为人师、行为世范的职业理想，培育爱国守法、规范从教的职业操守，培养学生传道情怀、授业底蕴、解惑能力，把对家国的爱、对教育的爱、对学生的爱融为一体，自觉以德立身、以德立学、以德施教，争做有理想信念、有道德情操、有扎实学识、有仁爱之心的"四有"好老师，坚定不移走中国特色社会主义教育发展道路。体育类课程要树立健康第一的教育理念，注重爱国主义教育和传统文化教育，培养学生顽强拼搏、奋斗有我的信念，激发学生提升全民族身体素质的责任感。

——理学、工学类专业课程。要在课程教学中把马克思主义立场观点方法的教育与科学精神的培养结合起来，提高学生正确认识问题、分析问题和解决问题的能力。理学类专业课程，要注重科学思维方法的训练和科学伦理的教育，培养学生探索未知、追求真理、勇攀科学高峰的责任感和使命感。工学类专业课程，要注重强化学生工程伦理教育，培养学生精益求精的大国工匠精神，激发学生科技报国的家国情怀和使命担当。

——农学类专业课程。要在课程教学中加强生态文明教育，引导学生树立和践行绿水青山就是金山银山的理念。要注重培养学生的"大国三农"情怀，引导学生以强农兴农为己任，"懂农业、爱农村、爱农民"，树立把论文写在祖国大地上的意识和信念，增强学生服务农业农村现代化、服务乡村全面振兴的使命感和责任感，培养知农爱农创新人才。

——医学类专业课程。要在课程教学中注重加强医德医风教育，着力培养学生"敬佑生命、救死扶伤、甘于奉献、大爱无疆"的医者精神，注重加强医者仁心教育，在培养精湛医术的同时，教育引导学生始终把人民群众生命安全和身体健康放在首位，尊重患者，善于沟通，提升综合素养和人文修养，提升依法应对重大突发公共卫生事件能力，做党和人民信赖的好医生。

——艺术学类专业课程。要在课程教学中教育引导学生立足时代、扎根人民、深入生活，树立正确的艺术观和创作观。要坚持以美育人、以美化人，积极弘扬中华美育精神，引导学生自觉传承和弘扬中华优秀传统文化，全面提高学生的审美和人文素养，增强文化自信。

高等职业学校要结合高职专业分类和课程设置情况，落实好分类推进相关要求。

六、将课程思政融入课堂教学建设全过程

高校课程思政要融入课堂教学建设，作为课程设置、教学大纲核准和教案评价的重要内容，落实到课程目标设计、教学大纲修订、教材编审选用、教案课件编写各方面，贯穿于课堂授课、教学研讨、实验实训、作业论文各环节。要讲好用好马工程重点教材，推进教材内容进人才培养方案、进教案课件、进考试。要创新课堂教学模式，推进现代信息技术在课程思政教学中的应用，激发学生学习兴趣，引导学生深入思考。要健全高校课堂教学管理体系，改进课堂教学过程管理，提高课程思政内涵融入课堂教学的水平。要综合运用第一课堂和第二课堂，组织开展"中国政法实务大讲堂""新闻实务大讲堂"等系列讲堂，深入开展"青年红色筑梦之旅""百万师生大实践"等社会实践、志愿服务、实习实训活动，不断拓展课程思政建设方法和途径。

七、提升教师课程思政建设的意识和能力

全面推进课程思政建设，教师是关键。要推动广大教师进一步强化育人意识，找准育人角度，提升育人能力，确保课程思政建设落地落实、见功见效。要加强教师课程思政能力建设，建立健全优质资源共享机制，支持各地各高校搭建课程思政建设交流平台，分区域、分学科专业领域开展经常性的典型经验交流、现场教学观摩、教师教学培训等活动，充分利用现代信息技术手段，促进优质资源在各区域、层次、类型的高校间共享共用。依托高校教师网络培训中心、教师教学发展中心等，深入开展马克思主义政治经济学、马克思主义新闻观、中国特色社会主义法治理论、法律职业伦理、工程伦理、医学人文教育等专题培训。支持高校将课程思政纳入教师岗前培训、在岗培训和师德师风、教学能力专题培训等。充分发挥教研室、教学团队、课程组等基层教学组织作用，建立课程思政集体教研制度。鼓励支持思政课教师与专业课教师合作教学教研，鼓励支持院士、"长江学者"、"杰青"、国家级教学名师等带头开展课程思政建设。

加强课程思政建设重点、难点、前瞻性问题的研究，在教育部哲学社会科学研究项目中积极支持课程思政类研究选题。充分发挥高校课程思政教学研究中心、思想政治工作创新发展中心、马克思主义学院和相关学科专业教学组织的作用，构建多层次课程思政建设研究体系。

八、建立健全课程思政建设质量评价体系和激励机制

人才培养效果是课程思政建设评价的首要标准。建立健全多维度的课程思政建设成效考核评价体系和监督检查机制，在各类考核评估评价工作和深化高校教育教学改革

中落细落实。充分发挥各级各类教学指导委员会、学科评议组、专业学位教育指导委员会、行业职业教育教学指导委员会等专家组织作用，研究制订科学多元的课程思政评价标准。把课程思政建设成效作为"双一流"建设监测与成效评价、学科评估、本科教学评估、一流专业和一流课程建设、专业认证、"双高计划"评价、高校或院系教学绩效考核等的重要内容。把教师参与课程思政建设情况和教学效果作为教师考核评价、岗位聘用、评优奖励、选拔培训的重要内容。在教学成果奖、教材奖等各类成果的表彰奖励工作中，突出课程思政要求，加大对课程思政建设优秀成果的支持力度。

九、加强课程思政建设组织实施和条件保障

课程思政建设是一项系统工程，各地各高校要高度重视，加强顶层设计，全面规划，循序渐进，以点带面，不断提高教学效果。要尊重教育教学规律和人才培养规律，适应不同高校、不同专业、不同课程的特点，强化分类指导，确定统一性和差异性要求。要充分发挥教师的主体作用，切实提高每一位教师参与课程思政建设的积极性和主动性。

加强组织领导。教育部成立课程思政建设工作协调小组，统筹研究重大政策，指导地方、高校开展工作；组建高校课程思政建设专家咨询委员会，提供专家咨询意见。各地教育部门和高校要切实加强对课程思政建设的领导，结合实际研究制定各地、各校课程思政建设工作方案，健全工作机制，强化督查检查。各高校要建立党委统一领导、党政齐抓共管、教务部门牵头抓总、相关部门联动、院系落实推进、自身特色鲜明的课程思政建设工作格局。

加强支持保障。各地教育部门要加强政策协调配套，统筹地方财政高等教育资金和中央支持地方高校改革发展资金，支持高校推进课程思政建设。中央部门所属高校要统筹利用中央高校教育教学改革专项等中央高校预算拨款和其他各类资源，结合学校实际，支持课程思政建设工作。地方高校要根据自身建设计划，统筹各类资源，加大对课程思政建设的投入力度。

加强示范引领。面向不同层次高校、不同学科专业、不同类型课程，持续深入抓典型、树标杆、推经验，形成规模、形成范式、形成体系。教育部选树一批课程思政建设先行校、一批课程思政教学名师和团队，推出一批课程思政示范课程、建设一批课程思政教学研究示范中心，设立一批课程思政建设研究项目，推动建设国家、省级、高校多层次示范体系，大力推广课程思政建设先进经验和做法，全面形成广泛开展课程思政建设的良好氛围，全面提高人才培养质量。

参考文献

[1]全国十二所重点师范大学联合编写. 教育学基础[M]. 北京：教育科学出版社，2019.

[2]王道俊，郭文安.教育学[M]. 北京：人民教育出版社，2009.

[3]袁华，郑晓鸿. 职业教育学[M]. 上海：华东师范大学出版社，2010.

[4]姜大源. 职业教育要义[M].北京：北京师范大学出版社，2017.

[5]李向东，卢双盈. 职业教育学新编[M]. 3版. 北京：高等教育出版社，2015.

[6]陈琦，刘儒德. 当代教育心理学[M]. 3版. 北京：北京师范大学出版社，2019.